普惠金融的兰考实践

徐诺金 ◎ 主编

中国金融出版社

责任编辑：王雪珂
责任校对：潘　洁
责任印制：丁淮宾

图书在版编目（CIP）数据

普惠金融的兰考实践/徐诺金主编 . —北京：中国金融出版社，2021.5
ISBN 978 – 7 – 5220 – 1118 – 9

Ⅰ.①普…　Ⅱ.①徐…　Ⅲ.①地方金融—金融改革—研究—兰考县
Ⅳ.①F832.761.4

中国版本图书馆 CIP 数据核字（2021）第 081541 号

普惠金融的兰考实践
PUHUI JINRONG DE LANKAO SHIJIAN

出版
发行　**中国金融出版社**

社址　北京市丰台区益泽路 2 号
市场开发部　（010）66024766，63805472，63439533（传真）
网 上 书 店　www. cfph. cn
　　　　　　　（010）66024766，63372837（传真）
读者服务部　（010）66070833，62568380
邮编　100071
经销　新华书店
印刷　保利达印务有限公司
尺寸　169 毫米 × 239 毫米
印张　23.75
字数　366 千
版次　2021 年 5 月第 1 版
印次　2021 年 5 月第 1 次印刷
定价　89.00 元
ISBN 978 – 7 – 5220 – 1118 – 9
如出现印装错误本社负责调换　联系电话（010）63263947

本书编委会

主　　　编：徐诺金

副　主　编：蔡松涛　李明俊

编委会成员：袁道强　李天忠　帅　洪　崔　凯

　　　　　　贾　桐　刘秋香　王　华　袁　灏

　　　　　　刘　磊　闫晓峰　李　伟　任希祯

　　　　　　汪大敏　王立锋　吴云峰　李　琨

　　　　　　王　浩　宋鹏飞　张振轩　黄　琦

　　　　　　胡　巍　韩其耘

统　　　稿：袁　灏

前　　言

　　金融自产生以来就发挥着交易媒介、资源配置、价格发现、风险管理等重要职能，较好地解决了社会"痛点"。纵观金融发展历程，金融对人类社会的影响和作用可谓无处不在，它源于人类生产生活、生存发展的客观需要，是从实体经济和社会实践中产生与发展的，又服从服务于经济社会，极大地推动着人类社会经济的发展。从货币的起源，到银行制度的出现，再到现在互联网金融、智慧金融的发展，无不体现着金融是伴随着人类社会生产生活的变迁而不断产生、发展和演进，并以自己特有的方式，促进人类社会的发展和进步。如中国最早出现的贝币、刀币、斧币、布币、交子、钱庄、票号等，它们不仅催生于中国经济社会早期发展的需要，又反过来促进了中国早期社会的极大发展。再如，现代金融产生的意大利威尼斯银行、17世纪荷兰诞生的世界上第一个股票交易所和英国诞生的世界第一家中央银行，都不仅促进了这些国家和地方的海外贸易发展，也在当时一些著名的战争中提供了重要助力。在16、17世纪，荷兰击败当时强大的西班牙，取得海上霸权，其银行、股票交易所构成的初具现代特征的金融体系发挥了重要作用。甚至英格兰银行的产生，前身就是基于英法战争中英国支援战争需要，并在英国日不落帝国近代史的形成中发挥了决定性作用。

　　但金融也是一把"双刃剑"，不适应的金融制度、对金融的不合理运用，都会对人类经济社会产生巨大的负面作用。如对弱势群体金融服务的长期忽视，会催生"穷者愈穷，富者愈富"的马太效应，美国华尔街静坐运动就是因此而产生的，其背后是现代市场经济条件下，人们享受基本金融服务的权益得不到保障或者不能更好实现，金融资源配置不平衡使得弱势群体难以更好更公平地享受经济社会发展成果。历史上也有许多王朝的衰败就与金融利用不当有关，西罗马帝国的灭亡、法国在英法百年战争中溃败以及中国东汉的灭亡、国民党政府的垮台都是例证。可以说，人类社会发展到现在，金融已经发展到对个人至关重要、对社会至关重要的程度，许多现代社会的经济与社会问题的背后都是金融问题。它小则影响到个人的生产生活，大则影响着经济的兴衰、社会的进退和时代的更迭。

正如马克思所揭示的"生产关系一定要适应生产力发展需要"一般规律，金融的正向或负向功能主要取决于金融发展过程中对公平和效率、逐利和普惠关系的把握。对金融发展中效率和公平的不同侧重，使得金融有"好""坏"之分。美国经济学家罗伯特·希勒试图解释其中的逻辑，他指出社会结构源于金融服务结构，金融服务结构的不合理会造成社会结构的不合理。

"大道之行也，天下为公"。习近平总书记指出，发展的目的是造福人民，要让发展更加平衡，让发展机会更加均等、发展成果人人共享，就要完善发展理念和发展模式，提升发展公平性、有效性、协同性。基于对经济发展的反思和金融功能的认识，普惠金融概念被联合国提出，并被各国大力推行。普惠金融的核心要义是普及金融、惠及民生，其旨在通过一系列制度安排及服务体系的构建，使社会各阶层都能有效、方便地享受到基本的金融服务，服务的供给方也能实现自身业务的可持续发展。其初衷和理念就是坚持以人民为中心，与共产主义理想一脉相承、与五大发展理念一以贯之。与社会主义制度内在要求相适应，我国大力推进普惠金融发展，就是坚持公平包容，走平衡普惠的金融发展道路，把人人享有基本金融权益作为金融发展的最高理想，以金融权的实现促进发展权的实现，以普惠性安排推动落实社会主义的本质要求，即解放生产力，发展生产力，消灭剥削，消除两极分化，最终达到共同富裕。

美国经济学家罗伯特·希勒也持有类似的观点，"金融走向民主化和人性化的进程有助于塑造一个更和谐、更繁荣、更平等的社会。金融所有服务的目标源于民众，金融的存在是为了帮助实现其他目标。如果金融不负众望，那么它就是我们实现美好社会的最佳手段"。值得注意的是，虽然世界各国对普惠金融进行了大量实践，但普惠金融落地的方式方法仍有待探索，理论研究亦不深入，普惠金融呈现出"知不易行亦难"的困境，其背后原因值得我们深思。比如，人们对普惠金融的内涵和外延、普惠金融体系的内容组成、普惠金融实现程度的衡量及普惠金融的实践路径在某种程度上存在误区与偏差，导致社会整体参与度不深、措施不到位；普惠金融重点服务对象是弱势群体和经济社会发展中的薄弱环节，向他们推送金融服务往往存在成本高、效率低、风控难等突出问题，在市场主导下，资金配置偏好高收益、低风险，导致普惠金融市场失灵严重；在顶层设计和制度安排上，目前我国普惠金融立法空白，尚未从体系建设的高度建立完善有约束力的政策法规保障体系；现有基于传统"板凳金融"构建起来的金融监管理念、监管规则，在一定程度上滞后于数字普惠金融的发展要求等，这些都是制约普惠金融发展的瓶颈。

"一枝一叶总关情"，以为民初心担当金融使命，加快推进普惠金融试点示范和基层探索，找出一条普惠金融落地的新路子，是发展社会主义金融、深入落实习近平新时代中国特色社会主义思想的内在要求，是当前历史方位下运用金融手段推动解决社会主要矛盾的战略抉择，也是如期打赢脱贫攻坚战、加快实现乡村振兴目标的重要抓手。

带着为我国普惠金融探索一条可复制可推广落地模式的初衷，经国务院同意，由中国人民银行、发展改革委、财政部、农业部、银监会、证监会、保监会七部委联合河南省人民政府批复同意的我国第一个国家级普惠金融改革试验区，于 2016 年 12 月 26 日落地河南省兰考县。兰考县是焦裕禄精神的发祥地，是习近平总书记第二批群众路线教育活动联系点。习近平总书记非常关心牵挂兰考县的发展和全县人民的脱贫致富，特别希望兰考县能走在全国前列，能够加快探索出一条脱贫致富的新路。国家也在经济发展、体制创新等多个领域赋予了兰考县改革创新试点政策，兰考县具备普惠金融改革创新的现实需求、政策环境与良好基础。同时，兰考县也是我国典型的贫困县、传统农业县，具有微缩河南、微缩中国的典型样本价值，正如习近平总书记 2014 年考察兰考县时指出的那样，"兰考县地处中原，改革发展和各方面工作有一定代表性"。在此意义上讲，在兰考县找到了普惠金融的落地之策，破解我国县域普惠金融落地难题也就有了基本解决之道。

兰考县普惠金融改革实践致力于在县域探索出一条可持续、可复制、可推广的普惠金融发展之路，以普惠金融发展推动贫困落后地区解决"扶贫、致富、县域发展"和"农业弱、农村穷、农民苦、农民工漂"的问题。在实践思路上，围绕"四农"（农业、农村、农民和农民工）问题，从城市和农村两端发力，协同推进，一端向新型城镇化发力，支持农民工市民化；另一端向农村发力，支持农业现代化。在实践原则上，坚持市场主导和政策引导，始终围绕农户、企业、市场、政府这个主体，坚持需求导向、问题导向，推动金融供给、金融普惠，引导金融改变"嫌贫爱富"的传统，从重点支持"阳春白雪"转向同时关心"下里巴人"，让所有社会主体都能分享金融服务的阳光雨露。在实践方式上，注重线上线下"两轮驱动"，一方面整合各方资源，充分利用财政资金作为杠杆，撬动金融资源普惠性配置；另一方面运用数字技术、移动技术，降低服务成本，提高服务覆盖面、可得性和满意度。在具体做法上，建立主办金融制度，充分发挥各金融机构的专业优势，围绕重点领域，强化普惠责任，精准发力。

经过四年来的探索实践，兰考县普惠金融改革试验区立足"扶贫、普惠、县域"三大主题，从"个人、农户、村庄"三个维度，以打造新时代"政治性""人民性"鲜明的普惠金融模式为出发点，以解决长期存在的金融结构性矛盾为着力点，用制度推动解决普惠金融发展难题，用改革推动形成普惠金融落地的长效机制，探索形成了"以数字普惠金融综合服务平台为核心，以金融服务体系、普惠授信体系、信用信息体系、风险防控体系为基本内容"的"一平台四体系"普惠金融兰考模式，从组织领导、工作机制、金融服务、资本市场、保险市场、基础设施、产融对接、政策引导、金融宣教等多个方面，基本打通了普惠金融落地的"最后一公里"梗阻，实现了多层次、多领域的突破，找到了普惠金融落地的有效路径。

特别在破解一些长期束缚农村普惠金融发展的堵点难点上，"一平台四体系"普惠金融兰考模式立足县域实际和农村特点，进行了独特的机制构思和制度安排。如为解决长期以来以物理网点、人工服务为主的传统金融开展普惠金融存在的成本高、效率低、风控难问题，以及为改变农村金融市场单一、封闭、垄断的现状，创新运用"互联网＋"思维，着力构建数字普惠金融综合服务平台，推动实现金融服务的"触手可及""人人均享"；为解决长期以来农民贷款难贷款贵贷款慢问题，结合农民脱贫致富中创业就业基本资金需求，创新实施普惠授信，将信贷前置，变"先信用，后信贷"为"先信贷，后信用"，对农户普遍授信，在农户启信、用信环节，创新运用社会资本理论，紧扣农村独特的"熟人社会治理"现状，通过村委和金融"协管员"甄别出真正发展生产、勤劳守信的"好人"，支持他们创业就业，彻底破除了农民创业就业小额信贷门槛；为解决一直存在的农村信用体系建设难题，在普惠授信中同步开展信用信息采集，激发了农民参与信用建设的积极性，并创新实施"信用信贷相长计划"，对守信农户正向激励、对失信农户联合惩戒，增强了农民的金融观念，强化了农民的信用意识，也促进乡村逐渐形成诚实守信、勤劳致富的社会风尚；为延伸金融服务触角、提升基层金融服务的普适性和公共性，从完善基层社会治理能力和社会治理体系的高度，探索"党建＋金融"基层服务模式，在村党群服务中心嵌设普惠金融服务站，以委托代理的方式将普惠金融服务纳入到党群公共服务体系中，既织密了农村金融服务网络，丰富了党群服务的内容，也拉近了党群、银农关系，普惠金融成为了乡村治理的一大抓手；为分散化解区域金融改革风险，在发挥政府作用的同时，探索引入市场机制，建立银政保担"四位一体"、分段分担的风险分担机制，创设风险补偿金、还贷周转金，出台"铁五条"失信联合惩戒措施，并创新建立信贷"隔离"机制，对普惠授信不良率超过风险"容忍度"的村和乡镇暂停新增授信，以约束农户、劝勉乡镇讲信用，实现普惠金融业务可持续和风险可控。

在普惠金融助力下，兰考县普惠金融发展指数（IFI）大幅提升，指数排名自 2018 年以来稳居河南省各县（市、区）第一，金融服务的覆盖面、可得性、满意度显著改善，普惠金融改革的政策效应、经济效应和社会效应凸显，兰考县主要经济指标持续位居全省第一方阵，率先在全国脱贫摘帽，如期兑现了向习近平总书记作出的"三年脱贫、七年小康"的庄重承诺。"一石激起多层浪"，兰考县普惠金融改革试验区建设实践得到了相关部委、河南省委省政府及地方党政的关注和认可，银保监会办公厅和普惠金融部分别发文要求复制推广兰考县普惠金融改革发展经验，河南省委省政府明确要求复制推广普惠金融兰考模式，河南辖区各级地方党政对普惠金融的认识上升到了一个新的高度，普遍把发展普惠金融作为扶贫致富、乡村振兴的重要抓手。结合相关部委、河南省委省政府的部署要求及县域地区的迫切需求，2018 年 3 月以来，"一平台四体系"普惠金融兰考模式先期在河南省 22 个试点地区稳步推广，在这些试点地区取得预期效果后，2020 年初又在全省复制推广，推动形成了普惠金融发展的"河南雁阵"，中原大地普惠金融实践呈现出"百花齐放春满园"的局面，既进一步验证和丰富了兰考模式的精髓，也促进了农村金融市场的活力不断迸发，产生了降成本、促竞争、有效改善农村金融服务的效果，为群众生产生活、县域经济社会发展注入了新的不竭动力，得到了社会各界的关注和赞扬。2018 年 8 月，在人民日报全国党媒信息公共平台与国家金融与发展实验室联合主办的首届中国普惠金融创新发展峰会上，兰考县"普惠金融助力实现小康梦案例"入选中国普惠金融案例。2019 年 7 月，"一平台四体系"普惠金融兰考模式入选中央组织部编写的《贯彻落实习近平新时代中国特色社会主义思想在改革发展稳定中攻坚克难案例》和中央党校教学案例，并由中组部、中财办、中宣部、统战部、国安部五部门指定为全国主题教育活动的学习教材。

党的十九届四中全会提出，要健全具有高度适应性、竞争力、普惠性的金融体系。2020 年 12 月召开的中央经济工作会议又对强化普惠金融服务作出明确要求。兰考县的实践探索使我们深深地感到了做好普惠金融的伟大意义及价值，即普惠金融是兼顾公平和效率的中国特色社会主义现代金融体系的重要组成部分，它与商业金融、政策金融共同成为中国特色社会主义现代金融体系的重要支柱。发展普惠金融有利于发挥中国特色社会主义的制度优势，有利于培育壮大"服务好社会、促进好发展"的现代好金融。同时，我们也深深体会到，在实践中发展普惠金融，必须坚持社会主义制度的内生特性，在工作中要坚持以人民为中心的情怀和发展成果人人共享的理念，从将享受基本金融服务作为人民群众基本权益的高度去思考和推进工作，从将基本金融服务纳入政府公共服务体系的视角去落实普惠金融；必须以问题为导向，坚持改革创新，善于运用新思维、新理念、新方法、新技术，敢于打破陈旧思维和习惯做法，用"绣花针"的功夫"抽丝剥茧"，破除阻碍普惠金融发展的"掣肘"；必须加快普惠金融立法，从人的基本权益的高度细化各方的权利和义务，建立健全促进普惠金融发展的法规体系，从根本上解决各参与主体"干与不干一个样"的难题；必须坚持制度先行，建立适应、完善的监管制度和监管体系，平衡好金融创新与金融监管的关系；必须强化政策激励引领，构建健全的、激励相容的财税政策体系；必须夯实信用支撑，打造优良的信用生态；必须加强金融消费者各方能力建设，畅通金融消费权益保护机制；必须坚持数字普惠金融方向，以科技力量助力普惠金融走向理想彼岸。

河南省兰考县普惠金融改革试验区的建设及其取得的成绩，是集体智慧的结晶，凝聚着各级领导的心血和河南各级人民银行、金融机构、地方政府和人民群众的汗水。在建设过程中，中国人民银行易纲行长、陈雨露副行长、潘功胜副行长、范一飞副行长、刘国强副行长，银保监会郭树清主席，河南省委谢伏瞻书记（时任）、王国生书记，河南省人民政府陈润儿省长（时任）、李克常务副省长（时任）、翁杰明常务副省长（时任）、戴柏华副省长、朱焕然秘书长（时任）都给予了大力支持和悉心指导，河南省地方金融监督管理局、河南银保监局、河南证监局、河南省发展改革委、河南省财政厅、河南省农村农业厅、河南省税务局、河南省直管办、河南省扶贫办（乡村振兴局）、兰考县委县政府、全省金融机构以及中国人民银行郑州中心支行各行级领导及各处室、开封市中心支行、兰考县支行等围绕改革目标，凝心聚力，上下联动，左右配合，建机制、补短板、强服务，初步探索出一条符合当前县域实际和农村特点的普惠金融发展之路。这里，谨向关心、支持、投身于试验区建设实践的各级领导、各单位以及广大基层群众致以最崇高的敬意！

"绿我涓滴，会它千顷澄碧"。作为当代金融工作者，有幸深度参与、亲自推进全国首个国家级普惠金融试验区改革实践，倍感责任重大、使命光荣。如何建设好试验区，如何发展美好金融、建设美好社会，如何向党中央、国务院交出满意答卷，是我们基层改革实践者一直深入思考的问题。本书源于对金融发展史的追溯，根植于普惠金融的亲身实践体会，意在"解剖麻雀"，剖析普惠金融落地的痛点难点，在深化理论认识的基础上，挖掘普惠金融发展的一般规律，为更好地推进普惠金融发展，让好金融更好地服务中国特色社会主义建设的伟大实践提供有益的经验与借鉴。

为全面系统地梳理试验区主要做法及其背后的制度安排，本书几易其稿，在编纂过程中，河南省兰考县普惠金融改革试验区领导小组各成员单位、中国人民银行郑州中心支行相关处室、兰考县委县政府、相关金融机构，以及中国人民银行开封市中心支行、兰考县支行提供了大量的资料，提出了宝贵的意见。在此，一并表示衷心的感谢！普惠金融是一项崇高的事业，也是一项复杂的系统工程，限于编者水平，本书难免有偏颇与不足之处，敬请不吝指正。

目　　录

第一章 从金融到普惠金融的历史演进

习近平总书记指出，"金融是国家重要的核心竞争力，金融改革发展是国家改革发展的重要内容，金融安全是国家安全的重要组成部分。金融发挥着媒介交易、配置资源、发现价格、管理风险等重要功能，金融制度是经济社会发展中重要的基础性制度，关系经济社会发展大局"。① 纵观人类发展历史，金融与经济社会发展密切相关，它内生于经济社会发展的需要，并在解决社会痛点中不断演化发展。

同时，金融也是一把"双刃剑"，有"正向"与"负向"功能之分，不适应的金融制度、对金融的利用不合理，都会对人类经济社会产生巨大的负面作用。历史上因对金融利用不当而引发阶层分化、社会危机和王朝衰败的例子不胜枚举。究其原因，主要在于金融发展过程中对公平与效率、普惠与逐利关系的侧重和把握。在新时代中国特色社会主义的历史方位下，金融的普惠发展、基本金融权利的人民共享已成为社会主义金融的内在特征和本性回归。

第一节 金融的缘起与发展

一、历史呼唤金融

现代经济生活中，金融无处不在。金融有诸多定义，《辞源》中写

---

① 习近平. 服务实体经济、防控金融风险、深化金融改革"三位一体"[Z]. 第五次全国金融工作会议，北京，2017 年 7 月 14 日至 15 日.

到，"今谓金钱之融通曰金融，旧称银根。金融市场利率之升降，与普通市场物价之涨落，同一原理，俱视供求之关系而定"；著名教授黄达认为，凡是涉及货币供给、银行与非银行信用、以证券交易为操作特征的投资、商业保险，以及以类似形式进行运作的所有交易行为，都属于金融范畴。《韦伯国际词典》更是将金融描述为"包含了货币流通、信贷投放、投资活动以及银行供给在内的一整套系统"。虽然这些定义不尽相同，但都强调了金融的两个核心要素，即货币和信用。从金融发展历程看，无论是货币还是信用，都是源于人类生产生活、生存发展的客观需要，都是为解决社会"痛点"而生的。

（一）货币在解决复杂的商品交易中产生

世界各地的商品交易都经历着两个发展阶段。第一阶段是物物直接交换，古埃及壁画描绘了物物交换的情景：有用一捆葱换一把扇子的，有用瓦罐换鱼的。汉书中也有类似的记载：神农氏时代，"日中为市，致天下之民，聚天下之货，交易而退，各得其所"，① 是指物物交换；唐朝白居易《卖炭翁》中的"半匹红纱一丈绫，系向牛头充炭直"，也是物物交换的情形。

马克思阐述了物物交换的起因，他认为，随着私有制的出现和社会分工的深化，社会生产者只生产一种或有限的产品，不同的商品有不同的用途，如粮食是吃的，衣服是穿的，马克思把每种商品自身特殊的用途定义为使用价值。个人通过自身产品与他人产品进行交换的目的，就是获得不同商品的使用价值，以满足自身多样化的生产生活需要。

随着交换的普遍存在和不断发展，逐渐出现了通过"中间媒介物"进行交换的现象，先把自己的物品换成作为媒介的"中介货物"，然后再用交换所获得的"中介货物"去交换自己所需要的物品。当一种"中介货物"越来越多地被人们普遍接受、被其他商品作为交易媒介的时候，这种商品就发展为最初意义上的"货币"。

---

① 班固. 汉书 [M]. 北京：中华书局，2007：157.

　　作为交易媒介的货币，在几千年的历史长河中，成为了物物交换的"润滑剂"，它使物物交换更加便利化，在生产生活中的重要性日益加强。随着商品交易的深化和需要，货币商品的形态也不断从低级向高级演化。一是货币商品的价值越高，完成大量交易所需要的货币商品数量就越少；二是货币商品要容易分割，方便同价值高低不等的商品进行交换；三是货币商品要易于保存，在保存过程中货币商品价值恒定且不需要支付额外的费用；四是货币商品要易于携带。进而在人类实践中，催生了金属货币。金属充当货币有许多突出优点，尤其是金属可按不同比例任意分割，分割后还可冶炼还原，同时金属易于保存。正是以上原因，世界各地历史上比较发达的民族，都先后走上用金属充当货币之路。黄金因为其稀缺性、稳定性及高价值的自然属性而成为货币的价值尺度。马克思曾指出："金银天然不是货币，但货币天然是金银"。[1]

　　此后，货币形态又不断演进，从金属铸币演变到纸币，再到目前的数字货币。世界上最早的纸币诞生于我国宋代，被称为"交子"。"交子"的诞生得益于中国四大发明中"造纸术"的出现和当时统治者国家信用，但其实质上是在解决当时铜矿和铁矿的稀缺而产生的。[2]公元960年宋朝统一了中国，确立了以铜钱为基础的、单一的货币体系，但因保留了四川铁钱，在"劣币驱逐良币"的"格雷欣法则"[3]作用下，铁钱将铜钱逐渐地驱逐出了市场。铁钱作为交易媒介有明显的缺陷和不足，铁钱的价值不足铜钱价值的10%，在交易时，携带和存放也较为困难。《价值起源》记载，"一位妇女到集市中购买1磅的食盐往往需要携带1.5磅的铁钱"，[4]用铁作为货币，给交易带来了极大的不便。但是受制于当时铜矿开采和冶炼技术较为落后，铜钱的供给量严重不足，宋朝不得不放弃恢复使用铜钱交易的设想。在此背景下，公元1024年，宋朝开始正式发行"政府交子"，成为了最早由中国政府正式发行的纸币，甚至早于美国、法国等西方国家纸币发行600

---

　　① 马克思恩格斯全集 [M]. 北京：人民出版社，1962：145.
　　② 当时铜金属和铁金属是货币形态。
　　③ 16世纪英国经济学家格雷欣发现，当两种铸币在同一市场上流通时，实际价值高于法定价值的"良币"会被驱逐出流通领域，导致价值低于法定价值的"劣币"充斥市场。
　　④ 戈兹曼，罗文霍斯特（著），王宁、王文玉（译）. 价值起源 [M]. 沈阳：万卷出版公司，2010：72.

余年。"交子"一方面减轻了商人们贸易活动时携带大量铜钱的不便，提高了商业活动的效率，另一方面，作为支付工具在财政管理中发挥着举足轻重的作用。

随着资本主义银行的发展，欧洲出现了银行券。这些银行券可以到发行的银行随时等额兑换金币和银币。直到19世纪，一些工业化国家不允许商业银行发行银行券，而是把银行券的发行权集中到了中央银行。从19世纪末到20世纪初，银行券广泛流通，而与之形成鲜明对比的是贵金属货币在流通领域数量逐渐减少，纸质钞票的流通呈现出取代铸币流通的趋势。

随着电子技术迅速发展，货币的实物形态受到了巨大的影响。首先，计算机逐渐运用到银行业的各种业务中，不同类型的银行卡开始广泛使用并代替现钞和支票，成为西方国家使用频率较高的支付工具。同时，网络银行受益于计算机网络的快速发展逐渐走入了人们的视野，一些传统银行也开始将自身的业务放到线上进行运作。可以预见的是，随着金融科技和社会的发展，数字货币未来将逐渐成为电子货币形式的替代货币，货币的形态也将发生颠覆性的变化。

纵观货币演进的过程，不难发现，货币产生于社会分工、商品交换的需要，无时无刻不是贸易兴起、市场繁荣的"催化剂"。自货币从商品中分离出来固定地充当了一般等价物，它就通过价值尺度、流通手段、贮藏手段、支付手段、甚至世界货币等功能的发挥，不断地降低商品交易成本，推进社会分工协作，促进经济社会效率的提高。

（二）信用成为资源配置的基石

"信用"一词诞生于西方文明。中国传统文字的"信用"，若是讲道德和行为规范，是"信"字；若讲的是经济范畴，则是"债"字。公元前300年，孟尝君通过放债奉养宾客，他在自己的封邑中放债取息，然后通过获得的利息奉养自己的3000宾客。战国时期，管子的国情调查提纲《问》，里面共60问，其中有3问涉及信用："问邑之贫人债而食者几何家""贫士之受责（债）于大夫者几何人""问人之贷粟米，有别券者几何家"，① 足以表明当时举债和信用对治国理政的重要性。

信用的实质是借贷资本的运动形态，它是在资金的"流通、中介和再分配"现实需求中产生的，在不同所有者之间，发挥着以不改变所有权为条件的财富调剂功能。信用的诞生和发展对金融的运行和深化起了重要推进作用。如信用催生了转账结算制度，使资金流通"脱媒"，加快了货币流通，提升了资金的使用效率；国家信用或立法依托银行专门从事货币经营业务，实现了闲置资金的有效利用；信用推动社会资本的再配置，促进资本集聚和资本集中，使资金"聚沙成堆"，正如马克思指出的那样，"假如必须等待积累去使某个资本增长到能够修建铁路的程度，那么恐怕直到今天世界上还没有铁路，但是，通过股份公司转瞬间就把这件事完成了"。

信用普遍存在于现代经济生活中，是金融运行的重要基石，对政治经济社会状况有极其重要的影响。值得注意的是，信用行为不同于财政支出，它具有"双向性、时空性"的特点，是以未来收回为前提的，要求资金流向"跨越时空""有去有回"，进而形成了未来的不确定性。一旦信用关系遭到破坏，那么"本金的回流和增值的运动"就会戛然而止，形成违约风险，严重者会引发金融市场混乱甚至是金融危机。2008年源于次级抵押贷款的美国金融危机就是一个生动案例，信用关系的破裂引发了一场全球性的"多米诺骨牌效应"，对世界经济产生了深远的负面影响。因此，构建良好的信用关系，既是金融生存和良性运行的基础，也是防范金融风险的源头所在。

（三）社会需求催化金融业态

1. 银行业的诞生

银行、证券、保险等传统金融业态以及互联网金融等新业态都是因社会发展的现实需要而产生的，都是随社会发展而不断发展的。银行业诞生于资金的"存放汇"需要。

每个国家的货币都是不相同的，如果一个国家的人到了另外一个国

---

① （春秋）管仲撰；吴文涛，张善良编著. 管子［M］. 北京：北京燕山出版社，1995：211.

家，没法使用现金，将会给生活或贸易带来很大的不便，如果货币之间能互相兑换，就能更好地解决这个问题。人们对货币兑换的需要，催生了货币兑换业和兑换商。早在 1580 年，意大利威尼斯出现了世界上最早的银行，即"威尼斯银行"。银行的英文"bank"也是从意大利语 Banca 转化而来，Banca 一词的意思是"板凳"，最早时，银行家们被称为"坐在长板凳上的人"。威尼斯银行标志着银行发展历史上的第一个阶段，即出现了货币兑换业和兑换商，在此之后，货币体系开始逐渐形成。

后来，银行根据市场的需求，在汇兑业务的基础上增加了货币保管和收付业务，由货币兑换业演变成货币经营业，货币兑换商开出的收据演变成早期的"汇票"。再后来，银行在原有功能的基础上兼营货币保管、收付、结算、放贷等业务，这时货币兑换业便发展为银行业务。贷款业务出现，使货币经营商开始赚取存贷利差。

从最开始的只能货币兑换，到增加了货币的保管，再到银行能借贷，银行不仅使人们的日常生活更加便利，也通过资本集聚改进社会效率、促进了经济的发展，甚至对社会变革也有很大的影响。1694 年英国产生了最早的股份制银行——英格兰银行，标志着现代银行产生。在16、17 世纪，荷兰击败当时强大的西班牙、取得海上贸易霸权，并非偶然，荷兰银行、证券交易所构成的初具现代特征的金融体系便是其一大助力。

2. 不确定性与保险业

不确定性风险存在于人类经济生活的各个方面。早在公元 11 世纪，地中海贸易繁盛，航行在地中海的商人遭遇海难的状况时常发生，船只和货物往往会同归于尽。当时为节约船只支出，多个商家往往集资共用一只商船，遇到海难时，商船便抛弃一部分货物，约定损失由各方分摊，形成"一人为大家，大家为一人"的共同海损分摊原则①，成为海上保险的萌芽。

_____

① 共同海损分摊，是共同海损法律制度中的一项基本原则。共同海损牺牲和费用应由同一航程的各受益方按各自的分摊价值比例分别摊付，前提条件是船、货由于采取了共同海损措施而没有全部损失，即有财产被保全下来，并抵达航程终止地。但是，在共同海损牺牲和费用的总额超过船舶和货物抵达航程终止地总价值时，货物的共同海损赔偿责任，仅以其分摊价值为限，即货方支付的分摊金额，不超过货物获救的价值。

在公元前 260 年—前 146 年，布匿战争①期间，古罗马人用船只进行军事运输，但船只往往会遭受破坏，使运输商遭受巨大损失。为解决这个问题，收取商人 24% ~ 36% 的费用作为后备基金，以补偿船货损失。后来，保险逐步从萌芽时期的互助形式发展成为冒险借贷，再后来又发展为海上保险、火灾保险、人寿保险和其他保险，并最终发展成为现代保险。

保险业繁荣的背后是"集众人之力、办众人之事"的现实需求。市场经济条件下，保险逐渐延伸成规划人生财务的工具和风险管理的基本手段，成为了金融体系和社会保障体系的重要支柱。从经济角度看，保险是分摊意外事故损失的一种财务安排；从法律角度看，保险是一种合同行为，是一方同意补偿另一方损失的一种合同安排；从社会角度看，保险是社会经济保障制度的重要组成部分，是社会生产和社会生活"精巧的稳定器"。

（四）工业化与证券业

证券业的发展也起源于海上贸易。17 世纪中期，荷兰人从事一次海上贸易，往往需要几个月甚至几年。虽然风险大、周期长、投入大，但海上贸易的利润也十分丰厚。对于从事海上贸易的商家，谁也不愿意把家产全搭进去。为解决这个问题，于是大家都拿一点钱，而责任就仅限于拿出的这点钱，如果亏了，不影响家庭和个人生活，这就是股份制和有限股份公司的雏形。这之后，为了一些公司的转让或者继续发展，就创造了凭证，这个凭证就是后来的股票。马克思曾指出，"股票是对一个股份公司拥有的实际资本的所有权证书，是索取每年由此生出的剩余价值的凭证"。正是因为股票本质上是资本，是取得相应剩余价值的凭证，股票才得以在金融市场自由交易，进而有效实现金融资源的有效再配置和集中。

股票、股份制产生后，其对工业革命、技术创新乃至一国综合实力提升中的作用不可小觑。如股票市场的积聚和转化资本的职能，为资本主义经济发展提供了巨额资本，同时还加速了资本周转，提高了资本的

---

① 布匿战争（Punic Wars，或译布匿克战争）是在古罗马和古迦太基两个古代奴隶制国家之间，为争夺地中海西部统治权而进行的一场著名战争。

使用效益。西欧国家的工业革命，也得益于股票市场的发展。此外，股票可以分散投资，从而减少和分散投资风险。在国际范围内，股票市场有利于资本在国际间的分配，这对于加速资本在国际间的运用和周转，促进国际经济技术交流、发展国际贸易和世界经济有重要作用。

（五）风险对冲与期权、期货等金融衍生品

期货交易最初是为解决未来价格的不确定性和产量的不确定性。期货的英文为 Futures，由"未来"一词演化而来，其含义是交易双方不必在买卖发生的初期就交收实货，而是共同约定在未来的某一时候交收实货。期货合约可以消除双方各自面临的因未来价格不确定而产生的风险。

我国期货市场的产生是在粮食流通体制改革中应对价格波动风险产生的。当时，随着国家取消农产品的统购统销政策、放开大多数农产品价格，市场对农产品生产、流通和消费的调节作用越来越大，农产品价格的大起大落和现货价格的不公开以及失真现象、农业生产的忽上忽下和粮食企业缺乏保值机制等问题引起了社会关注。能不能建立一种机制，既可以提供指导未来生产经营活动的价格信号，又可以防范价格波动造成的市场风险，这成为大家关注的重点。

1988 年 2 月，我国开始研究国外的期货市场制度，解决国内农产品价格波动问题。1988 年 3 月，七届人大一次会议提出，"要积极发展各类批发贸易市场，探索期货交易"，拉开了中国期货市场研究和建设的序幕。正是因为期货交易是公开进行的对远期交割商品的一种合约交易，在这个市场中集中了大量的市场供求信息，不同的人从不同的地点对各种信息的不同理解，通过公开竞价形式产生对远期价格的不同看法，使得期货交易发挥着"商品价格发现功能"，这种价格信息具有连续性、公开性和预期性的特点，有利于增加市场透明度，提高资源配置效率。

期权是基于期货交易发展而生，它是一种赋予持有人在某一特定日期或该日之前的任何时间，以固定价格购进或售出一种资产的权利合约。早在古希腊时期，就曾出现有关期权的记录。亚里士多德在其著作《政治学》中，记载了古希腊哲学家泰勒斯基于自身气象学知识预测来年春季橄榄将大丰收，于是他在很早时就支付较低的价格，获取了米拉特斯和西奥斯地区所有橄榄榨汁机的使用权利，当大丰收到来时，泰勒斯获得了巨大收益。另一个非常著名的早期期权案例记录在《圣经》中，拉班向年轻人雅各布提供了一种与他小女儿瑞秋结婚的"权利"，为了得到这种权利雅各布需要为拉班劳动七年，这七年劳工就如期权的"权利金"，而与瑞秋结婚则是雅各布获得的选择权。

期权和期货作为衍生工具，都具有风险管理、资产配置和价格发现等功能。但相比期货等其他衍生工具，期权在风险管理、风险度量等方面又有其独特的功能和作用：一是期权更便于风险管理，可提供类似"保险"的功能，交易中买期权就类似于买保险，权利金就等同于保险费；二是期权管理相对简便易行，期权交易中，买卖双方的权利与义务分离的特性使得在持有现货的基础上应用期权进行风险管理相比期货更加简便易行；三是期权能有效度量和管理波动风险，金融投资存在资产价格绝对水平下降的风险（通常称为"方向性风险"）和资产价格大幅波动带来的风险（通常称为"波动性风险"）。期权的权利金价格中包含了时间、利率以及反映资产价格波动性风险的因素，包含了投资者对未来现货价格波动的预期，从而使得期权在管理方向性风险的同时，还可以并且更加适合管理波动性风险。

（六）互联网金融的兴起

信息不对称、道德风险，以及传统金融对弱势群体服务送达成本高、效率低、风控难，是金融服务难以大众化、"长尾效应"难以发挥的核心痛点，这使得金融深化不得不联姻"FinTech"（金融科技）、不得不借力现代科技。

互联网金融方兴未艾，作为21世纪的金融新业态，它无时无刻不在展现着自己的独特魅力，无时无刻不在颠覆传统"板凳金融"。比尔·盖茨曾预言，"商业银行将成为21世纪的恐龙"，从银行的传统存在形态、传统经营模式等方面看，此话并不是危言耸听。

互联网金融冲破传统的时空概念，它可以在任何时间以任何形式实现任何距离的服务，没有时间和空间的限制；它可以带来金融服务成本的下降，在金融科技条件下，银行经营的人工成本、网点成本、风险成本、信息成本都明显缩减。以网商银行 2016 年的数据为例，网络银行的单个账户成本仅为 0.5 元，远低于传统银行的 30 ~ 100 元，贷款运营成本约 2 元/笔，更是低于传统银行的 2000 元/笔；互联网金融突破成本和风险管理的制约，大大延伸金融的服务领域和空间，通过利用信息资源优势、大数据的优势和云技术的优势，它可以持续跟踪个人的行为，进行信用分析，在互联网上，供求双方的信息沟通更全面、更专业、更具有针对性，资源配置的效率、资金供求相互之间匹配的程度大幅提高；互联网金融冲击分业经营格局和行业限制，使金融内部和金融与实体之间的融合更加紧密，形成真正的产业资本与金融资本的融合；互联网金融彻底改变传统的金融竞争策略，它借助互联网的信息及其处理能力的优势，随时随地为客户提供个性化需求的满足，真正实现"用户至上与产品营销、私人定制与大众服务"的统一。不难预言，正如美国福特的流水线被日本的定制化服务所打败一样，以客户为中心、定制化、标准化的金融服务打败传统金融服务，也会在金融领域发生。

二、金融推动历史

金融因社会需要而生，但它自诞生以来，又对人类经济社会发展产生了巨大的推进作用。从货币起源和金融业态变迁历程看，无论是货币的出现，还是银行的产生、股票和其他金融证券交易的出现，都是成功的金融创新，这些成功的金融创新既催生了现代金融体系，也在改变着现实世界。它们要么解决了物物直接交换的困难，要么出于资金融通的需要，或是为了更好地管理风险。特别是现代经济条件下，作为经济的核心和资源配置的枢纽，现代金融已发展到对个人至关重要、对社会至关重要的程度，许多现代社会的经济与社会问题的背后都是金融问题，它小则影响到个人的生产生活，大则影响到经济的兴衰、社会的进退和时代的更迭。这使得金融成为了人类进步、社会发展的"助推器"，整个金融发展史犹如一部人类发展史。

中国人民银行陈雨露副行长指出，从人类历史上看，以现代商业银行为特征的第一次金融革命为第一次工业大革命提供了大资金支持，以现代投资银行为特征的第二次金融革命为第二次工业革命重构了资本基石，以创业投资体系为特征的第三次金融革命为第三次工业革命缔造了新的推动力量，第四次工业革命赋予了金融业新的历史责任，金融科技引领的金融业集成创新将成为第四次金融革命的突出特征。[①]

（一）巧妙地运行

金融之所以能深刻地影响并改变着我们的生活，根本上在于金融有其独特的运行机制，在于其具有支付清算、融通资金、配置资源、管理风险、发现价格等重要功能。

它可以在时间上重新配置经济价值。最原始的金融活动就是简单的借与还。出借人推迟了价值的实现，借入者提前进行了价值实现，这一借贷行为在时间上进行了资源再配置。在时间维度上配置资源是金融活动的本质功能，借助金融活动，我们可以在时间上移动资源，满足了自身需要。比如，借助消费贷款，消费者可以平滑人生不同阶段以及各种意外带来的收入波动，平滑生命周期内的消费水平，提高人生效用，这一点西方经济学中的"生命周期理论"和"永久收入假说"都给予了详细阐述。再比如，农业生产活动中，一个没有存粮的农民通过借钱买种子，结合对土地和自身劳动的投入，在未来有可能收获远大于种子数量的收成。

它可以重新配置风险。借与还在时间上的不一致性，产生不确定性风险，但金融契约能将未来的风险暴露出来，并在不同的参与方之间进行分配。比如，人寿保险把单个家庭风险转移到保险公司，保险公司在承担风险的同时，通过把大量投保人的保单集合起来，再把寿险保单和其他保险业务保单集合起来，就可以分散降低风险，实现"我为人人，人人为我"的风险分担安排。

它可以重新配置资本。借助生产性贷款，有才干的企业家就有可以突破自身财富积累的约束，借钱扩大生产活动，提高闲置资金的配置效率，让人类的创造力得到更有效发挥。资本通过股票市场流入高效的企业，也可以实现同样的效果。金融使获得生产性资本更加便

---

① 陈雨露．"双循环"新发展格局与金融改革发展［J］．中国金融，2020（19-20）：19-22.

利，破除了生产性项目融资存在的自然约束，使金融促进经济增长变得水到渠成。

它可以润滑社会关系。有着"海上马车夫"之称的荷兰人早就建立了良好的商业信用。曾经一位荷兰船长带领自己的船队途经俄国的一个岛屿时，被结冰的海面包围住了，船长和船上的17名荷兰水手在此恶劣的环境下忍受了8个月的时间，他们为了生存拆卸掉了甲板当做燃料，以便在零下40摄氏度的环境保持体温；他们通过狩猎获取食物，船员8人因环境恶劣相继死去，但这些荷兰人从来没有动别人委托给他们的货物，而这些货物恰恰就是可以挽救他们生命的衣物和药品。冬去春来，幸存的荷兰人将货物完好无损地带回荷兰，送到委托人手中，他们用生命作为代价，守望信念，创造了传之后世的经商法则。

它创造文明。金融深深地根植于人类的文化和行为之中。中国有"养子防老、多子多福"的传统，这种子女照顾逐渐年迈的父母的社会契约，就是一个养老金计划。而通过购买养老保险这种正式金融契约则可实现优生优育。社会文明的标志体现为城市化、社会分工细化、精细的符号系统和复杂多元的社会关系，而金融在资金配置、契约精神上深化社会分工，推动社会资源向城市集聚，拓展人们的经济联系。

（二）金融推进社会变迁

过去5000年来，金融一直是人类追求美好生活不可或缺的一种工具。在现代经济条件下，金融的运行方向呈现出从价值流向实物流发展，从货币资金的运动向物质资源运动的方向发展。从宏观的角度观察，如果金融运行非常顺畅且融通资金和使用资金非常充分，这会进一步优化社会资源的配置效率，推动社会分工合作和促进经济发展。从微观的角度观察，金融活，经济活，金融已经成为管理和调控国民经济运行的重要工具。

金融已经渗透到我们生活的方方面面。有了房贷，我们在工作生涯伊始，就可以用"明天的钱"满足住房需求，而不用再苦等几十年的财富积累，实现了财富"效用最大化"安排。有了保险，我们有了抵御意外事件的底气，生活"痛苦指数"也得以降低。有了股票，我们可以广泛参与公司的经营和财富的创造，合理的投资会带来丰厚的回报。有了各种理财产品，我们可以享受专业的投资服务，实现财富保值增值，应对通货膨胀带来的财富缩水。有了互联网金融，我们支付更便捷，理财更方便，借贷更容易，人与人之间的交往和协作也更密切，人与社会的连接也更加便利。美国经济学家威廉·伯恩斯坦考察现代经济大增长指出，现代繁荣的实现需要四个要素：财产权、科学理性主义、随时可得的资本与通信技术，[①] 这里的资本与金融密切相关。

世界强国的崛起离不开强大的金融能力。公元前 431 年雅典和斯巴达的战争中，雅典急需补充各种物资，催生了古希腊金融业——"海事信贷"，为希腊的战争胜利提供了重要战略支撑。公元前 1 世纪，古罗马进入帝国时期，经济繁荣，是地中海的经济和文化之都，商业的繁荣促进了金融体系的发展。信贷扩张为罗马提供了大量基础建设的资金，促进了贸易活动，经济蓬勃发展。罗马通过四处征战脱颖而出成为帝国，关键因素在于其庞大的金融体系，为军队和统治阶级开支提供了必要的支持。

公元前 221 年，秦始皇统一货币，确定金铜本位制，为抑制诸侯势力发展、形成大一统的市场、巩固中央集权的财政基础提供了支持。公元前 113 年，汉武帝整顿和统一货币，规定全国统一使用上林三官铸造的五铢钱。在唐宋元（618—1368 年）时期，货币、信用有了较大创新。保管、存款、放款、汇兑等传统金融业务已经产生，产生了汇票（飞钱、便换）和世界上最早的支票——书帖，使中国商品经济空前繁荣。

到了世界大国崛起历史时期，金融已经成为经济、社会发展的关键因素。1609 年，在荷兰的阿姆斯特丹诞生了阿姆斯特丹银行和世界上第一个股票交易所，为荷兰提供了规模空前的资金支持，不仅促进了荷兰海外贸易的发展，还在荷兰对西班牙长达 80 年的战争中起到了决定性作用。17 世纪中后期，英国同法国、西班牙等国进行战争而产生了巨额财政赤字，设立英格兰银行成为最后的救命稻草。英格兰银行大举发行国债，并建成高效的债券市场，有效动员了全社会的资源，促进了

---

① ［美］威廉·伯恩斯坦（著），符云玲（译）. 繁荣的背后［M］. 北京：机械工业出版社，2011：46.

国内的政治稳定和对外扩张，为英国登上欧洲霸主地位发挥了积极的作用。

英国的"日不落帝国"近代史也表明，只有在金融革命发生之后，工业革命才有可能出现，经济的加速成长得益于金融的助推作用。英国经济学家约翰·希克斯深入研究了金融对于工业革命发展的作用，他认为，并不是技术创新直接推动了工业革命，而是金融革命导致了工业革命的产生。工业革命初期使用的技术创新在工业革命爆发之前就已存在，但是技术革命却没能推动经济的持续增长，也没能推动工业革命的产生。因为业已存在的技术发明缺乏大规模资金以及长期资金的资本土壤，便不能使其从作坊阶段走向诸如钢铁、纺织、铁路等大规模工业产业阶段，得出了"工业革命不得不等候金融革命"的结论，进一步验证了金融对于时代进步具有关键意义。

美国自 1776 年独立建国到发展为头号资本主义国家，早期大规模经济开发和产业兴起很大程度上得益于金融体系的资金动员能力。"二战"后，美国主导建立布雷顿森林体系，美元取代英镑成为主要国际货币，为其谋取霸权、成为世界头号超级大国提供了重要条件。由汉密尔顿的金融计划到 19 世纪伊利运河和铁路建设的融资，由美国内战中资助联邦政府到 19 世纪末的金融垄断的形成，再到 20 世纪美国科技的腾飞，其发展过程中的每一个环节背后都有金融资本的支持。通过发行股票筹集大规模资金，美国修建了铁路和运河，使美国迅速整合成为一个统一的经济体；通过发行国债，筹集了全国民众资金，使北方在独立战争中取得胜利，美国华尔街成为了全球第二大资本市场；1971 年 8 月 15 日美元与黄金脱钩，美元发行不再以黄金为锚，美元霸权正式建立，美国更加便利地从全世界获得实物资源。

我国在社会主义革命和建设中，金融也同样发挥着重要作用。苏维埃时期，发行了"工字银元"，[①] 在中央苏区设立了国家银行。在之后的抗日根据地和解放区，建立了有效的货币金融体系。新中国成立伊

---

① 土地革命时期最早发行的铸币，1928 年井冈山造币厂铸。"工"是工农苏维埃含义，随后发行纸币劳动券等。正面是一只老鹰，背面是一个宝石。"工"字银元就是在墨西哥鹰洋上面刻了工字，以象征工农政权，别的地方区别不大。

始，我国组织了"银元之战"① "米棉之战"，② 有力打击投机资本，有效平抑物价，迅速统一财经，稳定了新中国经济秩序。随后，又成功进行货币改革，人民币成为法定纸币，建立了适应当时经济体制的银行体系。甚至于人民银行的诞生，也是从红色政权中开始萌芽、演变发展到最终成立的，是红色金融的重要组成部分，先天具有忠诚于党、服务于人民的政治基因。

改革开放以来，我们党更加重视金融在经济社会发展中的作用，更加重视金融工作。1991年，邓小平同志高瞻远瞩地指出，"金融很重要，是现代经济的核心。金融搞好了，一着棋活，全盘皆活"。为发展社会主义市场经济，我国对原来高度集中的国家银行体制进行改革，初步建立中央银行体制和以银行、证券、保险为主体的金融体系，重建资本市场，推进金融开放。1997年以来，在金融改革发展的重要关头，党中央先后召开5次全国金融工作会议，研究解决金融领域带有全局性的重大问题，采取一系列举措防范金融风险，推动金融更好为经济社会发展服务。现代金融制度的建立和持续改革完善无不在推动经济社会发展，为新中国的建设与发展、为改革开放以来取得的重大经济成就作出了重大贡献。

第二节　金融的另一面

金融对经济社会发展产生巨大正向作用的同时，也会因金融制度的

---

① 银元之战是上海解放初期，在上海发生的一场经济风波。由于部分拥有大量资产的投机者试图通过银元的投机来阻止人民币进入上海市场流通，并获取如同在解放前的暴利。事件最终演变成为共产党与资本投机者的对抗。不久上海军管会采取了强有力的行政干预手段，平息了这一银元风波。党中央称此次事件的意义非常重大，毛泽东同志评价"银元之战"的作用不亚于一场淮海战役。

② 银元之战后，人民币的地位得到巩固，但上海以至全国的物价并没有停止上扬的势头。在银元之战中受到打击的上海投机资本不甘心失败，很快转向粮食、棉纱和煤炭市场，利用物资极其匮乏的机会，大做投机生意，引发又一次全国性涨价高潮。在这种情况下，中财委主任陈云决定以上海为主战场，打一场平抑物价的歼灭战。将大批粮食、棉纱和煤炭从全国各地紧急调往上海、北京等大城市，准备以经济实力压垮投机商，并采取政治手段收税和收公债等。市场物价在投机商人哄抬之下达到顶点的时候，指导各地集中时间、集中物资统一向市场抛售，同时收紧银根，征收税款。暴涨的物价在市场规律的作用上迅速下跌，米棉之战最终取得了胜利。

不完善、对金融发展中公平与效率关系把握得不恰当，使得金融在经济社会发展或个人生产生活中有着巨大的负面作用。

一、效率抑或公平

效率与公平的平衡问题是经济学研究的一个永恒主线。自亚当·斯密的《国民财富的性质和原因的研究》和《道德情操论》问世以来，经济增长和财富分配就成为了人们理解世界经济历史的经久不衰的议题。

"为什么一些国家富裕，而另一些国家贫困""韦伯疑问"①"李约瑟之谜"②"马尔萨斯陷阱"③"中国奇迹"④ 等问题一直在激发人们的研究兴趣，地理环境决定论、文化决定论、技术决定论、制度决定论、战争优势论等观点和主张不胜枚举，但从规范经济学视角观察可以发现，经济增长和财富分配问题的实质可以反映为效率与公平问题，这主要因为不同的历史发展阶段，对效率与公平的不同侧重，决定着经济增长的绩效和财富分配的结果。换句话说，效率与公平无时无刻不在影响着"经济结构及实绩"，也无时无刻不在影响着劳动、资本、土地、技术以及制度、政治、文化、战争等，这些因素又无时无刻不在决定着经济增长和财富分配的配置和运行。

经济学意义上的效率是指在人们的偏好和现有的技术条件下，充分利用有限资源的程度，形成经济社会效益的水平。⑤ 效率往往是由经济活动的既定制度（如产权制度、政治制度、经济制度、文化制度等）安排的结果。而公平意在有关经济活动的规则、权利、机会和结果方面的

---

① 韦伯在其著作《儒教中国政治与中国资本主义萌芽：城市和行会》中提出：工业革命为何没有首先发生在孕育了资本主义萌芽的中国？

② "李约瑟之谜"的大致意思是，在古代创造了辉煌文明并领先于西方世界的东方世界，为什么近代以来落后了？

③ "马尔萨斯陷阱"的大致意思是，人口增长是按几何级数增长的，而生存资料仅仅按算术级数增长的，多增加的人口总要以某种方式被消灭掉，人口不能超出相应的农业发展水平。但经济历史中，英国通过开拓殖民地、推进工业革命及开展对外贸易，成功跨越了"马尔萨斯陷阱"。

④ "中国奇迹"的大致意思是，中国改革开放以来30多年的高速增长，中国崛起速度之快，不仅贡献了全球经济增长的很大份额，而且激起了人们关于何时中国可以替代美国登顶全球的激烈讨论。

⑤ 尼古拉斯·巴尔. 福利国家经济学 [M]. 北京：中国劳动社会保障出版社，2003：75-79.

平等和合理，是调节社会关系、财富分配关系的一种规范。公平与效率受制于一个国家特定的社会经济结构、政治结构和文化结构，通过制度运行反映出来。

在经济运行中，效率与公平存在着对立统一关系。效率是公平的基础，没有效率的极大提高和生产力的极大发展，公平将受到制约。公平涉及社会稳定，激发生产要素的积极性，从而有利于全面促进生产要素效率的提高。不公平也会带来反对、反抗，如收入差距过大产生的两极分化，会增加社会不稳定因素甚至发生社会震荡，必将降低生产效率。无论威廉·阿瑟·刘易斯的劳动剩余模型理论，还是西蒙·库兹涅茨的"倒 U 形假说"，都从不同角度论证了效率与公平目标在同一时期可能存在不一致的情况。即在一定时期内，为达到公平，可能会牺牲一定效率。为促进效率，可能要以牺牲一定的公平为代价。

西方经济学特别强调效率与公平在矛盾中统一。经济学鼻祖亚当·斯密在他的《国富论》开篇中就指出，如果没有效率、没有人们赖以生存的物质条件，一些人连最基本的生存条件就不能得到保障。如果是这样公平何从谈起呢？"蛋糕"是公平分配的前提和基础，没有物质财富的积累，如何谈及公平的分配呢？同时他又在《道德情操论》中指出："如果一个社会的经济发展成果不能真正分流到大众手中，那么它在道义上将是不得人心的，而且是有风险的，因为它注定要威胁社会稳定"。

对效率与公平的选择必须与所在的社会制度及所处的历史阶段相适应，这样会促进经济社会的发展，否则会阻碍经济社会发展，这个与马克思著名的"生产关系一定要适应生产力发展"是一样的道理。因此，根据不同的发展阶段和社会目标，权衡好效率与公平的关系至关重要。美国经济学家阿瑟·奥肯指出，"在许多岔口上，社会面临着选择，或是以效率为代价的稍多一点的平等，或是以平等为代价的稍多一点的效率"，[1] 并进一步指出"市场需要有一定的位置，而且市场需要受到约束"。[2]

---

[1] [美] 阿瑟·奥肯（著），王奔洲等（译）. 平等与效率——重大抉择 [M]. 北京：华夏出版社，2010：2.

[2] [美] 阿瑟·奥肯（著），王奔洲等（译）. 平等与效率——重大抉择 [M]. 北京：华夏出版社，2010：150.

在工业革命初期，为释放技术创新红利，恩格斯主张不能仅仅因为追求公平而搞历史倒退。到高度发达的资本主义阶段，社会发展需要注入更多公平，美国经济学家约瑟夫·E. 斯蒂格利茨指出，"绝大多数美国人根本就没有从国家的增长中获益"，[①] 并进一步提出，"即便市场本身是稳定、有效率的，也会经常造成高度不平等，进而给人以不公平的感觉，造成人们走上街头抗议的原因是对经济体制和政治体制的不公平感，而不是其他什么东西……二者之一必须做出让步——要么我们的政治，要么我们的经济"。[②]

从历史上看，荷兰、英国等国都曾经是世界头号强国，显然在各自经济腾飞阶段，得益于对激发效率的制度安排。而当经济发展到一定阶段，过分追逐效率损害社会公平甚至危害社会稳定时，对公平的重视或保护成为经济继续增长不可或缺的条件。如美国宪法通常被认为促进了该国经济的发展。美国在其成立后的一百多年内，目标是维护并扩张自由市场经济的自由和效率。而进入 20 世纪后，因过分依赖市场自身的原则和分配机制，带来大工业的萧条，生产和消费的全国性危机使得联邦政府的国家权力在新形势下得到了扩张，政府不仅深度调控经济领域资源分配，而且也开始矫正社会领域的不公平现象。1935 年美国出台了《社会保障法》《美国国家劳资关系法》等，调节社会矛盾，维护社会生产力。

中国在唐朝末期贫富分化严重，富人拥有弥望之田，穷人却无立锥之地。公元 873 年，唐僖宗即位。当年，关中地区相继遭遇旱涝灾害，很多农民颗粒无收，只好采摘莲子磨面，再掺杂树叶充饥，道路两旁皆是饿死的饥民。即便如此，当局依然逼迫百姓交税、服役，百姓走投无路，只好揭竿而起。黄巢起义的爆发，直接导致唐末国力大衰，加速了唐朝的灭亡。

而对于英国，虽然早在 1601 年英国即颁布了《旧济贫法》，但 17 世纪至 18 世纪末政府关注的只是经济如何能更快发展。到 19 世纪 70

---

① ［美］约瑟夫·E. 斯蒂格利茨（著），张子源（译）. 不平等的代价［M］. 北京：机械工业出版社，2016：XII.

② ［美］约瑟夫·E. 斯蒂格利茨（著），张子源（译）. 不平等的代价［M］. 北京：机械工业出版社，2016：XI.

年代以后，英国农业出现萧条，工业生产下降，失业贫困等社会问题更是严重。西博母·特朗里、查理·布思对当时英国的状况进行了调查，当时伦敦有三分之一的人生活在贫困线以下，他们营养不良，缺衣少食，在伦敦东区约有 13.3% 的人生活在饥寒交迫中。西博母·特朗里对当时约克郡的贫困调查显示，若一个家庭有 3 个孩子，他们每周至少需要 21 先令 8 便士才能勉强维生，然而在约克郡，约有 6.8% 的工人家庭每周的收入要低于这个水平，他们的总人数约占约克郡总人数的 3.6%。失业也是当时困扰英国发展的一个问题，根据贸易记录显示，当时格拉斯哥码头的临时工中有一半经常处于失业状态。到 1909 年，建筑业工会会员失业率达 11.7%。赖德·哈格德对当时东部英格兰的济贫院进行了生动描述，"在用砖铺成的地面上，到处是贫困的妇女和满脸肮脏、四处乱爬的孩子，老年妇女躺在床上气喘吁吁，无法动弹，或围坐在火炉旁大声地咳嗽，老年男子弓着背忙着活计，苟延残喘"。这个画面与英国贵族的奢靡生活形成鲜明的对比。严重的社会危机阻碍了英国的第二次工业革命，很快被美、德两国赶超，世界霸权实现转移。

金融资源镶嵌于社会再生产的生产、分配、交换、消费各个环节，作为"货币资金"和现代经济的核心，金融资源可以转换成技术、资本、劳动等生产要素，这使得金融发展与经济发展一样，也必须权衡好公平与效率的关系。效率和公平的关系处理得当，则金融就成为"好金融"，能够促进和谐、社会向好的方向发展，有利于社会稳定和经济发展，反之亦然。

二、金融的负向作用

"天下熙熙，皆为利来；天下攘攘，皆为利往"，[①] 这说明利之所在，商之所存。走卒贩夫、引车卖浆，辛苦谋生，无他，唯利而已。马克思描述了商品经济条件下资本流通总公式：$G - W - G'$，其中的 $G' = G + \Delta g$，Δg 表示原预付资本的增加额，该公式表明在资本流通过程中，货币在运动中发生价值增值，追求价值增值也是资本的天然动机。现代

社会条件下，因市场力量的作用，金融也产生于金融资源对利益的追逐，哪里有利可图，金融资源就会流向哪里。金融资源在逐利本性的引导下，从弱势经济体流向强势经济体、从农业流向商业、从偏远流向富裕地区，都是市场经济自发作用的结果。

虽然从微观的、效率的角度来看，有助于资源优化配置，但从整个社会角度来看，金融资本过度扶强弃弱，过度追求效率、忽视公平，就会破坏机会均等，甚至出现明显的"马太效应"，富者越富、贫者越贫，社会怨恨情绪不断酝酿和膨胀，社会犯罪率呈恶性上升趋势，危及社会结构稳定，使得金融如同硬币的两面，有"好""坏"之分。社会发展进程中，因金融发展不足，或因金融过分以利益为导向，加剧经济结构失衡、经济社会两极分化甚至政权不稳定的事件并不鲜见。

在不同行业、不同群体获得金融资源不平衡，一部分行业、一部分群体的金融资源高度集中，杠杆率居高，甚至出现资产泡沫，而另一部分行业、一部分群体缺乏金融服务，面临融资困难。① 结果是，金融资源配置的过度集中，极易造成金融自我循环，投机过度，尤其是扭曲的利益追求，极易发生金融风险，也会因社会两极分化的扩大，不能进一步促进经济增长，反而阻碍经济发展。2020 年 12 月 11 日中央政治局会议强调，强化反垄断和防止资本无序扩张，这既是从讲政治的高度思考和推进经济社会发展工作的重要体现，也蕴含着要"把资本装入笼子"，防范互联网大平台等新经济独角兽"赢家通吃、机会垄断"，② 以维护普通群众、中小微企业的"上升通道"。

美国经济学家罗伯特·希勒指出，社会结构根源于金融结构，金融结构的不合理会造成社会结构的不合理。托马斯·皮凯蒂在他所著的《21 世纪资本论》中指出，"长期来看，资本的收益率总是高于国民收入的增长率"。根据这个结论可以得出的是，如果资本的收益率持续远远超过我们每个人的工资、薪酬的增长率，那么金融资源配置的结构性

---

① 刘锡良，文书洋. 中国存在过度金融化吗［J］. 社会科学研究，2018（3）.

② 有观点认为，互联网平台虽是私人部门运作，但有准公共性，垄断带来高用户成本甚至市场进入障碍。个别行业龙头往往先是通过资本的无限扩张，低价倾销挤压对手，形成垄断市场和市场优势，这些优势又通过大数据体现出来，让各个行业的普通企业处于劣势。《人民日报》发表评论指出，掌握着海量数据、先进算法的互联网巨头，理应在科技创新上有更多担当、有更多追求、有更多作为。别只惦记着几颗白菜、几斤水果的流量，科技创新的星辰大海、未来的无限可能性，其实更令人心潮澎湃。

矛盾就必然引发经济社会的结构性矛盾，那么金融也会沦为剥夺的工具，影响正确的财富观，影响社会的公平正义。这种现象背后的逻辑就是：越是富有的人越可以获得金融资源，越是贫穷的人越没有金融资源，从而更加落后。

美国华尔街运动就是金融问题在社会问题上的集中反映。美国官方统计表明，1967 年美国的家庭收入基尼系数是 0.399，到了 2016 年，这个数字上升到 0.481，社会财富向少数人集中的趋势日渐明显。2008年金融危机爆发后，华尔街的金融巨头依然享受着高额福利和奖金，另外广大的中下阶层却因金融危机的影响而失业。2011 年，一群示威者现身美国纽约华尔街，发起了"占领华尔街"运动。很快，在这场运动的号召下，美国不少城市都出现了类似的"占领"运动，甚至波及了深陷主权债务危机泥潭的一些欧洲国家。"占领华尔街"运动的一个标志性口号是"我们都是99%"，明确抗议少数人对社会财富的贪婪与不公平占有。英国脱欧、特朗普入主白宫都反映出全球化进程中民粹主义的兴起和美欧铁锈地带、中低收入人群的共享发展诉求。

金融服务的结构性问题引发经济社会的结构性问题，在我国也较突出。改革开放以来，我国在市场化改革进程中，逐步形成了运行高效、适度竞争的商业化现代金融体系，有效释放了金融活力，有力地支持了改革开放和经济快速发展。但金融发展中，金融体系以商业性金融为主，政策性金融在机构设置、人员、资产规模、贷款规模上都难以与庞大的"三农"金融需要相匹配，且政策性金融大都服务于农业开发贷款、农副产品收购贷款、交通、能源等基础设施和基础产业贷款以及进出口贸易等，难以直接惠及农民、小微企业、贫困人群等市场主体。当前，我国银行业金融机构总资产达 282.5 万亿元，资产规模较大的依次为大型商业银行、股份制商业银行、城市商业银行和农村金融机构，这四类金融机构资产规模占比达83.5%，而包括政策性银行在内的其他金融机构资产规模占比仅 16.5%。从贷款规模看，以河南省为例，2019年末，河南省辖内全金融机构贷款余额 5.57 万亿元，其中商业银行的贷款余额占全省的88%，而政策性银行的贷款余额占比仅为12%，"一家独大"的商业性金融使得传统金融服务过分追求效率优先、利益第一，表现出"身居闹市，等客上门""财富信用，锦上添花""行业高利、规避风险"三大特征,导致金融资源过度向强势领域、强势客户集中,城市对农村"虹吸效应"明显,县域积累的储蓄资源没能用于相对落后的农村建设,反而有大量资金流入大城市、大产业、大客户,县域、"三农"得不到有效的金融支持,导致不同区域、社会领域分化严重。这既严重影响社会公平,也反过来影响社会效率。

粗略统计,中国有 500 万~600 万家小型企业、6000 万~7500 万家微型企业以及 1.8 亿~2 亿户农民家庭,整个社会结构呈"正金字塔"形状。而金融服务的"倒金字塔",即处于金字塔底层弱势的群体,特别是对于小微企业而言,金融服务是远远不够的,这种非对称性的结构性矛盾,让一部分人总是优于另一部分人获得金融资源,固化着不合理的金融服务结构,在"马太效应"的作用下,社会结构也就固化成纵向通道堵塞。这种过度金融化与金融抑制共存的局面,既积累金融风险,也引发经济社会的两极分化,与共同富裕的社会主义根本原则相背而行。在中国进入新时代的历史方位下,金融发展面临着从"过分追求效率"转向"兼顾公平和效率,部分薄弱环节公平优先"的转型。

第三节　普惠金融的提出

正是对金融发展中公平与效率关系的重新把握,以及对金融正向作用的关注和负向作用的反思,普惠金融概念由联合国 2005 年正式提出。从 20 世纪 90 年代以来,国际社会持续关注贫困问题。越来越多的政府和金融机构意识到,单纯为经济弱势群体提供信贷服务是不够的,贫困主体还需要获得更广泛的金融服务,比如储蓄、汇兑、保险等。小额信贷机构开始向微型金融过渡,致力于为经济弱势群体提供全面、多元的金融服务。联合国资本开发基金会测算,大约超过 2 亿的人口被正规金融机构所排斥,这种情况在最不发达国家更严重,在这些国家大概超过90% 的人口是被正规的金融系统所排斥的。在此背景下,1997 年 2 月第一次全球小额信贷峰会召开,目的是汇总全球小额信贷活动实践以探讨其作为减除贫困的有效工具的可行性。峰会上,代表们提出了要将小额信贷覆盖到世界上最穷的百万家庭中,特别是这些家庭中的妇女,到

2005 年末，通过提供小额信贷，要帮助她们实现自雇劳动以及其他的财务和商业服务。

1998 年，联合国大会宣布 2005 年是"国际小额信贷年"，"建立普惠金融体系，实现千年发展"目标成为 2005 年小额信贷年正式的一个口号。小额信贷发展到目前，全球的小额信贷实践者赞同普惠金融惠及贫困者应是贫困阶层的一种优先权，将获得金融服务视为一种人权，以此与金融排斥作斗争。到 20 世纪 90 年代，小额信贷机构转型为"微型金融"，不只是提供小额贷款，也提供各种多元化的金融服务，这种模式吸引了部分商业银行如花旗银行等进入该领域。

2006 年，联合国发布《普惠金融体系蓝皮书》，将普惠金融定义为包容性金融，为社会所有阶层和群体提供平等、可承担的金融服务，并号召各国建立有效、全方位地为社会所有阶层和群体提供服务的金融体系。其背后是消除贫困和不平等的社会诉求和政策考量。此后，联合国、世界银行、国际货币基金组织、全球普惠金融合作伙伴组织对普惠金融进行了大力推广和应用。

党的十八大以来，以习近平总书记为核心的党中央从实现中华民族伟大复兴中国梦、推进国家治理体系和治理能力现代化出发，将金融工作提升到前所未有的高度，阐述了一系列新思想、新论断、新要求。要求金融要回归本源，服从服务于经济社会发展。强调金融要注重惠民导向，加快建设普惠金融体系，推进金融精准扶贫。党的十八届三中全会明确提出发展普惠金融。2015 年国务院专门出台《推进普惠金融发展规划（2016—2020 年）》，明确了发展普惠金融的指导思想、基本原则、总体目标和具体措施。2016 年 G20 杭州峰会通过了中国牵头制定的《G20 数字普惠金融高级原则》，更使得中国对普惠金融的重视获得国际社会普遍认同。2017 年召开的第五次全国金融工作会议再次强调要建设普惠金融体系。2018 年中央一号文件进一步提出"实施乡村振兴战略，必须解决钱从哪里来的问题……普惠金融重点放在乡村"。2019 年召开的党的十九届四中全会更是从坚持和完善中国特色社会主义制度、推进国家治理体系和治理能力现代化的高度，提出要健全具有高度适应性、竞争性、普惠性的金融体系。2020 年中央一号文件又细化提出"稳妥扩大农村普惠金融改革试点，鼓励地方政府开展县域农户、中小企业信用评级，加快构建线上线下相结合、'银保担'风险共担的普惠金融服务体系，推出更多免抵押、免担保、低利率、可持续的普惠金融产品"。2020 年 7 月 21 日，习近平总书记在企业家座谈会上指出，确保各项纾困措施直达基层、直接惠及市场主体，强化对市场主体的金融支持，发展普惠金融。2021 年中央一号文件又进一步指出："发展农村数字普惠金融""鼓励开发专属金融产品支持新型农业经营主体和农村新产业新业态，增加首贷、信用贷"。这些政策要求都为新时代普惠金融实践指明了方向、提供了遵循。

经济基础决定上层建筑，上层建筑反作用于经济基础。当前，我国之所以强调普惠金融，有深刻的社会背景和政策含义。从消除贫困、实现共同富裕等社会主义本质和社会主要矛盾已经转化为人民日益增长的美好生活需要和不平衡不充分的发展之间的矛盾的新时代发展阶段出发，在金融发展中添加社会主义的公平特性，这既是坚持党中央集中统一领导，确保金融改革正确方向的集中体现，更是我党坚守"以人民为中心"的理念在开展中国特色社会主义现代金融实践的重要要求。反映在经济层面，要全面建成小康社会，最终实现社会主义共同富裕，就必须要构建一个好的金融体系，这个金融体系不是只讲利益，还要多讲公平，通过普惠金融架起桥梁让好金融与好社会相互影响、相互促进，在融合共生中实现公平和效率的平衡。

具体而言，大力发展普惠金融实践，一是党管金融、服务为民的重要体现。金融工作是党集中统一领导的。习近平总书记多次对普惠金融工作做出重要部署，反复强调金融要回归本源，要服从服务于经济社会发展，要把更多金融资源配置到经济社会发展的重点领域和薄弱环节，这是我党"以人民为中心"的执政理念在中国特色社会主义现代金融实践中的重要体现。二是新发展理念下，社会主要矛盾发生深刻变化，运用金融推动解决经济社会问题的重要战略抉择。金融是治国理政的重要手段，是现代经济的核心和资源配置的中枢。市场经济条件下，经济社会与金融结合更加紧密、相互作用更加明显，许多经济社会问题实质上就是金融问题。发展普惠金融，向重点领域和薄弱环节倾斜性配置金融资源，在金融发展中添加公平元素扬金融之"好"、弃金融之"殇"，一方面可以促进重点领域和薄弱环节资本积累，实现经济包容性增长；

另一方面，可以为弱势群体提供生产和投资机会，增强其内生发展动力。为此，国家普惠金融五年发展规划明确指出了普惠金融对金融业可持续发展、大众创业万众创新、发展方式转型升级以及增进社会公平和谐的重要意义。三是发展普惠金融，是我国全面小康、乡村振兴和县域高质量发展的现实需要。全面小康、乡村振兴和县域高质量发展的实施主体主要集中在"三农"和县域，这些主体也大都是普惠金融的重点服务群体，全面小康、乡村振兴和高质量发展能否如期实现，与普惠金融能否真正落地紧密相关。特别在当前加快形成国内大循环为主体的新格局、补链强链的新形势下，通过普惠金融发展，将金融资源合理分布于经济运行的每一个环节、切实服务好每一个市场主体，不仅必要，而且意义重大。

第四节　普惠金融的理论考察

从最初的金融排斥逐渐发展到金融包容和金融公平，是发展经济学中金融发展理论的重要前沿和升华。发展经济学包括产业结构与升级、资本形成、金融发展与经济增长的关系等。普惠金融与金融发展理论中的各个分支理论一脉相承，具有非常紧密的内在关联性。金融发展理论代表性的理论包括金融结构论、金融深化论和金融功能论等。它们都与普惠金融有着深层次的理论渊源，通过考察这些理论，有助于理解普惠金融的价值和要义。

任何理论的诞生和形成都有其特定的历史基础和客观背景。金融结构论认为，"二战"后，发展中国家存在重资本形成、轻资源配置的现象，这种现象会导致金融结构落后，落后的金融结构又会制约经济发展。金融深化论认为大多数发展中国家金融市场是一个不完全的市场，行政干预明显，存在着金融压抑，提出政府部门要放松对金融体系的管制，增加利率弹性，使其能够反映市场中的资金供求关系，进而提升资金的使用效率，促进储蓄与投资的转化。金融功能论主张首先要确定金融应具备哪些经济功能，然后据此来设置或建立可以最优地行使这些功能的机构和组织。金融结构论从结构主义视角解释了金融排斥的原因，金融深化论则强调发展中国家要推行金融自由化，金融功能论则强调金融体系与金融功能的适应性，这些理论在特定的历史阶段和现实背景下都具有较强的指导意义。

根据以上理论，当金融发展到一定水平，特别是金融成为引发社会矛盾、两极分化的重要因素时，强化政府在资源配置中的作用，以公平促效率的金融发展政策取向成为必然。这里通过构建金融资源在不同社会群体之间的配置关系来说明经济发展与普惠金融之间的关系。

假设经济中现有金融资源总量为 K，经济主体的总量为 L，每个经济主体的劳动禀赋为 $l_i = 1$，其效用函数为 $\int_0^{+\infty} e^{\rho t} \ln U dt$，其中 ρ 表示时间偏好，$\ln U$ 表示瞬间效用函数。基于本书讨论的问题，假设经济体中存在两种不同社会群体，一种是强势群体，这一群体主要以大城市、大企业、富裕阶层为主，其主要特征是数量有限并占有大量的金融资源；另一种是弱势群体，这一群体主要以落后地区和欠发达地区、中小微企业、贫困人口为主，其主要特征是数量众多并占有较少的金融资源。与两种不同社会群体相结合的生产关系可分为强势生产组织方式和弱势生产组织方式，融资方式可分为商业性金融发展模式和普惠金融发展模式。

在强势生产组织方式下，经济主体的劳动禀赋和金融资源投入水平用下标 j 表示，其生产函数为：$y_j = k_j^\alpha l_j^{1-\alpha}$；在弱势生产组织方式下，经济主体的劳动禀赋和金融资源投入水平用下标 i 表示，其生产函数为：$y_i = k_i^\alpha l_i^{1-\alpha}$（在强势生产组织方式中，由于先进技术或者管理经验的运用，我们假设其生产的"中间产品"附加值更高，该产品生产过程中每单位劳动禀赋和金融资源投入 $k_i < k_j$）。

假设从事弱势生产组织方式的经济个体总数为 $\int_0^\tau di$（其中 $\tau \in [0, 1]$），从事强势生产组织方式的经济个体总数为（$1 - \int_0^\tau di$）。经济中现有金融资源总量 K 被用作三部分：在弱势生产组织方式中用于生产最终产品的金融资源量为 $K_1 = \int_0^\tau k_i di$；在强势生产组织方式中用于生产产品的金融资源量包含 $K_2 = \int_\tau^1 k_j dj$ 和 $K_3 = 1 - \tau$ 两部分，其中 K_2 表示最终产品生产过程中与劳动（经济个体）结合的部分，K_3 表示高附加值产品生产过程中的"中间产品"部分，因此金融资源总量可表示为 $K = K_1 + K_2 + K_3 = (1 - \tau) + \tau k_i + (1 - \tau) k_j$，在现实的经济社会中可获得的最终产品总量为两种生产方式下的总产量可表示为 $Y = \int_0^\tau k_i^\alpha di + \int_\tau^1 k_j^\alpha l_j^{1-\alpha} dj$。

从这里可以看出，当 $\tau = 1$ 时即经济处于弱势生产组织方式时，经济主体获得的金融资源有限，不利于弱势群体及弱势生产组织方式的可持续发展，与政府国策中的实现共同富裕、脱贫攻坚目标不完全一致。为了实现更加包容普惠的发展方式，需要对金融资源在不同社会群体之间的配置关系进行分析，在这里我们主要考虑以下条件：

1. 均衡条件下的要素报酬

在现实经济体中消费者只能消费最终产品，故采用最终产品进行资本报酬分析。最终产品的资本边际报酬为 MR_1 和 MR_2，其中 $MR_1 = \dfrac{\partial Y}{\partial K_1} = \dfrac{\partial Y}{\partial k_i} = \dfrac{1}{\partial K_1 / \partial k_i} = \tau \alpha k_i^{\alpha-1} / \tau \alpha k_i^{\alpha-1}$ 和 $MR_2 = \dfrac{\partial Y}{\partial K_2} = \dfrac{\partial Y}{\partial k_j} = \dfrac{1}{\partial K_2 / \partial k_j} = (1 - \tau) \alpha k_j^{\alpha-1} l_j^{1-\alpha} / (1 - \tau) = \alpha k_j^{\alpha-1} l_j^{1-\alpha}$。当经济体中从事弱势生产组织方式和从事强势生产组织方式的资本边际报酬不相等时（即 $MR_1 \neq MR_2$），资本会逐渐流向边际报酬较高的生产方式，直至达到均衡状态（即 $MR_1 = MR_2$），此时 $k_i l_j = k_j$；弱势生产组织方式下的劳动报酬表示为 $\varphi_i = y_i - k_i \times \alpha k_i^{\alpha-1} = (1 - \alpha) k_i^\alpha$，强势生产组织方式下高附加值产品报酬为 $\varphi_j = y_j - k_j \times \alpha k_j^{\alpha-1} l_j^{1-\alpha} = \varphi_i l_j$；最后强势生产组织方式下分析中间产品生产中资本报酬与劳动报酬之间的配置关系 [假设资本 K_3 的边际报酬为 φ_j^1，则有 $\varphi_j = MR_3 + \varphi_j^1$，其中 MR_3 占比为 n，φ_j^1 占比为 $(1 - n)$]。当达到均衡时，强势生产组织方式下的劳动报酬与弱势生产组织方式下的劳动报酬相等，此时 $\varphi_j^1 = \varphi_i$，且 $\varphi_j^1 = (1 - n) \varphi_j = (1 - n) \varphi_i l_j$，由此可得 $n = \dfrac{l_j - 1}{l_j}$。当 $MR = MR_1 = MR_2 = MR_3$ 时，可得：$k_i = \dfrac{\alpha}{(1 - l_j)(\alpha_1)}$；$MR = \alpha \left[\dfrac{(1 - \alpha)(l_j - 1)}{\alpha} \right]^{1-\alpha}$；$\varphi_i = (1 - \alpha)^{1-\alpha} \left(\dfrac{\alpha}{l_j - 1} \right)$。

2. 金融资源配置与劳动参与度

由前文分析可知，金融资源总量可表示为 $K = K_1 = K_2 = K_3$，进一步

得到 $1 - \tau = (1 - \alpha)K + \dfrac{\alpha}{(1 - l_j)}$，当 $1 - \tau = 0$ 时（即 $\tau = 0$ 时将所有劳动都投入到弱势生产组织方式）可得 $K^* = \dfrac{\alpha}{(1 - \alpha)(1 - l_j)}$。当 $K < K^*$ 时，所有劳动都投入到弱势生产组织方式中，此时的生产函数为 $Y = K^\alpha$，设消费的增长率为 $g_c = \dfrac{\partial Y}{\partial K} - \rho$，当 $g_c = 0$ 时可以得到稳态资本存量 $K^{**} = \left(\dfrac{\alpha}{\rho}\right)^{1/(1-\alpha)}$。当 $K^{**} < K^*$ 时，资本参与生产中间产品的收益小于参与最终产品的收益，故此时中间产品的生产为零。当 $\tau = 0$ 时（即将所有劳动都投入到强势生产组织方式中），此时的临界资本存量为 $K^{***} = \dfrac{1}{(1 - \alpha)} - K^*$。

3. 金融资源配置与消费增长

当 $K < K^*$ 时，所有劳动都投入到弱势生产组织方式中，此时的生产函数为 $Y = K^\alpha$，消费的增长率为 $g_c = \alpha K^{\alpha - 1} - \rho$；当 $K^* \leqslant K \leqslant K^{**}$ 时，此时的生产函数变为 $Y = \int_0^\tau k_i^\alpha di + \int_\tau^1 k_j^\alpha l_j^{1-\alpha} dj = \alpha^\alpha (1 - \alpha)^{1-\alpha}(l_j - 1)^{-\alpha}[1 + (l_j - 1)K]$，其中：$Y = K^{*\alpha} - \int_\tau^1 k_i^\alpha di + \int_t^1 k_j^\alpha k_j^{1-\alpha} dj$，因为：$k_i l_j = k_j$，$K^* = \dfrac{\alpha}{(1 - \alpha)(1 - l_j)}$，$1 - \tau = (1 - \alpha)K + \dfrac{\alpha}{(1 - l_j)}$ 所以：$Y = \left[\dfrac{\alpha}{(1 - \alpha)(1 - l_j)}\right](1 - \alpha)[1 + (l_j - 1)K]$，即：$Y = \alpha^\alpha (1 - \alpha)^{1-\alpha}(l_j - 1)^{-\alpha}[1 + (l_j - 1)K]$。消费的增长率为 $g_c = \alpha^\alpha (1 - \alpha)^{1-\alpha}(l_j - 1)^{1-\alpha} - \rho$；当 $K \geqslant K^{***}$ 时，所有劳动都投入到强势生产组织方式中，资本总量 K 被分为 K_2 和 K_3 两部分，其中 $K_2 = 1$（代表与劳动结合的资本量），$K_3 = \int_0^1 k_j^\alpha dj$（代表与高附加值产品结合的资本量），此时的生产函数为 $Y = \int_0^1 k_j^\alpha l_j^{1-\alpha} dj = (K - 1)^\alpha l_j^{1-\alpha}$。所有劳动都投入到强势生产组织方式中，此时在 $K = K_1 + K_2 + K_3 = (1 - \tau) + \tau k_i + (1 - \tau)k_j$ 中 $\tau = 0$，即 $K = 1 - k_j$，可得 $Y = (K - 1)^\alpha l_j^{1-\alpha}$，消费的增长率为 $g_c = \alpha (K - 1)^\alpha l_j^{1-\alpha} - \rho$。

我们假设，在经济发展的过程中，微观经济主体进行产品生产时进

行融资的利率为 r_i，在其生产过程中存在稳定状态和不稳定状态两种不同的情况，服从概率分布 $\tilde{M}$。在稳定状态状态下，经济主体的生产函数 Y_M 服从概率分布 $\tilde{Y}_M$，如果生产成功将获得 h 单位的高价值中间产品，若失败则只拥有 1 单位价值的劳动；在不稳定状态下，经济主体面临两种选择。在初始阶段，微观经济主体的预期利润为：$V_i = \theta_i \pi [\varphi_i(h-1) - r_i] + N(1-\theta_i)$，当市场处于完全竞争市场条件时，令 $V_i = 0$，可得：$r_i = \varphi_i \left[(h-t-1) + \dfrac{t}{\theta_i}\right]$，此时，资本借出者获得的利息收入（资本的报酬）为：$R_i = \theta_i \pi r_i = \pi \varphi_i [(h-t-1)\theta_i + t]$，由于此时假设市场处于完全竞争市场条件，所以，单位资本的报酬与借入资本的最低价格相等，经济主体进行中间产品生产所需的贷款利率为：$r = \varphi_i \left[(h-t-1) + \dfrac{t}{\hat{\theta}}\right]$，此时的资本借出者获得的利息收入（资本的报酬）为：$R = \pi \varphi_i [(h-t-1)\hat{\theta} + t]$，当 $\theta_i > \hat{\theta}$ 时，经济主体与资本借出者之间的投融资行为会持续进行。经济主体处于不稳定状态时，进行中间产品生产，此时的预期利润 V_i 为：$V_i = \pi [\varphi_i(h-1) - r]$，完全竞争市场条件时，由均衡条件 $R = AR = MR = MR_1$，以及 $R = \pi \varphi_i [(h-t-1)\hat{\theta} + t]$，$K = \int_{\hat{\theta}}^{1} 1 d\theta_i + \int_{0}^{\hat{\theta}} k_i d\theta_i + k_i \int_{\hat{\theta}}^{1} [1 + \theta_i(E\tilde{l} - 1)] d\theta_i$，可知消费增长率 g_c 为：$g_c = \alpha \left[\dfrac{(1-\alpha)}{\alpha}\right] \pi^{1-\alpha} [(ht-t-1)\hat{\theta} + t]^{1-\alpha} - \rho$。

在商业性金融发展模式和普惠金融发展模式下的资本存量和经济增长率分别表示为：以商业性金融发展模式为主时，$k_i = \dfrac{\alpha}{(1-\alpha)(1-\gamma\tau)(E\tilde{l}-1)}$，资本分配方式为：$K = \int_{\tau}^{1} 1 di + \int_{0}^{\tau} k_i di + \int_{\tau}^{1} [1 + (E\tilde{l}-1)] k_i di$，即：$K = k_i [1 + (E\tilde{l}-1)(1-\tau)] + (1-\tau)$，资本存量 $K = 1 - \tau + \dfrac{\alpha}{(1-\alpha)(1-\gamma\tau)(E\tilde{l}-1)} + \dfrac{\alpha(1-\tau)}{(1-\alpha)(1-\gamma\tau)}$；

消费增长率 $g_c = \alpha \left[\dfrac{(1-\alpha)}{\alpha} (E\tilde{l}-1)(1-\gamma\tau) \right]^{1-\alpha} - \rho$。以普惠金融导

向为主时，资本存量为：$K = (1-\hat{\theta}) + \dfrac{\alpha}{(1-\alpha)\pi\left[(h-t-1)\hat{\theta}+t\right]} +$

$\dfrac{\alpha(1-\hat{\theta}^2)(h-1)}{2(1-\alpha)\left[(h-t-1)\hat{\theta}+t\right]}$，消费增长率 $g_c = \alpha\left[\dfrac{(1-\alpha)}{\alpha}\right]^{1-\alpha}\pi^{1-\alpha}\big[(h-$

$t-1)\hat{\theta}+t\big]^{1-\alpha} - \rho$。当 $1-\tau > 1-\hat{\theta}$ 时，在强势生产组织方式下，经济体
中发展商业性金融的资本需求量小于在投资者预期的资本报酬率下能够
提供的资本供给量，此时以商业性金融为特征的融资需求能够被满足；
在弱势生产组织方式下，经济体中发展普惠金融的资本需求量大于在投
资者预期的资本报酬率下能够提供的资本供给量，此时以普惠金融、政
策性金融为特征的融资需求量不能够被满足。

在以商业性金融为主的结构体系中，信贷行为受到"成本—收益"
考核机制的约束，金融机构的信贷行为是否会带来利润、是否可行依旧
是重要的决策依据。在以普惠金融导向下的金融结构体系中，经济体中
发展普惠金融的资本需求量大于投资者预期的资本报酬率，由于信息不
对称等问题，进一步导致了有效融资需求难以被满足。综上所述，商业
性金融与普惠金融的失衡发展会严重影响到社会的稳定以及经济金融的
可持续发展，在当前以商业性金融为主的金融体系中，注入普惠金融元
素，完善普惠金融体系具有一定的社会价值和意义。

第二章　普惠金融的萌芽与实践

虽然普惠金融的概念2005年才正式提出，但为了缓解贫富差距或解决社会问题，向社会全体特别是弱势群体提供金融服务的普惠思想早已出现，这一点我们可以从人类历史实践历程中找到答案。他山之石，可以攻玉，追溯普惠金融思想萌芽和历史发展轨迹，分析对比发达国家和发展中国家的普惠金融实践，可以为中国特色社会主义普惠金融实践提供有益的借鉴。

第一节　普惠金融的早期萌芽

我国早在春秋时期就出现了普惠借贷制度。春秋时期设立的"环乘之币"，就是一种农业贷款基金。当时高利贷盘剥农民甚苦，贫困家庭卖儿鬻女的现象屡见不鲜，打击高利贷成为解民生之困的一个关键点。管仲在齐国着手推行"环乘之币"，在查明上中下三种等级分类土地亩数和农业人口的基础上，到春耕时，根据土地等级和人口规模向农户提供种子贷款，待收成后，按政府规定的价格出售留足口粮后剩余的粮食，这样支持了农业生产，鼓励农户向政府出售粮食，为调控粮价提供了物质基础，也通过政府提供借贷的途径救济贫户，使小生产者避免高利贷的盘剥，同时也控制了一个地区的货币流通规模。

根据《春秋穀梁传注疏》记载的井田制："井田者，九百亩，公田居一，私田稼不善，则非吏；公田稼不善，则非民""古者什一，藉而不税"，其含义是：西周诸侯是土地资源的所有者，以一口井灌溉900亩方圆为单位，划分为九宫格，中间100亩为公田，周围800亩为借贷用地，平均分配给 8 户农民，所谓"藉而不税"就是指只借贷不征税，所谓公田即是贷地利息。这种井田均分的制度设计，意味着要素配置的绝对均等，户户均得到 100 亩土地借贷权，这是早期的一种普惠金融安排。西周时期，政府为办理对贫民的贷款而设立了"泉府"。"泉府"的贷款对象主要是一般平民和小手工业者、商贩。到了汉代，国家已形成制度对贫民进行救济性赊贷，内容有钱币、种子和粮食。为限制过高的放债利息，西汉景帝末年，规定放债的最高利息只能到 20%。在唐朝，国家对借贷活动的利率有所限制，对于复利始终是禁止的。古代的普惠金融多有扶贫赈灾性质。

元朝于 1270 年发动建立了农村组织——农社。每个农社由 50 家农户组成，选举一个比较有威望的年长者作为社长。在农社内开展了合作金融活动，社员如果需要购买农具或者耕牛，资金不足时可由其他社员共同出资购买，待取得收成后还款；如果多个农业合作社需要基础设施建设，如水利和道路，他们将由政府资助，并将在农业合作社收成后部分偿还。农社的作用有三，首先，可统筹使用内外部金融资源，有效降低融资成本；其次，以金融合作促进生产合作，有利于改善农业生产条件；最后，通过互助普惠，有利于村社和谐发展。目前，我国各地的信用社和信用乡镇建设仍在延续元朝的合作制度。

土地革命时期，国家银行经营公私存款，鼓励群众储蓄，提供低利贷款，当时因战时经济困难，群众存款数额小，国家银行和信用社通过低利借贷，支持农业和工业生产。毛泽东在"二苏大"上指出，"应当尽量发挥苏维埃银行的作用，按照市场需要的原则，发行适当数目的纸币吸收群众的存款，贷款给有利的生产事业"。解放战争时期，随着认识的提高，各地银行存放款业务不断发展，并能根据市场情况调整利息，对农、工业确定不同的利息水平。当时，银行提供了大量的农业贷款，部分还采取了以粮食为主的实物贷放。资料记载，1946 年春，晋察冀边区银行发放农贷 500 亿元；1947 年，北海银行发放农贷 32.2 亿元，占当年贷款总额的 45.3%。[①]

国外普惠金融思想也早已存在。公元 14 年，古罗马统治者为应对

---

① 中国人民银行研究局课题组. 党领导下的财政与金融：历史回顾与启示 [J]. 中国金融，2020 (11).

刺激政策留下的财政赤字和贸易赤字，倡导紧缩以应对困局，向民众无偿发放现金和食物，同时建立了一个公共的坏账银行，向债务人提供无息贷款。

1462 年，意大利成立了世界上第一家官办的典当行，与此同时，意大利的修道士为了共同抵制当时盛行的高利贷，而去开展信贷业务。1515 年，罗马教皇莱昂五世还授权典当行自由决定利率，以此覆盖其运营成本。这可以被看做是最早的利率市场化运动。18 世纪初，爱尔兰利用捐赠的资金成立"贷款基金"，专为弱势经济体提供无抵押零息小额贷款。在德国随后兴起的社区银行，主要向中小企业和贫困家庭提供储蓄和贷款服务，为这些弱势经济体在高利贷之外提供金融扶持，同时德国的信用合作社取得较大的发展。

19 世纪以来，邮政系统开始担当起为经济弱势群体提供金融服务的主要角色。在欧洲、日本以及很多国家，邮政系统都担当了此重任。在这些机构的帮助下，政府努力扩大农村地区的小额储蓄和支付服务。19 世纪的德国出现了大量的储蓄和信贷机构，它们主要的服务人群是农民和城市贫民。其中德国的社区储蓄银行在当时发挥了重要作用。

德国的社区储蓄银行开端于 18 世纪后半叶，德国的社区储蓄银行一开始就被定位为自助性质的金融机构。1801 年德国第一个储蓄银行成立。储蓄银行通过为贫困人口提供储蓄和积累金融资产的方式来提高他们的福利水平，而且为贫困人口提供了除高利贷以外的另一条融资途径。为了对社区储蓄银行进行有效的监管，普鲁士当局于 1838 年通过了《普鲁士储蓄银行法令》，对储蓄基金的运作进行规范。

除了储蓄银行外，农村信用合作社也开始担负起对经济弱势群体服务的重任，其中最为典型的是德国的雷发巽信贷合作社。雷发巽是德国人雷发巽于 1854 年组建的，是世界上第一个农村信用合作社，其业务范围是专门向农民提供信贷以便他们购买牲畜、农具、种子等。因为雷发巽信贷合作社的成功经营，以信用社的方式为弱势群体提供金融服务开始不断在德国生发。截至 1909 年，信用社的数量已经剧增到 1.3 万个，社员也多达百万人。因为信用社主要发放小额信贷，因此其有效地抑制了高利贷。同时对于私人银行提供金融服务的空白点进行了有效的弥补和补充。此后德国的雷发巽信贷合作社开始风行全球。

从 1865 年开始，合作社运动开始在欧洲和北美获得迅速发展，并延伸到发展中国家。1889 年，德国还颁布了世界上第一部合作社法律——《德意志帝国合作社法》。在 1895 年，印度尼西亚人民银行（BPRS）变成印度尼西亚最大的小额信贷集团，有着近 9000 家分支机构。20 世纪初，拉丁美洲对农村金融进行改革，其主要目的是推进农业部门的现代化，调动闲置的储蓄和信贷投资的增加，以减少通过负债实行的封建压迫关系。在多数案例中，新型的国有银行为穷人提供的服务较多。但经过多年的发展，在大多数情况下，这些机构往往变得无效率且多数以破产告终。

20 世纪 70 年代初，小额信贷得到发展，其意图是服务于穷人从而构建起一个金融系统。当时孟加拉国尤努斯教授提出"贷款是一种人权"的普惠理念，并创建专门面向贫困人群的乡村银行——格莱珉银行，实行以贷款小组为核心的风控模式，各成员之间承担连带担保责任。通过小额的无须担保的贷款，贫困主体可以开始和扩展小型事业，而且作为一种结果，许多人发现了一种有尊严的脱离贫困的路径，小额信贷成为一种解决贫困问题最为有效的途径之一。

伴随着这些小额信贷项目的成长，其积累的经验和教训也使得世界小额信贷项目获得更长足的发展，很多世界上的小额信贷机构积极进行改革和组织形式的创新。例如，印度尼西亚的 BRI 国有商业银行通过变革，将其农村信贷部单独核算，允许其通过设置合理的市场化利率以覆盖其运营成本同时保持高还贷率，从而使得其能够既保证自身机构的可持续发展同时实现更好服务大规模弱势群体的社会目标。小额信贷的机构主要有三种，一是正规金融机构，即银行类金融机构。这些机构拥有国家发放的正式银行牌照，可以从事吸收存款以及发放信贷的业务；二是半正规金融机构，这些机构往往是拥有国家许可，但是不能从事吸收存款的业务；三是非正规金融机构，比如民间金融就是典型的非正规金融机构，其中也包括一些从事小额信贷研究的社会团体。

从 20 世纪 90 年代以来，国际社会持续关注贫困问题。越来越多的政府和金融机构意识到，单纯为经济弱势群体提供信贷服务是不够的，贫困主体还需要获得更广泛的金融服务，比如储蓄、汇兑、保险等。小额信贷机构开始向微型金融过渡，致力于为经济弱势群体提供全面和多元的金融服务。

第二节 普惠金融的国际实践与启示

我国高度重视普惠金融发展。2015 年 12 月 31 日，国务院专门印发《推进普惠金融发展规划（2016—2020 年)》，从机构体系、服务手段、基础设施、法律法规、政策引导、消费者教育等方面提出具体措施。综观国外实践，一些国家在普惠立法、财税激励、普惠监管和服务模式上已经做了大量探索，为我们推进普惠金融发展提供了有益的借鉴。

一、立法实践

联合国 2006 年出版的"建设普惠金融体系"蓝皮书强调，发展普惠金融应不断健全法律、政策和监管框架等。一些国家围绕这些领域进行了探索和尝试。

1. 美国。对于普惠金融发展过程中出现和遇到的一系列问题，美国以立法的形式不断矫正。三部法律构成了美国普惠金融法律体系的核心内容。一是《社区再投资法》，该法主要在银行为中低收入者提供信贷服务时发挥规范作用；二是《公平信用报告法》，该法规定了监管机构、金融机构和普通消费者三者之间在信息公开和使用、隐私保护等方面的行为准则；三是《联邦存款保险法》对问题金融机构的资产处置、市场退出机制以及风险补偿机制做出了规范，在防范社区银行破产倒闭风险、维护金融稳定方面起到了重要作用。

《社区再投资法》是美国普惠金融领域最重要的法律，它是美国为了消除信贷歧视，满足本地居民的信贷需求，而于 1977 年颁布的法律，其目的就是把金融机构对本地社区的社会责任法律化，对金融机构形成强制性约束。第一，确认了银行和储贷机构在满足其设立地居民信贷需求的法定义务，在保证信贷行为安全、稳健的前提下，法案效力所及范围内的金融机构有义务通过积极、持续的安排，尽力满足其所在的整个社区，尤其是中低收入社区及其居民的信贷、投资、服务需求。第二，规定由监管机构对金融机构满足本地信贷需求进行评估。允许监管部门对评估结果不好的金融机构实施制裁，将评估结果作为是否审批该机构申请新设存贷款分支机构、开展新业务及机构间并购的重要考量。例如，在金融机构申请存款便利时需要参考该机构社区再投资的记录。联邦监管机构对各自监管的金融机构在低收入社区中的表现进行量化考核时，将测评对象分为大型金融机构和中小型金融机构，并对不同类型的金融机构实施不同的考核标准。这种根据金融机构规模不同采取差异化考核的依据在于规模不同的金融机构守法成本不同。规模越大的金融机构守法成本越低，规模越小的金融机构守法成本越高。联邦监管机构在考核时，考核内容除了贷款投放外，还包括了其他金融服务和相关投资，并在考虑当地经济发展情况、失业情况等经营环境的基础上建立起客观量化考核与主观定性判断的综合考核体系。考核等级将作为受到监管的金融机构申请开放设立分支机构、并购、开设新业务等的主要依据。整个过程公众参与度高，公众可以影响监管当局对机构在业务方面的审批。

1999 年美国国会通过了《金融服务现代化法》，其中第七章第二节专门强化了社区再投资的有关内容，明确规定：商业银行或其控股公司如果想将银行控股公司转化为金融控股公司，或者希望开设新的金融业务，如获得证券牌照、参加联邦保险等就必须要有一个"满意"以上的 CRA[①] 评级等级。

除了《社区再投资法》之外，美国在普惠金融的主要领域——小额信贷领域也一直在积极进行立法。19 世纪 20 年代，美国就制定了《统一小额信贷法》，此后为了解决贫困问题以及促进弱势产业特别是农业的发展，美国又出台了一系列法律，主要有《诚实信贷法》《信贷机会平等法》《社区再投资法案》《农业贷款法》《农业信贷法》等，在农村地区，美国还通过合作金融体系来推进对经济弱势群体的金融扶持。

除了以强制性义务来约束金融市场主体规范自身行为，美国还通过

---

① CRA 即 the Community Reinvestment Act。

设置恰当的激励措施，使其他市场参与者加入进来，形成约束金融市场主体行为的外部力量，规范金融市场主体公平参与金融活动。美国金融立法中的告密者制度，通过以经济利益为主的激励手段，激发和调动相关主体揭发、检举违反公平原则的不当行为，以帮助监管部门更加有效地对不公平的金融交易行为进行查处，从而对金融市场主体行为形成有力的外部约束，维护公平的市场环境。

2. 日本。日本普惠金融体系是在法律框架下以农协为核心的合作金融体系。在城乡一体化过程中，日本于1947年颁布的《农业协同组合法》确定了农协的特殊地位。1950年全国成立的农协达到4000多个，99%以上的农民都加入了农协组织。日本政府通过颁布《农业协同组合法》，构建了一个较为完整的合作金融体系，在这个体系中，从上至下划分为三个层级，依次为：农林中央金库、信用农业协同组成的联合会以及基层农协，三者分工明确，相互协调。

3. 法国。1998年7月该国颁布了金融排斥相关法，重申了1984年银行法第一项规定的账户权。自此以后，政府通过法律形式简化了普通人行使账户权的程序。

4. 加拿大。2001年6月加拿大政府颁布的相关法律规定，所有银行都必须向全部加拿大人提供最低开户余额，不论人员的就业情况或信用记录，加拿大当局还设立了一个金融消费者机构，以监督金融机构是否遵守其公共承诺。

5. 孟加拉国。格莱珉银行在由最初的非政府组织发展成为享誉全球的小额信贷机构、普惠金融的先行者，与孟加拉国政府在立法规制上给予的支持密不可分。格莱珉银行的创立目的得到了孟加拉国政府的认可，在其创立7年后——1983年，政府颁布了《格莱珉银行条例》，认可格莱珉银行为合法的民间金融机构，这为格莱珉银行的发展提供了强有力的法律保障。该条例规定，格莱珉银行作为独立的法人机构，有独立的自主经营权，不受政府和其他组织的干预。该条例将格莱珉银行定位为可吸收社会公众储蓄存款的金融机构，规定了其公司治理的组织架构、服务的对象和信贷业务范围，允许其可以运用国际金融组织的资金来发放贷款，但禁止其开展银行结算业务。该条例还特别规定，孟加拉国内的其他银行法律对格莱珉银行不适用，与其他法律相比，该条例具有优先性，属于特别法。2013 年，孟加拉国政府颁布了《格莱珉银行法》，替代了《格莱珉银行条例》，该法进一步支持格莱珉银行合法发展。

6. 印度。印度着力加强有关普惠金融的立法工作，将对国内金融机构的普惠金融发展任务的软约束变成硬约束，为国内普惠金融的发展提供了强有力的法律保障。如《印度储备银行法案》规定商业银行在城市新设一家分支机构，必须同时在偏远地区增设 2 ~ 3 家网点。而"优先发展行业贷款"制度则规定商业银行投向农业、中小企业、出口等国家优先发展行业的贷款不能低于全部贷款的四成。此外，印度政府于2014 年推出"国民普惠金融使命"，鼓励银行为所有居民开设银行账户；推出的"统一支付界面"，使得使用智能手机在账户间转账更为便捷，账户的利用率也得到充分发挥。印度储备银行批设一类新型机构——即小金融银行，主要为每户提供 250 万卢比以下的贷款，且总额要占到银行全部贷款的 75%。经过长期的努力，印度普惠金融服务成效逐渐显现。截至 2014 年底，印度成年人开立银行账户的比例已达到53.1%，22.1% 的成年人拥有借记卡。

7. 墨西哥。墨西哥金融和公共信贷秘书处制定了 2007—2012 年国家发展计划，与中央银行、国家储蓄银行、国家银行和证券交易委员会等长期合作，促进普惠金融发展、消费者保护和金融教育。该计划重新修订银行法，使其适用于无网点银行等非金融机构；允许遵守具体规则的创新型专业银行提供多样化服务；建立新型储蓄和金融服务体系，帮助微型储蓄信贷机构发展成为正规存款机构。墨西哥是拉丁美洲地区的经济大国，其金融监管部门主要包括中央银行和财政与公共信贷部门。财政与公共信贷部门下设银行与证券委员会、保险与担保委员会、养老金管理委员会、银行存款保护局、保护金融消费者全国委员会共 5 个部门。其中银行与证券委员会主要负责牵头推进普惠金融工作。

2005 年，墨西哥开始普惠金融实践，通过制定"2007—2012 年国家发展规划"，从制度建设的角度推进银行业法律体系改革，以向社会不同阶层提供更为全面的金融服务。2007 年，墨西哥央行与证券业委员会成立专门机构，将"健全的包容性银行体系"纳入职责范围。同时，墨西哥政府也一直努力完善金融基础设施和提升金融服务的便利度。2000—2001 年，墨西哥机构数量增长了六成以上，POS 机的数量增长了近四倍，ATM 数量翻了一番，代理银行也从 2009 年的 9429 家发展到了 2011 年的 20000 多家。

在 2008 年，墨西哥通过立法的形式允许金融机构通过第三方服务发展代理网点拓宽服务渠道，大量的银行业机构可以在边缘地区与彩票销售点、加油站、超市等零售业终端合作，建立代理点。

2011 年，墨西哥政府签署《玛雅宣言》。2012—2014 年，墨西哥启动了全方位的普惠金融建设，通过立法规范和制度改革，落实《玛雅宣言》的主要目标，增加了金融服务供给侧的数量，丰富了银行业金融机构主体，并确定了 6 家政策性银行的运行机制和功能定位。在专门法令的授权下，国家发展银行和国家储蓄与金融服务银行承担起了服务弱势群体和薄弱环节的职能。与此同时，墨西哥政府修改了金融监管的相关法规，从数据统计、信息披露等方面强化了监管部门推进普惠金融发展的职责。

8. 肯尼亚。相较于其他的非洲国家，肯尼亚拥有规模较大、较为成熟的正规金融系统。为了实现金融包容发展目标，肯尼亚政府在"2030 年愿景规划"中专门明确要实现金融包容发展。21 世纪以来，肯尼亚央行采取了三项措施发展普惠金融：一是 2008 年 5 月专门出台实施《小微金融法案》，通过引入大量金融机构提高竞争性；二是发展"代理银行业务模式"，允许金融机构设立代理机构向所有的顾客提供金融服务，代理机构可低成本在偏远地区发展业务；三是 2009 年 2 月开始实施《银行业监管准则》，推动信用信息共享，增强贷款市场的竞争性与可负担性。

二、财税实践

财政通过对"量""质"和"结构"多方面作用，可以更好地支持普惠金融的发展，实现普惠金融从规模数量转向高质量发展，各国也积极运用财税政策加大对普惠金融领域的支持。

1. 美国。在城区，美国实行税收减免、政策适当倾斜等制度鼓励支持社区银行发展。美国税收政策规定对社区银行免征多种税目以降低其税负，美联储在制定货币政策时也会向社区银行适当倾斜。此外，美联储对社区银行实施差异化监管和加强与社区银行的双向交流，允许其不缴纳存款准备金，以及为其建立存款保险制度等，以支持社区银行的发展。

在农村，美国为支持涉农贷款投放，出台了一系列的税收优惠政策。具体举例如下：其一，依据涉农贷款业务在贷款总量的占比，来执行相应的税收优惠，商业银行涉农贷款占贷款总额25%以上的可以享受相应的税收优惠。其二，对涉农主要金融机构，即农村信用社实施税收优惠，免征多项税负。

2. 俄罗斯。俄罗斯政府于2010年制订一项具有重要意义的金融计划，计划决定斥资1.13亿美元向中低收入人群及各个年龄阶段的学生普及金融知识、宣传金融服务内容、进行金融教育，其目的就是为了使金融服务能够快速在各个阶层普及开来，使金融服务质量得以提高、金融环境得到改善，并保护消费者的合法权益，使中低收入人群乐意并且能够接受金融服务，并很好地运用金融服务提高自己的生活水平。

3. 韩国。韩国通过农协实施普惠金融财政激励。1961年在政府主导下，韩国成立了全国性农民组织即农协。农协可以向农民提供信贷和保险，为农民致富提供资金保障，为农村投资建设提供资金支持。20世纪60年代中期，由农协提供的生产资金中，70%来自政府的财政资金或金融资金，为农协的发展壮大提供了坚实基础。到70年代中期，这一比重下降到25%，农协吸纳的资金随之增加。此外，政府还长期给予农协以特殊优惠利率的政策贷款。

4. 印度。印度央行意识到普惠金融是近年来的一个重点领域，要求银行类金融机构提供一种基本的（不加其他额外金融服务）的银行账户，以零或极少的费用向广大人口提供服务。印度国家农业和农村发展银行开发了两种基金：普惠金融基金用于支持普惠金融活动，普惠金融技术基金支持技术开发。印度财政支持普惠金融创新，包括支持为贫困人群提供集体的社会担保能力，使银行能够在不牺牲其资金的情况下满足非常贫困人口的信贷需要；支持连带责任贷款团，向失地农民提供定制化的有效的信贷产品。

三、监管实践

1. 美国。美国于 1977 年通过的《社区再投资法》就是为了帮助弱势群体有效获得金融服务。《社区再投资法》规定社区金融机构对于整个社区金融需求的满足具有责无旁贷的责任，美联储等金融监管机构分别从服务、贷款、投资这三个方面，对这些金融机构履行义务情况进行考核，考核结果作为这些金融机构申请兼并重组、开设分支机构等经营活动评审的重要依据。地方政府通过存入自身财政资金来积极支持和鼓励那些有效执行《社区再投资法》的金融机构，这对于推动一些不发达地区的经济发展起到了积极作用。

2. 印度。金融监管部门也针对小微金融机构的运营出台了相应的监管规则，以推动小微金融机构真正惠及弱势群体。这些规则包括：一是优先部门借贷，即政府要求银行等金融机构应将不低于 40% 的商业贷款以优惠利率向农业、教育、住房、小微企业等优先部门提供。后来，又将粮食加工、奶制品和禽畜加工等也纳入进来。这种强制的约束，保障了金融机构对于弱势部门的信贷支持。二是利率上限，为了防止高利贷对弱势群体造成危害，印度通过《放贷人法》对借款利率进行了严格的限制，明确了利率上限。各邦也都将《放贷人法》的利率上限要求适用到小微金融机构上，以确保利率的公平合理。安德拉邦的《小微金融机构信贷监管条例》不仅禁止了借新还旧，而且还强制性要求利息总额不得超过本金。三是定价限制，根据 RBI 的规定，所有的 NBFC—MFIs 总利润上限不得超过 12%，即允许其以盈利为目的，但为了防止其从弱势群体身上攫取过多利润而失去普惠本意，通过设定利润率上限来防止其过度逐利。另外，单笔借款每年的利息不得超过 26%，贷款手续费必须低于贷款总额的 1%。四是公平运营，小微金融机构不得向借款人收取押金或预扣利润，贷款利率应当在办公场所、网站和所发放的材料中明示，并且不得因为贷款清偿的延期而收取罚款，也不能向已在两家机构获取贷款的同一借款人发放贷款，以防止过度借贷。此外，小微金融机构放款应当采用标准格式的贷款协议，并且应确保其收款方式是非胁迫高压的。

3. 巴西。巴西成立了全国普惠金融委员会，该委员会由中央银行、财政部、农业部等多个部门共同组成，其主要目标是增强普惠金融的可得性，促进金融消费者经济责任和金融服务信息的可得性，满足企业和个人对金融服务的需求。巴西央行通过普惠金融项目向低收入家庭提供更多的金融服务，主要分为两个阶段。第一个阶段主要是制度建设。巴西央行与财政部、社会发展部等部门共同制定普惠金融制度框架。第二个阶段是广泛合作。巴西积极与 AFI、世界银行扶贫协商小组（CGAP）等国际组织广泛开展合作，提高自身信息技术收集方面的能力。

巴西把向特定领域直接贷款作为普惠金融监管的重要内容。由于特定行业或类型的贷款周期长、利率低，使得许多银行不愿意向农业、住房等领域发放贷款。而这些领域正是关系民生的。为了确保金融公平，巴西当局对银行施以强制性义务，要求巴西银行和巴西联邦储备银行作为主导力量在农业农村贷款和住房贷款上增加比例。私营部门的银行也被强制要求承担直接贷款义务，向农村地区发放贷款余额不得低于无息活期存款余额的 25%，存折储蓄存款余额的 25% 以上应当指定用于房屋贷款。尽管此举可能会给商业银行带来较大的负担并且在某种意义上并不符合经济原则，但是直接贷款确实在一定程度上实现了金融资源的公平配置。

巴西要求各银行按照活期存款余额的 2% 向小微企业及创业者提供小额贷款，未达到放款比例的银行不得挪用该资金，可将资金拆借给同业用于小微企业信贷投放。同时巴西法律规定微型信贷的操作细则，包括对企业贷前的实地调查要求，贷中实时监测，借款人还款资源评价等。

4. 英国。随着金融科技快速发展，金融新业态层出不穷，由此带来的金融风险和监管不匹配等问题逐渐显现，使得如何平衡金融科技的创新和监管成为了各国政府和金融监管者面临的难题。2016 年 5 月，英国金融行为监管局正式启动全球首个"监管沙箱"项目，为金融创新提供安全的测试环境，力图化解监管与创新之间的矛盾。"监管沙箱"本质上是一种金融产品创新的测试机制、消费者保护机制和激励机制，其具体流程总体上可分为申请、评估和测试三步，运作核心包括两方面：在既有的监管框架下降低测试门槛；同时确保创新测试带来的风险不从企业传导至消费者。

5. 印度尼西亚。20世纪80年代起，印度尼西亚就开始致力于金融发展的包容性。印度尼西亚的微型金融有着漫长的历史，且形式多样，数量超过5万家。为了实现经济增长和减贫的目标，印度尼西亚各级政府都纷纷投资成立微型金融机构。其中最为著名的是印度尼西亚人民银行村行系统，它作为印度尼西亚商业银行的重要组成部分，主要服务于310万个借款客户，有超过4000个机构。印度尼西亚政府致力于发展"无网点银行业务模式"，以向更多偏远地区的弱势群体提供享受金融服务的机会。

重视对金融消费者的权益保护也是印度尼西亚普惠金融发展的重要特点。从2007年开始，印度尼西亚就着手通过大力发展金融教育提高城乡居民的金融知识水平，并逐步提高对金融产品和服务透明度的投入。印度尼西亚央行专门设立了"消费者保护委员会"，从建立消费者投诉机制、金融产品信息透明化、消费者教育以及建立独立的调解机构四个方面强化对金融消费者的权益保护。为了鼓励储蓄、增强公民对银行系统的信心和保护储户权益，印度尼西亚央行于2008年底要求存款保险公司将储户最高存款保险额由1亿印尼卢比提升至20亿印尼卢比；要求应以书面形式，完整、清晰地向顾客提供其所有产品的信息；要求每个营业网点设立专门部门，负责处理与解决顾客投诉；要求将受理投诉、处理与解决投诉、监督控制等程序形成制度；所有的投诉必须在投诉受理的20个工作日内解决。

四、服务模式

在如何建设普惠金融体系的问题上，联合国（2006）认为应满足四个条件：一是价格合理，服务所有家庭与阶层等；二是机构健全，管理完善，业绩激励，监督机制健全；三是财务可持续，服务能长期；四是供给主体多样性。各国围绕普惠主旨，结合本国国情形成了各具特色的普惠服务模式。

1. 美国的社区银行。美国的农村合作金融包括联邦中期信用金融机构、合作金融机构和土地金融机构（联邦土地金融机构、土地金融机构合作社）。合作金融机构系统的出现主要是为合作社添置设备、农户补充营运资金等行为提供贷款。中期信用金融机构和合作金融机构主要向农户提供短期的资金供给，土地金融机构则向农场主提供中长期的不动产贷款。三者各司其职，相互协作。美国的复合信用型普惠金融制对城乡统筹所起到的作用在于推进了郊区一体化进程，最终实现了城乡统筹发展的一体化。

社区银行是美国商业银行体系中数量最多的一个独特群体，它强调在一定区域内经营，主要服务于中小微企业和个人客户。社区银行有两个显著的特征：一是通常情况下，社区银行的资产规模相对较小；二是社区银行主要为本地中小企业和居民家庭提供服务。美国社区银行的发展大致经历了三个阶段，第一个阶段为自由发展阶段（1837—1929年），在自由发展阶段中，依据美国在 1837 年颁布的第一个银行法令，任何经济主体只要有充足的资本并可以履行相应的法律义务，即可以获得银行执照；美国社区银行发展的第二个阶段为严格管制时期（1930—1980 年），在此阶段中，美国国会在 1933 年通过了《格拉斯—斯蒂格尔法案》，该法案的产生使得立足于服务本地且资产规模较小的社区银行有了极大的发展；美国社区银行发展的第三个阶段是放松管制时期（1980 年至今），在此期间，美国银行业结束了分业经营时期，进入了混业经营时代，绝大多数州也先后取消了禁止银行跨州设立分支机构的限制。截至 2019 年底，符合联邦存款保险公司定义的社区银行共有4750 家，占联邦存款保险公司保险的银行金融机构总数 5177 家的92%。在所有的小企业贷款中，社区银行承担了 50% 的小企业贷款和90% 的农业贷款。此外美国的社区银行解决了将近 70 万人的就业问题，通过向中小企业借款，间接创造了数不胜数的岗位。

美国的社区银行一直固守其市场定位和业务覆盖区域范围。美国的社区银行大多是由当地社区人士发起，致力于为本地社区提供传统的银行服务，促进当地小微企业和初创企业的发展。社区银行的员工不但具有银行专业知识，更为重要的是拥有本地的专业知识，熟悉当地的人文经济状况。美国的社区银行注重与客户建立长期的"人际关系"，并在赢得客户信任和对客户非常熟悉了解的状况下开展业务往来。美国社区银行的业务模式是典型的关系型银行业务模式。源自社区、扎根社区、服务社区、贡献社区是美国社区银行固守本源的核心体现。美国社区银行的资产质量一直维持在较高水平。2019 年末，美国社区银行的不良贷款率余额为 144 亿美元，占资产总额的 0.65%，低于 2018 年末的不良贷款率。美国社区银行在发展时，主要采取的是"求异型战略"，即与大银行在客户选择、主要业务区域确定、主要产品投放等方面形成互补关系，并根据自身的特色和优势，明晰自身的市场定位，将辖内的居民家庭、中小企业和农户等作为最主要的服务对象。同时美国的社区银行服务定位清晰，以满足目标客户的基本金融服务需求为主，并兼顾社区特色，这样做可以提高金融服务的精细化水平。美国社区银行的金融服务和功能基本上是围绕社区企业和居民的经济行为展开，广泛参与社区建设，使自身成为社区中的一分子，有效融入社区并加强与社区中企业和居民的沟通和交流。

2. 日本的多层次金融服务体系。日本的合作性金融体系主要由三部分构成：农协、信用农业协同组合联合会以及农林中央金库。农协主要负责向农户及其他团体的会员吸收存款、发放贷款，根据会员对资金的不同需求，提供具有针对性的不同方式的信用贷款。信用农业协同组合联合会是由不同地区的基层农协组成，其主要职责是根据各地农协的资金需求，调拨资金流向，以便对所产生的贷款需求进行及时的解决。农林中央金库是日本合作性金融体系中的最高一级，信用农业协同组合联合会是其会员构成，农林中央金库以国家政策为导向，一方面向其会员进行传递信息、进行资金调配，另一方面给予一些大型的涉农企业资金援助。1953 年，作为合作性金融机构的补充，日本政府成立了农林渔业金融公库，主要职责是弥补其他金融机构不愿涉及领域的空缺，将资金投向渔港维护、林木建造、土地改良等。

在日本的企业中，99% 是中小规模的企业，大企业只占日本企业的 0.3%。在这些中小企业中，历史超过一百年以上的将近有两万多家。日本的中小企业能够健康发展离不开健全的金融体系。日本的金融体系主要包括中央银行、民间金融机构和政策性金融机构。形成了以中央银行主要负责领导和规划银行业发展、民间金融机构为核心、政策性金融机构为补充的金融体系。日本在 20 世纪 90 年代曾有过一轮金融科技的创新，在这次创新中，很多非金融机构都积极参与到了金融服务活动中来。一般情况下，日本的便利店都设有 ATM，基本上可以连接到所有的银行，以便利店主导的 ATM 金融服务在日本至少有五万多台。

在中小微企业贷款方面，虽然日本的中小微企业主要通过民间金融机构进行融资，但日本中小微企业方便的融资渠道与日本积极推动构建的政策性融资供给体系息息相关。尤其是日本的政策性金融机构起到了非常重要的作用，通过政策性金融机构融资的金额也相对较大。日本的政策性金融机构主要包括信用银行、信用金库、信用保证机构、农村合作社和农协等。日本各级行政区域都有银行和地方政府共同出资的信用保障机构，当中小微企业的融资出现较大损失时，信用保障机构则会事先垫付一半的损失，以此减轻银行的负担。日本的中小企业信用担保体系由地方信用担保协会、日本政策金融公库，日本信用担保协会联合会三个部分组成，主要向缺少抵押品和信用标的不足的中小企业和小规模经营者增加信用价值。地方信用担保协会主要是为所在地区的中小企业提供信用担保服务，由地方政府出资建立，通过政策金融公库提供信用保险操作分担风险。

地方信用担保协会的作用体现在当中小微企业向民间金融机构申请贷款时，民间金融机构受理后并向地方信用担保协会提交信用保证委托书，地方信用担保协会随之对中小微企业开展信用调查，调查通过后向民间金融机构发出信用担保证书。民间金融机构发放贷款，中小企业经由民间金融机构支付信用担保金。当中小微企业不能偿还全部或者部分贷款时，金融机构要求地方信用担保协会代偿80%～100%的债务。地方信用担保协会获得向中小微企业追偿的权利。部分代偿资金由政策金融公库以保险金的形式予以补偿。风险分担机制的建立可以使地方信用担保协会和金融机构以适当的方式分担各自责任，共同努力为中小微企业提供合适的融资服务和业务发展支援。

商工组合中央金库银行有限公司（以下简称商工中金）是日本政府唯一和中小企业工会共同出资成立的，专门为中小企业提供融资服务的政策性银行。商工中金主要将全国各地分行吸收的客户定期存款贷款给需要资金的中小企业和小规模经营者。融资的种类主要分为四类：一是针对由于贷款偿还额超过了营业现金流，导致资金筹措不稳定的企业进行支援，改善其财务结构；二是对财务收支恶化，但有回生可能性的企业提供经营改善支援；三是对地区引领性企业的高风险投资进行融资；四是对信用等级不高的创业型企业提供贷款。

3. 巴西代理银行业务模式。巴西为了解决贫困偏远地区人群难以得到全面金融服务的问题，在 20 世纪末，巴西政府将无网点代理银行这一制度提出，并大力推动该制度的发展。所谓无网点代理银行制度是指针对偏远地区缺乏银行等金融机构网点这一现象，采取其他途径向客户提供金融服务，如通过药店、汽车销售中心、邮局、超市等实体店铺向附近居民提供金融服务。在 2000 年至 2008 年，巴西国内银行账户数量翻了一倍，相关数据显示，建立 40 家代理银行的成本仅仅相当于成立一家银行分支机构。代理银行业务是巴西普惠金融发展中的创新模式。代理银行业务主要是将银行与非银行机构联系在了一起，包括零售商店、药店、彩票销售点等机构都可以代理银行业务。在这种业务模式下，这些非银行机构成为了巴西银行业机构有益的补充，扩大了金融服务的覆盖面。巴西早在 20 世纪 70 年代就开始建立了代理银行业务模式，随着 1999 年颁布的新法规取消代理银行业务相关限制后，巴西代理银行业务进入了快速发展的阶段。全国 15 万家代理银行，在巴西金融系统中占比达 62%。目前，国家给予的福利至少 80% 以上都是通过代理银行发放的。代理银行制度是在缺乏银行分支机构，金融服务供给不足的背景下产生的。巴西允许代理银行在更大的范围内，以更加灵活的形式向客户提供便捷的金融服务。通过在代理银行办理业务，不需要客户拥有银行账户就可以享受基本的金融服务。代理银行的模式也使巴西享受金融服务的人口数量翻了一番。

4. 肯尼亚的手机银行。肯尼亚人均 GDP 仅 1020 美元（2013），属于世界低收入水平国家行列，但肯尼亚却是非洲国家开展普惠金融最好的地区之一。其主要经验是广泛利用手机银行进行金融服务。肯尼亚拥有世界上最知名的手机转账和支付体系—M－PESA，M－PESA 允许使用者将货币保存在虚拟的"贮值"账户里面，居民可在任何一个 M－PESA 代理网点申请注册 M－PESA 账户，通过代理网点能方便进行存款、提现，而且发送短信就可向其他用户进行支付和转账。M－PESA 代理机构主要有三类：一类是分布在居住密集区的加油站、超市等小型店铺零售商；一类是具有较多经营网点的品牌运营商；还有一类是部分合作银行和小微机构。肯尼亚授权通信运营商 Safaricom 推出 M－PESA 后，仅仅半年的时间里，肯尼亚手机银行用户就突破 17.5 万，普惠金融服务普及率得到大幅提升。

5. 印度的小微金融。印度的小微金融机构存在着三种形式：一是作为非政府组织的小微金融机构。这类小微金融机构不以盈利为目的，以公益组织的形态为穷人提供金融服务，但只能通过募集捐赠的款项来发放贷款。二是合作型小微金融机构。这类小微金融机构主要是吸收成员的资金并为成员提供金融服务。例如个体妇女协会是最早被广为人知的合作型小微金融机构。这类小微金融机构根据《互助合作社团法》或《跨邦合作社团法》来进行登记。三是非银行金融公司型小微金融机构，即以非金融公司的组织形态存在的进行商业化运作前的小微金融机构。此类机构需要根据《公司法》第 25 条来设立并登记。除了这三种小微金融机构之外，开展小微金融业务的商业银行、政策性银行也都是印度小微金融体系中不可忽视的力量。

五、国际启示

综观国外普惠金融实践，普惠金融发展与国家顶层设计、立法保障、适宜性监管和服务模式创新密切相关，普惠金融发展较好的国家，往往有完善的、与普惠金融相适应的制度安排。换言之，只有加快构建与普惠金融相适应的服务体系和保障体系，普惠金融才能获得较快发展。国外普惠金融实践至少提供了以下几点启示。

一是发展普惠金融要有立法保障。从美国、日本、法国等国家实践看，为真正落实普惠金融，这些国家都已形成了系统的普惠金融法律框架，金融服务的供给、需求等主体的权责利都得以明确，使普惠金融有法可依、有章可循。

二是发展普惠金融要有财税扶持。美国、韩国、印度等国家对普惠金融市场失灵领域进行适度财税激励，对普惠金融相关服务机构或有关业务给予适当扶持，用财税手段引导更多资本投入普惠金融领域，有利于激发市场主体的积极性和可持续性。如美国地方政府财政存款激励有效执行《社区再投资法》的金融机构，对涉农金融机构和商业银行按照业务情况给予税收优惠。

三是发展普惠金融要有适应性的金融监管。美国、印度、巴西等国家大都确立了差异化激励机制，从业务、机构等方面提出监管要求，引导金融资源投向弱势领域、薄弱环节。如美国金融监管机构参照金融机构履行义务考核结果，与这些金融机构申请兼并重组、开设分支机构等进行挂钩。

四是发展普惠金融要注重服务模式创新。为解决普惠金融落地难题，各个国家都选择了不同领域进行服务创新，如美国的社区银行模式、孟加拉国和印度尼西亚的微型金融模式、巴西和墨西哥的代理银行模式、印度的生物识别身份系统、印度、菲律宾和墨西哥的简易账户模式以及肯尼亚的移动支付模式等，这些模式都有效地疏通了普惠金融服务的路径。

五是发展普惠金融要注重发挥政府的引导作用。政府应充分发挥在纠正普惠金融市场失灵中的作用，建立有利于普惠金融发展的体制机制，构建支撑普惠金融理论框架和政策体系，特别要强化对薄弱环节金融服务的政策支持，确保普惠金融服务的持续改善和业务可持续发展。

第三节　我国普惠金融实践

新中国成立初期，民间借贷合作基金、合会、互助会的组织形态在民间广泛存在，弥补正规金融的服务空白。随后，我国普惠金融实践经历了两个主流形式，即农村信用互助社和小额信贷。农村信用互助社诞生于20世纪50年代，它是由中国人民银行批准，社员入股组成，实行民主管理，主要为社员提供金融服务的农村合作金融机构。其宗旨是"农民在资金上互帮互助"，即农民组成信用合作社，社员出资组成资本金，社员可以贷款，进而可以筹集农村闲散资金，为农业、农民和农村经济发展提供金融服务。农村信用互助社主要资金来源是合作社成员缴纳的股金、留存的公积金和吸收的存款，对于打击民间"高利贷"发挥了重要作用。

20世纪80年代，我国的小额信贷快速发展，并分化为"两大阵营"。第一阵营是由国际组织兴办的非官方的小额贷款项目，包括国际农业发展基金会在内蒙古开展的北方草原与畜牧业扶贫发展项目、联合国妇女发展基金会对低收入妇女开展的循环信贷基金等。此后，随着孟加拉国乡村银行实践的成功，河北省易县于1983年探索了小额信贷的扶贫试验。1993年底，中国社会科学院在孟加拉国乡村银行和福特基金会的支持下成立了扶贫经济合作社。这些有益探索为此后政府直接推动的小额信贷项目积累了宝贵的经验。

第二阵营是政府的小额信贷项目，它是在自主探索如何有效开展信贷扶贫中产生的，与国际非政府组织小额信贷项目基本是并行发展。1981年，中国人民银行安排了对贫困少数民族地区的优惠贷款政策，用于支持少数民族地区边境贸易和生活用品生产。1983年开办了支持"老少边穷"地区的经济发展贷款。中国人民银行在1984年针对中小企业实施了县办企业的贷款项目。1994年之前，扶贫贴息贷款的对象主要是以企业和地区为主，随着《国家八七扶贫攻坚计划》出台，政府将信贷支持对象转向了农民。在政府的积极推动下，小额信贷成为了政府部门扶贫攻坚的重要工具。这个阶段的小额信贷项目主要是政府推动的，主导部门主要有妇联、工会、社会保障部门、民政部门、国务院扶贫系统等。在政府的积极推动下，小额信贷成为政府部门扶贫攻坚的重要工具。政府也出台了对除农民之外的弱势群体的信贷支持政策，包括中小企业金融服务指导意见、助学贷款政策、下岗失业人员小额担保贷款政策等。1999年7月，中国人民银行出台了《农村信用社小额信用贷款管理暂行办法》，借鉴小组联保的方式推进农信社在广大农村地区开展小额信贷项目。从2000年至2005年，农村信用合作社在人民银行的支农再贷款支持下发放小额信贷，小额信贷项目也开始从扶贫领域向农户以及小微企业发展。2002年，我国出台小额担保贷款政策，服务对象是下岗失业人员和创业者，提供服务的主体扩展到农信社、城市商业银行等正规金融机构。

在普惠金融实践上，从机构体系上看，农村信用社是农村地区历史最悠久、分布最广的金融机构。其诞生于1951年5月，中国人民银行召开了第一次全国农村金融工作会议，当时成立的主要目标是筹集农村闲散资金，为农业、农民和农村经济发展提供金融服务，并组织和调节资金支持农业生产和农村综合发展以及为各种形式的合作经济和社会家庭经济服务，限制高利贷。但因诸多原因，农村信用社在管理上及财务上曾一度陷入困境。2003年成功改制后，农村信用社逐步成为了服务"三农"的主力军。此外，开发性金融、政策性金融机构作为商业性金融的重要补充，在普惠金融实践中特别是在小微信贷、现代农业、农村基础设施、扶贫开发中发挥了积极作用。2007年我国成立邮政储蓄银行，在服务农村地区和小微企业方面也发挥着积极作用。2008年，农业银行通过"三农"金融事业部改革，在提升县域和涉农普惠金融服务方面也取得了显著成效。

2006年底，作为解决农村金融问题的破题之举，银监会出台了相关政策，允许村镇银行、贷款公司和农村资金互助社三类新型农村金融机构进入农村市场，同时降低了其他金融部门进入农村地区的门槛。新型农村金融机构的诞生，提高了农村地区金融机构的覆盖率，对于激活农村金融市场，促进农民创业以及推动农村地区经济发展，发挥了积极且重要的作用。

2011年，余额宝等新型互联网金融产品为广大群众提供了互联网支付、互联网借贷以及互联网理财等丰富多样的金融服务。互联网金融成为了发展普惠金融的重要手段，对于推动普惠金融发展起到了重要的作用。

2015年国务院出台首个普惠金融五年发展规划，确立了发展普惠金融的指导思想、基本原则和发展目标，从服务机构、产品创新、基础设施、法律法规、政策保障、金融消保等方面提出了一揽子措施和保障手段，对推进普惠金融实施、加强领导协调、试点示范工程等内容进行了安排。

根据国家普惠金融五年发展规划，中国人民银行从2015年10月至今，批复浙江省宁波市、陕西省宜君县、青海省开展普惠金融试点；国务院从2016年12月至今，批复河南省兰考县、福建省宁德市和龙岩市、浙江省宁波市、江西省赣州市和吉安市、山东省临沂市设立普惠金融改革试验区。宁波市立足移动金融的基础上积极探索数字技术促进普惠金融发展的有效路径；宜君县侧重于为中西部广大欠发达地区发展农村普惠金融形成可复制可推广的路径；青海省立足在农牧业的基础上积极探索普惠金融与绿色金融、精准扶贫相结合的路径；兰考县是首个国家级普惠金融改革试验区，着力探索普惠金融在贫困县域落地的有效路径；福建省龙岩市积极推进金融"扶农""扶小""扶弱"，努力打造信用高地、资金洼地、风控阵地、普及园地；宁德市结合"信用宁德"建设，以建设农户信用信息档案为基础，以"普惠金融信用乡镇、信用村"为桥梁，开展"三级信用"创建活动，着力挖掘乡村地区的金融承载能力；江西吉安市围绕"健全多层次多元化普惠金融体系、创新发展数字普惠金融、强化对乡村振兴和小微企业的金融支持、加强风险管理和金融生态环境建设"等五大方面，助推革命老区脱贫攻坚和振兴发展；江西赣州市致力于建设革命老区普惠金融发展先行区、数字普惠金融创新发展示范区、红色金融基因传承创新样本区，探索出一条革命老区普惠金融发展之路；山东临沂则立足"推进农村金融服务下沉、完善县域抵押担保体系、拓宽涉农企业直接融资渠道、提高农村保险综合保障水平、加强乡村振兴重点领域金融支持和优化农村金融生态环境"，打造普惠金融支持乡村振兴齐鲁样本的"沂蒙高地"。这些试点涵盖东中西部三大区域、省市县三个行政层级，改革定位也有不同侧重点。通过各地因地制宜的改革探索，我国普惠金融发展实践得以不断丰富和深化。

第三章　兰考试验背景与总体方案

2015 年国务院发布的《推进普惠金融发展规划（2016—2020年）》，勾勒了"十三五"时期我国普惠金融发展蓝图，明确提出"对需要深入研究解决的难点问题，可在小范围内分类开展试点示范，待试点成熟后，再加以总结推广"。积极稳妥开展普惠金融改革区域试点，探索破解普惠金融发展难题、扫清体制机制障碍的路径，总结可复制、可推广的经验，是推进普惠金融有效落地的极为重要的一环。

2016 年 2 月 2 日，河南省向国务院呈报了《关于河南省兰考县普惠金融改革试验区总体方案的请示》，[①] 积极向国家申请在兰考县建设普惠金融改革试验区。12 月 26 日，经国务院同意，中国人民银行、国家发展改革委、财政部、农业部、银监会、证监会、保监会七部委联合河南省人民政府印发《河南省兰考县普惠金融改革试验区总体方案》（以下简称《总体方案》），标志着全国首个国家级普惠金融改革试验区落地兰考县。在兰考县建设普惠金融改革试验区，既源于兰考县经济社会发展的客观需要，也因为兰考县是河南乃至全国县域经济的典型代表，具有微缩河南、微缩中国的样本价值，更是当代金融人牢记习近平总书记嘱托、传承弘扬焦裕禄精神，顺应普惠金融内在发展要求，探索用金融力量推动解决贫困县域发展难题的重要改革尝试。

---

① 即豫政文〔2016〕17 号。

第一节 试验区申建背景

一、金融乃县域之短板

从古至今，县域始终是我国经济政治体系和社会系统中最基础的层次和最基本的单元。作为城市和农村的结合点、城乡联动的关节点，县域汇聚着大量的城乡人口和发展诉求，故古训有"郡县治，天下安""民为邦之本，县乃国之基""安邦之难，难在固本；治国之难，难在强基"之说。

习近平总书记多次强调县域治理和县域发展的重要性，他高瞻远瞩地指出"县域治理是推进国家治理体系和治理能力现代化的重要一环"，并指出"基础不牢，地动山摇。县一级工作做好了，党和国家全局工作就有了坚实基础"。① 我国县域范围非常广阔，涵盖了大量人口和村镇，2015 年的数据表明，全国有 2854 个县（市），这些县（市）生活着大约 10 亿人口，占全国总人口的 75%，县域经济占全国经济总量的60%。这折射出农业农村发展关键要靠生活在县域里的亿万农民，重农固本是安民之基、治国之要。若县域经济社会不能长足发展，全面小康、乡村振兴，乃至中华民族伟大复兴梦都将难以真正实现。

同时值得注意的是，我国 40 多年的改革开放之路，打破了城市发展的梗阻和外向经济的藩篱，但直到现阶段，全国县域特别是中西部县域面临的发展困境、农业农村农民工问题仍未得到根本解决，县域范围内的经济发展是中国整体经济版图中的一块最严重短板，这些问题既是关系国计民生的根本性问题，也是全党工作的"重中之重"。特别是全国贫困人口有超过 50% 是县域人口，正如习近平总书记所指出的那样，"小康不小康，关键看老乡"，县域内的贫困人口脱贫问题不解决，如期全面小康社会进程就会阻断。

金融是资源配置的核心中枢和先行变量。县域经济发展成为中国经

---

① 摘自习近平总书记在河南省兰考县委常委扩大会议上的讲话（二〇一四年三月十八日）。

济发展的制约瓶颈的背后，存在着金融资源供给不足和供给结构失衡。主要体现在利益最大化经营理念和资本过度追求效率，使得金融机构基于商业利益考虑，大多将金融资源投放到大、中城市和较为发达地区，对县域金融资源供给不足，县域金融服务弱化。在商业利益和县域发展之间权衡时，金融往往选择前者，从而导致县域范围内金融基础设施落后，金融产品不够丰富，金融服务效率较为低下，农村和较为落后地区金融资源尤其匮乏，难以满足居民多样化金融需求。从 2015 年县域信贷规模看，我国县域贷款余额 21.61 万亿元、全国贷款余额 99.3 万亿元，全国和县域 GDP 总量分别为 68.91 万亿元、38.59 万亿元，县域金融深化程度[1]和人均信贷占用量分别低于全国水平 88 个和 70 个百分点，县域金融排斥与金融抑制问题突出。

在兰考县开展普惠金融改革试验，是基于兰考县经济社会发展的客观需要，志在补齐县域发展的金融短板，改善县域经济金融资源错配、薄弱环节金融服务不足的局面，这是兰考县普惠金融改革试验区在探索实践中的努力方向，也是实现县域经济高质量发展的必经之路。通过在金融发展中添加社会主义制度追求的公平因素，兰考县普惠金融改革试验区探索，自然也成了对建设中国特色社会主义现代金融体系兼顾公平和效率目标的有益探索和重大实践，对于当前普惠金融落地和金融转型发展具有划时代的重大意义。

二、典型的样本价值

河南省是我国的人口大省，全省有 1.07 亿人口，占全国总人口的 1/14；城镇化水平低，农业产值占比高，是我国的粮食大省，农村人口占比 53.2%；农村基础设施薄弱、农业生产条件仍处于传统状态。全省人均国民收入水平 3.9 万元，低于全国平均水平。全省以县域经济为主，县域产值占全省的 68.6%。全省有 53 个贫困县，占全省县（市）总数的近 50%，占全国贫困县的 5.2%，贫困人口数量达 430 万，位列全国第三位，占全国贫困人口的 7.7%，贫困面广量大、贫困程度深。[2]

---

① 主要考虑到，县域融资主要以银行贷款为主，这里金融深化度用贷款余额/GDP 总量计算。

② 此为 2015 年底的数据，即兰考县向国家申建普惠金融改革试验区时的数据。

兰考县总面积 1116 平方公里，位居河南东北一隅，九曲黄河最后一道弯从兰考县内穿境而过。因黄河泛滥等原因，兰考县自然条件恶劣，自然灾害多，兰考县也因此成为历史上有名的贫困县、乞丐县。毛泽东同志曾于1952 年、1958 年两次赴兰考县视察黄河，并在兰考县发出了"把黄河的事情办好"的号召。据历史记载，黄河流经的铜瓦厢河段今位于兰考县西北16 公里处，东坝头乡以西，是明清两代河防的险要所在。"黄河西来，到铜瓦厢漫转东南，其东北地形低洼，开封一带决河多由此冲向梁山一带"。明万历十五年①就曾在该河段发生黄河决溢，在张秋冲断会通河。经清代对黄河下游经徐州入海河道河防工程逐步完善，晚清兰考县以下河道淤积十分严重。当时河道滩面一般高出背河地面 7~8 米。清咸丰五年②六月中旬，黄河大水，铜瓦厢三堡以下的无工堤段"登时塌三、四丈。仅存堤顶丈余，签桩厢埽，抛护砖石，均难措手"。晚上，南风大作，风卷狂澜，波浪掀天。六月十九日，③ 堤防溃决，眨眼间，铜瓦厢被一鼓荡平，沉于河底。从此，黄河在兰考改道，先流向西北，淹及封丘、祥符两县村庄，使得河南兰仪、祥符、陈留、杞县一片汪洋，"远近村落，半露树梢屋脊，即渐有洇出者，亦俱稀泥嫩滩，人马不能驻足"，而后折转东北，淹及兰仪、考城、长垣等县村庄，最终夺大清河至利津县注入渤海，改写了以前注入黄海的历史。④

1962—1964 年兰考县又成为内涝、风沙、盐碱"三害"的重灾区，我党先进代表焦裕禄同志带领兰考县群众战风沙、战盐碱、战贫穷，谱写了血沃荒沙的英雄赞歌。当时粮食产量跌至谷底，一些村穷得令人难以想象，城关乡北街村全年人均仅分得 20 多斤小麦；堌阳镇秦寨村全年人均 15 斤小麦；姜楼村全年人均仅 12.5 斤小麦。老百姓一度在盐碱滩熬碱制盐，外出逃荒要饭。当时的兰考县沦为了"贫穷"的代名词，以"穷"和"讨饭"著称。

直至 2014 年，兰考县贫困落后的面貌一直没有根本改变，与其他欠发达县域一样，具有城镇化水平低、"三农"问题突出、脱贫攻坚任务艰巨等特点。2002 年，兰考县被确定为国家级扶贫开发工作重点县，

---

① 即公元 1587 年。
② 即公元 1855 年。
③ 即公元 1855 年 8 月 1 日。
④ 摘自《黄运两河修防章程》。

2011 年又被确定为大别山连片特困地区重点县，2014 年 4 月，按照国家"精准识别"规定程序，对全县贫困村和贫困户深入摸底，共识别出贫困村 115 个，贫困人口 23275 户 77350 人，贫困发生率 10%。截至2015 年底，[①] 全县下辖 13 个乡镇、3 个街道，450 个行政村（社区），总人口 85 万人，其中农业人口 63 万人，占 74.7%，城镇化水平低；农村人均收入仅 9072 元，贫困户 1.7 万户，贫困人口 5.27 万，贫困发生率 6.8%，贫困人口多、贫困深度大，脱贫攻坚任务重；农业产值占比仅 16.7%，农业农村基础设施薄弱、农业生产经营条件脆弱。

2014 年，习近平总书记两次考察兰考县，指出"兰考县地处中原，改革发展和各方面工作有一定代表性"。[②] 立足兰考县微缩中国、微缩河南的样本价值和河南县域乃至中西部欠发达县域发展的共性难题，通过普惠金融改革试验，探索金融扶贫、金融支持"农业农村农民工"和县域发展的路子，既是着眼兰考县，也是着眼河南省，甚至是着眼全国。因为做好了兰考县的事，在兰考县探索形成了一定的经验和做法，既可在河南全省复制推广，也可向全国复制推广。换言之，兰考县问题解决了，河南省乃至全国县域发展问题也基本有了解决之道。

正是基于以上考虑，以及让兰考县率先实现脱贫、率先过上小康的责任和义务，中国人民银行郑州中心支行于 2015 年 9 月产生了在兰考县进行金融改革试验，探索如何利用金融手段帮助地方经济发展、人民脱贫致富的想法，随后向河南省委省政府提出了向国家申请在兰考县设立普惠金融改革试验区的设想，之后立即得到了河南省委省政府的批示肯定。此后在试验区总体方案的起草和修订中，人民银行等相关部委以及河南省委省政府都给予了大力支持和指导。《总体方案》从上报到国务院批复同意，前后仅用了 10 个月时间。为支持试验区建设，河南省也专门把建设兰考县普惠金融改革试验区纳入《河南省推进服务业供给侧结构性改革专项行动方案（2016—2018）》。[③] 全国首个国家级普惠金融改革试验区落地兰考县，河南省实现了国家级金融改革试验区零的突破，中原大地也迎来了普惠金融发展的春天。

---

① 兰考县普惠金融改革试验区申建于 2015 年底开始。
② 摘自习近平总书记在河南省兰考县委常委扩大会议上的讲话（二〇一四年三月十八日）。
③ 即豫政〔2016〕70 号。

三、良好的改革基础

兰考县开展普惠金融改革试验，既顺应脱贫攻坚、乡村振兴和普惠金融发展要求，也具有良好的改革基础，呈现出"天时、地利、人和"的优势。

（一）习近平总书记的重托

兰考县是焦裕禄精神的发源地。习近平总书记非常关心和牵挂兰考县发展和全县人民的脱贫致富。早在 1990 年，习近平总书记有感于焦裕禄同志为人民服务之精神，在《福州晚报》上刊发《念奴娇·追思焦裕禄》，[①] 表达了对焦裕禄同志的缅怀之情，以及关心国家前途命运的赤子情怀。2009 年至 2014 年五年间，习近平总书记三次考察兰考县，对兰考县域发展提出了殷切期望。2009 年 4 月 1 日，时任国家副主席的习近平调研兰考，将焦裕禄精神概括为"亲民爱民、艰苦奋斗、科学求实、迎难而上、无私奉献"，指出焦裕禄精神"无论过去、现在还是将来，都永远是亿万人民心中一座永不磨灭的丰碑，永远是鼓舞我们艰苦奋斗、执政为民的强大思想动力，永远是激励我们求真务实、开拓进取的宝贵精神财富，永远不会过时"，并在焦裕禄同志当年所植的"泡桐"旁种下了一棵泡桐树苗。

2014 年，习近平总书记将兰考县作为第二批党的群众路线教育实践活动联系点，当年 3 月 17 日，习近平总书记再次亲赴兰考县，进行了为期两天的调研，缅怀焦裕禄同志感人事迹，并指出"之所以选择兰考作为第二批教育实践活动的联系点，因为这是焦裕禄同志生活工作的地方、焦裕禄精神发祥地，希望通过学习焦裕禄精神，为推进党和人民

---

① 《念奴娇·追思焦裕禄》是 1990 年 7 月 15 日习近平总书记任福州市委书记时所作的词，最先发表在 1990 年 7 月 16 日的《福州晚报》上。上阕"追思"，以记叙为主，写焦裕禄同志的事迹、百姓对焦裕禄同志的爱戴和缅怀以及诗人对焦裕禄同志的评价。下阕"明志"，以抒情为主，写焦裕禄精神对诗人的影响，表达执政为民、造福百姓、恩泽万众的理想和宏愿。全词深深表达了习近平对焦裕禄的崇敬之情，以及诗人亲民爱民，与大地山川、人民百姓相依为命的高尚情操，以及关心国家前途命运的赤子情怀。全词内容为：魂飞万里，盼归来，此山此水此地。百姓谁不爱好官？把泪焦桐成雨。生也沙丘，死也沙丘，父老生死系。暮雪朝霜，毋改英雄意气！依然月明如昔，思君夜夜，肝胆长如洗。路漫漫其修远矣，两袖清风来去。为官一任，造福一方，遂了平生意。绿我涓滴，会它千顷澄碧。

事业发展、实现中国梦提供强大精神正能量"，将焦裕禄精神与新时期"中国梦"宏伟目标紧密衔接，提出把学习弘扬焦裕禄精神作为一条红线贯彻始终，在全国引起共鸣和强烈反响。

在兰考县调研期间，习近平总书记作出了"把强县和富民统一起来，把改革和发展结合起来，把城镇和乡村贯通起来"的"县域治理'三起来'"的重要指示，提出了"准确把握县域治理规律，把开展教育实践活动同全面深化改革、促进科学发展有机结合起来"的具体要求，并对兰考县提出了"要精心运筹、大胆实践，在县域改革中走出一条好路子"的殷殷重托，特别希望兰考县能走在全国前列，走出一条脱贫致富的新路子。

2014年5月9日，时隔一个月，习近平总书记第三次来到兰考县，率先垂范，亲自指导召开中共兰考县委常委民主生活会。兰考县在深刻反思"兰考之问"①的基础上，向习近平总书记作出了"三年脱贫，七年小康"的郑重承诺。习近平总书记的重托成为了兰考县开展各项改革试点的精神动力和不竭源泉。教育实践活动结束之后，兰考县以脱贫攻坚总揽社会发展全局，紧密结合乡村振兴战略和当地县域实际，深化改革，真抓实干，人民群众干事创业劲头日益高涨，脱贫致富奔小康、参与各项改革事业的劲头日益高涨。

如何认真落实总书记的殷切嘱托？如何在实践中弘扬践行焦裕禄精神？如何加快实现从"兰考之问"到"兰考之变"的历史蜕变？如何把总书记联系点做成示范点？河南省在思考，兰考县在思考，当代金融人也在思考。2015年9月，主编从中国人民银行调查统计司调任到中国人民银行郑州中心支行工作，在去中国人民银行济南分行报到途经兰考县时，被焦裕禄精神和习近平总书记重托深深感动。也就在那一刻，主编想起了党的十八届三中全会明确指出发展普惠金融，2015年《政府工作报告》提出要大力发展普惠金融，加之河南是农业大省、人口大省，也是贫困人口居全国第三的大省。那么，发展普惠金融、实施金融扶贫中，中国人民银行郑州中心支行能做什么？兰考县能做什么？中国人民银行作为金融管理部门和区域金融改革的牵头

---

① 为什么守着焦裕禄精神这笔财富50年了，经济仍比较落后，10万人没脱贫？为什么兰考集体上访、越级上访还那么多，社会矛盾大事小事不断？扪心自问，职责履行好了吗？

部门，如何引导金融发展理念悄然改变，如何引导金融机构支持重点从"阳春白雪"转向"下里巴人"，关心弱势群体、贫困县域，兼顾公平和效率？做好兰考县的事，对河南省乃至全国有何示范意义？经深入思考和到兰考县深入调研，主编发现在兰考县建设普惠金融改革试验区是当代金融人践行焦裕禄精神、落实总书记重托的一个重要行动和历史使命，普惠金融改革试验也与兰考加快脱贫奔小康、实现县域经济高质量发展的目标完全一致，完全符合最广大人民群众的根本利益，这一改革实践不仅具有深远的政治意义，也有巨大的经济社会价值。

这一思考后来也得到较好的证实，试验区设想一经提出，就得到了河南省委省政府以及兰考全县上下党员干部和广大群众的拥护和支持。习近平总书记的殷切重托、焦裕禄精神的弘扬传承以及兰考县脱贫致富的内生需求，汇聚成为了激发基层首创精神的动力源泉，成为了普惠金融改革试验区的思想之基和力量之源。

专栏 3 -1：焦裕禄同志带领人民血沃荒沙的英雄气概[①]

众所周知，受 1958 年"大跃进""人民公社化"运动和三年自然灾害的影响，我国在 1959—1961 年经历了最为困难的三年。全国粮食产量由 1958 年的 4000 亿斤降至 1959 年的 3400 亿斤，1960 年甚至降到 2870 亿斤，虽然 1961 年有所回升，但也只有 2950 亿斤，全国性饥荒爆发，致使人民群众生活举步维艰。

兰考作为典型的农业大县，理应为国家分忧解困，多提供粮食，但当时却是全国最穷的县，不仅拿不出粮食，反而年年要国家"倒贴"救济粮。当然，这与兰考地处黄河边的沙地及当地恶劣的自然条件也有不可分割的联系，尤其是 1961 年，兰考的大旱和虫灾，造成了 16 万亩的农田绝收，产量甚至低于 1949 年。但是，当 1962 年全国形势开始回暖，兰考的情况却变得更糟，同时遭受旱、涝、风、蝗四灾，粮食产量跌至谷底，一些村穷得简直难以想象，如城关乡北街村全年人均仅分得 20 多斤小麦；堌阳镇秦寨村全年人均 15 斤小麦；姜楼村全年人均仅

---

① 周文顺，周荣方. 好书记焦裕禄 [M]. 北京：知识产权出版社，2015.

12.5 斤小麦。老百姓一度在盐碱滩熬碱制盐，外出逃荒要饭。可以说，当时的兰考已经沦为"贫穷"的代名词，以"穷"和"讨饭"著称。

1962 年 12 月，经过苦难、革命历练的焦裕禄同志临危受命，奔赴兰考任职。到任后随即通过访贫问灾走访调研找准贫穷症结所在：风沙肆虐、内涝频发、盐碱灾现，并得出"兰考的'穷'，根在'三害'"的结论，明确要重新点燃困难绝望的民心、依靠兰考人民根治"三害"的治穷思路，并进行裁撤"劝阻办公室"、建立"除三害办公室"①，在全县范围开展治沙、治水、治碱的斗争。1963 年 2 月起，带领人员在兰考的大地上日夜奔波，进行大规模查风口、追洪水、探流沙的调查研究，通过大量的走、看、问、记、绘，查清了全县 84 个大小风口、1600 个大小沙丘，绘制了详细的排涝泄洪图，掌握了沙、水、碱发生和发展的规律，摸清了灾害的来龙去脉，编制了一部完整的改造兰考大自然的规划书——《关于治沙、治碱和治水三五年的初步设想》（草案）②。

可以说，焦裕禄同志赴兰考不到半个月，便在多种场合指出造林在兰考有着特殊的重要意义，并作出"沙地没有林，有土不养人"的论断。针对兰考"大风起，沙满天"现象，号召全县人民在沙丘上栽种材质好、适应性强、长势猛、不遮地、扎根深的泡桐，大力进行防风造林，以至于当地老百姓曾流传"要想富，栽桐树，十年变成富裕户"的顺口溜，同时，采取深翻黄河故道的黏土或淤泥将沙丘封住、并种上刺槐或泡桐的"翻淤压沙"方法，制定系列切实可行的护林政策解决种树容易养树难现象，并采取"农林间作"模式发展农业，从此，兰考的生态环境发生了根本性的变化，兰考造林面积由其赴任时 1962 年 8436 亩增至去世时 1964 年 51545 亩，甚至在二十多年后的 1989 年，森林覆盖率从 1962 年 3.4% 提高至 20.4%③；针对兰考的涝灾，查清水道、水位和流量，疏挖河渠，带领人民建立了一套完整的排涝系统，同时做好与下游地区的沟通协调，防止水害搬家；针对兰考的盐碱滩灾，通过多种

---

① "劝阻办公室"是针对兰考大量外出乞讨人员而设，职能是劝阻兰考县人口外流；"除三害办公室"是针对"三害"而设，职能是带领人民除三害，从本源上进行根治。

② 周长安等．焦裕禄在兰考的 475 天［M］．郑州：中州古籍出版社，2014：93 - 95.

③ 《兰考县志》．郑州：中州古籍出版社，1999：367 - 368.

尝试，大力推广"翻淤压碱"的方法，成效显著。

在剑指"三害"、带领大家防风治沙治碱这一惊天动地事业的奋斗过程中，焦裕禄同志虽然在兰考工作仅 475 天，但不止一次地向大家传递艰苦奋斗、迎难而上、科学求实、无私奉献的英雄气概："兰考是大有可为的地方""革命者要在困难面前逞英雄"等，激励着我们的干部始终走在群众抗灾生产的前线，以"干革命，不能混革命"的激情带领人民群众这一主力军战天斗地除"三害"。当时 90%的百姓都亲眼见过这位栉风沐雨的好书记，焦裕禄同志当年亲手种下的泡桐树，也被老百姓亲切地称为"焦桐"。

焦裕禄同志去世时要求组织把他送回兰考，埋在沙滩上，看着兰考人民把沙丘治好。兰考防沙造林的每一步都与焦裕禄难解难分，披肝沥胆，殒命黄沙。榜样虽已逝去，但留下的干事创业精神将永存世间，留下的如何改变贫穷落后面貌的坚强决心将永远激励兰考这一方热土，激励着包括金融人在内的所有干事创业者们。

（二）经济蓄势待发

随着经济建设的持续推进和中部地区崛起[1]，以及粮食生产核心区、中原经济区、郑州航空港经济综合实验区等国家战略的逐步实施，在中原城市群的辐射和区域经济发展外溢效应的拉动下，兰考县逐渐呈现出了一些自身的优势。

特别是 2015 年以来高速、高铁等现代交通设施在兰考县境内的建设落地，连霍高速公路、日南高速公路在境内交叉而过，陇海铁路、郑徐高铁穿境而过，国道 G220、G310、G106 在县城交会，距离新郑机场仅 1 小时，兰考县成为了河南省"一极两圈三层"[2] 中原城市群总体框架中"半小时交通圈"的重要组成部分，交通便利、区位优势逐渐显现，同时随着粮食生产核心区战略在兰考县的落地，以及全县民族乐器与现代家居产业的兴起，兰考县逐渐成为全国商品粮、优质棉生产基地

---

[1] 中部崛起战略是我国促进中部六省共同崛起的一项国家战略，2004 年由时任总理温家宝在政府工作报告中首次提出。

[2] "一极"即带动河南全省经济社会发展的核心增长极；"两圈"即以郑州综合交通枢纽为中心的"半小时交通圈"和"一小时交通圈"；"三层"即中原城市群核心层、紧密层、辐射层。

和著名的"泡桐之乡"。单就泡桐产业看，全县泡桐种植面积约20万亩，活立木蓄积量300万立方米，因其长在沙土中，纹路清晰，音质奇佳，被誉为"会呼吸的木材"，全国90%以上的民族乐器的音板都产自兰考县，用泡桐制作的古筝、古琴等民族乐器远销国外20多个国家和地区。当年焦裕禄同志带领群众防风固沙的"泡桐林"，现在成为了群众发家致富的"绿色银行"。兰考县丰富的农产品资源，为当地产业发展和经济增长提供了雄厚的物质基础。从经济总量看，2015年全县生产总值233.6亿元，增长9.2%，高于全国平均水平2.3个百分点；规模以上工业增加值112.5亿元，增长13%；全社会固定资产投资147.8亿元，增长16.2%；全县公共财政预算收入12.73亿元，比上年增长12.7%，经济发展势头良好，各项社会事业取得了新的进步。

与此同时，2010年以来，兰考县农村金融体系建设和农村金融产品与服务方式不断深化，全县多层次、有差异、适度竞争的金融供给体系基本形成。截至2015年底，全县有9家银行机构，包括农发行、工行、农行、中行、建行、邮储银行、兰考农商行、中原银行及1家村镇银行；有非银行业金融机构21家，包括1家证券公司、2家小贷公司、2家担保机构、16家各类保险机构（包括支公司、营销服务部、代理公司）；有1家农村资金互助社和15家贫困村资金互助组织。从信贷总量和结构看，截至2016年1月末，全县人民币存贷款余额分别达153.4亿元、88.9亿元，分别同比增长16.9%、37.7%，贷款增速高于河南省人民币贷款增速20个百分点，其中，涉农贷款余额75.2亿元，同比增长43.7%，占全部贷款余额的84.6%。2015年，全县发放农户小额信贷4.1亿元，累计支持1.1万个农户发展生产；发放助学贷款2574万元，支持3218名困难学生入学；发放农村青年创业贷款、创业担保贷款1.56亿元、8575万元，金融支持创业就业的能力不断增强。从金融基础设施看，2015年底，全县银行服务网点63个、助农取款服务点1232个，布放ATM 162个、POS机具1568个，实现了乡乡有金融机构、村村有服务，以及乡镇ATM、行政村域POS机具和助农取款服务点"三个百分之百"覆盖。从配套政策看，成立了县乡村三级农村产权交易机构，初步建立了财政担保体系和信贷风险分散机制，政府筛选建立了重点项目库，为银企、银农对接提供了基础。

正是如此，2014 年习近平总书记调研兰考县时，也指出了当时兰考县自身的发展优势，"兰考交通便利，区位优势明显，产业发展具备基础，全县年经济总量达到一百九十三亿元、公共财政预算收入达到九亿二千万元，今年又成为省直管县，享有地级市的经济社会管理权限，可谓蓄势待发"。"稳中有进、稳中向好"的经济发展态势、县域产业的不断发展完善以及各项社会事业的顺利推进，都为兰考县开展普惠金融改革试验提供了坚实的实体之基和强大的物质基础支撑。

（三）政策资源叠加

成为习近平总书记第二批党的群众路线教育活动联系点后，兰考县经济社会发展和兰考人民脱贫致富备受全国人民牵挂。为支持兰考县更好地"把强县和富民统一起来、把改革和发展结合起来、把城镇和乡村贯穿起来"，[①] 国务院以及河南省先后赋予兰考县为国家新型城镇化综合试点县、全国省直管县体制改革试点县、全国涉农资金整合优化试点县、全国社会信用体系建设示范试点县、国家深化县城基础设施投融资体制机制改革试点县、农民住房财产权抵押试点县、河南省改革发展和加强党的建设综合示范试点县等多项改革试点政策，从新型城镇化建设、省直管体制、涉农资金优化运用、信用体系建设、基础设施投融资、抵押信贷融资、党的建设等多个领域给予政策引导和支持。这些政策都是推动普惠金融发展创新的资源优势。

根据国务院和河南省有关精神，金融改革试点在一定程度上享有创新性举措和创新金融产品、创新金融服务"先行先试"的政策。以上述多个领域先行先试的政策为基础，同步配合开展"自下而上"普惠金融改革探索，不仅有利于发挥各领域政策合力，有利于凝聚多方力量，而且有利于高效地建立与普惠金融发展相协调的体制机制和政策环境，有利于形成经济改革和金融改革良性互动、互相支撑的良好局面，这些改革自然而然地为普惠金融改革目标的顺利实现提供了坚强保障。

---

① "把强县和富民统一起来、把改革和发展结合起来、把城镇和乡村贯穿起来"，是 2014 年 3 月 18 日习近平总书记在兰考县委常委扩大会议上对兰考县抓好改革发展工作提出的具体要求。

第二节 总体方案内容

《总体方案》是试验区建设的纲领，它紧密结合国家普惠金融发展战略规划和兰考县发展阶段与发展实际，着眼当前县域金融发展重点和普惠金融落地的共性难点堵点，坚持问题导向，注重体制机制创新，强化供给侧精准发力，致力加快探索出一条可复制、可推广、可持续的中国特色社会主义普惠金融发展道路。

在试验主题上，《总体方案》突出"普惠、扶贫、县域"三大主题，"普惠"就是引导金融改变"嫌贫爱富"传统，从重点支持"阳春白雪"转向同时关心"下里巴人"，解决金融对弱势群体覆盖率低、满意度低、可得性低的"三低"问题，让所有社会主体都能享受金融服务的阳光雨露；"扶贫"就是赋予兰考更多的金融资源和优惠政策，精准支持如期打赢脱贫攻坚战，让中国特色社会主义制度追求公平的本质在金融方面得以实现；"县域"就是真正从根本上解决脱贫、致富和可持续发展问题，破解"农业、农村、农民、农民工"发展困境、县域经济发展瓶颈——金融滞后的难题，找到金融支持兰考县域经济快速可持续发展的新路子。这些事情做好了，兰考县经济社会发展中存在的各种矛盾和问题也基本上能迎刃而解。

指导思想上，《总体方案》遵照习近平总书记对兰考的指示精神，坚持金融服务实体经济的本质要求，落实共享发展理念，坚持市场运作，兼顾公平，持续发展，通过完善体制机制，合理制度安排，支持改革目标实现。

试验原则上，《总体方案》突出兼顾公平和效率，注重市场导向的同时，更加注重弱势领域的发展；突出改革创新，以创新解决关键问题；突出精准发力，注重改革措施的针对性；突出示范带动，着力积累可复制推广的经验；突出风险可控，强调处理好金融普惠与可持续发展的关系。

试验目标上，《总体方案》提出经过 5 年左右的试验，把兰考县建设成为普惠金融发展的先行区、创新区、示范区，在兰考县形成多层次、广覆盖、有差异、可持续发展的金融组织体系，基本建成与普惠金融发展相协调的财政等配套政策体系，在实现金融服务高覆盖率、高可得性、高满意度的基础上，推动解决"扶贫、致富、县域发展"和"农业弱、农村穷、农民苦、农民工漂"的问题，探索出一条金融支持县域、支持"四农"、支持扶贫的新路。

为实现上述目标，《总体方案》提出"完善县域普惠金融服务体系、强化精准扶贫金融服务、优化新型城镇化金融服务、充分利用多层次资本市场、大力发展农业保险市场、深化农村支付服务环境建设、强化要素服务平台建设、强化配套政策支持、加强金融消费权益保护、建立工作保障机制"等11个方面重点改革领域，并借此细化提出27条改革措施。简要归纳起来，主要内容是：

关于金融如何普惠，一是强化金融体系普惠功能。支持开发性、政策性银行设立"金融扶贫事业部"，支持农业银行做大做强"三农金融事业部"，加强激励引导，提升县域金融机构普惠积极性。二是实施"互联网＋"普惠金融行动，发挥互联网金融优势，向弱势群体增加低廉、便捷的金融供给。三是发展惠农支付。结合农村发展规划，推广农村金融自助服务站。建立惠农支付一网通平台，普及移动支付业务。四是强化农村信用体系建设，设立县域信用信息中心。五是加强金融创新，探索符合实际的、普惠型的产品和服务。六是加大对贫困人口、残疾人等弱势群体金融消费权益的保护力度。

关于金融如何扶贫，一是完善金融扶贫政策。探索完善扶贫贴息贷款政策，创新扶贫再贷款的运用模式，探索创新金融扶贫担保基金的设立方式。二是创新金融扶贫模式。实施"产业扶贫贷款工程"，创新扶贫小额信贷产品，普及小额信贷保证保险，引导发放扶贫信用贷款。三是大力发展农村保险市场，扩大保险覆盖面，持续优化保险服务，为扶贫提供有效的风险分散和保障机制。

关于金融如何支持县域，一是发挥开发性、政策性金融优势，创新投融资机制，成立市场化融资主体，设立兰考发展基金，着力解决农田水利等农业农村基础设施建设的中长期资金不足问题。二是跟踪延伸农民工金融服务，支持农民工市民化，围绕农民工在城市"进得去、留得住、过得好"提供全程金融扶持。三是充分利用多层次资本市场，拓宽融资渠道，支持兰考县企业做大做强。四是深化金融开放创新，支持兰考县涉农企业和现代农业扩大对外开放，探索县域经济"引进来"和"走出去"的开放新路。五是加强产权交易和金融服务平台建设，逐步完善相关配套体制机制，支持县域金融改革创新。

专栏3-2：河南省兰考县普惠金融改革试验区总体方案①

为加快推进普惠金融试点示范，积极探索可复制推广的经验，结合《中华人民共和国国民经济和社会发展第十三个五年规划纲要》《中共中央　国务院关于打赢脱贫攻坚战的决定》《国务院关于印发推进普惠金融发展规划（2016—2020年）的通知》（国发〔2015〕74号）、《国务院关于支持河南省加快建设中原经济区的指导意见》（国发〔2011〕32号）等文件精神，立足河南省兰考县实际，坚持问题导向，突出示范带动，制定本方案。

一、总体要求

指导思想。以邓小平理论、"三个代表"重要思想、科学发展观为指导，全面贯彻党的十八大和十八届三中、四中、五中、六中全会精神，认真落实习近平总书记系列重要讲话和在河南省、兰考县调研时的重要指示，按照党中央、国务院决策部署，践行焦裕禄精神，坚持创新、协调、绿色、开放、共享五大发展理念，充分发挥市场的决定性作用，强化政府引导，突出供给侧精准发力，在兰考县加快建立与全面建成小康社会相适应的普惠金融服务和保障体系，有效增强金融支持县域经济发展的能力。

主要目标。经过5年左右的努力，在河南省兰考县形成多层次、广覆盖、有差异、可持续发展的金融组织体系，基本建成普惠金融发展相协调的财政等配套政策体系，农村各类产权要素有效盘活，金融生态环境持续优化，金融服务覆盖率、可得性和满意度稳步提高，金融服务县域经济和"三农"、小微企业、贫困人群等社会发展薄弱环节的水平显著提升，把兰考县建设成为全国普惠金融改革先行区、创新示范区、运行安全区，为贫困县域探索出一条可持续、可复制推广的普惠金融发展

---

① 摘自《中国人民银行　发展改革委　财政部　农业部　银监会　证监会　保监会　河南省人民政府关于印发〈河南省兰考县普惠金融改革试验区总体方案〉的通知》（银发〔2016〕323号）。

之路。

二、完善县域普惠金融服务体系

（一）更好发挥银行业金融机构作用

鼓励国家开发银行以批发资金转贷形式与兰考县金融机构合作，降低县域小微企业融资成本。支持国家开发银行、农业发展银行依托扶贫金融事业部，加大对兰考县扶贫开发的金融支持力度。引导大中型商业银行在兰考县设立分支机构或优化现有网点布局，适度扩大县域信贷管理和产品创新权限。支持中国农业银行在兰考县做强"三农金融事业部"，提高其"一级经营"能力。优化中国邮政储蓄银行乡镇自营网点功能，扩大涉农业务范围。探索兰考县农村商业银行与河南省农村信用社联合社的新型关系，增强自主经营能力，更好发挥支农主力军作用。

（二）规范发展新型金融服务组织

采取有力措施促进互联网金融规范有序发展。鼓励兰考县金融机构与互联网企业开展合作，实现优势互补，向农村地区延伸金融服务。根据统一安排，依托农民合作社开展内部信用合作试点。规范发展小额贷款公司，探索设立服务"三农"的消费金融公司、融资租赁公司，支持农村消费升级，更好满足规模农业机械化资金需求。

（三）完善风险管理和分担补偿体系

鼓励保险机构在兰考县单设"三农保险事业部"，通过自建、协办等方式向乡村两级延伸服务网点，配备保险专员，推进保险人员、产品、服务"三下乡"，实现服务网点对乡镇、保险服务对农户的全覆盖。

省县两级财政出资在兰考县设立融资担保基金，积极发展政府支持的、重点服务于"三农"和小微企业的融资担保机构，引导加大对重点领域和薄弱环节的信贷投放。加大省级小微企业风险补偿资金对兰考县的倾斜支持力度，鼓励兰考县财政出资设立"三农"、小微企业信贷风险补偿基金，更好发挥财政资金杠杆撬动作用。

三、强化精准扶贫金融服务

（四）创新金融扶贫产品和服务模式

支持中国农业银行在兰考县创新推广"三位一体"金融扶贫模式。鼓励金融机构发放扶贫小额信用贷款，加大中国邮政储蓄银行惠民扶贫贴息小额担保贷款发放力度，支持贫困户创业就业和扶贫企业带动致富。用好扶贫再贷款政策，建立金融精准扶贫信息对接共享机制和使用扶贫再贷款与带动建档立卡贫困人口脱贫的挂钩机制。在财力可能的前提下，创新推出"扶贫再贷款＋地方法人金融机构贷款＋财政贴息＋农业保险"金融扶贫模式，精准支持建档立卡贫困户和扶贫龙头企业，降低县域融资成本。

（五）完善精准扶贫配套措施

加强部门间协调合作和信息共享，引导建立精准扶贫金融服务档案，对接建档立卡贫困户金融需求。鼓励灵活采取新型农业经营主体担保、协会担保、联保互保等增信措施，缓解建档立卡贫困户融资担保难。支持兰考县有效整合各类财政涉农资金，设立扶贫贷款风险补偿基金和担保基金，充分发挥财政资金的支持和引导作用。

四、优化新型城镇化金融服务

（六）创新新型城镇化投融资体制

研究制定兰考县新型城镇化投融资体制机制政策。支持河南省先进制造业集群培育基金、河南省新型城镇化发展基金与兰考县政府合作，吸引社会资本参与，探索设立兰考县发展基金，重点支持兰考县现代农业发展和基础设施建设。支持河南省农业产业化基金、新型城镇化基金优先投向兰考县。支持市场化运作的企业通过政府采购服务、政府和社会资本合作模式（PPP）等方式参与兰考县农业农村基础设施建设和运营。发挥开发性、政策性金融机构对农业农村基础设施建设的支持作用。

（七）深化涉农金融服务创新

引导金融机构开发与银行卡授信相结合的小额信贷产品，推行信贷联络员分片包村户、小额信贷一站式办理、综合化农村金融服务超市等服务模式，扩大贷款覆盖面，提升贷款满足率。鼓励金融机构根据农业生产周期和农业经营主体资金需求特点，合理确定贷款额度、期限和利率，有效满足农业经营主体大额和中长期资金需求。创新基于订单农业、上下游企业模式的信贷产品，推广"涉农龙头企业＋上下游种养殖户/经销商""企业＋农民合作社/家庭农商/基地＋农户"等农业产业链融资模式。根据国务院统一部署，在兰考县稳妥开展农民住房财产权抵押贷款试点。

（八）推动小微企业金融创新

创新小微企业信贷产品，将专利权、商标权、股权、应收账款、保单、仓单等纳入抵（质）押范围，降低小微企业贷款担保门槛。开展银税合作，推广"税银通"业务，为纳税记录良好、信用等级较高的小微企业提供无抵押信用贷款。引导金融机构通过提前进行续贷审批、设立循环贷款、实行年度审核制度等措施减少小微企业过桥融资。加大创业担保贷款发放力度，重点支持高校毕业生（含大学生村官）、农村妇女、返乡农民工等就业重点群体和困难人员创业就业。落实国家有关民族贸易和民族特需商品优惠利率政策，支持民族贸易和民族特需商品生产企业发展。

（九）积极支持农民工市民化

跟踪延伸农民工金融服务，为农民工向城市"进得去、留得住、过得好"提供全程金融扶持。鼓励银行业金融机构按照风险可控、财务可持续的原则，创新农民工进城购房金融产品和服务。支持兰考县财政出资设立住房担保机构或设立专项担保基金，为农民工进城购房提供风险分担或缓释措施。逐步将在城镇稳定就业的农民工纳入住房公积金制度实施范围。鼓励银行业金融机构推出多样化的创业、教育、健康类信贷产品，加大对进城农民工创业就业、技能培训、子女教育、就业健康等的信贷支持力度。

五、充分利用多层次资本市场

（十）培育发展股权融资

积极培育农业产业化龙头企业，推动符合条件的龙头企业上市融资。支持兰考县涉农中小微企业在中原股权交易中心挂牌融资。引导和推动证券公司、中介机构为企业上市挂牌融资提供服务。鼓励兰考县企业利用股权投资基金和创业投资基金进行融资。鼓励国家科技投资引导基金、国家新型产业创业投资引导基金、河南省财政涉企资金基金化改革基金优先向兰考县倾斜。允许兰考县财政涉企资金基金化，支持当地企业发展。

（十一）支持开展债务融资

加强对兰考县企业的债务融资培育和辅导，支持企业或项目通过中期票据、非公开定向债务融资工具、集合票据、项目收益票据等融资。

支持符合条件的企业或项目利用企业债、公司债、集合债券、项目收益债券等融资。探索发行绿色金融债券。

六、大力发展农村保险市场

(十二) 支持扩大农业保险覆盖范围

加大对农业保险支持力度，提高农业保险保障水平，支持覆盖直接物化成本。鼓励发展重要农产品目标价格保险、产量保险、天气指数保险，逐步覆盖地租、人力等成本，省县财政可给予一定保费补贴等支持。研究将泡桐、肉牛纳入特色保险范围，实现大宗和特色养殖业农业保险全覆盖。落实好产粮大县三大粮食作物农业保险保费补贴政策。

(十三) 支持创新推广各类涉农保险

结合新型农业经营主体保险需求，探索发展"基本险＋附加险"模式。支持保险机构与兰考县银行业金融机构、农林技术推广机构、农业服务组织和农民合作社合作，提高保险服务能力。普及小额信贷保证保险，对贫困户保证保险保费予以补助。大力推广农民家庭财产、农村小额人身保险，加快建立健全困难群众重大疾病商业保险医疗救助制度，缓解农民因病致（返）贫、因灾致（返）贫问题。

七、深化农村支付服务环境建设

(十四) 设立农村金融综合服务站

结合兰考县农村发展规划，在乡镇、行政村合理规划设立金融综合服务站，引导金融机构合理摆放自助柜员机（ATM）、多媒体自助终端等自助设备，汇集现金存取、查询转账、投资理财等功能，提供综合金融服务。加大销售点终端（POS机）、转账电话等终端机具在偏远农村布设力度，巩固助农取款服务村级覆盖网络，推动助农取款服务点升级转化为惠农支付服务店，为周边居民提供转账汇款、代理缴费等综合性支付服务，推动有条件的惠农支付服务点增加贷款意向收集等便民金融服务。

(十五) 普及移动支付业务

鼓励银行业金融机构、非银行支付机构不断丰富应用场景，推广安全可靠的移动支付产品。探索开发建设普惠移动金融服务平台，汇集转账、缴费充值、线上付款等基础支付服务，并逐步加载货币信贷、货币发行、征信管理、国库、金融消费权益保护等业务，实现惠农服务一网通，并普及金融知识、开展金融业务风险提示等服务。

八、强化要素服务平台建设

（十六）搭建信用信息平台

在兰考县成立信用信息中心，建立健全县乡村三级共同推进的组织领导体系和信用信息跨部门采集共享工作机制，以小微企业、新型农业经营主体和农户为重点，收集整理政府部门、公共事业、中介服务及社会管理等信用信息。加强县域金融生态环境建设和考核，强化信用评价和评价结果应用。开展小微企业信用评价、新型农业经营主体信用评价和"信用户""信用村""信用乡镇"评定，实现信用与信贷联动。

（十七）完善农村产权交易服务平台

整合政府部门资源，完善农村产权交易平台功能。积极推进农村产权要素的确权颁证、价值评估、抵押登记、交易流转和风险处置机制建设。将农民住房财产权、林权、水域滩涂使用权、大型农机具、农村知识产权等纳入贷款抵（质）押范围，增强农村产权要素的融资功能。

（十八）推广动产质押融资服务平台

积极利用人民银行征信中心动产融资统一登记系统、应收账款融资服务平台，开展应收账款质押登记、转让登记、租赁登记、所有权保留登记、留置权登记、保证金质押登记、存货/仓单质押登记、动产信托登记，借鉴其他地区成熟的动产抵押贷款模式，推广形式多样的抵（质）押融资，丰富中小微企业金融产品。

（十九）建立一网通金融服务平台

支持兰考县探索建立一网通金融服务平台，与银行、证券、保险、担保、小额贷款、典当等机构对接，整合线上结算、资金管理、线上融资、线上保险等金融服务功能，为"三农"、中小微企业提供一站式、综合性金融服务。

九、强化配套政策支撑

（二十）加强财税政策扶持

落实好涉农信贷增量奖励、农村金融机构定向费用补贴、农业保险保费补贴等政策，落实好对中小企业信用担保机构的税收优惠政策。落实对金融机构农户小额贷款利息收入及保险公司为种植业、养殖业提供保险业务取得的保费收入的企业所得税优惠政策。按规定简化不良贷款核销政策，扩大不良贷款处置和减免自主权。

（二十一）强化货币政策工具支持

根据实际资金需求，合理安排兰考县再贷款、再贴现额度，引导金融机构加大对县域"三农"、扶贫、小微企业等领域的信贷投放。其中，扶贫再贷款实行比支农再贷款更优惠的利率。

（二十二）实施差异化监管政策

对兰考县涉农金融机构在网点审批、业务发展、金融监管等方面实行同等政策。对兰考县金融机构适当提高不良贷款容忍度。对涉农、小微企业信贷业务经办人员推行和落实尽职免责制度。

十、加强金融消费权益保护

（二十三）健全金融消费权益保护工作机制

强化多部门信息共享，加强金融消费权益保护监督检查，及时查处侵害金融消费者合法权益行为，畅通金融机构、金融管理部门、仲裁、诉讼等金融消费争议解决渠道，维护金融市场有序运行。强化金融机构受理、处理金融消费纠纷的主体责任，切实畅通投诉受理和处理渠道，改进服务质量，不断提高受理、处理效率和群众满意度。加强金融管理部门、公安机关等单位间的协调联动，依法打击金融欺诈等非法金融活动。

（二十四）提高金融知识宣传教育的普及性和针对性

充分利用报纸、广播、电视、网络、金融机构营业网点以及村组、社区公共宣传栏、墙体宣传栏，多层面、广角度、持续普及金融知识，提升农村地区金融消费者的金融素养和诚实守信意识。深入开展"金惠工程"，着力加强针对城镇低收入人群、困难人群，以及农村贫困人口、创业农民、残疾劳动者的专项教育活动，丰富其金融知识，提高其金融风险识别和防范能力。

十一、建立工作保障机制

（二十五）加强组织领导

河南省成立兰考县普惠金融改革试验区领导小组，结合兰考县实际，统筹安排，明确分工，分解落实改革任务，设置改革实施时间表，制定具体实施方案与细则，细化年度实施目标，形成定期研讨机制，及时解决试验区改革中的新情况、新问题，重大问题及时报告，指导兰考县统一思想，协调联动，充分发挥积极性和主动性，扎实推进试验区各项工作，确保出台的政策稳妥落地、正确实施、富有成效。国务院有关部门要加强与河南省、兰考县的沟通，在组织资源、调研论证、制定规划等方面积极予以指导和支持。

（二十六）加强宣传引导

兰考县普惠金融改革试验区工作领导小组要研究制定宣传工作方案，紧紧围绕试验区建设，采取多种方式加大宣传力度，形成推动改革的舆论，引导社会公众主动适应配合金融改革，营造积极正向的社会氛围。及时梳理、总结试验区工作中的先进经验、典型案例、工作成效，加强宣传推介和经验交流，形成社会关注、及时推广的良好工作局面。

（二十七）加强考核监督

建立试验区工作专项评估制度，将试验区工作纳入县域考核框架，健全考核机制，强化评估结果运用。建立目标责任体系，明确职责分工，对改革任务的落实情况设定评价指标体系，建立定期报告、考评、奖惩、验收机制，及时通报落实情况，强化社会公众监督。

第三节　总体方案特点与创新

《总体方案》从体系建设的高度出发，注重凝聚多方合力，遵循普惠金融发展规律和事物发展的因果关系，坚持问题导向，瞄准短板从供需两端发力，提出了县域普惠金融发展的前瞻性、战略性、可操作性方案，体现出了系统性、辩证性、精准性和适宜性的特点。同时，在解决问题的路径上，《总体方案》有其自身独特的创新性思路。

一、总体方案特点

（一）系统思维

习近平总书记反复强调改革是一项复杂的系统工程，曾高瞻远瞩地指出，"我国改革已经进入攻坚期和深水区，进一步深化改革，必须更加注重改革的系统性、整体性、协同性，统筹推进重点领域和关键环节改革"。2013 年 9 月 17 日，在与党外人士座谈时，习近平总书记再次指出："全面深化改革是一项复杂的系统工程，需要加强顶层设计和整体谋划，加强各项改革关联性、系统性、可行性研究"。

《总体方案》从论证起草到实践落地，都努力避免认识的"碎片化"、措施的"单兵突进"和实践的"零敲碎打"，都是着力围绕需解决的主要问题多措并举、协同攻克、合力突围。《总体方案》十一大方面 27 条改革措施，是从系统思维的高度对县域普惠金融进行的全盘谋划、细化，涵盖产品体系、服务体系、风控体系、信用体系、金融监管、组织实施等多个方面，涉及金融、发改、财政、扶贫、农业、税务、监管等多个部门，强化制度集成，强调政策关联性、耦合性和协同性，在确保各项改革措施"立治有体、施治有序"的基础上，努力使各项改革措施在政策取向上相互配合、在实施过程中相互促进、在实际成效上相得益彰。

如在县域普惠金融服务体系建设上，《总体方案》一方面强调银行、证券、保险等金融机构共同发力，强调担保体系、财税扶持体系对普惠金融服务的引导撬动，另一方面，更注重企业、家庭等各方市场主体的信用培育和能力建设，以供需双侧发力解决普惠金融服务的结构性矛盾问题。

（二）辨证施治

唯物辩证法是马克思主义哲学的核心方法。2012 年 12 月，习近平总书记在广东考察时指出："改革也要辨证施治，既要养血润燥、化痰行血，又要固本培元、壮筋续骨，使各项改革发挥最大效能"。党的十八届三中全会第二次全体会议上习近平总书记又指出："在推进改革中，要坚持正确的思想方法，坚持辩证法……"[1]

《总体方案》也体现了辨证施治的思想。一是基于"政府与市场的具体边界是互补的、动态的，只有二者协调发挥作用，才能保持社会健康运行"，[2]《总体方案》强调在政策落地中必须正确处理好政府与市场

---

① 杨永加：《学习时报》，2014 年 9 月 1 日。

② 杜飞进：论政府与市场 [J]. 哈尔滨工业大学学报（社会科学版），2014，16（2）：34 - 44.

的关系，强调恰当运用政府和市场"两只手"作用，在指导思想上明确强调"充分发挥市场决定性作用，强化政府引导"，从具体方案中也能考察到，政府作用主要是政策制定、环境营造、方向指引，根本路径还是要充分发挥市场中金融机构的作用和企业、农户等市场主体的需求及能动性，这也是普惠金融可持续发展的必然要求。二是注重平衡效率和公平的关系，《总体方案》既强调对弱势群体、薄弱环节多样化的金融支持，也强调普惠金融服务的可持续性，主张探索可持续的普惠金融发展之路。三是关注改革与风险的关系，《总体方案》特别强调完善风险管理和风险补偿体系，切实筑牢区域金融改革风险的防火墙。四是正确处理眼前与长远的关系。《总体方案》既着眼普惠，又不止于普惠；既助力扶贫，又不限于扶贫；既坚持问题导向，解决县域眼前发展的紧迫问题，又放眼长远，谋划县域未来发展的根本问题。

（三）问题导向

天下大事，必作于细。2013年9月17日，在党外人士座谈会上，习近平总书记指出，"面对人民群众的期待，我们必须坚定改革信心，以更大的政治勇气和智慧、更有力的措施和办法推进改革"，并进一步指出"要有强烈的问题意识，以重大问题为导向，抓住重大问题、关键问题进一步研究思考，找出答案，着力推动解决我国发展面临的一系列突出矛盾和问题"。习近平总书记2014年5月9日在指导兰考县委常委班子专题民主生活会时，强调基层工作要把握问题的主要矛盾，"要从细节处着手，养成习惯。如果对工作、对事业仅仅满足于一般化、满足于过得去，大呼隆抓，眉毛胡子一把抓，那么问题就会被掩盖"。2016年5月20日，习近平总书记在中央全面深化改革领导小组第二十四次会议再次强调，"要把依靠全面深化改革推进供给侧结构性改革摆上重要位置，坚定改革信心，突出问题导向，加强分类指导，注重精准施策，提高改革效应，放大制度优势"。

《总体方案》紧抓普惠金融落地过程中的核心问题和关键环节，在问题的症结点和关键点上想对策、出实招。《总体方案》从实际情况和现实可行性出发，在前期深入调研的基础上，着力围绕"服务缺失谁来填？信用空白如何补？环境不佳怎么解？风险损失谁来担？长效机制如何建？服务如何可持续？"等突出问题，细化具体做法，加强规划引导，提出可行性方案。

（四）精准施策

改革由问题倒逼而产生，又在不断解决问题中而深化。针对县域普惠金融发展难题，《总体方案》十分注重精准施策，提高改革效应。在改革措施的制定上，始终立足当前兰考县域发展阶段，瞄准普惠金融、扶贫事业和县域长远发展，提升政策的适宜性、精准性。

比如，在金融精准支持脱贫攻坚这场"硬仗"上，《总体方案》强调分类施策、靶向治疗，对于自然条件不好的黄河滩涂、盐碱地，实施搬迁式扶贫，将搬迁与城镇化进程紧密结合在一起，提出发挥开发性、政策性金融优势，加强对城市棚户区改造、农村水电气暖网、农田水利基础设施改造的支持作用；对于没有劳动能力的残疾、低智人群，由政府兜底；有创业能力也有创业意愿的，则由金融机构提供绿色信贷通道下的全覆盖信贷支持，实施"扶贫再贷款＋地方法人金融机构贷款＋财政贴息＋农业保险"金融扶贫模式，精准支持建档立卡贫困户，降低其生产性融资成本；对于没有创业意愿但有劳动能力的群众，提出采取"涉农龙头企业＋上下游种养殖户/经销商""企业/公司＋农民合作社/家庭农场/基地＋农户"等方式，提出推广"三位一体"等金融扶贫模式，让该部分群众务工脱贫。

再如，如何精准做好金融宣教问题上，除了运用电视广播、书刊杂志、数字媒体等多渠道、多角度宣传和金融机构密集开展"走近校园、走近社区、走近农民工、农民讲习堂"等专项活动外，《总体方案》结合现阶段农村和农民特点，提出建设普惠金融服务站，牢牢抓住服务站和脱贫攻坚驻村工作队与农民联系紧密、基层群众乐于与他们打交道的农村实际，通过他们近距离向农民宣讲金融知识，培养信用意识，能较好地帮助农民懂金融、善用金融，更好地运用金融发展产业、脱贫致富。

二、创造性解决问题

问题是创新的起点，也是创新的动力。针对长期以来制约"三农"

发展的难题和农村金融发展中存在的痼疾，《总体方案》结合当前兰考县发展阶段和农业农村农民的实际特点，从独特的视角提出了创新性的解决思路和方法。主要体现在：

（一）从"四农"视角解决"三农"困境

《总体方案》围绕传统"三农"问题，创造性地把"农民工"作为破解"三农"问题的关键。我国发展到现阶段，规模庞大的农民工改变了传统"三农"范畴，演化成为与传统农民、城市市民相异的社会群体，制约了农业发展空间，影响农民收入水平提高，使得新农村建设等发展战略不及预期，成为制约我国"三农"问题的障碍。正是基于这种判断，《总体方案》将农民工从"三农"的"农民"中独立出来高度重视，与"农业、农村、农民"并列为"四农"，并紧紧围绕农民工向现代产业工人、城市市民和城市主人转型，从城市和农村两端发力、分类施策，加快推进农民工转型和大力改善农业生产条件、农村生活条件并举，通过制度改革和体制机制创新突破"三农"困境。

2015 年数据表明，当年全国农民工达到 2.77 亿人，比 2008 年增长 23.1%，主要以从事第二产业为主，在第二产业中的占比达 67.4%，但技能水平难以满足现代产业的需要。其中，40 岁以上农民工占总体农民工数量的 44.8%，农民工呈现高龄化趋势，但难以公平地享受城市的公共服务与社会保障。同时，与农民工相对应的是其身后的留守人口（多为妇女、儿童、老人），造成建设农村、发展农业的主体力量不足，"地荒"、农业农村生产经营条件脆弱等现象时有发生。加之农民工在城市落户难，或落户意愿不强，① 农民工"进城不入户"，难以摆脱对农村土地的依赖，制约农业适度规模经营和现代农业发展。具体到河南省，"四农"问题是河南县域问题的根本所在，全省有 2700 万农民工，一个农民工家庭有 3 ~ 4 个农村人口，不解决农民工市民化问题，农业农村农民问题难以根本解决，相反，把农民工问题解决了，就能解决 6000 万 ~ 8000 万的农业人口问题。

为此，《总体方案》提出"两端发力"从根本上解决传统"三农"

---

① 2016 年，中国科学院发布的调查数据显示，66.1% 的农民工希望到了一定年龄返乡。

问题。一端围绕当前最突出的农民工问题，提出在兰考摸索出一条"积极支持农民工市民化"的新路，运用金融手段帮助农民工在城里就业创业，支持更多农村人口向城镇第二、第三产业转移就业、安家、致富，让他们在城市"进得去、留得下、过得好"，减轻农民工对农村土地的依赖，给"三农"问题的解决留出足够的空间，进而从根本上解决农业适度经营规模不足、生产效率不高的问题，真正为解决"三农"和贫困问题创造条件；另一端向农村发力，加大金融支持农业现代化的力度，推进农业生产条件及农村公共服务体系的根本转变，实现"三农"的现代化。如此方案，既能创造出一条金融扶贫的有效路径，也能为新型城镇化、产业结构调整、供给侧结构性改革、农业现代化规模化、城乡协调发展探索出一条新模式。

（二）以发展视角推进普惠金融

金融是县域经济的短板。2015 年之前，兰考县一直未能实现稳定脱贫奔小康，一直贫困落后，主要穷在没有产业，穷在金融短板。金融短板补上了，产业获得了长足发展，产业链条得到了延伸，脱贫致富就有了帮扶和兜底的实力。在金融服务弱势群体、弱势地区的同时，做好龙头企业、现代产业的金融服务也极为重要，通过它们的发展壮大，可以带动更多人口脱贫，也能让地方政府有实力对龙头企业、现代产业进行扶贫政策兜底。从这个意义上讲，支持扶贫龙头企业、支持现代产业体系发展，是对普惠金融内涵的丰富。换而言之，只要有利于脱贫致富，只要有利于县域经济发展得更好，只要能让地方政府扶贫能力得到增强的金融支持，也都属于普惠金融和金融扶贫范畴。

基于以上考虑，《总体方案》立足长远，注重通过发展解决问题，不是简单就"普惠"谈"普惠"、就"扶贫"谈"扶贫"，而是将金融普惠、金融扶贫与金融支持实体经济发展紧密结合，探索金融普惠、金融扶贫如何惠及长远，让脱贫不是简单脱贫，也不是单纯指标的完成，而是如何解决好贫困户脱贫后的发展问题，做到在发展中实现金融普惠，在发展中实现"脱贫不返贫、脱贫能致富、致富可长久"，最终实现全面建成小康社会的目标。

（三）以"两轮驱动"消除服务死角

在普惠金融服务供给方式上，《总体方案》强调"两轮驱动"，创新性地将线下普惠金融服务站的对称优势和线上平台的便捷优势结合起来，二者相互补充，共同解决农村边远地区金融服务空白问题。

一方面，《总体方案》立足当前兰考县发展阶段，提出结合农村发展规划，在乡镇、行政村合理规划设立金融综合服务站，推动有条件的惠农支付服务点增加贷款意向收集等便民金融服务，织密农村金融服务的"毛细血管"，提升基层金融服务的适宜性、覆盖面和可得性；另一方面，找新技术要效率要公平，注重金融服务的低成本、全覆盖。《总体方案》提出，要利用移动互联网手段将金融服务拓展到传统物理网点无法覆盖到的区域，降低服务成本，提高服务效率。如：探索建立"一网通金融服务平台"，与银行、证券、保险、担保、小额贷款等机构对接，整合线上结算、资金管理、线上融资、线上保险等金融服务功能，为"三农"、中小微企业提供一站式、综合性金融服务；鼓励互联网企业与小额信贷机构、农村超市、农村电商等第三方合作，在农村办理小额信贷、医疗保险等业务，为农民、小微企业提供定制化微型金融服务等。

（四）以"主办制"提升普惠效能

《总体方案》创新性提出建立"主办金融制度"，充分发挥各金融机构的专业优势，强化普惠责任，由一家牵头，各围绕一个重点领域，精准发力。

《总体方案》分别围绕农民创业就业、龙头企业发展、中小微企业扶持、农业农村基础设施建设、棚户区改造、资本市场培育、保险业务开展等县域经济金融发展的重大方面，依据各类银行、证券、保险、担保的不同发展定位和自身优势，给予了不同侧重的要求，以更好提升金融的普惠能力和普惠效率。特别是在《总体方案》边申报、边建设的过程中，专门建立省市县三级领导小组和 7 个金融专项工作小组，[①] 7 个

---

① 见《关于成立兰考县普惠金融改革试验区建设工作领导小组的通知》（郑银发〔2016〕48 号）。

金融专项工作小组即政策支持、金融支持农业农村基础设施、金融支持精准扶贫、金融支持现代农业、金融支持小微企业、金融支持农民工市民化、金融支持基础设施建设等工作小组，每一个工作小组都有自己的主办银行牵头。形成了"省委省政府统一领导、人民银行牵头推动、地方各级有关部门协同配合、主办金融机构集中资源分类攻克"的齐抓共管、优势突围的格局，以确保在重大问题、重点领域上取得重要突破。

（五）以机制创新强化落地保障

普惠金融改革涉及市场、政府、社会多个行为主体，需要整合各方力量，完善体制机制短板。《总体方案》提出，一是更好发挥政府部门、金融监管部门及金融支持主办银行制度作用，构建良好制度环境；二是搭建政府融资平台、农村产权交易平台、新型信用信息平台、精准扶贫金融服务信息平台，强化各类平台支撑；三是创新投融资机制，探索设立兰考发展基金，积极调动社会资金，参与县域、"四农"发展；四是探索整合涉农、扶贫条线财政资金，设立担保、风险补偿基金，增强财政对金融和社会资本的撬动功能和结构导向作用。

在具体实践上，《总体方案》也提出了一些创新性的思路和方式方法。以解决农民融资难融资贵为例，表面上看是银行"惧贷""畏贷"，实质上是缺信息、缺抵押，很多农民除储蓄业务外，从未与银行打过交道，信用记录空白。为此，《总体方案》提出了"强化要素服务平台建设"，从搭建信用信息平台、农村产权交易服务平台、推广动产质押融资服务平台、建立一网通金融服务平台等方面，解决农民信用信息空白、有效抵押物匮乏等问题。特别在信用信息中心的构建上，《总体方案》提出建立健全县乡村三级共同推进的组织领导体系和信用信息跨部门采集共享工作机制，以小微企业、新型农业经营主体和农户为重点，收集整理政府部门、公共事业、中介服务及社会管理等信用信息，体现出"政务＋金融"的架构。

为解决银行"惧贷""畏贷"，《总体方案》提出建立与普惠金融业务相适应的银行内部考核制度，以实现激励相容；提出对涉农、小微企业信贷业务经办人员推行和落实尽职免责制度，以提升基层信贷业务人员开展普惠金融业务的积极性和能动性；提出充分利用财政资金作为杠杆撬动金融资源普惠性配置，以财政奖补、风险补偿等手段解决银行开展普惠金融业务的后顾之忧；提出政府在优化地方金融生态环境中的重大作用，建立了"普惠金融发展的程度与地方政府对优化当地金融生态环境的重视程度挂钩"的利益联结机制，切实压实地方政府优化金融生态的责任。在财政资金的来源上，《总体方案》率先提出整合涉农、扶贫条线财政资金，既提高了条线财政资金的使用效率，也增强了财政资金的担保、风险补偿的能力。

第四章　从兰考实践到兰考模式

试验区批复同意后，在中国人民银行等相关部委和河南省委省政府的大力支持和指导下，河南省金融系统、省市县三级职能部门以及兰考县纵横联动，集成推进普惠金融改革试验，紧扣"扶贫、普惠、县域"三大主题，全方位逐条逐项落实《总体方案》，在兰考县形成了丰富的普惠金融改革实践（以下简称为兰考实践）。与此同时，在落实《总体方案》的过程中，试验区聚焦基层群众反映最强烈的金融服务难点和现阶段县域普惠金融落地短板，特别针对农民融资难融资贵、普惠服务成本高效率低、农村信用建设难、基层线下金融服务不足、农户信贷风险防控难等五大难题出发，选择从金融科技、金融服务、普惠授信、信用信息、风险防控五大领域入手，从体系建设的高度，建机制、补短板、强服务，探索形成了"以数字普惠金融综合服务平台为核心，以金融服务体系、普惠授信体系、信用信息体系、风险防控体系为基本内容"的"一平台四体系"普惠金融兰考模式（以下简称为兰考模式）。

从兰考模式的形成看，兰考模式来源于兰考实践，是在基于《总体方案》框架下、基于丰富的兰考实践中、基于精准把握事物发展的主要矛盾中探索形成的。兰考模式既是兰考实践的重要组成，也是兰考实践的升华和结晶。兰考模式形成以来，在具体实践中实现了多层次、多领域的突破，打通了农村普惠金融落地的"最后一百米"梗阻，找到了贫困县域发展普惠金融的有效路径，得到了群众和社会各界的认可和好评。2019 年 7 月，兰考模式入选中央组织部编写的《贯彻落实习近平新时代中国特色社会主义思想在改革发展稳定中攻坚克难案例》[①] 和中

---

① 见《贯彻落实习近平新时代中国特色社会主义思想在改革发展稳定中攻坚克难案例：经济建设》，中共中央组织部组织编写，于 2019 年 7 月由党建读物出版社出版。

央党校教学案例，并由中组部、中财办、中宣部、统战部、国安部五部门指定为全国主题教育活动的学习教材。

第一节　总体方案的兰考实践

河南省动员多方力量，紧扣《总体方案》提出的十一大方面 27 条改革措施，坚持政策引导与市场机制相结合，坚持问题导向与目标导向相统一，夯实基础与重点创新并举，传统金融与数字金融共同发力，全方位、多举措逐一落实，在组织领导、工作机制、金融服务、资本市场、保险市场、基础设施、产融对接、政策引导、金融宣教等多个方面，形成了系统、丰富的兰考实践。

一、专项工作体系推动方案全面落地

（一）建立专门工作机构

河南省政府专门成立兰考县普惠金融改革试验区建设省级工作领导小组，① 省政府秘书长任组长（后调整为分管金融副省长任组长），小组办公室设在中国人民银行郑州中心支行，河南省委省政府指定中国人民银行郑州中心支行主要领导担任领导小组办公室主任，省级层面定期召开会议，研究谋划重点事项，协调解决难点问题。全省金融系统也成立了 7 个普惠金融重点工作小组，明确 7 个重点领域主办行，强化工作推动，各司其职、合力突围。

兰考县作为试验区建设主体，专门成立以县委书记为第一组长、县长为组长的县级普惠金融改革试验区工作领导小组，统筹对试验区工作的组织领导和协调推进；专门组建试验区管委会，作为临时常设机构，常务副县长任主任，有关副县长任副主任，县直部门和金融机构共同参与，负责具体工作落实。中国人民银行郑州中心支行选派两任干部赴兰

---

① 见《关于成立河南省兰考县普惠金融改革试验区工作领导小组的通知》（豫政办文〔2017〕10 号）。

考县挂职，深度参与试验区建设工作。

（二）建立专项工作制度

试验区建设省级工作领导小组细化《总体方案》，专门出台《总体方案》落实意见，① 细化提出 36 条工作措施，确保将《总体方案》各项改革措施落细、落实。围绕重点难点工作领域，先后出台"金融服务体系建设、普惠授信管理、信用体系建设、风险防控体系建设、金融机构对接'普惠通'APP、农民工市民化工作意见、差异化监管、资本市场融资、普惠保险"等一揽子工作细则，统一化、标准化、制度化、规范化推动工作。

兰考县配套出台了"金融业发展财税奖补、普惠金融服务站管理、'失信'铁五条、支持'中小微企业'双八条、宣传教育"等相关政策，② 为试验区改革顺利推进提供政策支持。专门建立了"主办银行、工作台账、工作督导、统计监测、每周例会"等工作制度，③ 形成了"顶层设计有谋划，基层落实有队伍，部门协同有保障"的工作格局。兰考县探索出台了全国首个《普惠金融促进管理办法》，④ 从"人的基本权益"的高度细化各方的权利和义务，从行政法规的高度解决各参与主体"干与不干一个样"的难题。

（三）建立战略合作和工作督导机制

中国人民银行郑州中心支行率先与兰考县政府签署了《加快推进兰考县普惠金融改革试验区建设合作备忘录》。国开行河南省分行等 11 家省级金融机构与兰考县签署了《推动普惠金融发展中长期合作框架协议》。中国人民银行兰考县支行与当地金融机构签订了《扶贫再贷款、

---

① 见《关于印发〈河南省兰考县普惠金融改革试验区总体方案〉落实方案的通知》（豫普金发〔2017〕1 号）。

② 见《关于印发兰考县信贷风险补偿金管理办法的通知》（兰政文〔2017〕108 号）、《关于兰考县数字普惠金融小镇发展的若干意见》（兰政文〔2018〕27 号）、《关于印发兰考县普惠金融财政政策激励办法（试行）的通知》（兰政文〔2018〕74 号）、《关于印发兰考县普惠金融改革试验区金融指数宣传教育工作方案的通知》（豫普金发〔2018〕10 号）、《关于印发普惠金融知识进学校的通知》（兰政办〔2018〕57 号）、《关于印发兰考县普惠金融服务站考核办法的通知》（兰政办〔2018〕58 号）。

③ 《关于印发河南省兰考县普惠金融改革试验区专项统计制度的通知》（豫普金发〔2017〕7 号）、《关于建立普惠金融指标体系填报协作机制的通知》（郑银办发〔2017〕94 号）。

④ 见《关于印发兰考县普惠金融促进管理办法的通知》（兰政办〔2019〕43 号）。

再贴现协议》，明确扶贫责任，创新实施再贷款"先贷后借"业务模式，提升使用效率和政策效果。

兰考县将普惠金融工作纳入乡镇、金融机构的年度考核，围绕"普惠金融服务站村村全覆盖、普惠授信户户全覆盖、金融服务人人全覆盖"三大目标和数字普惠金融发展方向，细化工作任务，明确时间节点和路线图，由县督查局跟踪督导，定期通报进展情况，确保工作做细做实。

专栏4-1：普惠金融专项统计制度

在充分借鉴普惠金融合作伙伴组织（GPFI）、世界银行、金融包容联盟（AFI）评价体系和人民银行普惠金融统计指标体系的基础上，结合县域实际，人民银行郑州中心支行建立了河南省普惠金融专项统计制度，并探索开展普惠金融发展指数（IFI）测度。

专项统计制度涵盖金融服务覆盖面、可得性、满意度和评价性以及专项工作五大领域，全面采集金融机构分布、支付体系建设、互联网金融业务、农村信用体系建设、应收账款融资、贷款满意度、保险满意度、信贷情况、资本市场发展、财政支持、县域经济等信息，对全省107（现已调整为105）个县（市）按季度收集数据。

普惠金融发展指数涵盖覆盖面、可得性、满意度及评价性4个维度，选取人均结算账户数量、人均金融从业人数、信用档案建档率、贷款满意度、保险满意度、存款使用率、贷款使用率、涉农贷款使用率、小微企业贷款使用率和金融精准扶贫贷款使用率10个指标，采用世界银行全球营商环境调查中"边界距离"的计算方法，确定每个指标的边界距离，并通过指标与边界的欧几里得距离得出指数。

二、"党建+金融"织密三级服务体系

（一）将普惠金融服务纳入政府公共服务体系

在县级行政服务中心设立普惠金融服务中心，并由县行政服务中心统一管理。入驻银行、证券、保险、担保等单位17家，设立窗口22

个，设立实现普惠授信、农村产权抵押登记、还贷周转金等相关普惠金融业务的"一站式"集中办理。普惠金融服务中心的运行和管理纳入县行政服务体系。县财政以政府购买服务的方式，在每个村党群服务中心都专门设立"协管员"岗位，专项从事普惠金融、社会保障、便民服务三大工作。兰考县相关职能部门（人民银行县支行、县人事局、金融工作局、行政服务中心）负责对"协管员"日常管理、培训和考核。建设县乡村三级普惠金融服务管理系统，实现电子化、动态化监测三级体系运行，借助科技手段及时发现问题、及时解决。

（二）在村党群服务中心建立普惠金融服务站

让党群服务中心成为推送金融服务的"桥头堡"，贷款申请、小额取现、金融宣传、信用建设、信贷风控、消费权益保护等金融服务都可在党群服务中心"一站式"实现。这一做法不仅丰富了农村党群服务中心的服务内容，增强了基层党组织的号召力，也让群众金融需求"有地办、有人管、能办成"，打破了以往农民"申贷无门"、农村"金融空白"的局面。过去被老百姓看似"可望而不可即"的金融服务，现在直接推送到他们身边，群众称赞普惠金融服务站是他们脱贫的"贴身小棉袄"、致富的"好帮手"。

（三）压实村委、协管员①协助开展普惠金融业务的责任

充分利用村委班子、协管员生活在本村，对本村情况最清楚、对村民日常活动和信用状况最了解的特点，发动他们一道参与贷款审核、项目走访、还款提醒、不良催收，形成了"贷中贷后有管理、信贷风险有预警"的长效机制。主办银行定期到普惠金融服务站进行巡检，定期对村委、协管员进行业务培训，确保按照"十不准、五到位"制度要求，规范化地为群众提供服务。

---

①　兰考县在每个行政村建立了协管员制度。协管员由兰考县人社局以政府购买服务的方式，支付协管员劳动报酬。每个协管员配合村委统筹做好普惠金融、便民服务、社会保障三项工作。在协管员从业人员的要求上，必须会电脑办公，确保有办公能力；必须是本行政村人员，与本村村民比较熟悉，对本村情况比较了解；必须年龄在45周岁以下，责任心强。县人事局、金融局、政务服务中心定期对协管员培训，并定期考试，对不合格的协管员解除聘用合同，确保协管员优质提供普惠金融、便民服务和社会保障相关服务。

（四）发动基层党员帮助群众用好普惠金融政策

动员 1039 名"支部连支部"稳定脱贫奔小康工作队员、311 名包村干部，作为普惠金融工作的先锋队、推动者和宣传队，深入田间地头，帮助群众发展产业，用信贷对接群众生产资金难题，实现"脱贫不返贫、脱贫能致富、致富可久远"目标。

三、科技赋能解决传统普惠金融难题

（一）建设以"普惠通"APP 为核心的数字普惠金融综合服务平台

传统金融依托网点和人力去做普惠金融，遇到的最大问题就是网点服务业务量少、成本高、效率低，风险难控制，商业难持续。正是针对这一难题，试验区运用"互联网＋"思维，组织搭建了把所有金融机构的金融产品和服务综合到一个 APP 上，即"普惠通"APP 平台。平台坚持政府引导、市场化运营，加载信贷、支付、理财、保险、证券、生活缴费、惠农补贴、金融消费权益保护等一揽子金融服务。通过平台，群众可一站式获得金融服务，既解决了群众的金融服务需求问题，也大大降低了金融服务的推送成本和效率问题，有效提升了普惠金融业务的可持续性。截至 2020 年末，平台已上线 474 家银行信贷、理财、便民缴费等普惠类产品 2720 款，上线 15 家银行 229 款信用卡产品。随着平台功能的深化，县乡村三级服务体系、普惠授信流程、风险补偿金运用和信用体系建设等逐步被统一到平台上来，为数字普惠金融深化发展提供了良好支撑。

（二）大力发展移动支付

推动 4G 信号村村"百分之百覆盖"，在焦裕禄干部学院建成 5G 示范点。在普惠金融服务站铺设无线网络设备。推动"智慧公交"项目正式上线，兰考成为河南省内首个同时实现公交车聚合银联云闪付支付、金融 IC 卡支付、支付宝和微信扫码支付 4 种支付功能的地区。普及金融教育，缩小农村"数字鸿沟"。在县城打造"一街三点"数字支付示范格局，带动群众熟练运用手机银行、网上银行、"普惠通"APP 以及云闪付、支付宝、微信等移动支付手段。

（三）支持互联网企业、银行机构开展数字信贷

与网商银行合作开发"旺农贷"。"旺农贷"自 2018 年 5 月上线以来，① 发放数字农贷 503 万笔 31.95 亿元；引导中原银行与微粒贷合作，发放贷款 2 亿元；全县 7 家银行上线 22 款产品，发放"惠农 e 贷""e 税贷"等数字信贷产品 10304 笔 16.59 亿元。

（四）着手数字普惠金融小镇和农村大数据信用体系建设

规划建设数字普惠金融小镇，集聚数字金融业态入驻，并给予配套政策扶持。探索建立兰考县普惠金融大数据中心，依托"河南省农户和中小微企业信用信息系统"，协调县直部门数据逐步对接直连、共享使用，支持金融机构开展数字画像、信用评级和结果运用。

专栏 4-2：开发性金融融资支持兰考数字普惠金融小镇建设②

国家开发银行河南省分行结合自身优势、兰考普惠金融示范区建设需求，支持兰考建设中国兰考数字普惠金融小镇建设项目，通过搭建平台，引入各类金融机构集成创新，以实际行动助力兰考普惠金融业务深入发展。

一、项目简介

2018 年 4 月 16 日，兰考县人民政府正式印发了《兰考县人民政府关于兰考数字普惠金融小镇发展的若干意见》，指出以兰考数字普惠金融小镇为主体，加快发展数字普惠金融，实现金融服务的广覆盖、常创新与可获取，力争形成多层次、广覆盖、有差异、可持续的金融组织体系，将数字普惠金融小镇打造成为全国数字普惠金融产业聚集区。为进一步加快推进兰考县数字普惠金融小镇建设，积极探索可持续发展、可复制推广的经验，进一步规范普惠金融小镇经营范围，2019 年 7 月，兰考县政府办发文成立兰考县数字普惠金融小镇建设领导小组，由常务副县长牵头，涉及兰考县金融局、财政局等多个政府部门。要求确保普惠

---

① 数据截至 2020 年 12 月末。
② 本资料由国家开发银行河南省分行于 2019 年 11 月提供。

金融小镇入驻企业以金融业和金融服务业为主且占比不低于60%。

中国兰考数字普惠金融小镇项目定位为兰考县普惠金融改革试验区的重要平台载体和普惠金融体系的重要组成部分，致力于将小镇建设成为普惠金融交流与培训的基地、参观与展示的窗口。项目总投资约2.5亿元，贷款需求2亿元。项目总占地面积67.44亩，总建筑面积50055.08平方米，其中地上建筑面积46885.52平方米，地下建筑面积3169.56平方米。配建连廊、公共卫生间、机动车停车位等。国家开发银行总行刘金副行长、河南省分行傅小东行长等赴兰考调研，要求分行相关部门全力配合，确保项目快速落地。

二、主要做法

为进一步明确中国兰考数字普惠金融小镇项目建成后经营业态，人民银行兰考县支行、兰考县金融工作局、兰考县扶贫开发办公室2019年8月联合发文，对小镇具体建设进行了明确。

（一）支持和引导各商业银行在数字普惠金融小镇设立营业网点，开展普惠金融等金融服务业务。

（二）强化数字普惠金融小镇扶贫责任，通过数字普惠金融小镇搭建平台，鼓励引导各金融机构开展扶贫业务，助力兰考县扶贫工作进一步发展；支持贫困户创业就业和扶贫企业带动致富；在园区运营过程中，直接与建档立卡贫困户签订用工协议提供运行管理服务，实现贫困户脱贫增收。

（三）引导和支持驻豫金融机构将普惠金融产品实验室设立在普惠金融小镇，通过数字普惠金融小镇平台，整合资源形成有效的金融集聚效应，通过模式创新、产品创新等精准支持扶贫龙头企业、建档立卡贫困户，降低县域融资成本。

中国兰考数字普惠金融小镇项目建设将进一步集聚普惠金融的实践经验，凝聚数字金融的科技力量，以兰考为试点，为县域数字普惠金融创新发展及推广应用探索新模式，进一步助力普惠金融"兰考模式"走向全省、全国，让普惠金融发展成果惠及更多的人民群众。

三、国开行河南省分行积极支持兰考试验区建设

（一）抢抓政策机遇，深入推进试验区建设。在不同阶段，随着国家政策调整，及时调整融资方式，推动兰考各领域融资工作不断取得新进展。

（二）建立沟通机制，多次赴兰考调研。通过选派一名处级干部挂职兰考县副县长、金融扶贫专员，参加县政府会议，了解政府融资需求，充分发挥"融资、融智、融制"优势，建言献策，推动项目快速落地。

（三）在扶贫领域，多次与兰考县政府、兰考县各国有公司对接，尊重市场规律与各个项目特点，共同探讨支持兰考产业发展模式。

（四）在新型城镇化建设领域，多次赴兰考调研，联合河南省住建厅、兰考县政府召开会议共同解决项目推动过程中遇到的问题，迅速完成项目评审落地。

（五）在补齐农村基础设施领域，不同时期充分结合国家政策推动项目实施，召开专题会议研究如何助力兰考补齐基础设施短板，兰考县政府也多次赴河南省分行座谈，双方决定先行先试，共同探索以完全市场化方式支持兰考农村基础设施建设。

截至2020年12月末，国家开发银行在助推兰考脱贫攻坚过程中已实现融资总量120亿元，支持内容涉及棚户区改造、精准扶贫、农村人居环境整治、教育、产业发展等重点领域，实现16个乡镇全覆盖惠及7.2万建档立卡贫困户。

四、创新破解农村融资难题

研发推出多种"普惠型"农户信贷产品，有效破解了农民融资难融资贵融资慢问题。引导金融机构结合农民创业就业需要和生产经营特点，研发推出30余种信贷产品，让贫困户、已脱贫户、非贫困户都能享受到适合自身发展生产需要的金融服务，实现金融扶贫与金融普惠的有效衔接。

对于贫困户，深入开展金融精准扶贫，一是依托扶贫信息系统，在兰考建立"一户一档"精准扶贫金融服务档案，推动发放5万元、3年期、免抵押、免担保扶贫小额信贷；二是审慎稳妥推动全国农民住房财产权抵押贷款试点，复制推广"惠民扶贫贴息小额担保贷款"。推出政府、银行、企业、保险参与的"四位一体"模式，发挥扶贫企业对建档立卡贫困户的带动作用；三是实施"百亿再贷款支农计划"，利用人民银行扶贫再贷款政策，推出"脱贫助力贷"，构建"扶贫再贷款＋地方法人金融机构贷款＋担保基金＋财政贴息"模式，降低贫困户融资成本；四是创建政策性金融扶贫实验示范区，承接国开行、农发行产业扶贫、整村推进扶贫、旅游扶贫、批发转贷扶贫等政策性信贷产品。

特别是针对建档立卡已脱贫户推出产业发展信用贷、针对一般农户推出普惠授信贷款，[①] 这两大类信贷产品的设计上，只注重农民"是不是有正当的生产经营项目""信用状况是不是良好"，而不强调农民"是否有抵押""是否有担保"，符合条件提出申请即可获得小额资金支持，从而实现了农民小额信贷的低门槛和便利化。此外，积极盘活农村产权要素，探索开展农村承包土地经营权抵押贷款、农民住房财产权抵押贷款等抵押担保类信贷产品，切实满足农户大额资金需要。

专栏4-3：产业发展信用贷助力已脱贫户增收发展

为防止已脱贫人员返贫，巩固脱贫成效，实现"造血式"脱贫，兰考县农商行、农业银行兰考支行、中原银行兰考支行针对全县建档立卡已脱贫户创新推出期限1～3年、利率4.35%的"产业发展信用贷"，利用农村信用信息系统对全县脱贫户进行A、AA、AAA的信用评级，分别给予贷款3万元、5万元、8万元，满足其在发展产业过程中的资金需求。

一、主要做法

（一）利用信用信息系统进行三级授信

依托河南省农村信用信息系统，成立县乡村三级信用评级委员会，对全县建档立卡已脱贫户开展信用评定，对信用评级A授信3万元、对信用评级AA授信5万元、对信用评级AAA授信8万元。

（二）建立风险防控和财政激励机制

政府设立有政府风险补偿金，出现违约由县、乡政府及银行三方分担。同时，对8万元（含）以内财政全额贴息，即贷款户按期向主办银行支付利息，贷款到期归还后再向政府申请贴息。

---

① "普惠授信"贷款是针对长期以来农民贷款难贷款贵贷款慢而创新推出的信贷产品。在本书第七章有详细介绍。

（三）逐层评审有效把控风险

先由了解情况的村服务中心进行初审把关，有效强化了风险第一道防线。具体申请流程为：村服务中心初审→乡镇政府组织人员评定→推荐到县普惠金融服务中心→主办银行入户调查→签订贷款合同、授予牌匾和证书→发放贷款→贷后管理。

二、实践成效

兰考"摘帽"后，通过发放产业发展信用贷，有力地支持了建档立卡已脱贫户增收发展，巩固了脱贫成效。目前，该产品已在"普惠通"APP上上线，可线上申请。截至2019年11月末，产业发展信用贷款对全县已脱贫农户授信8640笔2.18亿元，发放产业发展信用贷款9402笔2.50亿元。

三、典型案例

1. 谷营镇四村建档立卡贫困户（现已脱贫）程某，因需要购买面粉缺少资金，2016年12月被评为AA级产业发展信用贷信用户，县农商行对其发放贷款5万元，解决了其资金困难。因该贷款允许周转使用，2017年12月7日农商行继续为其发放5万元，支持其事业发展。兰考农商行累计支持程某10万元，现在程某的馒头作坊日益壮大，成为周边有名的创业明星，每月净利润达2000元。

2. 兰考县仪封乡仪封村十一组建档立卡贫困户（现已脱贫）唐某，因扩大养殖规模缺少资金，2016年11月被评为AA级产业发展信用贷信用户，兰考农行对其发放贷款4万元，解决了其资金困难，支持其养殖产业扩大。现在唐某的养殖规模日益壮大，已由原先养殖的30多头猪发展成现在100多头规模。唐某实现了由原先的建档立卡贫困户走向奔小康之路。

创新农业经营主体及小微企业金融服务，形成了"龙头企业做两端，农民兄弟干中间，普惠金融惠全链"的局面。试验区建设中，着力培育各类市场主体5.1万户、农业产业化经营组织2160家、省级农业产业化集群3个、省级农业产业化龙头企业5家，积极依托农业行业协会、农业经济合作带动信贷投放，大力发展"公司＋农户""农民合作社＋农户""基地＋农户"和农业产业链、供应链融资。试验区对带贫企业推出"三位一体""四位一体"贷款，已累计向952家企业发放贷款4.68亿元，其中，"三位一体"贷款被全国复制推广；利用畜牧行业协会，已累计向547家畜牧业养殖主体发放"畜牧担"贷款6383万元；推出"新型农业经营主体贷"，已累计向616家新型农业经营主体发放贷款1.63亿元。

实施"五大工程"，探索金融支持农民工市民化与返乡创业的政策路径。试验区印发《关于加大农民（工）信贷支持的指导意见》，引导金融机构有针对性地加强对农民（工）信贷支持。按照试验区《总体方案》向城市和农村两端发力的思路，结合河南农民工大省的实际，针对农村人口向城市转移和农民工返乡创业过程中形成的金融需求，在兰考前期探索金融支持农民工市民化的基础上，省工作领导小组2020年制定了河南省农民工金融支持工程试点方案，重点实施农民工"子女入学工程、家庭团圆工程、住房保障工程、社会保障工程、就业创业工程"等五大工程，一方面向农民工延伸金融服务，支持农民工在城市"进得去、留得住、过得好"，另一方面强化对农民工返乡创业金融支持。目前已选择农民工资源丰富、在城镇就业农村人口较多的三市两县（商丘市、南阳市、驻马店市和邓州市、固始县）作为试点，进一步建立完善与农民工转型相匹配的金融支持机制，加快创新推出适应农民工特点的金融产品。

各金融机构主动结合自身优势研发普惠型金融产品和服务。如省国开行、省农发行主动加大对扶贫、基础设施、棚改等的支持；省工行推出"企业通""网贷通"等产品；省农行根据人民银行郑州中心支行制定的《关于金融支持农民工市民化的指导意见》，围绕农民工在城镇"进得去、留得下、过得好"的现实需求，推出"安家贷"，支持农民进城购房；省中行推出"乐器通宝"，向兰考县民族乐器产业发放大额信用贷款；省建行推出"税易贷"，按照纳税企业的信用评级对接贷款发放；农商行推出"农户自助贷"；中原银行引进"格莱珉模式"，为农村妇女提供"扶志＋扶智＋授信"综合服务；齐鲁村镇银行研发推出"兴农贷""成长贷"。可以说，每一家金融机构在试验区都研发出了具有自身特色的普惠型金融产品。

五、多层次资本市场拓宽县域融资渠道

试验区围绕金融如何支持县域发展这一主题，不断健全投融资体系，积极发挥资本市场的助推作用，努力实现"资本活县"目标，积极承接各类资金用于改善民生和公共服务设施建设，通过一系列承接资本市场、金融市场的资金为兰考县企业发展、经济社会发展乃至县域发展注入了新的活力。

（一）充分利用资本市场

印发资本市场融资工作方案，支持兰考县充分利用多层次资本市场加快培育发展股权融资、债务融资，有效增强资本市场支持县域经济发展能力。推动晓鸣禽业、恒大、光大、曲美、索菲亚、欧派、喜临门、格林美等10余家上市企业入驻兰考。积极指导、培育、推动符合条件的企业上市融资，支持涉农中小微企业在"新三板"、中原股权交易中心挂牌融资，中原股权交易中心在兰考县企业实行"专人对接、专项审核"的绿色通道政策。目前，兰考4家企业挂牌"新三板"，57家企业挂牌"中原股权交易中心"。积极发展期货市场，2019年兰考县新增1家期货公司，实现了期货公司零的突破。2019年，京都期货、人保财险、邮储银行兰考县支行在兰考县张庄村推出河南省首个"期货＋保险＋银行"项目，在有效化解新型农业经营主体经营风险的同时，探索解决困扰新型农业经营主体发展中缺乏有效抵押担保物产生的"贷款难"问题。

（二）支持发展债务融资

加强对企业的债务融资培育和辅导，支持符合条件的企业或项目通过银行间债务融资工具、企业债、公司债等方式融资。2019年5月，兰考县在上海证券交易所成功发行河南省首单、全国脱贫摘帽县首单"专项扶贫债"，发行金额20亿元，专项支持棚户区改造、重大扶贫项目落地。推动9家政府融资平台市场化改制成城投、农投、兴工、文旅公司4家市场化融资主体，积极对接国开行、农发行棚户区改造、产品扶贫

等中长期贷款。兰考县兴工公司和中原股权交易中心加强对接，创新开展可转债发行工作。试验区先后落地 20.6 亿元产业集聚区基础设施 PPP 项目和 20.3 亿元的教育民生类 PPP 项目。

专栏 4 – 4：兰考县利用资本市场融资暂行工作方案①

为深入贯彻落实《河南省兰考县普惠金融改革试验区总体方案》，支持兰考县充分利用多层次资本市场加快培育发展股权融资、债务融资，有效增强资本市场支持县域经济发展能力，持续助力兰考县经济社会发展，特制定以下工作方案。

一、总体要求

以习近平新时代中国特色社会主义思想为指导，全面贯彻党的十九大精神和第五次全国金融工作会议精神，坚持创新、协调、绿色、开放、共享五大发展理念，紧紧抓住兰考县普惠金融改革试验区的发展机遇，充分利用当前多层次资本市场改革发展的有利时机，积极做好企业上市（挂牌）培育工作，推动符合条件的企业上市（挂牌），发展股权融资和开展债务融资，借助资本市场实施并购重组，促进资源优化整合与产业转型升级，培育和做强优势产业，推动县域经济又好又快发展。

二、工作目标

进一步提高对普惠金融工作的认识，积极主动履行职责，协同有关部门开展工作，推动《河南省兰考县普惠金融改革试验区工作领导小组 2018 年工作要点》相关目标顺利实现。

三、工作内容

（一）积极培育上市（挂牌）后备资源。协助省政府金融办、兰考县政府等部门建立上市（挂牌）后备企业资源库，不断增加上市（挂牌）后备企业数量。积极引导后备企业对照上市（挂牌）标准完善公司治理结构，严格执行企业会计准则和财务报告制度，规范企业控股股东、实际控制人行为，保障公司独立主体地位，维护各类股东的平等权利等，推动企业尽快满足上市（挂牌）相关条件，逐步形成上市（挂

---

① 引自《关于印发〈兰考县利用资本市场融资工作方案（暂行）〉的通知》（豫证监发〔2018〕172 号）。

牌）企业梯队。

（二）加快推进企业上市（挂牌）。利用好 IPO 绿色通道政策和全国中小企业股份转让系统关于贫困地区企业挂牌的扶贫政策，积极推动符合条件的龙头企业上市（挂牌）。支持兰考县涉农中小微企业在中原股权交易中心挂牌融资。密切关注拟上市（挂牌）企业进展情况，加强政策扶持和全程指导，对上市审核、股票发行过程中出现的新情况、新问题，及时组织召开协调会，制定措施，落实责任，限期解决，加快推进企业上市（挂牌）。支持主业突出、经营状况良好的企业利用资本市场实施兼并重组，推动行业整合和产业升级。

（三）支持开展债务融资。加强对兰考县企业的债务融资培育和辅导，配合相关部门筛选融资意愿较强的优质企业进入直接融资后备企业资源库，根据企业培育结果和发债能力，引导和支持企业有针对性地发行公司债券、创新创业债券、绿色债券等债务融资工具，进一步拓宽融资渠道，优化债务结构，降低融资成本，为企业生产经营筹集资金。

（四）加强证券基金等经营机构建设。支持证券、期货、基金等金融机构在兰考县设立分支机构，扩大服务覆盖面。支持证券期货经营机构创新服务模式，推动期货经营机构继续在兰考实施跨市场合作的农产品"期货＋保险"业务，协助涉农企业和农户有效规避农产品价格风险，为农民增收提供有力保障。

（五）强化投资者宣传教育和保护工作。组织开展多种形式的投资者保护和教育宣传活动，完善投资者权益保护监管工作体系，大力推进证券期货纠纷多元化解工作，切实畅通举报投诉受理和处理渠道，不断提高受理、处理效率和群众满意度。协助相关部门建立涵盖银行、证券、保险业金融机构的金融消费权益保护工作协作机制，协调处理跨市场、跨行业交叉性金融产品与服务的金融消费者投诉和其他重大金融消费者投诉，实现金融消费权益保护工作信息共享，形成工作合力。加强与公安机关等部门之间的协调联动，依法严厉打击非法证券期货活动，保护投资者合法权益。

四、保障措施

（一）明确责任分工。高度重视兰考县普惠金融改革试验区的各项工作，按照河南省兰考县普惠金融改革试验区工作领导小组统一部署，结合我局职责分工，明确相关处室各项责任，具体落实到人。对重点培育上市（挂牌）、发债的企业，指定专人负责，及时有效帮助解决企业上市（挂牌）、发债过程中遇到的困难和问题。

（二）强化沟通协作。加强与沪、深证券交易所、全国中小企业股份转让系统、中原股权交易中心等股权交易市场的交流合作，强化与兰考县政府等有关部门的配合协作，组织县内企业同证券公司等中介机构进行系统化的沟通对接，指导企业按照发展战略合理选择股权和债券融资品种，根据融资程序和条件做好各项基础性工作。

（三）营造良好氛围。加强宣传培训，引导企业高度重视资本市场直接融资方式，帮助企业经营者树立资本运作的观念和信心，增强利用资本市场融资的积极性和主动性。加强新闻宣传和舆论引导工作，通过新闻媒体广泛宣传资本市场发展政策和最新动态，介绍企业上市（挂牌）成功经验，积极营造资本市场发展的良好氛围。

（四）积极防范风险。积极配合相关部门建立协调机制，形成良性互动、信息共享、风险控制的监管体系，增强市场风险防控和处置突发事件的能力，积极防范和应对可能发生的风险，营造良好的金融生态环境，为兰考普惠金融改革试验区建设提供更好的基础保障。

六、农村保险强化风险保障

试验区将普惠金融和县域发展两个建设主题有效结合，不断扩充、丰富参与主体，引入保险等金融机构助力普惠金融，打造了多层次、广覆盖的普惠保险产品和服务体系，有效提升了服务能力和水平，为兰考县群众脱贫创业发展保驾护航，持续助推县域发展。

（一）不断完善保险服务组织体系

专门出台《兰考县普惠保险发展工作指引》，对在试验区开设分支机构的保险公司开通绿色通道，鼓励保险机构在兰考县设立"三农事业部"。截至2020年末，兰考县已入驻保险公司分支机构22家，全县保险从业人员3300余名，实现保险代理人"村村全覆盖"。人保财险、人寿保险等多家公司通过自建、协办等方式，积极向乡村两级延伸保险服务网点和服务人员。中原农险等公司积极选派骨干人员进驻兰考普惠金融服务中心，做好保险服务对接，优化保险服务流程。

专栏4-5：兰考县普惠保险发展工作指引[①]

为推动兰考县普惠保险发展，明确有关目标任务和工作措施，建立有利于普惠保险发展的工作机制，根据《国务院关于印发推进普惠金融发展规划（2016—2020年）的通知》（国发〔2015〕74号）、《河南省兰考县普惠金融改革试验区总体方案》（银发〔2016〕323号）等文件精神，制定本指引。

一、总体要求

以习近平新时代中国特色社会主义思想和党的十九大精神为指引，贯彻落实新发展理念，按照党中央国务院决策部署和河南省兰考县普惠金融改革试验区领导小组统一规划，结合保险机制功能特点，强化政策引导，充分发挥市场主体的主动性和创造性，不断扩大兰考县保险服务的覆盖面、可得性和满意度，建立供给结构科学合理，服务能力全面完善，经营管理规范有序的保险市场体系，为实现兰考县脱贫攻坚、县域经济发展和全面建成小康社会目标作出积极贡献。

二、工作目标

以建设普惠保险改革先行区、创新示范区、运行安全区为重点，探索可持续，可复制推广的普惠保险发展道路。建立广覆盖、高效率的普惠保险服务体系，积极向乡村两级延伸保险服务网点和服务人员，优化服务流程，提高服务效率，提升群众满意度。建立广覆盖、多层次、全方位的普惠保险产品体系，不断丰富保险服务供给。建立标本兼治、防控结合的普惠保险风险防范化解体系，风险排查和处置力度进一步加强，切实守住风险底线。

三、工作思路

——提高认识，健全机制。把发展普惠保险作为贯彻落实党的十九大精神，推进党中央国务院关于脱贫攻坚、乡村振兴和全面建成小康社会等一系列战略部署的重要举措，增强工作的责任感和紧迫感。加强调

[①] 引自《关于印发〈兰考县普惠保险发展工作指引〉的通知》（豫保监发〔2018〕35号）。

查研究，找准工作切入点，充分认识普惠保险发展前景，增强信心和决心，实现社会效益与经济效益的有机统一。强化组织统筹，凝聚行业力量，建立完善有利于普惠保险发展的制度机制。

——市场主导，政府引导。正确处理政府与市场的关系，尊重市场规律，使市场在资源配置中发挥决定性作用。更好发挥政府在统筹规划、组织协调、均衡布局、政策扶持等方面的引导作用，在解决市场失灵等方面发挥重要作用。

——广泛覆盖，重点推进。夯实普惠保险发展基础，建立多层次广覆盖全方位的保险产品供给体系，为各类群体提供机会平等、价格合理的保险服务。以民生保障、脱贫攻坚、弱势群体权益保障等保险机制能够发挥较大作用，通过现存的服务短板领域为重点，强化政策倾斜，调解市场失灵，发挥保险风险管理和保障功能增进民生福祉。

——推进创新，持续发展。监管部门加强工作统筹，根据兰考县实际，优先将优化保险供给、深化保险服务、规范市场秩序的政策措施在兰考县试点。鼓励保险机构结合兰考县经济社会发展和群众需要，将新产品、新服务、新技术、新理念在试验区先行先试。把握普惠保险发展的力度和节奏，避免盲目冲动，做好可行性分析、过程监督管理和事后总结，走可持续发展之路。

——防控风险，规范经营。强化底线思维，严密做好保险业务经营风险以及假借普惠金融名义从事非法业务等案件风险的识别、监测、预警和处置。防范风险跨市场、跨区域、跨行业传入业内。严格按照法律法规开展保险业务，强化对县域和农村地区的宣传教育，做好消费者权益保护。

四、工作内容

（一）完善保险服务组织体系。加强兰考县保险服务能力，提升政策咨询、承保理赔、保险宣传和消费者权益保护等保险服务效率。保持县域内普惠保险经营主体的相对稳定，支持机构覆盖全、资源投入大、服务能力强的保险机构在当地开办普惠保险业务。鼓励保险机构在兰考设立"三农事业部（普惠金融部）"，通过自建、协办等方式向乡村两级延伸保险服务网点和人员，支持保险机构进驻兰考普惠金融服务大厅（服务站），解决保险服务"最后一公里"问题。完善农业保险协办机制，支持保险机构与基层农林技术推广机构、银行业金融机构、各类农业服务组织和农民合作社合作，促进农业技术推广、生产管理、森林保护、动物保护、防灾防损、家庭经济安全等与农业保险、农村小额人身保险相结合。

（二）提升保险服务效率。对贫困群众等普惠保险重点人群的保险赔付，要求从快从简、应赔快赔，鼓励提供上门服务、绿色通道。农业保险对已确定的灾害，要在查勘定损结束前按预估损失的一定比例预付部分赔款，帮助农户尽早恢复生产。对农村外出务工人员，要开辟异地理赔服务，为农村居民安居生活提供保障。

（三）加大对农业保险支持力度。促进农业保险"扩面、增品、提标"。严格遵守《农业保险条例》及相关监管规定，落实好农业保险保费补贴政策，加强政策宣传，实现主要粮食作物农业保险愿保尽保。提高农业生产保障水平，支持开发高保额产品覆盖直接物化成本，探索发展完全成本保险。鼓励发展设施农业、农田水利保险和重要农产品目标价格保险、产量保险、指数保险等，积极协调省县财政给予一定保费补贴或奖励等支持。研究将泡桐、肉牛纳入特色保险范围，争取大宗和特色养殖业农业保险全覆盖。在兰考县实施"保险＋期货"试点，探索"订单农业＋保险＋期货（期权）"运作模式，积极为农产品价格波动提供风险规避的有效路径。

（四）支持民生保障体系建设。稳步开展大病保险和困难群众大病补充保险业务，以即时结报和"一站式"服务为着力点，提升大病保险服务水平。鼓励保险机构参与医疗行为监督和医疗费用控制。积极开办小额人身保险业务，为兰考群众提供保额适中、保费低廉的意外伤害和医疗保险保障，积极争取提升具有财政补贴的小额人身保险产品筹资标准和覆盖范围。进一步扩大农房保险覆盖面，不断提升保障水平。积极开展农村治安保险等公众责任保险试点。

（五）强化小微企业和"三农"融资支持。积极发展贷款信用保证保险，为小微企业、农户和新型农业生产经营主体等贷款提供融资增信，缓解"融资难、融资贵"问题。支持保险机构建立贷款信用保证保险共保体，统一服务标准，提升供给能力，分担经营风险。鼓励在保证保险领域引入"银政保担"风险联防机制，促进业务健康可持续发展。

鼓励保险资金支农支小"政融保"等项目发展，积极探索利用兰考信用体系各项农户和小微企业信息指标，提升尽职调查、后续管理等环节的工作质量和效率。

（六）助力脱贫攻坚。积极落实保险业助推脱贫攻坚各项政策要求。鼓励保险公司推出农业生产自然灾害、农民恶性疾病或意外伤害、农民及涉农企业缺乏抵押担保等主要风险和困难的一揽子保障项目，为兰考脱贫致富提供全方位风险解决方案。对针对建档立卡贫困人口的农业保险、涉农保险产品和针对可带动农户脱贫、吸纳贫困农户就业的新型农业经营主体的保险产品，费率可在向监管部门报备费率的基础上下调20%。加强保险与扶贫政策的协调配合，积极争取地方政府在工作指导、资金安排、工作协调、数据共享等方面支持，对接财政涉农资金统筹使用政策，发挥保险机制作用。

（七）防范化解风险。落实保险机构防控风险主体责任，促进保险业务规范合规经营，严厉打击普惠保险领域套取费用、侵害消费者权益等行为。针对普惠保险发展过程中，基层保险机构潜在的经营、非法集资等案件风险、非正常集中给付退保风险以及消费者权益得不到及时有效保护引发的群体性事件等风险。定期组织风险排查、压力测试和应急演练，健全舆情风险处置办法，提高应急处置能力。

（八）保护消费者权益。保护消费者财产权、知情权、选择权等各项权利，探索在兰考县试点投保提示、诉调对接等消费者权益保护机制，不断提升消费者满意度。强化消费者教育，加强保险宣传向农村、社区等基层倾斜。凝聚行业力量，统筹提升消费者教育和宣传的有效性。创新宣传和教育形式，综合运用多种媒体、保险机构网点以及村镇、社区等公共宣传栏，有针对性地开展保险政策宣传，提高群众保险意识和运用保险工具分散风险的能力。

五、工作要求

（一）夯实工作基础。各省级以上保险机构（在兰考县设立分支机构的）要指定专门部门和人员负责此项工作，明确在推进兰考县普惠保险工作过程中有关机构设置、人员配套、优化服务、业务（险种）发展的目标以及扩大普惠保险覆盖面、可得性和群众满意度方面的具体工作措施。根据现有险种结构、业务规模和管理能力明确本机构普惠保险发展思路，体现公司承担社会责任的意愿，突出社会价值。

（二）加强沟通配合。建立保险监管部门与保险机构之间的沟通、协调和议事机制，充分发挥行业协会作用，定期开展工作研讨，及时交流情况，解决存在问题。鼓励各保险机构运用共保体等合作机制强化工作统筹，提升保险服务能力。加强与兰考县普惠金融改革试验区领导小组的沟通和汇报，积极融入"一平台四体系"建设，保持与地方各有关部门和单位的密切联系，形成工作合力。鼓励保险机构运用兰考数字普惠金融服务平台（普惠通 APP 等）开展保险业务宣传和消费者教育。保险机构要主动向总公司汇报有关工作，争取政策和资源投入。

（三）创新产品服务。积极开展工作调研，结合兰考县群众和经济社会发展需要创新推出保险产品和服务。保险法人机构在兰考每年至少推出一项新的普惠保险产品或服务，在兰考县设立分支机构的非法人保险机构要积极争取一项总公司普惠保险试点在当地试行。

（四）完善鼓励考核。鼓励在兰考进行事业部管理模式，单独核算考核。上级保险机构要对在兰考等县市开展普惠保险业务的机构予以考核政策倾斜，对业务规模、盈利能力等方面的考核充分体现差异性。保险监管部门对于在兰考开展普惠保险业务效果显著的保险机构，在保险公司综合评级、分类监管等非现场评价和监管工作中予以适当加分鼓励。

（二）扩大农业保险覆盖范围

积极推进农业保险"扩面、增品、提标"和"应保尽保"。提高农业保险保障水平，探索发展完全成本保险，如小麦保险每亩保额 745 元，水稻每亩保额 673 元，较传统险种保额提升 88%。加强农业保险产品创新，如开展鸡蛋期货价格指数保险试点，承保鸡蛋 570 多吨；太保产险与开封众禾农业科技开展红薯价格指数保险探索，协同推进特色农业产业发展。

（三）创新推广民生类涉农保险

先后实施"脱贫路上零风险""小康路上有保障"保险项目，推广农民家庭财产保险、农村小额人身保险、小额信贷保证保险，对贫困户保费予以补助。如农村小额人身保险保费一般在 10～50 元，可以为参保群众提供 3 万～5 万元额度的意外伤害保障，缓解农民因病致（返）贫、因灾致（返）贫问题。探索健康保险"一站式"理赔模式。保险机构与第三方医学科技公司合作，实现对兰考县内就医人员进行医疗机构直赔。2020 年兰考县大病保险累计已决赔款 0.28 亿元，受益 1.94 万人次；困难群众大病补充保险累计已决赔款 221 万元，受益群众 2.27 万人次。同时，保险机构以"四优四化"为基础，设计推出保费低廉、保障适度、条款简单、投保便捷的农险产品。目前，中原农险已承保兰考县贫困户、普通农户及新型农业经营主体的小麦完全成本保险 15.5 万亩，其中贫困户 10 万余亩，合计提供风险保障 1.2 亿元，2020 年共支付赔款 1400 万元，为贫困户恢复再生产提供了有效保障。大力发展地方特色农业保险、农业设施险，积极探索蜜瓜、蜜薯价格指数及区域产量保险等，为地方农村产业发展提供完备的风险保障，如中华联合财险推出新型养殖保险、人保财险推出贫困户大蒜价格保险、太保财险推出优质小麦、优质花生保险。

（四）推进银保合作，发展"保险 + 信贷"

针对一般农户和种养大户、涉农龙头企业等新型农业经营主体在生产或扩大再生产过程中遇到的"融资难、融资贵"等问题，银行保险机构下沉服务，积极探索"保险 + 信贷"模式，制定"信贷 + 保险"方案，为新型农业经营主体、民营和小微企业提供贷款保证保险增信。兰考县域银行保险机构已推出普惠授信和"政银保""政融保"等多种信贷模式，提高了贷款的可获得性。

专栏 4 -6："脱贫路上零风险"和"小康路上有保障"保险项目

"脱贫路上零风险"：中原农险以兰考县 7.74 万贫困户、新型农业经营主体和带动脱贫企业为对象，开发出农业保险、农民意外健康保险、农业基础设施保险、农房保险、农户小额贷款保证保险等 15 个险种，覆盖农业自然灾害、主要劳动力意外伤害及医疗附加、农民及涉农企业融资担保等主要风险，为全县提供了 84 亿元保险保障，为建档立卡贫困户在脱贫路上出现意外因病、因灾返贫提供了保障。

"小康路上有保障"：为全县 70 万人口提供普惠意外险及短期健康险，防止出现因意外和疾病返贫，对所有新农合、新农保等全部报销后剩余资金 6000 元以上提供的合规票据进行分段报销，最高额度报销 20 万元，0.6 万~1.5 万元报销 60%，1.5 万~3 万元报销 70%，3 万~5 万元报销 80%，5 万元以上报销 90%，20 万元为封顶；将农业生产设施纳入保险范围，支持兰考发展蔬菜种植、养鸭等产业发展，调动农户创业致富的积极性。

七、基础设施架起金融普惠之路

试验区建设围绕农村金融服务基础设施不足的短板，不断完善各类基础设施，夯实普惠金融发展的必要平台支撑，不断提升金融服务覆盖率，为金融服务"三农"和县域经济发展能力提供了有效支撑。

人民银行把完善县域普惠金融基础设施当做自身的重要工作抓紧抓实。2016 年，人民银行率先在兰考试点建成全省也是全国首个公共金融服务大厅，把货币流通、国库、账户、征信、金融消费权益保护等与群众密切相关的业务集中到一楼大厅办理。在兰考试点恢复全省首个人民币发行库。设立全省也是全国首个县级再贷款（再贴现）窗口，直接用人民银行的支农支小扶贫再贷款再贴现与金融机构落实普惠金融工作情况对接，引导鼓励他们加大投放。在兰考建设全省也是全国第一个县级农户和中小微企业信用信息中心，并具有信用评级功能，供金融机构查询。信息中心数据中，农户信息涵盖 173 项指标、中小微企业信息涵盖 446 项指标，实现了农户和中小企业的信用从"识别难"到"信息全"的转变，有效对接金融扶贫和普惠授信。

创新开展信贷信用相长行动计划，解决农村信用体系建设难题，实现信贷信用良性互动。针对长期以来农村信用体系建设中普遍存在的农户信息收集难、成本高、不愿配合和金融机构由于缺乏农户信息不敢给农户贷款的难题，把普惠授信与信用体系建设结合起来，先让农户有授信，在启信时收集农户信息，在普惠授信中推动信用体系建设。这样一方面使信息收集工作更有针对性，大大降低了信息收集成本，减少了农户的麻烦；另一方面通过授信把农户与银行联系起来，引导农户积累信用记录，根据农户信用积累情况进行信用评级，根据农户信用等级变动情况调整授信额度和用信成本，让农户在利用信贷的实践中体会信用的价值，激发了农户参与信用体系建设的热情。在信贷信用相长行动助力下，兰考两个月即完成16.3万农户的信用信息采集，做到了"应采尽采"，覆盖面达92.3%，九成以上的农户首次有了自己的电子信用档案。依托农户信用信息，全县已评定信用户139693户、信用村318个。

强化各类要素平台支撑。设立农村产权交易中心，建设交易信息平台，开展农村产权信息发布和组织交易，扩展贷款抵（质）押范围。利用动产融资登记系统、应收账款融资服务平台，推广形式多样的抵（质）押融资。积极推进县乡村三级农村产权交易平台，将农民住房财产权、林权、大型农机具等纳入贷款抵（质）押范围，推进产权要素融资，试行应收账款融资。

八、产融结合夯实普惠金融实体之基

试验区建设注重解决金融投入的产业支撑问题，围绕金融支持尤其是普惠金融支持群众消费、创业还是就业的问题，将信贷与产业有效衔接，特别强调普惠授信要有产业支撑，只能用来发展生产，不能挪用消费，立足兰考实际，做好全县产业规划与金融的对接，围绕"3+2"主导产业①，按照第一、第二、第三产业融合发展的思路，确定重点特色工业和羊驴、果蔬、构树种植等重点扶贫产业，以信贷投向促进拉长产业链条，有效改变了农户"单打独斗"发展产业风险大的局面，推动形成了村村有产业、乡乡有特色的生产局面，金融与产业形成了良性互动的势头。

发展以草畜种养业为核心的畜牧产业化。试验区建设创新思路，将养殖业放在农业发展的主导地位，出台了对应的优惠政策支持饲草产业发展，即对大型进口饲草生产农机装备补贴比例提高到40%，对1000亩以上的连片饲草种植基地流转土地每亩补贴200元，对大面积发展杂交构树的种植户每亩补贴2000元，参与"粮改饲"的饲草生产企业每

---

① 2017年兰考县确立"2+1"主导产业，主要包括家居制造及木制品加工、食品及农副产品深加工、战略性新兴产业。目前，已经深化形成"3+2"主导产业体系。

吨饲草补贴60元，并引导金融机构强化草畜产业供应链金融服务，通过贴心、务实、高效的金融助农服务助力新型农业经营主体和饲草企业增收致富。

发展以日光温室、蔬菜大棚培育为核心的种植产业化。兰考县政府研究支持发展日光温室和蔬菜大棚，根据一般农户搞产业常见的规模和集约经营现象出台了对应政策，提出建蔬菜大棚不能低于100座、日光温室不能低于50棚的规划要求，同时按照投资的30%县财政给予奖补（如蔬菜大棚奖6000元，日光温室奖3万元），金融支持50%贴息贷款，20%农户自筹。依此标准建一个2万元的蔬菜大棚，农户只需4000元，有效带动了群众发展产业的热情。

发展以泡桐制造民族乐器为核心的木业加工产业化。兰考"泡桐"曾经是为了抵御风沙、治"三害"（抗风沙、治盐碱、防内涝）而栽种，如今已经发展成为用泡桐制作音乐板的一种乐器产业，成为兰考县解决农村劳动力就业的一大经济支柱型产业。围绕恒大家居联盟产业园、中部家居产业园，打造木制品及中低端家居上下游产业集群，目前产业集聚区入驻企业171家，重点发展7个特色专业园及28个专业村。引导提供针对性金融产品。如中国银行河南省分行针对兰考乐器产业推出"乐器通宝"信贷产品，解决了兰考中小乐器企业缺乏抵质押物与担保措施而融资受阻的难题。以堌阳镇范场村为例，在金融支持下，2018年该村共有大小乐器企业80家，年产各类民族乐器10万多台（把），生产乐器音板及乐器配件10万多套，年产值1.2亿元，安排从业人员1200多人，其中吸纳周边劳动力400余人，让老百姓通过就近创业就业"守住家、看住娃、不出家门挣钱花"。

发展以科技产业为核心的战略性新兴产业化。为改变兰考"工业弱县"局面，大力引进"富士康""深圳高科技产业园"等项目，智能制造和IT产业进驻兰考，环保产业、新能源产业相继投资兰考，兰考县的战略性新兴产业集群初具规模，金融也成为这些工业项目的重要支撑。

专栏4-7：兰考泡桐民族乐器唱响普惠金融"富民曲"

50多年前，焦裕禄同志带领兰考人民种植泡桐树苗抵御风沙，如今那些长成的泡桐树已成为全国90%以上民族乐器音板的原材料，也成为兰考县的一大特色支柱产业，构筑起兰考脱贫攻坚的效能高地，亦成就了普惠金融阳光雨露的播撒之路。

泡桐，由于木质疏松而得名。适宜制作音板的泡桐对土壤等生长环境要求苛刻，而兰考地处黄河故道，有着大面积地质疏松、透气性能较好的沙质土地，非常适合种植泡桐，因此，兰考种植的泡桐具有较好共振性能和声学品质，是制作古筝、琵琶等乐器音板的最佳材料。

兰考县堌阳镇作为河南省文化产业示范集聚区，是著名的中国民族乐器之乡、国家桐木音板生产基地，其中徐场村被称为"中国民族乐器村"。自2010年起，该村先后有30多名在外务工人员返乡开办乐器加工厂，带动村民就业，趟出了一条"返乡创业带就业"的脱贫致富路子，并辐射带动了周边多个村发展民族乐器产业。泡桐民族乐器产业的兴起，吸引了大量外出务工人员返乡创业，目前，全镇从事民族乐器生产加工企业106家，从业人员1万多人，年产值高达15亿元。

"做不出好琴，都对不起焦书记在兰考栽下这好桐树。"兰考县民族乐器行业协会会长汤二法如是说，无不体现出刻着兰考印记的不屈不挠、坚强干劲的工匠精神。

试验区在财政资金、税收、普惠金融等方面给予了大力支持，帮助乐器加工小微企业借助金融更好地生产经营。人行兰考县支行多次到乐器加工企业调研，积极引导金融机构与乐器企业对接，如中行依托兰考县民族乐器行业协会推出了"乐器通宝"信贷产品，由协会批量推荐优质中小企业，入选"乐器重点中小企业池"，借款人、行业协会分别缴纳授信金额10%风险互助金及补偿金提供质押担保，银行对池内企业进行现场调查、信用评级后发放流资周转贷款的批量授信。通过行业协会架起了中小企业与金融机构之间的桥梁，降低了交易成本、信息成本，有效解决了兰考县乐器生产企业融资难和流动资金短缺等困难。目前，成功发放以兰考县成源乐器音板有限公司为龙头，其他乐器行业协会会员为成员的"兰考乐器通宝"十户联保贷款，首次授信2800万元，有效缓解了乐器企业资金紧张。通过各类金融产品的支持，全镇发展民族乐器企业187家，年产值达到15亿元，从业人员达1.5万人；发展特色产业木制品加工企业21家，年产值超5亿元。

带动堌阳镇97家乐器家庭式手工作坊转化为初具规模的生产加工企业，同时，安置就业岗位1500余人，带动周边300多户贫困户脱贫致富。

泡桐，正在改变着兰考的风貌，同时也激励着金融人的满腔热血——播撒好金融服务好社会，兰考人民正在过上幸福的美好生活。

九、"几家抬"疏通政策"最后一公里"梗阻

试验区建设尤为注重发挥政策的引导激励，充分调动财税政策、货币政策及地方配套政策资源，不断健全政策支持体系，营造了普惠金融发展的良好政策环境。

地方政府部门发挥合力，大力倾斜资源。发改部门加大对试验区项目融资政策倾斜力度；农业部门大力推动农村承包经营权确权颁证；扶贫部门不断完善扶贫信息系统，为金融扶贫工作提供有效支撑；财政部门不折不扣落实减免税政策，注重加大资金扶持。以2018年为例，省财政拨付兰考县普惠金融发展中央专项资金1033万元，拨付兰考县小麦保险省级保费补贴资金344.14万元，投放兰考发展产业基金7.35亿元。2018年申请省财政拨付涉农贷款增量奖励资金471万元，给予涉农贷款增量奖励资金433万元、特色农业保险以奖代补263万元。兰考县出台《普惠金融财政奖补办法》《支持金融业创新发展意见》，对金融业发展、产品创新、人才引进、上市挂牌给予奖励。税务部门认真落实好减税政策，2018年免征兰考金融机构增值税263万元、减免小微企业和农户小额贷款印花税23.6万元。兰考县探索整合涉农、扶贫条线财政资金，设立7575万元信贷风险补偿金、3000万元还贷周转金，出台"普惠金融财政奖补办法""支持金融业创新发展意见""普惠金融服务站奖补办法""中小微企业发展基金运作实施方案""财政性涉企资金基金化改革实施意见"，对金融业发展、产品创新、上市挂牌、协管员业务给予奖励，发挥财政对金融和社会资本的撬动功能和结构导向作用。

强化货币政策工具定向支持。落实定向降准政策，探索再贷款"先贷后借"模式，加大再贷款、再贴现支持，目前已累计办理再贷

款 12.75 亿元、再贴现 7.64 亿元。在兰考县设立外汇管理窗口，实现进出口企业的直接便利化服务。认真落实普惠金融定向降准政策，将范围扩展至脱贫攻坚和"双创"等其他普惠金融领域贷款，定向支持单户授信 1000 万元以下的小微企业贷款、个体工商户和小微企业主经营性贷款，以及农户生产经营、创业担保、建档立卡贫困人口、助学等贷款，有力丰富了政策外延，激励金融机构更加聚焦真小微、真普惠。新冠肺炎疫情发生以来，积极引导金融机构对试验区符合条件的企业采取信贷展期、续贷、减息等措施予以支持，为 6 家疫情防控重点保障企业提供疫情融资 5700 万元，为企业办理展期 1.7 亿元、无还本续贷 5.1 亿元、续贷 5 亿元，为 349 家中小微企业下调贷款利率，涉及金额 3.5 亿元。

实施差异化监管。制定出台《关于对兰考县普惠金融改革试验区银行业金融机构实施差异化监管的通知》等文件，督促银行业金融机构适度提高涉农、小微企业不良贷款容忍度，确立涉农贷款不良率容忍度为当地金融机构各项贷款不良率以上 3 个百分点、小微企业贷款不良率容忍度为自身各项贷款不良率之上 3 个百分点；督促银行业金融机构细化"推行和落实涉农贷款、小微企业信贷业务经办人员尽职免责"的具体情形，切实落实基层信贷业务经办人员尽职免责制度，推动普惠金融发展。

十、深化金融宣教与金融消费权益保护

建立金融消费权益保护工作机制。出台了消费权益保护实施办法，成立了金融消费权益保护工作领导小组和办公室，设立金融消费权益投诉柜台，制定投诉流程图，设立投诉电话，保护消费者权益。

强化金融宣传和教育。举办"普惠金融高级研修班"，开展"建设推进活动周"活动，相关分管副县长亲自带队开展"普惠金融夜校"，对乡镇、村委、村协管员开展专门培训，先让他们成为"准金融专家"，发挥其金融知识"传播员"作用，通过他们向身边群众讲解金融知识和金融政策。印发《金融知识宣传教育工作方案》和《普惠金融知识进学校活动方案》，不定期到小初高及技术职业学院宣讲。充分利用媒体

和微信平台，推送宣传普惠金融。组织金融宣传队，下乡指导农民使用移动支付，申请线上信贷产品，培养农民互联网习惯，缩小"农村数字鸿沟"。组织开展信贷信用相长宣传活动，多层面、广角度、持续普及金融和信用知识，提升城乡居民的金融素养和防范金融风险的能力。

专栏 4 –8：兰考县普惠金融改革试验区金融知识宣传教育工作方案①

为进一步强化兰考县普惠金融改革试验区金融知识宣传教育工作，切实提高兰考县金融消费者的金融素养和风险责任意识，提升社会公众关心、支持、参与普惠金融实践活动的积极性，全方位推动兰考县普惠金融改革试验区建设，探索金融知识宣传教育的可复制模式，制定本方案。

一、总体要求

以习近平新时代中国特色社会主义思想为指导，全面贯彻党的十九大精神，认真落实第五次全国金融工作会议部署，按照《河南省兰考县普惠金融改革试验区总体方案》要求，围绕金融普惠、金融扶贫、金融支持农民工市民化、金融支持农业农村基础设施建设等重点领域，强化宣传教育，着眼长远发展，切实掀起普惠金融改革试验区建设的热潮。

二、工作目标

着力深化普惠金融改革试验区政策宣传，在提升社会思想共识凝聚力上谋创新求突破；着力营造改革发展良好舆论氛围，在提升主流媒体传播力上谋创新求突破；着力提高兰考县人民金融素养，在提升百姓识别和应对金融风险上谋创新求突破；着力推动工作责任制落细落实，在提升宣传教育实效上谋创新求突破。

三、工作内容

（一）充分利用各种媒体，建立普惠金融发展和金融知识信息发布机制

利用县电视台、电台、网站、报纸杂志、乡镇村委公示栏定期发布普惠金融工作动态信息、工作实效和金融知识。采取案例启示、情景模

① 见《关于印发〈兰考县普惠金融改革试验区金融知识宣传教育工作方案〉的通知》（豫普金办发〔2018〕10 号）。

拟等形式，拍摄具有兰考县特色的金融知识宣传教育视频短片，在当地电视台循环播放，通过生动鲜活的视频提升社会群众对金融知识的理解。积极配合各大主流媒体采访报道，做好兰考普惠金融改革试验区建设的对外宣传工作。利用"普惠金融一网通"平台，及时更新上传金融知识，开展金融知识宣传教育，扩大金融知识宣传教育的广度和深度。

（二）围绕不同社会群体，突出重点深入开展普惠金融知识宣传教育

1. 抓农民：以各行政村普惠金融服务站为载体，在每个行政村选2名"金融知识宣传员"，在服务站内定期开展普惠金融知识讲座活动，实现金融知识真正进农村增实效。以提高全县农民普惠金融知识素养为目标，每年为各村"金融知识宣传员"开展1~2次金融知识集中讲座活动，重点讲解普惠金融知识、兰考县中小企业和农村信用体系建设、普惠授信及其他贷款政策和产品、现代支付工具使用、金融消费者权益保护以及防范金融诈骗和非法集资等内容。注重发挥农村"金融知识宣传员"在村里的再宣传再培训作用，以"星星之火，可以燎原"之势，开展日常性农民金融知识宣讲培训活动，扩大金融知识宣传教育的覆盖面和实效性。

2. 抓进城农民工：结合职业技能培训，开展金融产品和运用的针对性培训，提升其使用现代金融产品和服务本领和技能，增强在城市工作生活的适应度。以职业技能培训为依托，有针对性地开展兰考县进城农民工金融知识培训活动，将金融知识纳入兰考县进城农民工职业技能培训课程，重点讲解农民创业就业金融政策和产品、农民进城购房信贷政策和产品、征信知识、中小企业信用评价建设、现代支付工具使用和防范非法集资、防范银行卡诈骗等内容，使进城农民工充分知晓符合其需求的金融政策和产品，提升其金融可获得性。

3. 抓学生：在兰考县扎实推进金融知识纳入国民教育体系工作，延伸宣传工作宽度和深度，实现金融知识的"学生—家庭—社会"良性传导模式。以德育课、选修课、课外实践课多种形式，将金融知识教育纳入中小学和职业中专教育体系，每学期开展2~4次授课，向学生重点讲解金融体系构成及其职能作用、货币的起源与发展、辨别真假人民币、诚信文化建设、征信、存款保险、反洗钱、防范金融风险、金融违

法广告等基础性、普适性金融知识，使其掌握基本的金融知识并从小树立信用意识，通过学生对各家庭的传导作用，扩大受众面。

（三）以主题宣传月为契机，广泛开展集中宣传教育活动

选定每年3月、6月、9月为兰考县普惠金融知识主题宣传月。其中3月为"金融消费者权益日"主题宣传月，重点宣传金融消费者的基本权利和维权知识，增强其风险意识、自我保护意识和责任承担意识，引导金融消费者通过合法程序解决金融消费纠纷；6月为"普及金融知识　守住'钱袋子'"主题宣传月，重点针对低净值人群的金融需求，引导其学习掌握自身亟须的金融知识，合理选择与其自身特点相适应的金融产品和服务，远离非法金融活动，帮助金融消费者运用正当途径守护好自身的"钱袋子"；9月为"金融知识普及"主题宣传月，重点针对不同人群金融知识的薄弱环节和金融需求，开展普惠金融政策、金融知识普及活动，提升公众对普惠金融的认知度和金融素养。

（四）强化金融机构主力军作用，利用网点优势、结合自身特点开展金融知识宣传教育

以兰考县金融机构营业网点作为宣传主阵地，发挥金融机构金融知识宣传教育主力军作用。通过金融机构营业网点内设立金融知识宣传教育区、LED屏幕滚动宣传、工作人员讲解等形式，向上门办理业务的客户讲解金融知识。充分利用自身宣传渠道，以网站、微信公众号、微博、短信、广播、电视等多种媒介广泛推送金融知识。结合自身业务特点，自行组织到农村、小微企业开展金融知识宣传教育活动。积极配合参加政府部门、金融监督管理部门组织开展的集中宣传活动。

（五）做好金融知识宣传教育材料编发印制工作，为金融宣传提供保障

由县金融办、人民银行兰考县支行和各金融机构，结合兰考县当地语言、民风特点和普惠金融实际，联系授课工作实际，编写印制金融知识"口袋书"和宣传折页等宣传材料，介绍兰考县普惠金融发展的现状和成果、金融知识和各金融机构针对兰考县的特色服务和产品等，内容涵盖人民币、征信、支付工具等社会公众应知应熟应会的金融知识。宣传材料注重通俗易懂、深入浅出，实现易领会、易传播、易接受的目的。宣传材料要实现村村有、全覆盖。

四、保障措施

（一）强化工作统筹

充分发挥河南省兰考县普惠金融改革试验区工作领导小组职能，加强对试验区普惠金融知识宣传教育工作的督导。兰考县金融办牵头，建立人民银行兰考县支行、各银行业金融机构、各保险机构、各证券公司、各担保公司等机构参与的普惠金融知识宣传教育协作工作机制，协调推进普惠金融知识宣传教育工作。

（二）落实各方职责

人民银行郑州中心支行：制定兰考县普惠金融知识宣传教育工作方案，指导人民银行开封市中心支行和兰考县支行按照方案要求开展宣传教育工作。指导兰考县将金融知识纳入国民教育体系。

省政府金融办、河南银监局、河南保监局：在职责范围内，加强对兰考县政府、银行业金融机构和保险业金融机构普惠金融知识宣传教育工作的指导，配合工作开展。

人民银行开封市中心支行：加强沟通协调，协助落实完成上级行交办工作任务，督导兰考县支行对普惠金融宣传教育工作的落实情况。

兰考县政府：积极落实方案安排的工作任务，指定兰考县金融办负责推进普惠金融知识宣传教育工作，依托派驻的稳定脱贫奔小康工作队员、乡派包村干部和政府购岗社保协管员，作为普惠金融知识宣传教育工作的先锋队、宣传队和推动者。

（三）加强工作考核

兰考县普惠金融改革试验区领导小组办公室要将金融知识宣传教育工作纳入对各单位普惠金融工作总体考核中，通过奖惩措施，有效推进工作开展。

第二节　兰考模式的形成

试验区在不折不扣全面落实《总体方案》的过程中，"以人民为中心""改革为了人民"是兰考实践的鲜明特色。习近平总书记反复强调，"老百姓关心什么、期盼什么，改革就抓什么、推进什么，通过改革给人民群众带来更多的获得感""政策好不好，要看乡亲们是哭还是笑。要是笑，就说明政策好。要有人哭，我们就要注意，需要改正的就改正，需要完善的就要完善"。在总书记联系点开展以普惠金融为主题的改革，牢记总书记对兰考县提出的殷切期望，落实总书记"以人民为中心"的为民情怀，既与普惠金融的核心要义一以贯之，也是改革是否成功、是否得到群众欢迎、是否经得起实践检验的关键。

群众利益无小事，"一枝一叶总关情"，改革如何契合群众最迫切的需要？如何解决几千年来农民融资难融资贵难题？如何用金融力量解决县域发展之难、群众致富之困？如何让具体化的改革政策做到"让乡亲们笑"？这些思考始终贯彻于兰考实践的全过程。

没有调查就没有发言权。为摸清现阶段贫困县域普惠金融落地的关键短板，真正摸透群众所思、所想、所盼，最大可能地使改革工作符合现阶段县域实际、符合客观规律、符合人民意愿、最大限度地发挥效应，我们在改革中认真践行习近平总书记关于"要重视调查研究，坚持眼睛向下、脚步向下，了解基层群众所思、所想、所盼，使改革更接地气""检验我们一切工作的成效，最终都要看人民是否真正得到了实惠，人民生活是否真正得到了改善"等系列指示精神，立足群众反映长期存在的制约普惠金融发展的五大突出难题，从科技、服务、产品、信用建设、风险防控等重点措施入手，从根本上突破解决群众反映的最突出难题，形成了独特的"以数字普惠金融综合服务平台为核心，以金融服务体系、普惠授信体系、信用信息体系、风险防控体系为基本内容"的"一平台四体系"普惠金融兰考模式，丰富发展了中国特色社会主义现代金融体系框架，从八大方面突破了普惠金融落地难题，为县域普惠金融发展指明了方向和路径，提供了可复制推广的普惠金融落地模式。

一、摸清基情

作为县域普惠金融改革试验的样本，试验区建设中，我们对兰考县普惠金融发展短板、基层百姓对改革的期望要求以及事物发展的主要矛盾，系统性地开展了"解剖麻雀""把脉问诊"。通过发放调查问卷、召开座谈会、走访等方式，采取抽样调查、多方论证等方法，对银行、保险、农户、小微企业等金融服务的供需双方深入调研，科学、系统地定量分析，采用主成分分析法、信息熵等一些方法，挖掘出深层次的信息，找到金融供需双方关注的焦点和难点，准确找寻金融服务中的突出问题和短板，并据此在《总体方案》的框架下，提出具体落地路径，有针对性地、开创性地开展具体实践。

（一）指标选取

普惠金融全球合作伙伴（GPFI）是由二十国集团（G20）国家、部分非 G20 国家以及相关国际机构组成的国际组织，致力于在全球范围内推广和发展普惠金融。G20 领导人在 2011 年戛纳峰会上一致同意接受 GPFI 的建议，支持在国际和各国国内普惠金融数据方面的努力，并根据 GPFI 的工作成果，在 2012 年洛斯卡沃斯峰会上通过了《G20 普惠金融指标体系》。2013 年俄罗斯担任 G20 主席国期间，结合其重点关注的金融素养与消费者教育议题，GPFI 增加了涉及金融素养和金融服务质量的指标，制定出了更为全面的普惠金融指标。扩展后的《G20 普惠金融指标体系》在 G20 圣彼得堡峰会上获得通过。2016 年，在中国担任 G20 主席国期间，经过与 GPFI 成员国和执行伙伴组织及合作伙伴组织的磋商，提出了用于衡量数字金融服务发展的新指标。[1] 升级版《G20 普惠金融指标体系》从供、需两侧，从金融服务使用情况、金融服务可获得性与金融服务和产品质量等三个维度形成 19 大类 35 个指标。其中，25 个指标取自世界银行的 5 项调查，12 个指标取自国际货币基金组织、经合组织和盖洛普等三个国际组织现有的 4 项调查，其中有 2 个指标来源于 2 项调查。

结合《G20 普惠金融指标体系》，试验区在农户问卷设计中，充分考虑了农户的家庭结构、对银行网点服务的使用、获得贷款情况、保险服务、金融知识与金融消费者权益保护、智能手机使用、互联网金融、助农服务等信息，并设计相关问题，度量普惠金融发展情况。然后在问卷中以评价打分的方式，从金融便利性（X1）、存转汇服务（X2）、信贷可得（X3）、保险服务（X4）、保险产品（X5）、纠纷解决（X6）、

---

① 中国人民银行网站，G20 杭州峰会财金渠道重要成果文件，http://www.pbc.gov.cn/goutongjiaoliu/113456/113469/3142307/index.html。

金融知识（X7）、新产品服务（X8）、助农取款点服务（X9）9 个方面探寻服务满意度，多维度找寻普惠金融的重点和"痛点"（相关指标见表 4 - 1）。

表 4 - 1　　　　　　　　　　　评价维度表

评价维度	含义
金融便利性（X1）	去最近银行需要花费时间的评价
存转汇服务（X2）	对银行存转汇服务的评价
信贷可得（X3）	对银行贷款业务的评价
保险服务（X4）	对保险服务的评价
保险产品（X5）	对保险产品的评价
纠纷解决（X6）	对金融纠纷解决制度的评价
金融知识（X7）	对自身金融知识的评价
新产品服务（X8）	对微信等提供的金融服务的评价
助农取款点服务（X9）	对助农取款点服务的评价

满意度打分共分为五个档次，分别为非常满意、比较满意、一般、不太满意、极不满意，打分从 5 分到 1 分依次递减（见表 4 - 2）。在小微企业问卷中则考虑企业发展情况，金融服务使用情况，信用情况，经济社会效应等信息，通过设计问题来着重考察企业的金融能力。

表 4 - 2　　　　　　　　　　　满意度打分表

满意情况	非常满意	比较满意	一般	不太满意	极不满意
分值	5	4	3	2	1

（二）分析方法

普惠金融提供的产品和服务是多样化和全方位的，包括储蓄、支付、转账、理财、贷款、保险、证券、金融知识等。金融供给方因业务方向的不同而丰富、多样化产品和服务方式，个性化的金融消费者对产品和服务的需求自然也存在着差异，通过科学、客观的方法发现供需双方关注的焦点和矛盾点，才能找到工作的侧重点。学术上对多指标进行赋权的方法有主观赋权法和客观赋权法，其中客观赋权法能够利用样本信息，并排除主观因素影响。本部分采用客观赋权法中的主成分分析方法和信息熵法构建模型，为下一步分析研究打下基础。

1. 主成分分析法

主成分分析是考察多个变量间相关性的一种多元统计方法，研究如何通过少数主成分量来解释多个变量间的内部结构，具体来说就是设法将原来众多具有一定相关性的指标（比如 p 个指标），重新组合成一组新的互相无关的综合指标来代替原来的指标（去相关性）。通常数学上的处理就是将原来 p 个指标作线性组合，作为新的综合指标。常用的做法就是用 $F1$（选取的第一个线性组合，即第一个综合指标）的方差来表达，即 Var（$F1$）越大，表示 $F1$ 包含的信息越多。即在所有的线性组合中选取的 $F1$ 应该是方差最大的，故称 $F1$ 为第一主成分。如果第一主成分不足以代表原来 P 个指标的信息，再考虑选取 $F2$ 即选第二个线性组合，为了有效地反映原来信息，$F1$ 已有的信息就不需要再出现在 $F2$ 中，用数学语言表达就是要求 Cov（$F1$，$F2$）$=0$，则称 $F2$ 为第二主成分，依此类推可以构造出第三、第四，…，第 p 个主成分[①]。在应用中通常只选前面几个最大的主成分，通过抓主要矛盾，提取了绝大部分变异信息，从而减少变量数目，有利于问题的分析和处理。

假设有 n 个样本，测得 p 项指标（$p<n$）。得到原始数据矩阵：$X = (X_1, X_2, \cdots, X_p)$，且协方差矩阵为 $\sum \lambda_i$，令协方差矩阵的特征值为 $\lambda_1 \geqslant \lambda_2 \geqslant \cdots \geqslant \lambda_p$，有 $\mathrm{Var}(F_1) \geqslant \mathrm{Var}(F_2) \geqslant \cdots \geqslant \mathrm{Var}(F_P)$，向量 l_1, $l_2, \cdots, l_p$ 为相应的单位特征向量，则 X 的第 i 个主成分为：

$$Z_i = l_i'X(i = 1, 2, \cdots, p)$$

在提取主成分的基础上，初始特征值可以看成是不同主成分的权重，即方差贡献率越大则该主成分的重要性越强。对于选择的 m 个主成分，原始指标的权重就等于以 m 个主成分的方差贡献率为权重，对该指标在各主成分线性组合中的系数的加权平均的归一化。综合评价函数 F 是选择主成分 $F_1, F_2, \cdots, F_m$ 的线性组合，即 $F = \alpha_1 F_1 + \alpha_2 F_2 + \cdots + \alpha_m F_m$。其中 $\alpha_i = \dfrac{\lambda_i}{\sum\limits_{i=1}^{m} \lambda_i}$，$(i = 1, 2, \cdots, m)$

在综合评价函数中，每个指标对应的系数进行归一化处理即可得

---

① 张文彤，董伟. SPSS 统计分析高级教程（第 2 版）[M]. 北京：高等教育出版社，2013：214 - 215.

到对应的权重，通过这种方法可以对多个指标存在的重复信息进行剔除，实现对信息的浓缩，进而确定指标的权重，找到指标的相对重要程度。

2. 信息熵法

信息熵法是一种对多指标进行客观赋权的方法。信息熵法的基本思路是根据指标变异性的大小来确定客观权重。一般来说，若某个指标的信息熵越小，表明指标值的变异程度越大，提供的信息量越多，即信息效应价值越大，在综合评价中所能起到的作用也越大，其权重也就越大。相反，某个指标的信息熵越大，表明指标值的变异程度越小，提供的信息量也越少，即信息效应价值越小，在综合评价中所起到的作用也越小，其权重也就越小。

参照张卫民等（2003）[①]、粟芳等（2016）[②]采用信息熵法进行客观赋权的应用，具体步骤为：对于 m 个样本包含的 n 个指标，数据矩阵为 $X = \{x_{ij}\}_{m \times n}$，$x_{ij}$ 代表第 i 个样本的第 j 项指标值。

数据矩阵 X 对应的标准化后的矩阵为 $Y = \{y_{ij}\}_{m \times n}$，则第 j 项指标的信息熵值为：

$$e_j = -K \sum_{i=1}^{m} y_{ij} \times \ln y_{ij}$$

式中，常数 $K = 1/\ln m$，$0 \leq e \leq 1$。

某项指标的信息效用价值取决于该指标的信息熵与 1 之间的差值：

$$d_j = 1 - e_j$$

利用信息熵估算各指标的权重，本质就是利用指标信息的价值系数来计算，即第 j 项指标的权重为：

$$w_j = d_j / \sum_{j=1}^{n} d_j$$

（三）分析结果

在针对银行、保险、农户、小微企业等金融服务的供需双方的前期

---

① 张卫民，安景文，韩朝. 熵值法在城市可持续发展评价问题中的应用［J］. 数量经济技术经济研究，2003（6）：115 – 118.

② 粟芳，方蕾. 中国农村金融排斥的区域差异：供给不足还是需求不足？——银行、保险和互联网金融的比较分析［J］. 管理世界，2016（9）：70 – 83.

调研中，我们共收回农户有效问卷 4320 份、小微企业有效问卷 848 份、银行调查表 9 份、保险公司调查表 19 份。由于小微企业、农民、城镇低收入人群等弱势群体是普惠金融的重点服务对象，首先结合农民金融服务情况和农户调研问卷，透过农户这一个"点"，来窥探普惠金融的"面"。

1. 基本情况

对农户的调研覆盖兰考县 450 个行政村，每个村随机选择 10 户农户进行问卷填写，共发放问卷 4500 份，收回问卷 4459 份，剔除无效问卷后共收回有效问卷 4320 份。

从调研的农户基本情况来看，填表人为男性的占比 87.8%，女性的占比 12.2%；从年龄结构来看 18 岁（含）以下占比 2.9%，18 ~ 45 岁（含）占比为 64.6%，45 岁以上占比为 32.5%。

被调研农户的户均人口为 4.19 人，家庭人口中最高学历为初中及以下的占 42.2%，高中学历的占 41.3%，大学专科学历的占 11.3%，大学本科及以上的占 5.1%。家庭年收入主要集中在 1 万 ~ 5 万元，家庭年收入低于 1 万元的占比为 10.8%，这也和兰考县作为国家级贫困县的县情相符合。家庭收入的主要来源为种植、打工、个体经营，其中种植业和打工分别占比 33.2% 和 30.2%，个体经营占比 16.0%。

在问卷中，首先提取农户对金融便利性的 9 个指标评价，满意度打分反映了农户对相关服务的评价，是对普惠金融相关服务的直观印象。从打分情况来看（见表 4 - 3），农户评价满意度最高的是存转汇服务（平均分 4.17 分，下同）、金融便利性（3.93 分）和新产品服务（3.83 分），满意度最低的三个方面是金融知识（2.69 分）、信贷可得（2.97 分）和纠纷解决（3.13 分）。

表 4 - 3　　　　　　　　　各指标满意度得分

评价维度	金融便利性	存转汇	信贷可得	保险服务	保险产品	纠纷解决	金融知识	新产品服务	助农取款点服务
满意度得分	3.93	4.17	2.97	3.60	3.65	3.13	2.69	3.83	3.80

满意度打分直观反映了农户对普惠金融产品和服务的评价，满意度打分的平均分在一定程度上反映了农户最突出、最关心的问题。然后结

合主成分分析、信息熵法等方法，对农户满意度打分进行深层次的挖掘，对9个评价指标进行重要性排序。

2. 主成分分析法

按照主成分分析方法确定权重的思路，我们首先对农户问卷的9个指标的满意度进行主成分分析，以确定指标间的相对重要性，计算软件采用SPSS25。首先运用SPSS，进行bartlett球形检验和KMO检验来判断指标间的相关性，KMO检验统计量为0.69，然后计算得到前6个主成分的累计贡献率为85.1%，最后，根据相应成分得分系数矩阵和贡献率得到指标权重（见表4-4）。从结果来看，权重最高的三个方面分别为纠纷解决（0.140）、信贷可得（0.138）和存转汇服务（0.115），权重最低的三个方面分别为金融便利性（0.082）、保险服务（0.095）和助农取款点服务（0.102）。由于权重用来衡量这9个指标的相对重要性，不难发现纠纷解决、信贷可得性和存转汇服务的相对重要性最高，也最应该给予关注，是发展普惠金融中亟待解决的问题。

表4-4　　　　　　　各指标重要性比较（主成分分析）

	权重	主成分1	主成分2	主成分3	主成分4	主成分5	主成分6
金融便利性	0.082	0.594	0.004	-0.335	-0.186	-0.002	0.067
存转汇服务	0.115	0.511	-0.163	0.115	0.285	-0.222	-0.096
信贷可得	0.138	-0.032	-0.054	0.036	-0.032	-0.023	0.998
保险服务	0.095	-0.059	0.565	-0.104	-0.180	0.045	0.011
保险产品	0.112	-0.162	0.677	-0.143	0.167	-0.106	-0.071
纠纷解决	0.140	-0.046	-0.006	0.032	0.868	-0.021	-0.023
金融知识	0.112	-0.088	-0.011	-0.074	-0.003	0.880	-0.009
新产品服务	0.104	-0.171	-0.107	0.952	0.088	-0.098	0.043
助农取款点服务	0.102	0.295	-0.182	0.289	-0.235	0.398	-0.074
主成分对应贡献率		18.833	18.410	12.470	12.196	12.007	11.205

数据来源：根据SPSS结果计算。

为更形象地表示9个指标满意度和重要性的分布情况，分别以各指标的满意度平均得分和指标权重得分为横轴和纵轴绘制象限图（见图4-1）。可直观看出，信贷可得、纠纷解决和金融知识的重要性高而满意度低，这也反映了农户最迫切、最现实的金融需求，和农户存在的贷款难、金融知识相对匮乏等现象一致；同时保险产品和保险服务的重要性和满意度均低于银行存转汇服务，这也表明保险市场发展相对滞后。助农取款点作为便利农民获取金融服务的重要载体，为农户在家门口办理小额存款等业务提供了极大的便利，然而从满意度来看，助农取款点却低于金融便利性，或表明助农取款点并未有效满足农户相关金融服务。

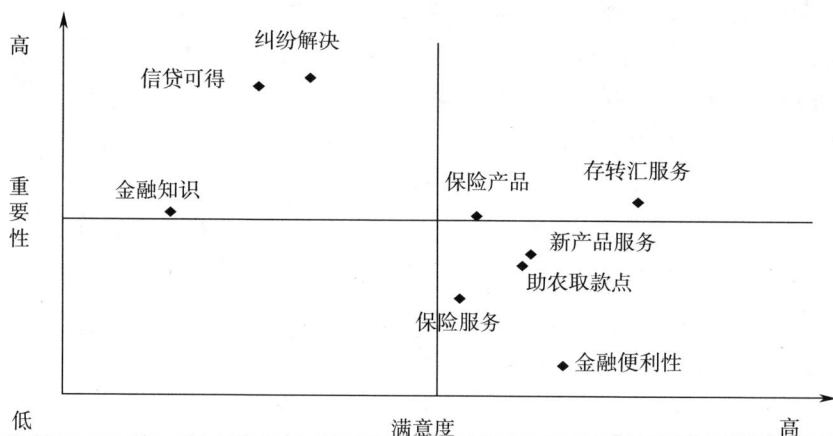

图4-1 重要性与满意度分布象限图

3. 信息熵法

运用信息熵法对9个指标的满意度打分计算信息熵和效用价值，进而确定指标的权重，保证结果的稳健性。结合信息熵法的原理和计算公式，我们对农户问卷9个指标的满意度进行分析，从计算的结果来看（见表4-5），权重最高的是金融纠纷解决（0.189），其次是信贷可得性（0.187），权重最低的是金融便利性（0.028）和银行存转汇服务（0.044）。

对比主成分分析和信息熵法计算的权重，在相对重要性排序上基本保持一致，金融纠纷解决和信贷可得性在两种方法中都赋予了最高的权重，而金融便利性都获得了最低的权重，保险产品、保险服务、新产品服务、金融知识的排名也比较接近，这表明主成分分析和信息熵法的排序结果基本一致，这也和张卫民等（2003）的研究基本保持一致。说明按照主成分分析进行排序的结果是稳健的，也是可靠的，信贷可得、纠纷解决和金融知识是农户最迫切、最现实的金融需求，也应该是普惠金融发展的重点。

表4-5 两种方法的指标权重比较

	主成分分析法		信息熵法	
	权重	排名	权重	排名
金融便利性	0.082	9	0.028	9
存转汇服务	0.115	3	0.044	8
信贷可得	0.138	2	0.187	2
保险服务	0.095	8	0.103	6
保险产品	0.112	4	0.109	5
纠纷解决	0.14	1	0.189	1
金融知识	0.112	5	0.135	3
新产品服务	0.104	6	0.092	7
助农取款点服务	0.102	7	0.113	4

统计资料也显示，2014年底，[1] 兰考县金融机构人民币存贷款余额分别为127.26亿元和61.99亿元，存贷比仅为48.7%，低于全省平均存贷比17.10个百分点。2014年底，兰考县地区生产总值为213.95亿元，占全省的比重为0.61%，存款和贷款余额占全省的比重仅为0.31%和0.23%，金融资源对兰考县域支持力度远低于全省平均水平。

（四）五大突出难题

针对以上结果，在分析农户金融服务的基础上，继续深度挖掘调研信息，结合银行、保险、小微企业、农户等金融服务的供给端和需求端调研情况，发现线下金融服务不足、服务效率低、风险防控难、融资难和融资贵等是制约普惠金融发展的突出短板。

突出难题一：以银行物理网点、人工服务为主要内容的传统普惠金融的高成本、低效率、风控难属性，成为普惠金融可持续发展的主要制约因素。传统信贷模式下，完成1笔5万~10万元的小额贷款，从贷款申请到审批放款，按业务规定需要两名信贷员至少两次入户调查，63.4%的农户贷款从审批到发放需要两周以上的时间，金融服务效率

---

[1] 兰考县普惠金融改革试验区从2015年底"边申报边建设"，本处选择2014年底数据来说明试验区建设前情况。

低。对试验区银行经营成本的调查表明，在人工成本、网点成本、风险成本、信息成本四项构成中，人工、网点成本占银行经营成本比重较大。放贷成本高对贷款业务的发展产生了不利影响。一方面，使得"三农"、小微企业的贷款定价"水涨船高"；另一方面，挤压银行利润空间，降低业务可持续性。破解传统普惠金融的高成本、低效率问题，成为实现普惠金融真正落地必须解决的根本问题。

突出难题二：贷款难、贷款贵仍是试验区"三农"、小微企业、贫困人群最渴望解决的、制约生产经营的核心难题。"三农"、小微企业贷款难、贷款贵是世界性难题，这一问题在试验区也很突出。调查显示：一是信贷可得性是农民最关心的问题，按关心程度对融资、理财、支付、保险、证券等高低排序，51%的农户将融资列为最关心的问题，其次是支付服务；二是农民信贷可得性较低，62%的农户有贷款需求，其中获得贷款的农户不足20%，28%的农户不知道怎么从银行获得贷款，46%的农户在申请贷款时，因缺乏有效抵押担保物等原因而被银行拒之门外，遇到生产经营资金难题只能求助熟人借贷甚至高利贷，金融对农户创业就业支撑能力明显缺位；三是贷款门槛高，87.6%的农户通过抵（质）押及担保获得，多户联保占比12.4%，纯信用贷款普及率不高；四是贷款程序烦琐，获得银行贷款的农户中，贷款审批期超过10天以上占比63%；五是农户贷款年均加权利率达9.1%，29.4%的农户贷款利率达到基准利率的两倍以上。

小微企业也面临着与农户相似的问题。75.5%的小微企业认为银行贷款难，60%的小微企业银行贷款占其融资总额的比重不足30%。究其原因，理论上是借贷市场供需双方信息不对称和需求方可能存在道德风险，实践中则转化为传统银行"财富信用"形成的信贷门槛。一方面银行高度依赖资产状况、经营收入、存款等硬指标筛选客户，农户、小微企业大都难以提供合格的抵押担保物，且无完善的财务报表；另一方面，银行普遍认为农业项目（如种养殖业等）投入大、生产周期长、风险高，加之单笔贷款较分散、额度小、服务成本高，导致银行倾向于"垒大户"，对农户信贷动力不强，成为城乡二元分化、收入差距呈现"马太效应"的催化剂。探索有效的低门槛、广覆盖、成本可负担、可持续运作的农户小额信贷模式，提升农户信贷可得性，成为试验区改革的核心内容。

突出难题三：农村信用体系建设缺失、农户信息采集难成为普惠金融难的另一"梗阻"。"三农"、小微企业融资难，表面上是缺钱，实质上是缺信息、缺信用、缺抵押。试验区建设之初，农村信用建设滞后，不少农户信用记录空白，信用意识薄弱。调查表明，34.7%的农户不了解信用概念，87%的农户不了解自身的信用状况、更没有自身的信用评级，无法形成良好的用信习惯，部分农民甚至存在恶意违约现象，银农关系割裂。在对违约人员的追责上，主要靠银行一家催收，成本高且社会管理对失约者的约束力不强；对守约人员的激励上，正向激励和奖补措施缺位，没有形成"信用就是财富，守信财源滚滚，失信寸步难行"的社会氛围。农村信用体系建设特别是信用村、信用户评定中，整村整乡、大面积机械采集农民信息，存在农民不愿配合，信息收集难、成本高的问题。如何建立健全农民信用信息、建设农村信用体系，为普惠金融业务有效运转减少失信"摩擦"，以信用促信贷，是疏通普惠金融的另一渠道。

突出难题四：信贷风险分担机制固化、信贷风险防控体系不健全成为制约金融机构开展普惠金融业务积极性不高的重要因素。传统模式下，一般信贷业务风险由银行自担。近年来，为鼓励商业银行支持"三农"、小微企业及贫困人群，风险分担机制多采取政府、银行固定比例共担风险。调查显示，2016年兰考已设立2家融资担保公司，注册资金各1亿元，并专项设立信贷风险补偿基金1575万元，但金融支持弱势领域、弱势产业的效果仍不理想。一方面，银行、政府参与的风险共担机制都以固定比例为主，模式僵化，没有考虑风险的市场价值，未体现权责利对等原则，发放贷款越多银行担责也越多，制约银行贷款积极性；另一方面，担保公司出于自身风险防控和盈利考虑，也同商业银行一样筛选客户，将多数弱势群体拒之门外，并对"三农"、小微企业的担保费率较高，一般在2%左右，一定程度增加了融资成本。如何运用市场化思维，建立权责利对等、可持续的风险防控机制，激发普惠金融供给的积极性，成为试验区建设的一项重要改革任务。

突出难题五：线下金融服务不充分成为试验区"三农"、小微企业、贫困人群金融服务满意度低、能力建设不足的突出瓶颈。调查显示，2016年初兰考共9家金融机构，银行网点51个，乡均银行网点3个，村均银行网点 0.11 个，每万人拥有的银行网点数量仅为 0.6 个，平均每个网点服务 16000 人，同时也存在网点分布不均衡问题，仅有邮储银行、农商行在乡镇设有网点；全县 9 家银行信贷员仅 84 个，其中邮储银行 15 个、农商行 26 个、村镇银行 14 个，平均每个信贷员需要服务 7000 多个农民，形成有限的金融服务与庞大的金融需求不对等，金融服务跟不上，金融活水流得慢。

近年来随着农村支付环境的深入建设，兰考县积极布设了助农取款点、ATM 和 POS 机具，向乡村延伸金融服务。调查显示，截至 2016 年初，全县已布放 ATM 162 台、POS 机具 2293 台，设立助农取款点 1232 个，实现了 ATM 对乡镇、POS 机具对村域的百分之百全覆盖。但值得注意的是，农村地区金融服务单一现象突出，金融服务大都集中在小额取款、转账和汇款等业务上，而银行最渴望的线下协助开展的信用建设、信贷风控、消费权益保护、农民等服务基本空白。如何在银行人员少、网点不足的现状下，发挥好村委、农村合作组织、助农取款点作用，增强金融服务农村的能力成为试验区探索的一个重要领域。

二、兰考模式的形成

上述群众反映最强烈的、长期难以解决的困难和痼疾，从更深层次看，既涉及供需双方市场主体，也涉及政府与市场的关系；既有金融供给理念、供给能力问题，也有群众金融意识、信用意识和自身能力建设问题；既有金融基础设施问题，也有体制机制僵化、与普惠金融供给不协调不适应问题。在《总体方案》框架下，沿着十一大方面 27 条改革措施给出的方向，如何进一步深化改革路径，提出可复制、可推广、可持续的有针对性的解决方案，真正破解长期存在的、制约农民获得感、农民发展的金融痛点，是试验区改革的重中之重。

（一）紧扣改革总体目标，细化提出"三近三远"目标

《总体方案》提出的总体目标涉及多个维度，一方面要实现群众的金融服务覆盖面、可得性、满意度稳步提高，实现金融服务县域、服务薄弱环节的水平显著提升；一方面要把兰考县建设成为全国普惠金融改

革先行区、创新示范区、运行安全区；另一方面要探索出一条可持续、可复制推广的中国特色普惠金融发展道路。

结合广大群众所思所想所盼，针对调研中发现的五大突出难题，我们紧扣《总体方案》总体目标，从"个体、家庭、乡村"三个维度、"线上"与"线下"双轮驱动，进一步研究确立了推动"金融服务人人全覆盖、普惠授信户户全覆盖、金融服务站村村全覆盖"的三大近期目标和"把兰考县打造成数字普惠金融示范基地，建立数字普惠银行，成立普惠金融教育基地"的三大远期目标。

同时，我们对每个目标实现的时间节点、任务书和路线图进行了明确，在近期目标中，提出到2017年底前，在兰考县实现"数字金融服务人人全覆盖、普惠授信户户全覆盖、普惠金融服务站村村全覆盖"三个"百分之百"覆盖目标；在远期目标中，更加强调将数字普惠金融发展作为县域普惠金融落地的根本出路，将能力建设和普惠金融教育作为长期性任务，力争试验区在数字金融业态发展、普惠金融能力教育培育方面走在贫困县域前列。

（二）从建设"普惠金融大厦"视角，创新提出"四大支柱"

将"情怀和理念、数字金融、普惠授信、普惠金融服务站"作为普惠金融大厦的四大支柱，强调发挥各方合力，共同夯实四大支柱，普惠金融大厦建设思路为试验区建设提供了有力遵循。

第一大支柱是为民情怀和普惠理念。改革成功与否，必须注重发挥金融机构的主观能动性和主动为民服务的政治自觉性。金融机构必须要从政治的高度、从为民情怀、从社会责任出发，积极主动投入普惠金融事业，切实增强普惠金融供给能力和供给力度。否则，只讲市场化，只讲效率，只看到风险，不结合当前我国社会中现实存在的问题，不守为民初心、不担金融使命，不通过建设社会主义的"美好金融"来不断满足人民群众对美好生活的向往，我国"政治性""人民性"鲜明特色的普惠金融体系就难以建立起来，社会主义金融就会美中不足。第一大支柱志在解决普惠金融供给主体的思想认识和主观能动性问题。

从当前阶段看，传统金融机构仍是普惠金融供给的主体，在与普惠金融发展相适应的立法、监管、配套体制机制尚不健全的情况下，落实普惠金融，必须坚持"党对金融工作的集中统一领导"，要求金融机构必须从全面建成小康社会的时代要求出发，从发挥社会主义制度优势、落实供给侧结构性改革的任务要求出发，一方面，坚守好习近平总书记提出的"一切为了人民，为了人民的一切"的伟大情怀，秉持"金融为民、履职为民"的初心和使命，把做好普惠金融与党的崇高理想、民本情况结合起来，主动把做好普惠金融工作当做金融部门的使命与追求；另一方面，要牢牢树立"建设好金融，服务好社会"和"普及金融，惠及民生"的理念，在遵循金融业发展规律、坚持商业可持续的同时，主动在实践中把公平和责任与效率和利益结合好、平衡好，把讲盈利讲回报的被业界称之为"高、精、尖"的商业性金融推向人民大众，普遍惠及老百姓，为他们提供生产生活中最基本的普惠金融服务。

第二大支柱是普惠授信。长期以来，农民融资难、融资贵、融资慢一直是困扰"三农"经济发展的突出问题，也是影响基层群众金融服务获得感的关键原因。农民融资难题的根本原因在于他们难以满足银行认可的抵押担保要求，虽然近年来在农村持续推广小额信贷，但因大部分农民从没有与银行打过交道，导致信用记录空白，"先信用，后信贷"的模式难以支撑小额信贷发放，政策效果并不理想。

为破除农民小额信贷门槛，切实满足他们生产经营的小额资金需求，试验区针对农民实际，瞄准传统小额信贷机制痛点，创新推出"先信贷，再信用"的新型小额信贷模式（即普惠授信模式，后面章节将着重介绍），有效破解农户的融资难题，做到小额信贷的"应贷尽贷"，切实疏通融资服务的"最后一百米"，真正为农民脱贫致富奔小康注入金融"活水"。

第三大支柱是数字金融。传统金融开展普惠业务受制于基层网点少，存在服务成本高、效率低、风控难等问题，金融服务难以渗透到偏远地区。数字技术为解决普惠金融难开辟了新路径，不仅能降低服务门槛、节省成本，还能拓宽服务半径、提升金融包容性，通过服务草根大众释放"长尾效应"，促进普惠金融可持续发展。

为此，试验区围绕"金融服务人人全覆盖"的目标定位，积极研发"普惠通"手机APP（即数字普惠金融综合服务平台，后面章节将着重介绍），为农民群众提供"一站式"移动金融服务，让老百姓足不出户便能通过手机享受到查询、理财、支付、缴费等基础金融服务，实现金融服务的"触手可及"，提高金融服务满意度。同时，试验区积极建设"数字普惠金融小镇"，集聚数字普惠金融业态，探索建设农村大数据信用信息数据库，多措并举构建开放包容的普惠金融体系生态。

第四大支柱是普惠金融服务站。针对现阶段金融科技尚不能完全解决线下金融服务，特别是农村地区留守老人、妇女和儿童相对较多，他们的金融知识和安全意识较为欠缺，并且习惯临柜办理金融业务的特点，试验区围绕"金融服务站村村全覆盖"的目标定位，结合兰考县村委党群服务中心提质改造，村村建设了"4＋X"功能的村级普惠金融服务站，将普惠授信、信用建设、风险防控、金融消费权益保护和基础性金融服务整合到乡镇公共服务体系。

一方面，提供"一站式"的综合金融服务，搭建起金融机构与农村有效对接的"桥梁"，将金融服务延伸至乡间村头，让农民群众足不出村即可便利地享受到基础金融服务；另一方面，向农民宣传金融产品和政策，帮助农民提升金融风险防范意识，推介"普惠通"手机 APP 的运用。这样既填补了银行服务基层的空白，也通过农民使用数字金融服务，有效拓展了金融服务的广度和深度。

（三）五大改革形成"一平台四体系"兰考模式

"三近三远"目标描绘了重点领域的改革方向，"四大支柱"阐述了建立"普惠金融大厦"的着力点，试验区从破解普惠金融落地五大突出难题入手，缜密谋划落实"数字普惠金融综合服务平台、普惠金融服务站、普惠授信、信用建设、风险防控"五大方面改革，逐步探索形成了"以数字普惠金融综合服务平台为核心，以金融服务体系、普惠授信体系、信用信息体系、风险防控体系为基本内容"的"一平台四体系"普惠金融兰考模式。

"一平台"即数字普惠金融综合服务平台，体现着"智慧＋金融"思维，发挥着"线上金融超市""普惠金融服务管理""辅助农村金融大数据建设"等功能；"金融服务体系"即县乡村三级普惠金融服务体系，在县、乡政务服务框架中建立普惠金融服务中心，在村党群服务中心中内嵌村级普惠金融服务站；"普惠授信体系"即普惠授信产品体系，志在通过产品创新和机制创新突破农民融资难融资贵;"信用信息体系"即农村信用体系建设体系,通过一揽子改革措施解决农村信用建设难、农民信用培育难等问题;"风险防控体系"即银政保担、分段分担的新型信贷风险防控机制,其核心是用市场化思路解决农村信贷防控难的问题。

"一平台四体系"涉及五个领域改革,是一个不可分割的有机整体,既各自发挥着独特的作用,又相互影响、相互配合、相互支撑,共同构成了普惠金融的兰考模式,共同破解了现阶段普惠金融落地的五大突出问题。"一平台四体系"的相关内容将在第五章、第六章、第七章、第八章、第九章做详细阐述,这里不再赘述。

第三节　兰考模式的政策考量

兰考县"一平台四体系"普惠金融模式是在《总体方案》框架下,通过精细的科学求证和大量的实践探索产生的。无论是"普惠通"APP数字普惠金融综合服务平台的研发推广,还是普惠金融服务站的建设、普惠授信产品的创新推出、信用体系的建设和新型信贷风控体系的设立,其都是针对突出存在的现实难题靶向攻坚克难的,背后都有方式方法的创新突破,都有缜密的机制设计,都有独特的政策考量。

一、金融科技搅动"一江春水"

农村金融市场长期以来的特点就是相对较封闭、垄断、单一,究其原因可归结为农村金融供给的"四少",即"供给主体少、产品和服务少、农民获得金融服务的渠道少、对农村金融市场运行的监督管理少"。试验区研发"普惠通"APP数字普惠金融综合服务平台(在第一发展阶段为"普惠金融一网通"平台,具体见第五章)的最核心初衷就是要运用金融科技手段,在平台上加载"所有金融机构的所有产品",用"主体多元、产品多样、一站式送达"的线上金融供给,来搅动农村金融市场的"一江春水",激活沉睡的农村金融市场,推进县域普惠金融市场的高效运行。

一方面，就是要在当前相对"封闭、垄断、单一"的农村金融市场中开设"线上金融超市"，促进"竞争机制、买方市场、知识外溢"的形成：一是集中各家金融机构的产品和服务，形成市场竞争机制，通过"晒产品、晒服务、晒流程、晒利率"，让消费者"用脚投票"，倒逼金融机构特别是涉农金融机构研发符合农民需求实际的信贷产品，不断优化金融服务。二是集结多样化产品和服务供金融消费者选择，产品和服务的多样性、差异化为农民提供了更多的选择机会，有助于形成"买方市场"，进而提升各经济主体的"消费者福利"，有助于缓解以往农民"求贷无门""服务真空"的局面。三是持续精准地推送金融知识、金融政策，以"农民能力培育"促农村信用意识和守信习惯的形成、促农民懂金融用金融的水平、促金融供给和农民创业就业的深度融合。

另一方面，就是运用金融科技，结合普惠授信流程，打造线上三级服务体系，尝试赋予"普惠通"APP"普惠金融服务管理平台"的功能，消除普惠金融市场的"市场失灵"和"管理真空"，促普惠金融市场"高效、低摩擦"运转。一是让普惠授信等信贷产品在提出申请、审批流程、审批结果反馈、贷款额度及利率、贷款发放、贷款还款等各个环节进展情况，都能实时得到监测，对于未按时办结的环节，平台自动抓取，及时督促提醒。金融机构、村委和协管员、贷款申请人等各方主体行为也都能实时掌握，便于及时消除普惠供给"梗阻"，提升群众金融服务可得性和满意度。二是按照"'一平台'统筹'四体系'"的设想，尝试将"三级普惠金融服务体系""普惠授信体系""信用建设体系""风险防控体系"都统一到该平台上来，进而实现对普惠金融市场运行情况的跟踪监测、督导管理，对出现的问题及时整改，以促进普惠金融市场的运行高效、健康有序。

二、"政务＋金融"织密"服务网"

当前农村地区，有着较庞大的农民人口和庞大的农村金融需求，但银行网点相对少、信贷服务人员相对不足。这种力量有限的金融服务和点多面广的农村金融需求，形成了一个"倒置的漏斗"，导致金融服务跟不上、金融活水流得慢。如何在银行网点少、信贷人员少的情况下增强基层金融服务能力，是在农村地区普及普惠金融服务亟须破解的难题。

试验区三级普惠金融服务体系的建立，就是要精准破解这个难题。其突破口就在于，强化党对金融工作的统一领导，把金融服务看作"准公共金融服务"，将金融服务体系纳入政府的公共服务体系，创新性地把乡镇、村委、协管员、金融机构力量整合到三级服务网络，实施基础金融服务的"委托代理"，进而实现"政银融合、三级联动"，达到"提升线下金融服务的广度和深度，提高线下金融服务的适宜性"的目的，实现农村金融服务从"没人管"到"管到底"的根本转变。

一方面，让政府公共服务体系与正规金融服务体系相辅相成、共同发力，无疑延伸了金融服务的"触角"、织密了金融服务的网络，也便于政府对"非金融机构"协助推送金融服务行为进行规范、监督和管理，避免出现因不合规、不合法而导致的金融风险；另一方面，群众与乡镇、村委、协管员较为熟悉，日常联系较为紧密，通过乡镇、村委、协管员等"熟人"协助提供金融服务，群众更愿意接受，较金融机构上门服务而言，既大大减少了"皮鞋成本"，也大大缩小了银农（银企）沟通的"心灵沟壑"，使金融服务更加贴近老百姓的生产生活，大幅提升了线下金融服务的适宜性。

三、普惠授信打破农户小额信贷门槛

普惠授信是对传统小额信贷的创新性变革，政策设计的初衷就是通过真正实现小额信贷的"应贷尽贷"，满足农民创业就业的小额资金需求，帮助他们发展生产、脱贫致富。普惠授信产品设计就是瞄准传统小额信贷落地的机制短板，而提出的创新性思路。需指出的是，普惠授信虽然强调"先信贷，后信用"，主张对农户普遍授信，主张赋予农户"3 万~8 万元"（目前已调整至 5 万 ~ 10 万元）、"年利率不高于6.75%"的信贷权利，但它并不是简单地对农户普遍性地发放贷款，其中有一些巧妙的机制安排，让"贷款门槛消除掉、贷款资金用得准、贷款本息收得回"，主要体现在：

一是强化小额信贷资金的"生产"属性，且不能转借他人使用。传统小额信贷模式忽视对贷款的管理和用途限制，调查表明，农村地区因将贷款用于婚丧嫁娶等透支消费、或借与他人，进而形成不良贷款的现象较为普遍。正因为如此，我们明确了"普惠授信只能用于生产用途，且不能转借他人使用"的贷款标准，这既鼓励信贷资金投用于生产领域，符合当前农村脱贫攻坚、乡村振兴战略需要，也能让贷款资金通过生产经营产生预期收益，以确保农户的还款能力，防控贷款风险。

二是强化贷款对象范围。普惠授信不强调农民的抵押担保能力，但注重农民自身的"人品"。我们强调普惠授信只贷给"好人"，要求贷款人必须符合"两无"（无不良征信记录、无不良嗜好），只有这样才能有效规避"无抵押无担保"形成的"道德风险"。实践中，凡是有不良征信记录的、有违法犯罪记录的、被认定为有"吃喝嫖赌黄、好吃懒做"等不良嗜好的，一概不予普惠授信。

三是引入"熟人管理"模式。普惠授信环节中的第一个流程，就是充分利用"熟人社会"的村情，让村委、协管员对贷款申请人是否符合"两无一有"的条件进行甄别。村委、协管员与贷款申请人就住在同一个村庄，与银行信贷人员相比，他们对贷款人的日常活动、信用状况了如指掌，对贷款人"是不是真正有正当生产项目、是不是诚实守信、有没有不良嗜好"的情况更为清楚，通过他们参与贷款审核、项目走访、还款提醒、不良催收，无疑会有效防止逃废债、赖账现象的发生，会有效避免银行贷款变"呆账"、债主变"苦主"，为普惠授信业务积极性、可持续性提供了"第一道"保障。

四、"信贷前置"敲开"信用之门"

试验区建设前，兰考农村信用体系建设滞后，没有农户信用信息和信用评价机制，加之全县农村人口众多，农户千差万别，绝大多数农民没有与银行建立过信贷联系，农户信用记录空白。银行为了取得贷款对象的信用，需要走村串巷调查情况，挨家逐户收集信息，难度大、成本高、效率低，有的农户也不愿意配合，既不经济也不现实。

针对长期以来农村信用体系建设中普遍存在的上述问题和金融机构由于缺乏农户信息不敢给农户贷款的难题，试验区创新性地将普惠授信与信用体系建设结合起来，创新提出"信贷＋信用"工作思路，打破农村信用体系建设僵局。

具体在农户信用信息采集、更新中，先让农民有授信，在农民启用授信时再收集农户信息，在普惠授信中推动信用体系建设。这样一方面使信息收集工作更有针对性，大大降低了信息收集成本，减少了农户的麻烦；另一方面通过授信把农民与银行联系起来，引导农民积累信用记录、培养信用习惯，根据农民信用积累情况进行信用评级，根据农户信用等级变动情况调整授信额度和用信成本，让农民在利用信贷的实践中体会信用的价值，珍惜信用，从而实现了信用与信贷的相互促进，激发了农民参与信用建设的热情。在信贷信用相长行动助力下，通过组织发动村委、协管员、驻村工作队、金融机构工作人员等 3000 多人，挨家挨户、上门调查，对兰考全县农户的户主、家庭成员、财政开支人员、农户房产、经营实体、创业、土地权属、生产及运输设备、荣誉、和谐社会、上访记录等 12 大类信息进行采集，并通过公安、金融、法院、车管、房管、农机等部门，获取了农户的黄赌毒、借款、对外抵押担保、风控、车辆、诉讼、房产、保险、大型农机具等 9 大类信息。经过细致扎实的工作，试验区仅用两个月的时间即完成了 16.03 万农户的信用信息采集，目前试验区已实现农户信用信息的"全覆盖"，九成以上的农户首次有了自己的电子信用档案，实现了从"无信"到"有信"的转变。

五、引入市场机制破解"风控难题"

商业银行开展信贷业务，往往按照"自主经营、风险自担、自负盈亏"的经营原则。近几年，为了引导信贷资源向"三农"、中小微企业等薄弱环节投放，各地大都采取了设立风险补偿金、担保基金等方式与银行共担风险。但在分担机制设计上，多以固定比例为主，实践中以银行与政府风险补偿金按 1:9 或 2:8 比例分担居多，分担模式僵化，也没有体现出各方权、责、利对等的原则。特别是，大多数县域财政实力弱、资金筹措能力差、风险补偿金规模有限，对信贷风险撬动的能力普遍不高。

在试验区普惠授信业务推广中，如果仅用政府风险补偿金与银行按固定比例共担风险，则难以满足普惠授信业务开展需要。兰考全县共有农户16.8万户，在符合普惠授信贷款条件的农户中，假如有5万户（该比例约占全部农户的30%）申请普惠授信贷款的话，即使按最低额度3万元申请，总贷款额度也高达15亿元。因普惠授信"无抵押无担保"，属于"敞口裸贷"，若按最坏的情况出现，比如不良贷款率达到10%的话，那么会形成1.5亿元风险，无论按传统的1:9或2:8比例计算，则风险补偿金至少要承担1.2亿元以上的风险，按兰考2017年全年一般财政预算内收入为17.5亿元计算，政府要拿出近7%的财政收入用于风险补偿，基本不太现实。另外，银行还要至少承担0.415亿元以上的风险，无疑贷款发放积极性不会太高。

普惠授信"四位一体""分段分担"风险补偿机制就是要引入市场手段解决上述问题：一是通过引入保险、担保与政府风险补偿金共同承担风险。实际操作中，以政府购买服务方式，按照贷款金额1%的比例分别向保险机构、担保机构购买贷款保证保险服务和信贷担保服务，让它们各自承担20%的风险，使得风险更分散，也大大提升了风险补偿金的风险保障能力。

二是坚持市场原则。"分段分担"机制设计前期，我们进行了大量调研发现，即使银行严格筛选客户、严格按照"有抵押有担保"的方式发放农户贷款，农户贷款也会存在1.5%~2.5%的不良贷款率，这部分风险是市场本身的风险、是系统性风险。因此，在分担机制设计中，我们让2%以内风险由银行全部承担，这部分风险本来就是应该由银行自担的风险，同时也能促进银行严格对"两无一有"普惠授信条件进行把关。超过2%以上的部分，在不同的分段区间（2%~5%、5%~10%、10%以上），银行承担风险的比例越来越小，政府风险补偿金承担风险的比例越来越大，压实了地方政府优化金融生态环境的责任；而银行承担的风险越来越小，且存在最高风险敞口（3.1%），解除了银行开展普惠授信业务的后顾之忧，也确保了普惠授信业务的可持续性，促使银行由"不敢贷"到"安心贷"的转变。

三是"风险隔离"机制在防控风险扩散的同时，也相当于为风险补偿金、银行、保险、担保机构设定了承担风险的上限。保险、担保机构收取 1% 的费用，承担 20% 的责任，考虑到风险隔离机制因素，所承担的责任与收取的费用基本持平，能够保本微利、商业可持续，确保了分担模式的可持续，激发了参与风险分担的内生动力。

第四节　兰考模式的理论实践价值

作为全国首个国家级普惠金融改革试验区，从试验实践之初，试验区就牢牢坚持以习近平总书记金融思想为指导，紧密结合《总体方案》各项改革措施，致力于在县域建设兼顾效率和公平的中国特色社会主义现代金融体系。"一平台四体系"模式的形成和落地，既从中国社会主义制度的内生要求出发，也充分结合了当前我国的发展阶段和县情乡情村情的实际特点，也充满着对如何构建中国特色普惠金融理论体系的深思和创新，为当前我国县域普惠金融发展提供了一个可持续、可复制推广的实践验证，具有较强的理论意义和实践价值。

一、丰富发展了中国特色社会主义现代金融体系框架

"一平台四体系"是试验区在探索如何开展金融扶贫、金融如何普惠、金融如何支持落后县域经济发展的"三大问题"中形成和产生的。它针对传统金融过分追求效率、忽视社会公平的弊端，强调要全面建成小康社会，最终实现共同富裕，就必须要构建一个好的金融体系。这个金融体系不是只讲利益，还要多讲公平，必须在适应现代经济社会和谐发展过程中，补上普惠金融这一章，通过普惠金融架起桥梁让好金融好社会相互影响、相互促进，在融合共生中实现公平和效率的平衡，促进发展"服务好社会、促进好发展"的现代好金融，促进发挥中国特色社会主义的制度优势。

"一平台四体系"赋予了现代金融体系包容性特征，让弱势群体也能公平享有现代金融服务的机会与权利。

就单个个体而言，它立足农村地区群众对金融服务和产品的需求不断增加，盼望享受更高品质、更为快捷、更为安全的金融产品和服务，

盼望在生产生活、创业致富等方面得到更多金融支持的"美好心愿"，强调让金融真正回归人民，落实人民群众的基本金融权利，通过普惠授信让农民、贫困人群、小微企业等弱势群体也有机会获得金融的"输血"和"造血"，实现自我发展，追求美好生活。

就金融资源要素再配置的核心功能看，它特别强调实践中在遵循金融业发展规律，坚持商业可持续的前提下，把公平和效率、责任和利益结合好、平衡好，以疏通金融资源流向弱势群体和薄弱环节管道为着眼点，采取了包括发挥数字金融优势、织密服务体系、夯实信用建设、强化风控能力等一系列切实可行的改革措施。

就金融市场运行来看，针对"市场失灵"，它把金融服务体系纳入政府服务体系框架，用完善配套政策、激励引导，发挥政府"无形的手"解决市场低效、不公平问题的作用；针对"市场垄断"，它强调注重发挥金融科技的"包容、开放、创新"优势，高效率、低成本地提供多样化金融服务，明确了发展普惠金融根本出路是数字普惠。

就普惠金融服务内容看，它突破了以往对普惠金融的认识误区，它不仅仅解决"三农"、小微企业的贷款难问题，也不仅仅是局限于解决弱势群体、边远地区的金融服务问题，而是强调要为社会各阶层和群体提供全方位、普及化的基本金融服务，明确应包括普惠账户、普惠支付、普惠信贷、普惠保险、普惠理财、普惠房贷等在内的一揽子金融服务。

就普惠金融落地看，它强调普惠金融不单单是金融机构一家的事，是全社会共同的事业，需动员一切社会力量，各司其职、共同推进。

这些对普惠金融内涵和外延的新认知，添加公平、引入竞争、运用科技，追求经济价值和社会价值相统一的思考和举措，都必将对当前中国特色社会主义金融体系产生积极影响和作用。从"一平台四体系"的实践到对普惠金融新的认识，既是对传统金融精神和发展理念的重新定义，无不在丰富和拓展着中国特色社会主义现代金融体系框架，也都为进一步升华中国特色社会主义现代金融体系建设提供新的理论思索。

二、从八个方面突破了普惠金融落地难题

随着"一平台四体系"普惠金融模式的落地，试验区从八大方面突破

了普惠金融落地难题,为县域普惠金融发展指明了方向和路径。具体包括:

(一)突破了传统金融"成本高、效率低、风控难"等先天不足问题,依托数字技术提高了金融服务的覆盖面和可得性

正如前面调研发现的那样,传统金融依托网点和人力去做普惠金融,遇到的最大问题就是网点服务业务量少、成本高、效率低,风险难控制,商业难持续。"普惠通"APP的上线运行,打通了运营商与金融机构、社会机构的连接,将账户管理、融资、保险、证券、理财、惠农补贴、生活缴费等与老百姓密切相关的业务整合到平台。百姓通过这个平台"一站式"选择机构和服务,这既解决了老百姓的金融服务需求问题,也大大降低了金融机构的金融服务推送成本和效率问题。平台围绕非金融的公共领域进行功能拓展,将人民银行金融知识宣传、金融消费权益保护推送到平台上,为农民提供多层次、多功能服务。随着平台功能的扩展与普及运用,风险的防控也可通过平台积累的大数据得以实现。目前平台以产品全、功能强、体验好、实用好用,聚集了火热人气、赢得了良好口碑,平台关注量、交易量大幅提升。

(二)突破了农村地区线下金融服务不足、基层金融服务能力不强难题,实现了金融服务与便民政务的高效结合

统一规划、统一设计,不另外占用人员和场地,在村级党群服务中心内嵌建设"4+X"功能的村级普惠金融服务站,将普惠授信、信用建设、风险防控、金融消费权益保护和基础性金融服务整合到乡镇公共服务体系,通过服务站,相关金融业务下沉到村,村民到服务站办理业务时,注重线上业务的宣传和使用,普及"普惠通"手机APP等金融业务,老百姓"懂金融、用金融、守信用"的意识提高,增强了自我发展能力。

普惠金融服务站既补齐银行物理网点服务的不足,又与数字金融发展相互促进、相互支撑。它打通了农村金融服务的"最后一公里",解决了农民最盼望的家门口金融服务问题,使群众足不出村就能享受到全方位的金融服务,给村民们带来了实实在在的实惠,被村民亲切地称为家门口的"银行",也成了拉近党群、政群关系的桥梁和法宝。

（三）突破了农村融资难融资贵融资慢难题，以"普惠授信"实现小额信贷的普遍覆盖、"应贷尽贷"

正如前面所述，普惠授信是针对我国大多数农民几千年以来从未与现代银行打过交道的现实，要求金融机构对所有农户，按照"宽授信、严启用、严管理、严惩罚"的原则而设计的一款信贷产品。通过引导银行改变过往"农户登门求银行"为"银行主动下乡找农户"，主动进村上门，对农户无条件、无差别普遍授予"一次授信、三年有效、随借随还、周转使用"的3万~8万元（目前已调整至5万~10万元）授信额度，100%覆盖到所有农户。农民提出启信要求，只要没有污点，符合贷款生产用途，一周内、最快3天即可拿到贷款，基本"零门槛"，这样就解决了过去长期存在的农民求贷无门的难题，实现了金融送贷上门、"应贷尽贷"。普惠授信最高执行6.75%的年利率，比正常农户贷款加权平均利率低3.6个百分点，也解决了农民贷款贵的问题。整个启信流程最快3天内完成，有效解决了融资慢的问题。普惠授信得到群众一致拥护赞扬，每次普惠授信集中发放日，全村村民涌到发放现场，领到普惠授信证的村民都非常高兴，农民高度称赞说普惠授信政策好，称之为继"打土豪、分田地"之后的又一件大好事，使银行成为了农民发展生产的自家银行，以后再也不用为贷款发愁了。

（四）突破了信贷信用"谁先谁后、相互制约、难以突破"的难题，实现信贷信用良性互动

农民与金融机构长期存在"先有信用"还是"先有信贷"的"鸡生蛋、蛋生鸡"的争议。当前，金融资源普遍稀缺，银农关系不对等，银行处于明显优势地位，"先有信用再来贷款"的思维根深蒂固。

试验区跳出传统思维，从金融供给侧做起，让处于优势地位的金融机构先迈腿、亮姿态，进行程序创新，将信贷前置，变"信用＋信贷"为"信贷＋信用"，实施信贷信用相长行动计划，将原来的"先评级、再授信、后用信"变为"先授信、再评级、后用信"，先让农民有授信，再在农民启用授信时收集农户信息，这既解决了前期信息收集难、农民不配合的问题，也使信息收集更具针对性，大大降低了信息收集

成本。

更重要的是，通过授信把农民与银行联系起来之后，农民开始积累自己的信用记录，培养自己的信用习惯，银行再根据农民积累起来的信用记录进行信用评级，根据评级结果，再提升授信额度、调低用信成本，从而实现了信用与信贷的相互促进。

（五）突破了传统信贷风控中的风险分摊难、权责利不对等难题，"多元、分段"分担和信贷"隔离"机制推动普惠金融可持续发展

普惠金融建设中的最大问题是融资问题，融资问题中的最大问题是利率高低、风险分担和商业可持续三者之间的矛盾问题。特别是，普惠授信业务是"无抵押、无担保、零门槛"的"敞口裸贷"，必须有科学的风险分担机制作保障。

为了解决这一问题，试验区开阔思路，运用市场化思维、底线思维，按照"共同参与、权责利对等"的原则，创造性建立了"银政保担共担""分段核算"的新型信贷风险分担机制，既解决了各方风险分担不积极、分担各方权责利不对等、信用贷款"敞口裸贷"的问题，也有效激发了普惠金融业务的投放和可持续发展。

（六）突破了扶贫与普惠的脱节，实现了特惠与普惠有机结合

"一平台四体系"的落地中，注重多层次的金融产品和服务供给，把不同层次的群众按照不同情况进行梳理分类，每类人群都有对应的适合自己的金融产品精准对接支持其发展，达到一定层次后又有新的金融产品和服务承接，环环相扣。统筹推进解决金融支持精准扶贫、农业农村基础设施建设、现代农业、小微企业、农民工市民化等重点领域和薄弱环节，最终通过县域经济的发展解决扶贫、普惠等根本问题。

（七）破解了信贷与产业发展脱节难题，推动信贷与产业互促互长，实现产业资本与金融资本的互利共赢

试验区建设中，特别强调以产业为支撑，特别注重"三结合"（即金融服务与脱贫攻坚相结合、普惠金融与商业金融相结合、金融与产业相结合），实践中高度关注普惠授信贷款的生产经营性用途，不能挪用

消费。强调农民贷款的生产性用途要与政府产业发展规划相一致。

为了使这一要求有效落地，一方面对符合政府发展规划的产业投入进行财政奖补，激发农民投入到创业就业中；另一方面，加强与兰考县政府、政府驻村工作队和村委工作人员配合，做好全县产业规划与金融的对接，帮助农民找项目找技术找产业，引导农民结合政府规划发展生产，做大做强产业。

同时，积极引导金融机构转变观念"向前看"，"变资产抵押依赖"为"更关注产业发展未来"，深入农村、田间地头跑项目、看远景，结合县里产业发展规划，主动跟进贷款支持。农民自我发展、发家致富的内生动力被有效激发。目前兰考鸡鸭牛羊驴养殖、蜜瓜种植蓬勃兴起，村村有产业、乡乡有特色，热火朝天发展生产的局面正在形成，金融与产业形成了良性互动的势头。

（八）突破了各自为政、政策脱节的游击格局，形成共同发力、合作共赢的体制机制

兰考实践和兰考模式的形成中，共同发力、合作共赢的体制机制得以确定，主要体现在：一是通过建设省市县三级工作领导小组，设立专项工作小组，建立主办银行制度，省市县三级联动工作机制持续发力；二是通过财政、产业、资本、保险、监管等政策的联动，产生了巨大的政策集聚效应；三是通过积极运用动产抵押融资等级系统、应收账款融资服务平台，完善县乡村三级农村产权交易平台；四是与国开行等12家省级银行合作，组建市场化运作的融资主体和 PPP 中心，按"接得住、用得好、还得上"原则增强资金对接，平台支撑普惠金融运行的能力和资产与金融的对接能力显著增强。

专栏 4 - 9：找寻破解普惠金融困境的有效途径①
　　——河南兰考县普惠金融"一平台四体系"模式的探索实践

【引言】2017 年 7 月 14 日，习近平总书记在全国金融工作会议上

---

① 见《贯彻落实习近平新时代中国特色社会主义思想在改革发展稳定中攻坚克难案例：经济建设》，中共中央组织部组织编写，2019 年 7 月由党建读物出版社出版。

强调，要建立普惠金融体系，加强对小微企业、"三农"和偏远地区的金融服务，推进金融精准扶贫，鼓励发展绿色金融。

【摘要】 河南兰考县是传统农业县，是我国县域经济典型代表。农民贷款难、信息采集难、风险防控难、金融服务不足、数字金融水平低等问题，是金融服务中反映最强烈、需求最迫切的痛点，也是推动普惠金融服务面临的主要困境。

为找寻破解普惠金融困境的有效途径，兰考县以 2016 年 12 月获批全国唯一的国家级普惠金融改革试验区为契机，紧扣"普惠、扶贫、县域"三大主题，从群众反映最强烈的金融服务痛点、顽疾入手，通过"五个结合"——普惠金融与金融扶贫、产业发展、基层党建、激励政策、信用建设相结合，初步形成了以数字普惠金融综合服务平台为核心，以金融服务体系、普惠授信体系、信用信息体系、风险防控体系为基本内容的"一平台四体系"模式，并在省内 22 个县（市、区）复制推广。"一平台四体系"模式坚持政策引导与市场机制相协调，传统金融与数字金融共同发力，较好地解决了农民贷款难、信息采集难、风险防控难等问题，切实改善了兰考金融服务的覆盖面、可得性和满意度，为稳定脱贫奔小康和乡村振兴战略实施提供了有力支撑。兰考的做法为发展县域普惠金融提供了借鉴参考。

【关键词】 普惠金融　"一平台四体系"模式　基层金融服务

一、背景情况

发展普惠金融是一个世界性难题，主要困境在于难以突破县域农村"最后一公里"而触达小微企业、农民等弱势群体。破解普惠金融发展中的难题和体制机制障碍，最根本的是要牢固树立和贯彻落实创新发展理念，充分发挥市场在金融资源配置中的决定性作用，强化政府引导，加快建立健全普惠金融服务和保障体系，让金融改革发展的成果惠及更多人民群众。其中，开展普惠金融改革区域试点，积极探索，总结可复制、可推广经验，是其中重要的一环。

河南省兰考县作为传统农业县，是我国县域经济典型代表。同时，兰考也是焦裕禄精神发源地，是习近平总书记第二批党的群众路线教育实践活动联系点。习近平总书记 2014 年两次到兰考调研，要求兰考准确把握县域治理特点和规律，在县域改革中走出一条好路子。为有效破解传统金融服务不足、服务效率低、融资难、信用缺失等突出问题，2016 年 12 月，经国务院同意，人民银行、原银监会等部门联合河南省人民政府印发《河南省兰考县普惠金融改革试验区总体方案》，兰考成为全国首个国家级普惠金融改革试验区。兰考县有针对性地破解普惠金融所面临的困境，通过运用金融力量助推脱贫攻坚、乡村振兴和县域发展，探索可持续、可复制推广的普惠金融发展之路，既是兰考经济社会发展的需要，也可为其他地区提供有价值的经验借鉴。

二、主要做法

兰考试验区建设围绕"普惠、扶贫、县域"三大主题，线上线下双轮驱动，做到"五个结合"——普惠金融与金融扶贫、产业发展、基层党建、激励政策、信用建设相结合，初步探索形成了以数字普惠金融综合服务平台为核心，金融服务体系、普惠授信体系、信用建设体系、风险防控体系为主要内容的"一平台四体系"兰考模式，找到了一条破解农村基本金融服务缺失、农民贷款难贵慢、农村金融消费者权益无法得到有效保障的路径。兰考县金融服务覆盖面、可得性、满意度持续改善，群众对普惠金融的获得感明显增强。

（一）抓好组织建设，为普惠金融推进提供坚强保障

1. 加强组织领导。落实工作主体责任，抽调专人组成试验区管委会，并将派驻 450 个行政村的 1039 名小康工作队作为普惠金融的先锋队、宣传队和推动者，宣传普惠金融政策，协助银行开展普惠金融业务。省政府专门成立试验区领导小组，定期召开会议，研究谋划重点事项，协调解决难点问题。

2. 加强政策配套。制订试验区建设和推动数字普惠金融发展的具体实施方案，明确重点工作的时间表、路线图和责任分工。先后出台普惠授信管理、信用体系建设、金融机构对接"普惠通"APP 等 21 个专项方案和管理办法，"统一化、标准化、制度化、规范化"推动工作，确保政策落细落实。

3. 加强协调联动。出台《普惠金融促进管理办法》，建立健全风险防控和财政奖补体系；出台金融业发展奖补政策，设立 7575 万元信贷风险补偿基金、2400 万元还贷周转金，鼓励引导普惠金融业务开展。人民银行郑州中心支行发挥领导小组办公室职责，通过货币政策工具加

强引导。财税、银保监、证监、发改、农业、扶贫等部门给予财政奖补、税费减免、差异化监管、项目优先安排等倾斜支持。金融机构积极创新金融产品、优化金融服务。

4. 加强跟踪督导。将普惠金融工作纳入对各乡镇、各金融机构的年度目标考核，建立工作台账，明确时间节点和目标任务，由县委县政府督查局跟踪督导，定期通报进展情况。

5. 加强能力建设。开展普惠金融知识宣传周、金融知识进乡镇、进校园、走进农民工系列活动，举办兰考普惠金融农民讲习堂，组织"试验区推进活动周"、数字普惠金融论坛、中国普惠金融理论创新座谈会等。截至 2018 年年底，共建设 3 个金融知识教育基地，在 5 所中小学开设普惠金融课堂。通过加强能力建设，兰考党政领导干部和群众"懂金融""用金融"的意识和能力大幅提升。

（二）聚焦普惠金融，持续深化推进"一平台四体系"建设

1. 着力构建数字普惠金融综合服务平台，实现金融服务"触手可及"。长期以来，以物理网点、人工服务为主的传统金融开展普惠金融存在成本高、效率低、风控难问题。银行完成一笔农户小额贷款，从贷款申请和审批放款，按规定需要两名信贷员至少两次入户调查，与农户夫妻双方面谈面签，效率低、成本高，降低了业务的商业可持续性。针对上述问题，兰考试验区运用数字普惠金融技术，建设了市场化运营的数字普惠金融综合服务平台——"普惠通"APP，并制订了加快推进兰考县数字普惠金融发展专项行动方案。平台以普惠、便民、利民为导向，定位于公共金融服务，致力于对接各类金融服务资源，提供信贷、保险、理财、支付缴费、金融消费者权益保护等功能，打造线上金融超市，打通普惠金融在县域农村的"最后一公里"，实现金融服务的"触手可及""人人均享"。

平台向全部金融机构开放，促进了农村普惠金融服务由"单一"向"多元"、由"封闭"向"开放"、由"垄断"向"竞争"转变，使农民获得金融产品和服务更丰富、效率更高、成本更低，也一定程度上解决了传统金融从事普惠金融面临的成本高、效率低、风控难问题。截至2019 年 4 月末，"普惠通"APP 下载量达 210 万人次，已上线 60 余家银行（含地方法人机构）的金融产品 600 余款，范围涵盖贷款、保险、理

财、支付缴费、金融消费者权益保护等领域。

2. 建设"4＋X"功能的普惠金融服务站，延伸金融服务半径，提升农村地区基础金融服务。当前，农村基础金融服务存在一定缺失，很多偏远地区和留守农村的多是中老年人，存在一定"数字鸿沟"，日常生产生活仍依赖包括现金存取、柜台缴费等有形金融服务，传统基础金融服务市场需求仍很大。而农村的金融服务主要由惠农支付点和银行网点提供。银行网点建设成本高、覆盖率低，只有县、乡两级才有农信社（农商行）、邮储银行或农业银行的网点，无法满足大部分农村群众的金融需求，村级的惠农支付点多建在超市或便利店，局限于开展支付业务，功能较为单一。正规金融服务的缺失，金融知识普及了解程度不高，也使得农村地区群众更易受到非法集资等非法金融活动的侵害。

针对上述问题，兰考试验区探索将普惠金融内嵌于县、乡、村三级便民服务体系，将村服务站建在党群服务中心便民服务厅，与农村基层党建相结合，打造"基层党建＋就业扶贫＋普惠金融"三位一体服务平台，明确主办银行（农业银行、中原银行、农商行），提供"4＋X"服务：基础金融服务，包括小额现金存取、支付缴费、惠农补贴查询、社保费缴纳等；信用信息采集更新，协助开展农户社会信用信息采集、核实、更新等工作；贷款推荐和贷后协助管理，发挥驻村工作队（原扶贫工作队，现小康工作队）、村"两委"干部对本村村民情况熟悉了解的优势，协助银行筛选客户、提交贷款申请、催收贷款等，将银行贷款风险控制关口前移到村里；金融消费权益保护，开展金融政策、业务、知识宣传教育，推广应用数字金融，接受金融消费投诉；"X"是各主办银行提供的特色金融服务。截至2019年4月底，兰考县已建成服务站440个，其中2个数字化服务站、16个重点站。

3. 创新"普惠授信"小额信贷产品，破解农村地区贷款难、贷款贵问题。农村地区贷款难、贷款贵，表面上是缺钱，实质上是缺信息、缺信用、缺抵押。很多农户除储蓄业务外，从未与银行打过交道，信用记录空白，部分农户信用意识淡薄。同时，长期以来，农村信用体系建设中，普遍存在农民信息收集难、成本高和金融机构由于缺乏农户信息不敢给农民贷款的难题。

针对上述问题，兰考试验区改变思路，从打破银农关系僵化、培育农民信用记录、破解农民抵押担保难等问题入手，采用逆向思维，将信贷前置，变"信用＋信贷"为"信贷＋信用"，创新推出普惠授信小额信贷产品，按照"宽授信、严启用、严用途、激励守信、严惩失信"原则，无条件、无差别地给予每户3万元的基础授信，农民拿到"普惠金融授信证"，就像拿到了一张"信用卡"，只要满足"两无一有"（无不良信用记录、无不良嗜好、有产业发展资金需求），即可启用信用。普惠贷款一次授信、三年有效、随借随还、周转使用，年利率不超过6.75%，比正常农户贷款加权平均利率低3.6个百分点，实现了既"普"又"惠"。农户获得贷款支持后与银行建立信用关系，再实现信贷信用互促相长。截至2019年4月底，兰考试验区已完成10万余户的基础授信，银行与1.13万名农户签订普惠金融贷款合同、金额达4.81亿元。通过创新普惠授信，推广"信贷＋信用"，解决了很多农户以前与银行未建立联系，信用空白或信用不全、无法获得信用贷款问题。

4. 实施信贷信用相长行动，优化农村信用环境。兰考试验区注重信贷信用互促相长，实施守信激励和失信联合惩戒，让农民意识到"守信财源滚滚，失信寸步难行"。通过创新普惠授信，在农户"用信"过程中，完成农户信用信息的采集和更新，引导农户积累良好的信用记录，实现信贷与信用互促相长的良性循环，进而优化农村信用环境。截至2019年4月底，兰考已通过农村和中小企业信用信息系统录入16.03万农户信息、5708户中小企业信息，92.3%的农户有了电子信用档案。

5. 建立"四位一体"分段风险防控体系，调动各方参与积极性。传统信贷业务风险由银行自担，为鼓励银行支持弱势群体、弱势行业发展，政府以风险补偿金、担保基金等方式与银行共担风险，但制度设计上多以固定比例为主，模式僵化，没有体现各方权责利对等精神，尤其是在县级财政实力弱、资金筹措能力差、风险补偿有限的情况下，银行顾虑大，积极性不高。

针对上述问题，兰考试验区探索"银行、政府风险补偿基金、保险公司、担保公司"四方分担机制，将贷款不良率划分为4段（2%以下、2%~5%、5%~10%、10%以上），2%以下的不良损失由银行全部承担，政府风险补偿基金随着不良率上升而递增，银行分担比例随不良率上升而递减，由此压实了地方政府优化信用环境责任，解除了银行后顾之忧。同时，一方面，兰考县财政设立 7575 万元贷款风险补偿基金、2400 万元还贷周转金，并采取信贷员包村、乡镇两委协助贷款推荐、村普惠金融服务站协管员定期走访，以及对恶意违约和逃废债进行联合惩戒等方式；另一方面，创新建立信贷"隔离"机制，由兰考县政府根据自身风险承担能力，设定普惠授信不良贷款"隔离"的容忍点，实行对普惠授信不良率超过（含）5% 的行政村及超过（含）4% 的乡镇暂停新增授信，以约束农户、劝勉乡镇讲信用，有效防控普惠授信中不良资产的潜在风险。截至 2019 年 3 月底，兰考县金融机构不良贷款率为 2.27%，低于全省平均水平 1.02 个百分点。可以看出，在健全风险防控体系后，兰考县金融机构在大力开展业务的同时，防控金融风险取得积极效果。

（三）实现"五个结合"，持续提升工作质效

1. 普惠金融与金融扶贫有机结合，助力农民脱贫致富。对不同层次的群众进行梳理分类，精准对接适合的产品和服务，达成一定层次后有新的金融产品和服务承接，环环相扣。重点瞄准贫困户、收入水平略高于贫困户的一般农户、信用记录"空白户"，突出"普"和"惠"，推出普惠授信和扶贫小额信贷，让贫困户和非贫困户均享小额信贷服务，激发内生动力，共同发展产业，稳定脱贫奔小康。如小宋乡东邵一村利用普惠授信和扶贫小额信贷，建设日光温室大棚 318 座，年产豆角、蜜瓜 1500 万斤，带动了本村 200 多人就业，人均增收 2500 元，被县里评为脱贫攻坚红旗村和基层党建红旗村。该村贫困户任某以前仅有政府扶持的 1 座大棚，后经乡镇政府推荐申请，获得兰考农商行 5 万元普惠金融贷款，发展 4 座大棚，年收入达到 32 万元。

2. 普惠金融与产业发展有机结合，助力乡村产业兴旺。积极规划"2＋1"主导产业（家居制造及木业加工、食品及农副产品深加工、战略性新兴产业），并制定乡村振兴规划，对现代农业、食草性畜牧业等实施产业发展奖补。普惠金融贷款及时跟进，并明确要求资金只能用于生产性用途，促进了金融资源的普惠配置和乡村资源再配置，助推农业农村发展动能转换，助力乡村"产业兴旺"。以普惠金融试点村堌阳镇范场村为例，很多家庭民族乐器作坊利用普惠金融贷款迅速成长，形成

了泡桐音板与民族乐器专业村。2018年，该村共有大小乐器企业80家，年产各类民族乐器10万多台（把），生产乐器音板及乐器配件10万多套，年产值1.2亿元，安排从业人员1200多人，其中吸纳周边劳动力400余人，让老百姓通过就近创业就业"守住家、看住娃、守着家门挣钱花"。

3. 普惠金融与基层党建有机结合，助力乡村"治理有效"。通过将普惠金融服务站建设与党群服务中心便民服务厅相结合，避免了重复建设的资源浪费；通过明确主办银行和规章制度并在服务站内公示，由村"两委"、驻村工作队和社保协管员具体运营，实现了规范化管理。将普惠金融服务站建在党群服务中心便民服务厅，作为一项公共服务，既解决了传统惠农支付点偏重商业化、功能单一问题，又丰富了农村党群服务中心的服务内容，给农民带来了真正实惠，增强了党群服务中心对群众的凝聚力，拉近了党群、政群关系，让普惠金融"驻"到了百姓心里，"联"住了党群血脉，助力了乡村"治理有效"。

4. 普惠金融与激励政策有机结合，助力资源普惠配置。兰考县设立金融业创新发展奖补资金、风险补偿基金和还贷周转金，人民银行下沉再贷款再贴现窗口，建设公共金融服务大厅；财税部门实施涉农贷款增量奖励、特色农业保险保费补贴、增值税印花税减免等激励政策；银保监、证监部门实施差异化金融监管、引导推出尽职免责措施；发改农业扶贫部门优先安排农业项目等，兰考县通过发挥"几家抬"合力，共同引导金融资源投向农村。

5. 普惠金融与信用建设有机结合，助力形成文明风气。兰考试验区通过开展信贷信用相长行动，制定守信激励措施，对守信农户提升授信额度、给予利率优惠；出台失信惩戒"铁五条"，对失信者全部列入法院黑名单，列为"老赖户"，张榜公布，在电视台和网站"曝光"，限制其高消费，停止县级优惠措施，着力营造良好的金融生态环境，推动形成人人讲信用的良好社会风气，促进了乡村践诺言、守诚信风尚的形成，提升了乡村文明水平，助力了好家风、好村风、好民风的形成。

兰考县建立"一平台四体系"以来，形成了"政府引导、市场主导、广泛参与、合作共赢"的普惠金融推进机制，农民贷款难、信息采集难、风险防控难等问题得到较好的解决，农村基层金融服务持续增强。2015 年以来，兰考县主要金融指标增速明显优于全省平均水平，普惠金融指数在全省县（市）的排名，由 2015 年的第 22 位跃升至 2017 年底的第 1 位并保持至今，群众满意度、获得感显著提升。在普惠金融助力下，兰考县于 2017 年 2 月实现脱贫摘帽，主要经济指标增速持续位居全省前列，实现产业发展带动创业就业农民工 2.6 万余人，创办实体企业近 1.9 万个，带动 6.5 万人实现就近就地转移就业。2018 年上半年开始，"一平台四体系"兰考模式在省内开封市及 22 个试点县（市、区）复制推广，展现出蓬勃的生机和活力，一步步丰富了普惠金融的实践。

三、经验启示

1. 推进普惠金融必须坚持以人民为中心。普惠金融是新时代"人民金融"的核心，"普及金融、惠及人人"与坚持"以人民为中心"的发展理念高度一致。通过普惠金融服务站建设、普惠授信等措施，让金融成为密切党群干群关系的纽带。通过信贷信用相长行动，营造了"守信财源滚滚、失信寸步难行"的社会氛围，诚实守信成为了新的社会风尚，金融成为了乡村治理的一个抓手。通过普惠金融能力建设和普惠金融知识普及，越来越多的农民学会了运用金融创业致富，人民群众的金融观念和金融素养明显提升。

2. 推进普惠金融必须坚持改革创新。普惠金融重点服务的都是当前金融领域的薄弱环节、弱势产业、难点痛点，是一项全新事业、世界性难题，时常面临政策"棚架""中梗阻"。发展普惠金融，不能拘泥于传统、拘泥于条条框框，必须解放思想，创新方式方法，从顶层设计、改革措施、市场培育、能力建设、全员参与等方面统筹考虑，用新机制、新路径、新模式打破掣肘，用"绣花针"的功夫"抽丝剥茧"，才能真正解决困境，打通普惠金融的"最后一公里"。兰考试验区"普惠授信"的提出，是一次思维方式的转变，是对现有金融运行规则机制的创新，打破了"信用＋信贷"的传统认识，变"信用＋信贷"为"信贷＋信用"，并强化守信激励和失信惩戒，让农民能够均享小额信贷，解决农民贷款难贷款贵问题。

3. 推进普惠金融必须坚持数字化发展方向。普惠金融服务的对象大都是中小微弱，单个客户服务成本高，单笔服务金额小，既缺信用、缺信息、也缺乏有效抵押担保物，服务成本高、效率低、风控难。而随着互联网、大数据、云计算、人工智能等数字化技术的发展和应用，普惠金融的"草根效应"和"长尾效应"能得到充分发挥，提供个性化金融服务和业务的可持续发展成为了可能。同时，通过建立大数据信用信息体系和农户电子信用档案，运用数字技术对客户精准画像，可以从根本上改变了传统风控模式，使金融服务的边界更宽、效率更高、对象更精准。

4. 推进普惠金融必须坚持多方合力。推进普惠金融的发展是一项复杂的系统工程，需要从机制、产品、服务、激励约束等多个方面入手，发挥产业、财税、金融、监管政策合力，注重做到普惠金融与金融扶贫、普惠金融与产业发展和乡村振兴、普惠金融与政务改革、普惠金融与信用体系建设、普惠金融与激励引导政策相结合。需要通过规章制度明确各参与方的权利和责任，制定产业发展和乡村振兴规划引导资金投向，并通过差异化金融监管、税费减免、财政奖补、财政性融资担保、贷款贴息、农业保险等激励引导措施，鼓励更多市场主体参与推进普惠金融发展，才能取得实效。

第五章　数字普惠金融综合服务平台

第一节　建设初衷与平台特点

一、平台建设初衷

农村金融服务特别是贫困偏远地区金融服务的"最后一百米"落地难题由来已久，无论是传统金融机构网点下沉到乡村，还是金融服务延伸覆盖偏远地区的弱势和困难人群，一直以来都面临成本高、效率低和风控难"三大痛点"。据有关国际机构统计，目前全球仍有20亿人没有获得通过金融服务改善生活的机会。[①] 作为贫困县域和农业大县，兰考县下辖454个行政村，农业人口占比74.4%、数量达63万人，[②] 同样面临以物理网点、人工服务为主要内容的传统普惠金融的高成本、低效率、风控难问题。

在金融科技发展已成为全球共识、智慧金融时代已经来临的当下，金融交易方式和交易模式在不断演进，数字化、移动化与智能化的普惠金融成为大趋势，物联网、移动互联、大数据、云计算、区块链、人工智能等金融科技为解决传统普惠金融成本高、效率低、风控难等问题提供了可行路径。物联、移动互联改变金融服务的触达方式，使金融服务"触手可及"；大数据使"一切数据皆信用"，拓宽金融服务"受众面"，

---

① 黄震. 金融科技助力实现普惠金融"最后一公里"［EB/OL］. 人民网，2019 - 01 - 10.

② 这里为兰考县2016年末的数据。

降低服务门槛；人工智能利用机器学习技术、挖掘数据背后的价值和规律，精准定价和风控，风险防控也由"财富信用"（银行流水、抵押担保等）转为"行为信用"，使风控更加容易、用户体验变好、服务的边际成本大大降低；区块链技术用分布式账户技术和加密技术，对数据更有效、安全地进行存储、传输和处置；云计算提高大数据、人工智能的效率。

在此背景下，早在 2015 年国务院出台的"互联网＋"行动指导意见中就已明确提出"互联网＋普惠金融"。习近平总书记也多次强调指出："要坚持以人民为中心的发展思想，推进'互联网＋教育''互联网＋医疗''互联网＋文化'等，让百姓少跑腿，数据多跑路，不断提升公共服务均等化、普惠化、便捷化水平"。如何顺应金融科技发展，向长期以来金融服务难以触达的农村地区和弱势群体更加高效、更加优质、低成本地推送金融服务，如何通过数字金融服务促进普惠金融行动，是试验区建设十分注重的一个问题，也是必须突破的一个问题。

鉴于传统金融存在渠道有限、创新乏力、可持续性差等问题，试验区《总体方案》也十分注重运用"互联网＋"思维，特别强调把握科技与金融联姻发展的机遇窗口，注重在县域特别是农村地区发挥数字金融的高延展性、长尾效应和草根效应，明确提出了"探索开发建设普惠金融移动金融服务平台，汇集转账、缴费充值、线上付款等基础支付服务，并逐步加载货币信贷、货币发行、征信管理、国库、金融消费权益保护等业务，实现惠农服务一网通，并普及金融知识，开展金融业务风险提示等服务"的改革措施。

结合《总体方案》要求，经大量调研论证和多部门座谈，河南省结合试验区建设及农村金融服务实际，出台了"兰考县数字普惠金融发展专项行动方案",[①] 并创新性建设了数字普惠金融综合服务平台。

建设数字普惠金融综合服务平台的初衷，就是向科技要公平要效率，借力金融科技，集合人民银行、商业银行、非银行支付机构、清算机构等金融资源，以支付结算等基础性金融服务为依托，利用金融科技等数字信息手段集成各金融机构的普惠金融产品，搭建一个高效、便

---

① 即豫普金发〔2018〕3 号）。

捷、产品丰富、消费者自由选择的公共金融服务平台。通过该平台，向基层群众无死角、一站式、高效率、集成推送所有金融机构的所有合法金融产品和服务，让基层群众通过手机就能享受到"一站式"金融服务，服务内容包括"普惠账户、普惠授信、普惠理财、普惠保险、普惠证券、缴费支付、惠农补贴、金融消费权益保护"等，使得金融服务"触手可及"，与普惠金融服务站相互补充，推动实现试验区提出的"金融服务人人全覆盖"改革目标。

随着平台的实践深入，结合对普惠金融的思考，河南省稳妥拓展在线业务，扩充普惠功能，使"数字普惠金融综合服务平台"日趋成长为更好支撑普惠金融业务开展的基础平台。一方面，我们建设"指尖上的金融"，让平台成为线上"金融超市"，让群众便捷获得"一站式"线上综合金融服务，通过多样化、精准化的金融服务供给打破农村金融市场长期以来的"封闭、垄断、单一"的状况，通过引入竞争、多层次多样性供给，推动解决基层群众金融服务单一、金融服务覆盖面窄以及金融服务推送成本高、触达效率低等诸多难题；另一方面，拓展平台应用场景，构建金融新生态，实现普惠金融与农村产业发展的深度融合，在平台上探索加载农业科技推广、农资采购、农产品销售、农业产业链融资等惠农金融服务，实现产融相互支撑、良性发展。同时，随着平台应用的普及，信贷风险防控也可通过平台积累的"海量"数据实现，农村信用信息大数据体系建设也能获得平台支撑。

平台建设经历了"普惠金融一网通"微信公众号、"普惠通"手机APP两个阶段。随着平台功能的完善、广泛应用和影响力不断扩大，"一平台"逐步与"四体系"（即金融服务体系、普惠授信体系、信用信息体系、风险防控体系）相互支撑、相互作用，成为了"一平台四体系"普惠金融兰考模式的核心，为"四体系"有效运转提供了强力支撑。平台深度参与、有力推动了兰考县普惠金融改革试验区建设，发展成为了试验区建设的数字品牌和展示河南金融服务形象的名片，得到了社会各界的好评。

二、平台特点

平台立足"数字""普惠""综合服务"三大关键点，在其运行中，有自身独特的特点：

一是"智慧化"特点，通过广泛整合多方金融资源，依托数字信息技术的低成本、高效率、高数据价值优势，力争实现金融服务"一网通达，触手可及"，以此"普及金融、惠及人人"；

二是"普惠化"特点，平台深化拓展延伸普惠覆盖面，立足县域以下社会大众，定位于公共金融服务，以"惠民、利民"为出发点和落脚点，围绕惠农支付、小额信贷、理财、小微商户服务等商业金融参与意愿不强的公共领域进行了功能拓展，延伸了金融服务触角，以政策补位和导向与商业金融形成互补，弥补传统金融服务在覆盖率、满足度、可得性方面的不足，进一步提升金融的普惠度，改善了金融服务水平；

三是"中介性"特点，平台通过嫁接集成正规金融机构合法合规的普惠金融产品和服务，满足县域尤其是边远农村地区老百姓多样化的金融服务需求，平台定位于连接用户和金融机构，是中介性的桥梁与通道；

四是"公益性"特点，平台对接人民银行、商业银行、非银行支付机构、清算机构、相关政府部门等多方资源，向大众提供"一站式"网上金融服务。平台提供的各类金融服务以公益性和政策性为主，涵盖了新农合、城乡居保查询缴费、涉农补贴查询、惠农服务网点查询、金融政策宣传、金融知识教育和金融消费权益保护等内容，基本实现"零收费"。平台用户不仅可以足不出户办理各类业务，还可通过平台了解金融政策和金融知识，提升防范非法集资、电信诈骗等金融风险的能力，增强金融消费维权意识；

五是"安全性"特点，平台只是利用金融科技手段拉近了百姓与正规金融之间的距离，平台为各个金融机构集中加载、展示各自的普惠产品和服务提供统一运营环境，用户通过该平台办理业务，可以避免伪网站等安全伤害。同时监管机构时刻监管指导市场化运营方及与平台进行系统对接的各个金融机构，针对潜在的业务风险、信息安全风险、技术风险等，在操作层面夯实基础，细化流程，力争将风险降至最低水平。而平台自身不触及任何资金、不吸收公众存款、不发放贷款、不留存用户信息，所有业务通道功能全部基于银联通道，有效确保了用户资金的安全性，为实现普及正规金融、驱离非法金融、保护公众利益、惠及广

大民生的政策目的提供了有力支撑;

六是"市场化运营"特点,为推动平台健康可持续发展,最大限度地满足社会公众差异化需求,在前期充分的市场考察和调研论证的基础上,有几家条件相对成熟的企业共同出资,注册为"合资公司",委托其开展平台运营和后期市场拓展工作。

专栏 5 -1: 兰考县数字普惠金融发展专项行动方案[①]

为加快推进兰考县普惠金融改革试验区建设,充分利用数字技术,拓展金融服务覆盖面,降低金融服务成本,提高金融服务效率,结合《河南省兰考县普惠金融改革试验区总体方案》(以下简称《总体方案》)要求,制定本专项方案。

一、指导思想、主要目标和基本原则

以习近平新时代中国特色社会主义思想为指导,坚持创新、协调、绿色、开放、共享五大发展理念,根据《总体方案》要求和 G20 数字普惠金融高级原则指引,利用数字技术优化普惠金融实现路径,破解传统普惠金融面临的成本高、效率低、风控难问题,探索一条风险可控、商业可持续、可复制推广的县域数字普惠金融发展路径。

按照政府引导、市场主导的原则,鼓励金融机构利用数字技术提高服务效率、降低服务门槛,实现商业可持续发展。

按照问题导向、精准发力的原则,聚焦多样化普惠金融需求,运用大数据、云计算等数字技术,精准施策,降低服务成本,提高普惠金融的可得性、服务效率和满意度。

按照防控风险、稳妥推进的原则,平衡好创新与发展的关系,完善数字普惠金融风控体系,坚决打击披着数字普惠金融外衣的非法金融活动。

二、打造数字普惠金融综合性服务平台

(一)探索完善平台运行机制。"普惠通"是在人民银行郑州中心支行指导下,由政府参股和市场化、专业化经营,向各个数字普惠金融参与者开放的试验性金融基础设施。至 2019 年末,应建成以数字普惠

[①] 引自《加快推进河南省兰考县数字普惠金融发展专项行动方案》(豫普金发〔2018〕3 号)。

金融综合服务平台（以下简称"普惠通"）为核心，实现信贷、保险、理财、支付、缴费等金融服务"一网接入"的综合性公共服务平台，并提供金融消费权益保护、数字金融风险防控、金融教育、金融监管的基础支撑。2018 年底前制定平台运营制度，涵盖数字汇集、信息安全、信息共享、隐私保护、公司治理和外部监管等内容。出台兰考县普惠金融数字信息安全保护制度，明确信用信息采集、更新、查询、纠错、安全管理工作及数据标准、信息标准、流程标准。

（二）加强数据共享。构建兰考县信用信息基础数据库，整合河南省农村与中小企业信用信息系统、兰考县政务服务、区块链数据中心等现有数据体系。引导金融机构向数据库共享信息、合规使用信息。2019年 6 月底前，实现"普惠通"与河南省社会信用体系、农村与中小企业信用信息系统的评分结果、政务系统兰考数据和兰考县信用信息基础数据库的互联互通，逐步采集省农业数据分中心相关数据。2018 年底前，普惠通运营方要向金融机构、监管机构与金融消费者全面开放提供标准化接口和相应服务。探索推动应收账款融资服务平台与"普惠通"对接，鼓励供应链核心企业加入 APP，为小微企业开展应收账款融资服务。建立上市（挂牌）后备企业资源库、直接融资后备企业资源库，通过"普惠通"公布企业资源库，鼓励意愿较强的企业通过"普惠通"申请纳入企业资源库。

三、提升数字普惠产品和服务能力

（三）加快完善平台功能。2019 年底前，普惠通运营方要逐步在"普惠通"增加农资购销、农业产业链、农业技术推广等生产场景，涵盖贷款、理财、支付、信用卡申办、生活缴费、便民服务等多种功能。各银行业金融机构和保险公司要加快与"普惠通"的对接，现有的线上产品尽快加载到 APP，2018 年底实现 70 项普惠金融产品和服务加载完成。做好线上产品信息披露工作，提供产品简介、目标群体及相关优势，便于农户、小微企业比较、筛选和使用。要优化技术方案，加快工作进度。2018 年底前实现兰考县的普惠授信在"普惠通"中的全流程在线服务。

（四）创新数字普惠金融产品和服务。各银行业金融机构要加强储蓄、存款、养老金、理财金融类产品的线上创新，培育居民储蓄存款习惯，引导小微企业合理规划现金流。2018年底前，河南省农村信用联合社、中原银行、郑州银行等地方法人金融机构要制定数字普惠金融业务发展规划。各保险公司要制定设施农业、农田水利保险和重要农产品目标价格保险、产量保险、指数保险等产品及"保险＋期货""订单农业＋保险＋期货（期权）"线上化计划。金融科技企业要积极推广"兰考数字农贷""微粒贷""微业贷"等线上信贷产品，力争2018年底前业务量实现突破。

（五）提升普惠金融数字化服务能力。结合河南省正在推进的"互联网＋政务""一网、一门、一次"改革，加快建设村级数字普惠金融服务站。以服务站为载体，宣传普及"普惠通"应用和手机银行、网上银行等金融服务，引导社会公众使用现代支付工具。提高服务站转账、汇款、生活缴费等惠农支付的效率和质量。各证券公司积极探索通过"普惠通"对拟上市、挂牌、发债企业的培育和指导。各保险公司要探索利用"普惠通"提供的农户、小微企业信用信息指标，提升尽职调查、后续管理等环节的工作质量和效率。

（六）强化信用信息数据应用。积极推进中（小）微企业、农户信用评价及"信用户、信用村、信用乡镇"创建，评定结果及时在"普惠通"上展示，为金融机构发现客户、创新产品、动态管理信用风险、地方政府相关部门制定政策提供信息参考。2018年底前，完成对重点行政村（20个以上）信用户和中小企业（100家以上）评定工作。构建守信联合激励失信联合惩戒机制，2018年底前，细化并落实激励措施。

四、持续加强风险防控机制建设

（七）加强普惠金融风险监测。加强对试验区数字普惠金融的风险监测，督促各类金融机构完善内部风控机制和应急管理机制，加强对创新性产品与服务的风险排查、压力测试与风险评估。定期组织风险排查、压力测试和应急演练，密切关注数字普惠金融发展过程中的群体性事件等风险，健全舆情风险处置办法，提高应急处置能力，及早识别、预警、处置行业共性问题和风险。普惠通运营方要引入大数据风控技术，防止连续申贷、多头借贷导致过度授信等风险。建立预警机制，出现异常情况及时向金融监管部门报告。

（八）提高信息安全保护能力。普惠通运营方要建立数字普惠金融安全保护机制，纳入兰考县普惠金融数字信息安全保护制度。各金融机构和普惠通运营方加大网络安全人才培养，加强关键信息基础设施保护。金融监管部门要加强监督指导，提升金融机构风险防控能力。

（九）加强普惠金融教育和金融消费权益保护。充分借助"普惠通"、手机银行、政务系统、各金融机构微信公众号等各类线上应用平台开展金融知识、证券、保险、数字金融等普惠金融知识宣传、普及。2018年底前建立网络端与手机端的投诉受理处理和纠纷解决流程，实现线上、线下协调的多渠道权益保护方式。优化"普惠通"功能，开设专门板块，承接金融教育和消费权益保护宣传普及活动。

五、完善配套基础设施和机制建设

（十）持续推进农村移动支付环境建设。持续推进惠农支付点的升级改造、对商户移动支付受理终端进行功能改造，全面提升智能支付终端设备和移动支付在农村地区的普及程度。大力推进移动支付便民示范工程，在城乡公交、农村合作医疗、农贸市场、农村超市、农资供销等领域拓展移动支付业务。引导银行业金融机构和非银行支付机构面向农村地区提供移动闪付、二维码支付等服务。

（十一）加强通信基础设施建设。兰考县政府要制定网络通信基础设施建设总体规划，增加全县移动网络覆盖深度，将通信基站建设和光纤网络入户纳入城乡建设规划，快速推动基站选址和线路铺设。2018年底实现200个行政村WiFi信号覆盖，2019年底实现全县450个行政村WiFi信号全覆盖，实现50M及以上宽带用户渗透率达50%以上、4G信号全覆盖。

六、加强政策支持和监督问责

（十二）加大对数字普惠金融领域的支持力度。积极运用再贷款、再贴现等货币政策工具，大力支持金融机构向重点小微企业投放贷款和办理贴现。对金融机构实施差异化监管，引导金融机构优先满足单户授信500万元以下（含）小微企业信贷需求。并在风险可控的前提下发展数字普惠金融业务。制定落实财政奖补政策，加大对落户数字普惠金融小镇金融机构奖励，加强对数字普惠金融领域的资金扶持落实好农业保险保费补贴政策，实现补贴方式的线上化。

（十三）建立数字普惠金融评价和问责机制。制定数字普惠金融年度主客观指标结合的评价体系，邀请第三方定期开展半年和全年评估并及时通报。提请省委将兰考县普惠金融工作纳入 2019 年重点工作督查清单。

（十四）组建专家咨询委员会和研究院。聘请数字普惠金融领域、国内智库、金融机构和 IT 专家组成专家咨询委员会，推动在河南大学设立河南省数字普惠金融研究院。鼓励驻豫金融机构向总行（总部）申请，在兰考试验区设立普惠金融产品实验室，推出创新型数字普惠金融产品。加大对数字普惠金融政策、业务、知识的宣传力度，营造推动金融改革的良好氛围。

第二节　平台深化与发展

试验区建设中，随着数字普惠金融综合应用场景不断扩大、线上功能不断拓展、服务能力不断优化，平台的深化与发展经历了"普惠金融一网通"微信公众号和"普惠通"手机 APP 两个主要阶段。

一、"普惠金融一网通"微信公众号

在数字普惠金融综合服务平台建设的第一阶段（以下简称为"平台一期"），平台以"普惠金融一网通"微信公众号的形式开发、建设、运行，采取"人行主导、银联开发、分工运营、联合推广"的研发运营模式，按照"整合资源、密切协作、多方共赢"的原则，实行分工运营、各负其责、联合推广。中国人民银行郑州中心支行积极协调，中国银联及银联河南省分公司负责平台建设，相关金融机构和非银行支付机构配合应用，按照"需求导向、防控风险、先易后难、分期上线"的原则，先期搭建系统框架，加载基础服务功能，后期逐步丰富系统内容，扩大应用领域。

平台一期于 2016 年 4 月开始建设，在中国人民银行郑州中心支行统一协调下，银联河南省分公司组织成立开发团队，历经 4 个多月集中

攻关，于 8 月中旬完成了平台开发、业务对接、系统联调测试等准备工作。平台推广运营条件逐渐成熟后，中国人民银行郑州中心支行基于"试点先行、分批推广"模式，制订推广应用方案，① 积极稳妥、有序推广试验。从 2016 年 8 月 26 日起，河南省将平台作为服务兰考县普惠金融改革试验区建设的重要支柱之一，率先在兰考县开展创新应用与推广，随后在河南省宜阳县、滑县、长垣县、卢氏县和西华县 5 县试点推广。经过近 3 个月的试运营和完善，于 2016 年 11 月正式在河南省全面推广。

平台一期主要包括支付服务、便民查询、金融宣传三大类金融服务，其中，支付服务主要包括生活缴费、在线申请、信用卡还款、小微商户服务和银行卡实时转账 5 项功能；便民查询主要包括涉农补贴查询、惠农金融产品、金融网点查询、常用客服电话等功能；金融宣传主要包括支付结算、货币信贷、货币发行、征信管理、银联卡专区及金融消费权益保护等方面的金融政策和知识宣传。平台基本汇集涵盖了城乡居民的常用金融服务，实现"金融知识随时看、在线申请随意选、生活缴费不麻烦、信用还款到账快、金融维权有捷径、查询服务更方便"。

平台在第一阶段的推广应用中，切实发挥了"产品推送、信息发布、便民高效、服务大众"的作用。在产品推送上，一是结合试验区"普惠授信"产品，通过平台对接，打通"普惠授信"在线实时申请功能，实现普惠授信手机终端的一站式申请；二是组织河南省农信社、农业银行河南省分行等农村金融服务机构积极与平台对接，根据广大农户需求，上线小额信用贷款等相关金融产品，实现小额农户信用贷款的在线申请和在线发放；三是在试验区率先开展理财、保险等功能拓展，通过平台加载展示银行理财产品，让农民懂理财、会理财，减少非法集资现象发生；四是在便民支付服务上，平台拓展上线涉农补贴查询和 300 余个生活缴费项目，涵盖水、电、气、通信、交通、物业、教育等领域，提升了平台的便民利民特性。比如会同银联河南省分公司成功开发上线小微商户服务功能，支持银联"云闪付"二维码支付，上线农资收

---

① 见《关于在全省推广"普惠金融一网通"移动金融服务平台的通知》（郑银发〔2016〕144号）。

购 POS 机申请、特约商户 POS 机申请、城乡居保缴纳、新农合查询和参合缴费、惠农补贴查询、惠农金融产品查询；会同地税、国库等部门积极开发加载城乡居民税费缴纳等功能，多渠道满足用户金融服务需求。

在信息发布上，建立动态信息征集发布制度，健全、规范信息发布工作流程，以图文并茂、轻松活泼、通俗易懂的形式定期推送动态信息，便于公众理解和接受。精心设计支付结算、货币信贷、金融稳定、征信管理、人民币发行、金融消费权益保护等领域的金融政策和知识讲解板块，贴近基层群众开展金融宣传教育。同时，在平台发布金融网点、常用客服等信息，方便用户查询，提高大众对金融机构的识别能力。

经过积极建设推广，截至 2017 年末，平台用户关注量快速增加并突破 100 万人，通过平台累计办理各类业务超过 14 万笔、交易金额达到 1.3 亿元。平台在第一阶段，有力促进了试验区"金融服务人人全覆盖"目标的基本实现。

二、"普惠通" APP

随着试验区建设的深化、县域、"三农"差异化金融服务需求的释放以及平台拓展加载功能受限，平台的市场需求满足度有待进一步提升、用户体验有待进一步优化，仅依靠既有建设、运行模式和技术力量，难以适应数字普惠金融综合服务平台的运行要求。河南省在大量调研论证的前提下，综合多方利弊，进一步确立了"立足普惠、政策指导、市场运营、优化功能"的平台建设运行思路，积极指导、支持第三方市场主体建设运行该平台，确保平台的公共金融服务属性和普惠便民利民特性。另外，不干预平台运行主体的日常运营决策，通过由政府参股和市场化、专业化经营，充分发挥市场在资源配置中的决定性作用，使平台发展更加坚持需求导向、更符合市场需要。同时，为确保信息安全、运行合规、风险可控，中国人民银行郑州中心支行与平台化运营方签订了后续开发、建设及运营备忘录，指导第三方运营商完成公安等相关部门审核备案手续,① 确定了平台二期的市场化运营方案。

平台市场化运营方案实施后,河南省时刻围绕兰考县普惠金融改革试验区建设及全省普惠金融事业发展需要,对第三方运营商进行政策指导,推动、协调其开展工作,并由第三方运营商开发建设"普惠通"APP,作为平台的二期开发建设平台。

"普惠通"APP 1.0 版本于 2017 年 10 月上线,与平台一期同步运行,保障了平台服务不间断、服务水平不降低。经过近 5 个月的试运行和优化,"普惠通"APP 经过不断的版本升级,功能日益完善,运行更加稳定,2018 年 3 月 1 日,完成了平台一期相关金融服务功能向"普惠通"APP 的迁移工作。

2020 年 7 月 1 日,中原资产管理有限公司出资并购平台,平台实现了国有控股。中原资产管理有限公司注册资本 50 亿元,信用评级 AAA。这一并购增强了平台的资本实力、研发能力,大大提升了平台的运营和服务水平。目前,9 家省级金融机构、中国银联河南省分公司及 12 个省辖市地方政府与平台建立战略合作关系,全力推进平台携手金融机构与农户紧密连接,加大平台在农村地区的推广应用。

在功能设计上,平台主要拓展了以下几方面内容:一是"普惠通"APP 在加载引入平台一期原有金融服务功能的基础上,后期逐步构建了账户管理、金融超市、金融宣传、金融消费权益保护等功能,通过鼓励、引导省内各金融机构将理财产品、信贷产品、支付结算服务等正规金融机构的普惠金融产品和服务统一对接到"普惠通"APP 金融超市,"一站式"送达百姓手中,百姓可从不同机构的众多产品和服务中择优选择,大大提高了老百姓金融服务的可获得性和选择性,为从根本上解决普惠金融落地难和老百姓获取难、无选择的问题开辟了一条新路径;二是"普惠通"APP 开发了账号管理体系,采用全国公安部数据进行身份认证、引入人脸识别认证技术、以银行二类账户管理应用为核心的方式建立了账号管理体系;三是信用评级模型。评级分类包括 AAA +、AAA、AA、A四个有信等级、1 个无信等级,金融机构可以参照"普惠通"APP 信用评价结果,开展信贷投放和风险防控,实现信用信贷相长。

---

① 见《"普惠金融一网通"移动金融服务平台后续开发、建设及运营备忘录》。

截至 2020 年末，河南全省"普惠通"APP 各大应用平台累计下载 815 万余人次，较年初增加 415 万余人次，累计下载注册 410 万余人，较年初增加 163 万人；实名用户 86.7 万人。河南全省通过普惠通有效申请贷款共计 5.4 万笔，其中普惠授信申请 2.1 万笔，申请金额超 9 亿元；其他贷款申请 3.3 万笔，申请金额 54 亿元。审核授信通过 8000 余笔，累计授信放款金额 7 亿元；有效申请合作银行信用卡 22 万余张，审核并发卡 8 万张，累计发放消费性贷款授信近 10 亿元；累计上线近 474 余家银行信贷、理财、便民支付缴费等普惠类产品 2720 余款，上线 15 家银行 229 款信用卡产品；通过"普惠通"APP 话费充值 52398 笔 175 万元、电力缴费 24231 笔 375 万元、水力缴费 1909 笔 10 万元、热力燃气缴费 15768 笔 3221 万元、教育缴费 42519 笔 12360 万元、物业缴费 1451 笔 2742 万元、有线电视缴费 70 笔 1 万元、党费 15 笔 0.1 万元。

其中，兰考县累计下载"普惠通"APP 近 71 万人次，累计下载注册量突破 25 万人次，实名用户累计 95000 人；兰考县贷款订单银行信贷受理额超 4 亿元，放款金额超 7100 万元；信用卡累计申请超 2 万张，累计发卡近 6900 张，金额近 8000 万元；"普惠通"APP 在兰考区域累计上架 9 家银行各类信贷、理财、便民支付缴费等普惠类产品 54 款。

值得注意的是，在 2020 年初新冠肺炎疫情暴发以来，银行"临柜"办理业务渠道受限，"普惠通"APP 因业务办理的"非临柜"、信贷双方的"零接触"特点，为满足疫情期间农户和企业的金融需求服务发挥了重要作用。疫情期间，农户通过"普惠通"APP 实现了快速审贷和续贷，2020 年 3～5 月，试验区实现新增普惠授信贷款、产业发展信用贷、金融扶贫小额贴息贷款等各类农户贷款 9040 万笔、金额 24.2 亿元；全省金融机构通过"普惠通"APP 等线上方式推出 619 个抗疫复工信贷创新产品，支持企业复工复产发放普惠金融贷款 13702 笔，金额 337.06 亿元。

第三节　平台未来展望

在试验区开展以数字普惠金融综合服务平台为核心的数字金融试验中，我们深深地认识到数字普惠金融是普惠金融未来发展的根本出路。

根据 G20 普惠金融全球合作伙伴（GPFI）的定义，数字普惠金融泛指一切通过数字金融服务促进普惠金融的行动，它包括运用数字技术为无法获得金融服务或缺乏金融服务的群体提供一系列正规金融服务，其所提供的金融服务能够满足他们的需求，并且是以负责任的、成本可负担的方式提供，同时对服务提供商而言是可持续的。杭州 G20 峰会发布的《G20 数字普惠金融高级原则》提出，数字普惠金融的具体服务内容包括各类金融产品和服务，如支付、转账、储蓄、信贷、保险、证券、理财、银行对账服务等，通过数字化或电子化技术进行交易，如电子货币、支付卡或常规银行账户。普惠金融数字综合服务平台作为试验区数字普惠金融发展的重要载体，其核心要义就是要通过一系列的机制设计和综合服务的供给，利用金融科技，从根本上解决传统普惠金融服务落地难题，"数字""普惠""综合"是平台下一步发展必须坚持的方向，也是平台功能优化的重点。

一、平台运行中存在的问题

（一）"综合性"有待加强，特别是融资功能有待加强

兰考县作为贫困县域、农业大县，数字金融基础设施差，特别是农村大数据信用信息中心建设难，各职能部门信用信息孤岛难以打通，加之县域开展数字信贷产品的权限和能力不足，利用农村信用信息大数据提供无抵押、无担保、数字画像精准的产品和服务仍为缺失。目前，平台大都局限于作为金融服务的"中介桥梁"，平台提供的综合金融服务中，较支付服务、理财服务、金融消费者保护等服务，农村地区融资服务是基层群众最关心的难点和问题，也是平台参与度不深、支持力量薄弱的问题，如何拓展平台功能，补齐普惠型数字金融产品和服务短板，是平台下一步急需努力的一个方向。

试验区建设中发现，传统金融依托网点和人力去做普惠金融，遇到的最大问题就是网点服务成本高、效率低、风险难控制、商业难持续，传统商业银行线下开展普惠金融既无动力，也不可持续。以完成 1 笔 5 万～10 万元的小额贷款为例，从贷款申请到审批放款，按传统模式，

至少需 2 名信贷员、2 次上门走访，整个流程最快也要 3~5 天。另外，县域主要是邮储银行、农商行、村镇银行提供农户贷款，每家银行信贷员最多的不到 20 个、最少的仅 3 个，两名信贷员 1 天实地调查最多不超过 10 户，[①] 单靠在乡镇布设网点、线下进村上门，不仅经营成本高企、效率极其低下，也远不能满足全县 16 个乡镇、454 个行政村、16.8 万农户的需要。加之传统风控要求资产抵押、财务报表或信用记录，但大多数农民没与银行打过交道，既没合格抵押物，也没信用记录数据，小微企业也大都没有健全的财务报表，很难成为银行服务的对象。

一些金融机构或互联网金融企业虽然开发了一些数字信贷产品，但许多网络借贷的准入门槛并没有实质性降低，[②] 且年化利率大都高达 10% 以上，有的甚至高达 20% 以上，远远超过了弱势群体可以负担的水平，普惠金融重点关注的群体——农民、城镇低收入者和小微企业等显然难以承受如此高昂的资金成本。如何通过平台建设填补目前农村普惠型数字信贷的缺失，已成为影响群众和企业金融获得感、满意度的重要因素。

如何运用平台致力于推进农村信用信息大数据建设，如何让平台能参与数字化信贷产品风控，与信贷生产系统"脱敏性"互联互通，如何让平台实时监测、反馈普惠金融市场运行状况，如何让平台参与普惠金融各参与主体的督导管理，既是降低普惠金融市场运行"摩擦"成本的内在需求，也是让"一平台"真正成为试验区和河南省县域数字普惠金融发展根基的战略抉择。

（二）可持续发展能力亟待提升

作为独立的市场经营和运行主体，如何找到合适的盈利点，关乎平台能否实现自身的可持续发展。数字普惠金融综合服务平台作为一个普惠金融产品和服务的资源集中平台，主要发挥信息门户和公共通道作用。现阶段因尚无金融牌照，难以深度参与普惠金融服务供给，目前尚

---

① 这里列举的是兰考县 2016 年末的数据。

② 网络借贷的准入门槛体现在大部分农民难以申请成功或审批的信贷额度低。调查中发现，农民网络借贷授信额度大都在 5000 元以下，主要原因在于农民的电商数据少且农民的信用信息难以纳入网络信贷风控模型。

未形成清晰的盈利模式。

河南省目前没有一家本地互联网企业和平台获得个人征信服务许可、第三方互联网支付服务许可，同时河南省目前也没有一家互联网银行。平台如何抓住机遇，获得监管部门认可的合法地位并取得相应的运营资质，争取个人征信服务和第三方支付服务资质，甚至在条件成熟的情况下，与地方法人金融机构合作探索设立互联网银行，进行附加值较高的业务研发，既是平台进一步拓展自身价值，有效提升自身可持续发展能力的努力方向，也是目前在试验区乃至河南全省开展数字普惠金融改革试验的现实需要。

（三）金融机构对接水平有待提高

作为一个正规金融机构合法合规的普惠金融产品与服务集中展示和对接的载体，数字普惠金融综合服务平台为金融机构提供一个全新的服务入口和市场开拓渠道。金融机构通过与平台合作，将自身的普惠金融产品和服务加载到平台中，能丰富自身的产品营销渠道，进一步提升自身的竞争力。

但金融机构在普惠金融产品和服务的对接方式上，往往采用安全性更高的技术标准或者采取较简单保守的信息通道转接方式。导致的结果是，更高的要求和更为严格的技术标准往往对用户体验造成一定的不利影响，造成安全与便捷难以兼得的局面。如何进一步拓展平台功能，引导提升金融机构与平台对接的能力和水平，是今后更好发挥平台效能亟待深入思考和解决的一个课题。

二、未来设想

随着试验区建设和河南全省普惠金融深化发展，根据实际需要和普惠金融发展框架，2019年以来，河南省有序、稳妥地对平台未来方向和平台功能的完善进行了谋划，并先易后难地采取了一些实践试验。

（一）叠加"普惠金融服务管理"功能

鉴于实践中金融机构等各方落实普惠金融服务情况、各方市场主体获得普惠金融服务情况以及普惠金融市场运行情况难以动态监测、监督管理、科学研判的状况，在兰考县县乡村三级普惠金融服务体系的基础上，在平台上研发加载"普惠金融服务管理系统"，构建县乡村"线上三级服务体系"，在线上三级服务体系的不同节点，将县乡村三级服务体系、普惠授信流程、风险补偿金划拨和信用体系建设等都统一到平台上来，实现动态跟踪、监测、督导，既随时掌握普惠金融市场情况，也能针对存在问题及时整改，从而实现"抓两头促中间""用制度管人、用平台管事、用信用管贷"，以推动实现各类普惠金融服务的真正落地。

"抓两头"即一头抓金融机构、一头抓基层群众；"促中间"即用平台打通各项普惠金融服务落地的中间"梗阻"。"用制度管人"，即通过联合惩戒、绩效考核等规章制度和行政法规规范普惠金融各方参与主体行为；"用平台管事"即用平台上设定的各个业务流程节点来动态监测普惠金融业务办理状况；"用信用管贷"即通过信用培养、信用生态建设等开展贷后管理和信贷风险防控，真正实现"银行敢贷、好借好还"，切实发挥政府及配套政策体系在确保普惠金融顺利运转中的作用。

按照"先试验，再稳妥推广"的建设思路，2019年3月，先期在兰考县谷营镇和仪封乡试运营，2019年6月底在全县推广。平台的"普惠金融服务管理"功能，既打通了县乡村三级服务，提升了金融服务效率，实时监测了各项普惠金融服务办理情况，也优化了普惠金融服务的质量，让基层群众所关心的金融服务难题能随时较好地得到反馈和解决。

（二）叠加"信用信息平台"功能

2017年1月，在河南省兰考县召开的试验区建设推进大会上，人民银行陈雨露副行长、河南省常务副省长翁杰明（时任）都对农村信用信息大数据体系建设提出了殷切期望。陈雨露副行长指出"要加强金融基础设施建设，扩大支付清算网络覆盖面，建立信用信息平台和产权交易平台"，翁杰明常务副省长明确提出"要结合农村改革，建立大数据的农村信用信息体系"。

结合目前县域实际情况，按照市场主体分类，农村信用信息主要可归结为"农户信用信息"和"中小微企业信用信息"。如何采集、运用这两类信用信息是试验区建设的一个重点。随着"一网、一门、一站"放管服改革工作的深入推进和河南省社会信用体系与大数据融合发展，兰考县在信用信息共享平台和电子政务建设方面加快了步伐。

根据数字普惠金融发展的需要，2019 年，兰考县在大数据管理中心谋划建设了普惠金融大数据中心。在中小企业信用信息的采集上，县政府协调发改、财政、税务、市场监管、法院、公安、国土、用水、用电、用气、金融、担保公司、人社局、环保、不动产管理局、公积金等相关单位，采集中小企业基本信息、企业主要经营和财务指标信息、银行授信信息、负面信贷信息、评级信息、税务信息、企业用水用电用气信息、环保信息、行政处罚信息、涉诉涉刑信息以及反映企业信用状况的其他信息，共涉及 19 大类 446 项指标。

在农户信用信息的采集上，兰考县采集村委会、派出所、金融机构、金融办、法院、车管所、房管中心、保险公司和农机局等相关单位，农户户主信息、家庭成员信息、财政开支人员信息、房产信息、经营实体信息、创业信息、权属信息、生产及运输设备信息、荣誉信息、和谐社会信息、黄赌毒信息、银行借款信息、内部评级信息、对外担保信息、对外抵押信息、风控信息、法院信息、私家车信息、保险信息、大型生产机具信息以及反映农户信用状况的其他信息，共涉及 11 大类 173 项指标。

同时，积极探索在平台上开发信用信息查询和信用评价功能，服务于金融机构信贷投放和社会管理。一方面，通过信用信息查询和信用评价功能，为银行放贷提供决策参考；另一方面，在"一平台"上开发电子信用证，农民可以通过手机端"普惠通"APP，在申请贷款时方便看到自身的信用等级和信用信息，对于有误或不符的信用信息可以提出更正申请，经核实后及时更正，确保散落于政务信息之外的农户信息能及时得到采集和更新。

（三）条件成熟时，积极争取个人或企业征信业务许可、第三方互联网支付业务许可，与先进互联网金融企业开展战略合作，提升综合服务能力

随着县域特别是农村地区对信贷流程更简化、审批效率更快捷、不

临柜办理业务的需求日益高涨，平台如何对接银行的核心信贷系统，共同研发推广全线上普惠型数字信贷产品，如何实现"去中介化"，更好地参照信用评级对接银行信贷投放，是未来平台发展的终极目标。

2020 年 7 月，河南省引入国有资本成为第三方运营方后，作为向各个数字普惠金融参与者开放的试验性金融基础设施，平台的国有属性和公共服务属性以及平台的为民、惠民、便民方向进一步得到明确。为落实试验区《总体方案》提出的"采取有力措施促进互联网金融规范有序发展。鼓励兰考县金融机构与互联网企业开展合作，实现优势互补，向农村地区延伸金融服务"的改革措施，探索与先进互联网金融企业合作，最大可能地运用好金融科技，实现普惠金融落地生根的战略目标，提供了新的支撑和机遇。按照下一步初步规划，未来平台至少应坚持以下发展方向：

一是依法合规，信息保护。形成完善的平台运营制度，涵盖数字汇集、信息安全、信息共享、隐私保护、公司治理和外部监管等内容。建立普惠金融数字信息安全保护机制，明确信用信息采集、更新、查询、纠错、安全管理工作及数据标准、信息标准、流程标准；

二是坚持综合性、公共性服务。实现信贷、保险、理财、支付、缴费、金融消费权益保护、数字金融风险防控、金融教育、金融监管等金融服务"一网接入"，向所有金融机构、所有市场主体开放，建设成为提供普惠金融综合服务的综合性公共基础设施；

三是对接数字信贷。待条件成熟时，探索与地方法人金融机构合作申请设立互联网银行。目前阶段，可以先借鉴兰考县与蚂蚁金服、网商银行合作开发的"数字农贷"模式（见专栏 5 - 2），有针对性地解决"数字农贷"因信用信息数据维度较小、农民电商数据较小，导致的单笔贷款额度小、综合贷款成本高等问题，通过平台与兰考县农村信用信息大数据中心数据对接、信用评级，与银行共同开发普惠授信等全线上信贷产品，让普惠型信贷产品程序更简洁，更好支持农民创业就业，同时实施"信用信贷相长"的正向激励和"失信联合惩戒"的联合追责机制，构建良好的县域金融生态，营造"守信财源滚滚、失信寸步难行"的良好社会氛围；

四是对接建设农村信用信息基础数据库，整合河南省农村与中小企业信用信息系统、各地政务服务、区块链数据中心等现有数据体系，实现平台与河南省社会信用体系、农村与中小企业信用信息系统的评分结果、政务系统兰考数据和兰考县信用信息基础数据库的互联互通。向金融机构、监管机构与金融消费者全面开放提供标准化接口和相应服务。探索推动应收账款融资服务平台与"普惠通"对接，鼓励供应链核心企业加入平台，为小微企业开展应收账款融资服务。通过平台公布企业资源库，鼓励意愿较强的企业通过平台申请纳入企业资源库；

五是拓展产融结合应用场景。在平台增加农资购销、农业产业链、农业技术推广等生产场景，涵盖贷款、理财、支付、信用卡申办、生活缴费、便民服务等多种功能。金融机构做好线上产品信息披露工作，提供产品简介、目标群体及相关优势，便于农户、小微企业比较、筛选和使用。同时普惠授信通过平台实现全流程在线服务；

六是信用信息平台功能。条件成熟时，积极争取企业（或个人）征信业务许可，为金融机构发现客户、创新产品、动态管理信用风险、地方政府相关部门制定政策提供信息参考；

七是普惠金融风险监测。引入大数据风控技术，杜绝连续申贷、多头借贷、过度授信的情况发生。建立预警机制，及时发现异常情况并能及时告知金融监管部门；

八是金融知识宣传教育。平台持续开展金融、证券、保险、数字金融等普惠金融知识宣传、普及。建立网络端与手机端的投诉受理处理和纠纷解决流程，实现线上、线下协调的多渠道权益保护方式。优化平台功能，开设专门板块，承接金融教育和消费权益保护宣传普及活动。

专栏5－2：兰考县普惠"数字农贷"解决传统金融约束

为有力提升金融服务覆盖面、可得性和满意度，兰考县人民政府和浙江网商银行针对兰考县情研发，通过大数据、云计算和人工智能等技术手段，创新推出无抵押、免担保、纯线上的信用贷款普惠金融产品——兰考普惠"数字农贷"，重点服务兰考广大农村居民。

一、产品简介

兰考普惠"数字农贷"通过支付宝"城市服务—兰考普惠"板块申请，采取3分钟申请1秒钟到账0人工干预的310模式，为传统金融难以覆盖的真空地带提供持续、稳定金融服务，有效破解了农村地区金融服务成本高、效率低、风控难等约束。以数据分析为依据，千人千面量身而定，每个人均可授信 0 到 20 万元，利率差别定价，按日计息，日息 0.02% ~ 0.06%。同时采用按月归还，随借随还的灵活还款方式，为当地提供信贷资金支持。

（一）产品原理

1. 线上大数据智能风控与授信。有效协同政府和阿里系海量、多维度、及时、准确的数据，设计农户专用的信贷审批模型，实施完全脱离人工的智能化数据风控。用户通过支付宝申请后，3 分钟内即可实现征信查询和风险判断等风控流程，实现对用户的快速授信。通过系统评级授信，给予授信名单用户差异化和个性化的贷款额度与利率，并对授信用户的信用情况建立起相应的数据化、智能化监控机制。通过支付宝，利用互联网的长尾效应，配合相应的运营方案，能够将普惠金融产品在县域进行快速普及，成为县域传统金融机构服务的有效补充，也为县域信用信息体系建设提供了应用数据支持。

2. 有效对接需求落地。"数字农贷"产品在全国多个县域推广，不同地域城市有着不同的金融服务需求，"数字农贷"产品在宣传上，针对各个不同的地域进行不同侧重点的宣传，同时所有不同侧重点的服务产品均突出快速放贷、无抵押无担保、随借随还的优势，让线下用户能够短时间内建立起大数贷产品的服务特色的深刻印象，建立起广泛的群众基础。

（二）产品特征

1. 普惠性。面向群体大多是传统金融难以覆盖的农村居民的真空地带，无抵押无担保方式，让信用贷款成为农村居民都能享受到的金融服务。作为传统金融机构的有效补充，成为试验区不可缺少的部分。

2. 便捷性。通过支付宝，点击城市服务，进入兰考普惠板块，整个业务办理纯线上实施，且做到了 3 分钟审核，1 分钟到账，0 人工干预，规避了烦琐的申请、审批、当面签订合同与借据。

3. 精准性。根据个人征信、消费、还款等情况，统一由系统进行综合评估，人工无法干预，额度最高可达 20 万元；根据人工智能风控对不同个人实施利率差别定价、按日计息、日息 0.2‰ ~ 0.6‰，实现了对象、金额和利率精准服务；同时又能实现随借随还，做到了资金使用时间和使用成本的精准。

二、主要做法

（一）高度重视与蚂蚁金服合作事宜

专门召开三级干部会议，通过电视电话会议形式对全县近千名基层乡村干部进行集中培训，力推兰考普惠数字农贷项目的落地。通过召开各种普惠金融会议，助力推动蚂蚁金服"数字农贷"、智慧公交、公益等项目在兰考的实施。推动蚂蚁金服参与兰考县智慧县域建设，逐步实现政务、出行、社保、金融等应用场景的智慧化。

（二）加大支持和普及力度

自产品上线后，兰考县政府要求县域各部门、各乡镇全力支持蚂蚁金服开展产品的宣传推广工作，通过开展项目启动仪式、召开基层干部培训会、电视报纸广播、广告大牌、LED屏幕轮播等形式集中开展宣传推广，使"数字农贷"产品在短时间内为县域群众所知晓，取得了良好的效果。

（三）有关单位大力推广

人民银行、金融办、人社局、行政服务中心、农行、农商行等单位在蚂蚁金服各项业务的实施推广中做了大量工作，如"数字农贷"、智慧公交的启动与推广，数字支付示范街点的建设、行政事务缴费支付环境建设、电子社保卡体系建设等，积极配合提供各类支持，为蚂蚁金服整体工作在兰考的迅速推进发挥了巨大作用。

（四）各乡镇积极配合推动落实

全县16个乡镇街道自2018年5月末开始，积极组织辖区村委及驻村工作队召开专题培训会议，进行"数字农贷"的产品培训，提升基层干部金融意识，推动"数字农贷"在乡镇街道和各个村的业务落地。并配合灵猫有数公司逐村开展对村民的宣传和培训活动，配合落地公司解决用户在使用蚂蚁金服产品与服务中遇到的问题，在全县形成了良好的社会氛围，有力促进了"数字农贷"业务的推广。

（五）灵猫有数公司积极推广

为切实做好项目落地工作，设立灵猫有数县域分子公司组建县域落地运营团队，由灵猫有数杭州总部为大数贷产品推广服务搭建技术平台、服务平台、为地方团队提供技术支持，由落地团队负责协调地方政府，开展业务的推广和运营，以及后期客户维护工作。在各个乡镇、村及各单位的具体对接上，灵猫有数公司做了大量工作，尤其是"数字农贷"在乡村推广方面，对各村进行全面覆盖，逐村进行了两轮的推广宣传与培训，培养了大量的客户群体，为普惠金融工作落地作出了积极贡献。

三、实践成效

兰考普惠"数字农贷"产品自2018年4月28日上线试运营，从产品投放效果看，数字化贷款产品受到居民的认可，不仅降低了贷款门槛，还能灵活便捷精准地满足居民在消费、生产、生活方面的金融需求，帮助广大农村居民提升生活质量，发展生产经营，助力脱贫致富奔小康。从宏观上讲，加速了试验区建设的进程，推进试验区快速迈向数字普惠金融阶段，丰富了试验区的产品体系，更新了地区金融发展观念和模式，也对兰考县经济社会的快速健康发展产生了积极效果。

（一）促进地方经济发展

该普惠金融产品不占用本地存款，增加了地区资金净流入；配合了地方产业，尤其是种养殖业和小商业的发展；提升经济运转效率，加速资金循环流动，提高资金供给与GDP和税收的相关系数；更新了地区经济与金融发展的观念，进而引发产业结构的调整可能性。

（二）优化了地方金融体系

增加了金融产品与服务供给主体，相当于引入一家银行落地；首创了针对农户的数字金融贷款产品；丰富了金融产品类别，促进试验区多元化、多层次金融市场与产品体系的不断发展；增加了数字金融体系的发展活力，发挥了"鲶鱼效应"；增加了地区信贷投放，有助于试验区建设成效的进一步凸显；加快了兰考县普惠金融改革试验区数字普惠金融的发展，助推了由传统下线金融服务向线上数字化、智能化金融服务的快速转变。

（三）拓宽了金融服务渠道

在传统金融服务之外，增加了金融服务获得渠道，提升了金融服务可得性；探索了县域数字金融发展的新模式，延展了县域数字金融服务的深度和广度；扩大了金融服务覆盖面，弥补了传统金融产品与服务的空白；提升了金融服务满意度，显著解决了贷款难问题；助推了广大农村居民脱贫致富奔小康的步伐。

四、典型案例

三义寨乡蔡楼村村民金琳琳 5 年前从武汉打工回到兰考老家结婚，生孩子花费了较大一部分钱，此前打工赚的钱也所剩无几，白手起家跟亲戚朋友借了钱，在银行开始贷款做起了养殖。现在金琳琳有两个养殖场共计 9000 只鸡，这种规模化养殖场的风险不仅仅在于家禽经常遇到瘟疫，还有资金周转的难题。2018 年 5 月，蚂蚁金服与兰考县合作的兰考普惠项目落地后，金琳琳通过兰考普惠"数字农贷"进行贷款，当金琳琳看到自己的授信额度是 3.5 万元的时候，就抱着试试的态度根据提示来操作，没想到不到 3 分钟，钱借到自己的银行卡上了，帮助她解决了部分难题。

第六章　普惠金融服务体系

第一节　服务体系的制度安排

前面章节所述的数字普惠金融综合服务平台，志在线上解决农村地区金融服务空白和服务不足问题。但当前农村发展阶段，金融科技尚不能完全解决线下金融服务，特别是农村地区的现金、残损币兑换、贷款推荐、金融消费权益保护等问题，部分人群特别是老年人、妇女存在"农村数字鸿沟"，习惯于"临柜"办理金融业务。为此，我们提出线上线下"双轮驱动"战略，强调"线上一站式"与"线下不出村"互补并进。在丰富线下金融服务的实践中，我们因地制宜，结合兰考县村委党群服务中心提质改造，探索建设"4＋X"功能的村级普惠金融服务站，将普惠授信、信用建设、风险防控、金融消费权益保护和基础性金融服务整合到乡村公共服务体系中，为农民提供足不出村的金融服务。在服务体系建设上，试验区结合农村实际需求，创新性地进行了一系列制度安排。

一、从单一到综合

党中央、国务院一直关心农村地区的金融服务问题，多次做出金融服务"三农"、精准扶贫等重要决策部署。2006年以来，人民银行将农村支付服务作为农村金融服务的基础和支撑，实施了一揽子农村支付环境建设计划，特别是以推广农民工银行卡特色服务、银行卡助农取款服务点、移动便民支付工程为重点，不断完善农村支付制度规划和政策，推动优化支付基础设施资源配置，建立了多层次、广覆盖、可持续的中国特色惠农支付服务体系，使现代化支付服务惠及广大农村居民。

随着农村惠农支付点的建设深化以及新兴手机终端支付工具的普遍应用，农村支付服务问题已得到有效解决。从河南全省看，以建设推广助农取款服务点、农村支付服务点为依托，全省设立农村惠农支付服务点 3.59 万个，形成了覆盖广泛、特色鲜明、因地制宜、统一管理的农村支付服务体系，为农村地区居民提供助农取款、现金汇款、转账汇款、代理缴费、查询等支付服务，实现了基础支付服务不出村，有效满足了农村居民基础性支付服务需求。就兰考县看，早在 2015 年底，全县就已建立 238 个惠农支付服务点，这些支付服务点都能有效覆盖周边两公里以内的村庄和人群，基本实现了惠农支付服务的农村地区全覆盖。该年全县微信支付、支付宝用户超 30 万人，覆盖了 60% 以上的成年人群。移动支付的兴起与惠农支付服务点相互作用，共同推动解决了以往的农村支付服务难问题。

与此同步的是，农村金融需求日益呈现多样化，从"单一"走向了"综合"。随着农村支付服务问题的基本解决，基层群众对信贷、理财、保险、证券、金融消费权益保护的综合性金融服务需求越来越迫切。2015 年底对试验区的调研显示，按关心程度对信贷、支付、理财、保险、证券等高低排序，51% 的农户将信贷列为最关心的问题，其次是支付服务，同时发现，金融机构最渴望的线下协助开展的信用建设、信贷风控、金融消费者权益保护等服务目前在农村地区基本空白。

这背后有几个主要原因，一是脱贫攻坚、乡村振兴等战略激发了农村产业发展、农民创业就业的信贷资金需求，特别是初创企业、初次创业农民对低门槛、便利化的生产性信贷需求迫切；二是土地的不断集中流转和农民合作社等新型农业经营主体蓬勃兴起，规模化农业生产经营对大额信贷和农业保险的需求日益强烈；三是农民收入的增加，使得农民对理财的需求迫切。加之正规金融服务的缺失，金融知识普及了解程度不高，也使得农村地区群众更易受到"非法集资""高利贷"等非法金融活动的侵害。这些都对农村金融服务由过去的"单一支付环境建设"加快转向涵盖支付、信贷、理财、保险、金融消费者权益保护等在内的"一揽子综合服务"提出了迫切要求。

习近平总书记多次强调指出，"深化金融供给侧结构性改革必须贯彻落实新发展理念，强化金融服务功能，找准金融服务重点，以服务实体经济、服务人民生活为本"。我们基于现阶段农村实际，按照"需求导向、问题导向"原则，提出设立普惠金融服务站，并把它作为建设"普惠金融大厦"的四大支柱之一。

在普惠金融服务站提供的服务内容上，试验区强调由过去的"单一"支付服务走向"综合"金融服务，使金融服务更贴近农民生产生活、更贴近普惠金融运行实际。在试验区探索设立普惠金融服务站，既是现阶段普惠金融服务在农村地区落地的内在需要，符合广大人民的期盼，也与试验区《总体方案》提出的"设立农村金融综合服务站"改革思路一脉相承。

二、嵌入政府公共服务体系

以往的基层金融服务体系大都由农村地区银行网点和惠农支付服务点构成，政府庞大的公共服务资源游离在金融服务体系之外，有限的金融服务资源与庞大的农村金融需求不对称，金融机构与政府协同性不强，银农、银企关系较为僵化。加之村级的惠农支付服务点多建在超市或便利店，局限于开展支付业务，功能较为单一，无法满足大部分农村群众多样化的金融需求。如何在金融机构网点少、助农取款点服务单一的现状下，优化基层金融服务体系，提升基层综合性金融服务能力，是现阶段普惠金融在农村地区真正落地中亟须破解的一大课题。

习近平总书记提出"做好新形势下金融工作，必须加强党对金融工作的领导，确保金融改革发展正确方向"。普惠金融服务志在支小扶弱，志在支持实体经济，某种程度上呈现出"准公共金融"属性。如何更好发挥普惠金融服务站作用，如何更好发挥基层政府资源在基层金融服务供给中的引导和支撑作用，是我们试验区建设中一直深入思索的问题。我们的思路是将普惠金融服务体系纳入政府公共服务体系中去，既能调动基层的能动性、积极性，充实农村金融服务的力量，也能更好地实现金融与县域经济社会发展的共荣共生，同时也能更好地加强政府特别是金融监管部门对金融服务体系运行的监测、管理和维护。

具体机制安排是：一方面，结合兰考县村委党群服务中心提质改造和政府乡村公共服务建设，坚持"三不增"原则，即不额外增加场所、不额外增加人员、不额外增加成本，在村委党群服务中心内嵌设立普惠金融服务站，在乡便民服务中心设立普惠金融窗口，在县级设立普惠金融服务中心，将普惠金融服务体系纳入政府公共服务体系；另一方面，与农村基层党建相结合，充分发挥村委和金融"协管员"普及金融、惠及农民的作用，构建"基层党建 + 就业扶贫 + 普惠金融"三位一体服务平台，实现金融与产业发展、群众生产生活的融合互动。同时，建章立制，发挥金融监管部门及当地政府作用，依照各自职责对三级普惠金融服务体系进行监督、管理、指导，确保金融服务到位、服务合规合法、金融风险可控、三级服务体系运行顺畅。

三级普惠金融服务网络，延伸了金融服务的辐射半径，提高了金融服务的精准性、便利性和适宜性。它像一座"桥梁"，一头连着银行，一头连着广大基层群众，填补了农村金融服务的空白，织密了农村金融"毛细血管"，增进了政府与银行的协同，真正把"金融机构"开到了农民家门口，不仅像一个"手臂"，让农户足不出户即可便利、优质、迅速地获取综合金融服务，也像一双"眼睛"，发挥"监控探头"作用，推动风险管理关口前移。

专栏 6 –1：兰考县普惠金融改革试验区金融服务体系建设工作方案①

为全面贯彻落实《推进普惠金融发展规划（2016—2020 年)》和《河南省兰考县普惠金融改革试验区总体方案》的有关要求，进一步完善兰考县普惠金融服务体系，有效提升普惠金融服务站服务水平和能力，在普惠金融服务站建设和运行的基础上，结合兰考县普惠金融改革试验区建设实际，制定本方案。

一、总体要求

以习近平新时代中国特色社会主义思想为指导，全面贯彻党的十九

---

① 见《关于印发〈兰考县普惠金融改革试验区金融服务体系建设工作方案〉的通知》（豫普金办发〔2018〕9 号）。

大精神，认真落实第五次全国金融工作会议部署，坚持创新、协调、绿色、开放、共享五大发展理念，在兰考县加快建立与全面建成小康社会相适应的普惠金融服务和保障体系，有效提高金融服务覆盖率、可得性与满意度，打通金融服务的"最后一公里"，增强普惠金融服务支持县域经济发展的能力。

二、工作目标

在兰考县建立普惠金融服务中心，在各乡镇、街道办事处和各行政村建立普惠金融服务站，形成覆盖县、乡、村三级金融服务体系，有效整合政府、金融监管部门、金融机构资源，为全县农户、中小微企业及其他新型农业经营主体提供快捷、高效、便利的一站式金融服务，实现普惠金融发展目标。

三、工作内容

（一）普惠金融服务中心

入驻政府相关部门和银行、证券、保险、担保等各类型金融机构开展"一站式"办公，业务范围涵盖金融政策咨询、普惠授信等贷款业务咨询办理、征信查询、保险业务办理、农村产权抵押、金融知识宣传教育等。

1. 负责全县信用体系建设工作，在乡村两级普惠金融服务站信息采集整理的基础上，整合多部门信息资源，建立全县农户信用信息电子档案，实现农户信用信息共享。

2. 负责全县农户、商户和小微企业等经营主体的贷款申请及其他金融服务需求的受理、批转和督办。受理、登记本级及乡村各类主体的贷款申请，批转相应金融机构启动贷款流程，督导相关部门按照办结时限完成。

3. 就金融消费权益保护咨询作出解答或告知救济途径，开展普惠金融政策、金融知识宣传教育。开展"普惠金融一网通""普惠通APP"的宣传推广。

4. 负责全县风险担保基金、风险补偿基金平台建设和业务运转。

5. 负责全县农村产权评估、流转交易平台、融资担保和风险分担机制建设和业务运转。

6. 负责督促财政补贴及时拨付。

7. 负责组织全县普惠金融、普惠授信相关的不良资产处置及不良贷款清算、偿付工作。

8. 在县普惠金融工作领导小组的授权下，以工作领导小组的名义，对全县普惠金融服务站进行业绩考核与监督管理，实施工作督办与业务指导。

9. 完成上级安排的临时性工作。

（二）乡镇级普惠金融服务站

1. 收集、审核、整理村级普惠金融服务站农户信息，建立全乡镇农户信用信息电子档案，实现农户信用信息共享。

2. 收集整理农户、商户和小微企业等经营主体的贷款申请信息及其他金融服务需求信息，进行二次审核，将符合条件的贷款申请及其他金融服务需求及时上传普惠金融服务中心。

3. 就金融消费权益保护咨询作出解答或告知救济途径，开展普惠金融政策、金融知识宣传教育。开展"普惠金融一网通""普惠通APP"的宣传推广。

4. 在乡镇政府、街道办事处的授权下，对辖区村级普惠金融服务站进行业绩考核与监督管理，对村级普惠金融服务站进行业务指导。

5. 做好上级安排的临时性工作。

（三）村级普惠金融服务站

1. 基础金融服务功能：1）惠农支付服务：①小额取款②业务查询③现金汇款、转账汇款④生活缴费⑤其他惠农支付相关服务工作；2）小额人民币服务：①小额零钞调剂②小额旧钞换新钞等。

2. 采集、录入、更新、查询农户信用信息；协助开展失信联合惩戒等。

3. 农户、商户和小微企业等经营主体的贷款筛选和推荐，向上一级普惠金融服务站上传贷款申请信息及其他金融服务需求信息。

4. 配合做好普惠授信贷款、产业发展信用贷、"三位一体"扶贫贷款等产品的贷款风险提示和还款提醒等相关工作等。

5. 就金融消费权益保护咨询作出解答或告知救济途径，开展普惠金融政策、金融知识宣传教育。开展"普惠金融一网通""普惠通APP"的宣传推广。

6. 承办银行可以结合本行特色，开展符合农村地区实际的信贷产品、理财产品、其他金融产品和服务的宣传和推广。

7. 配合普惠金融服务中心、乡镇级普惠金融服务站做好其他普惠金融相关工作与安排的临时性工作。

四、保障措施

（一）明确职责分工

人民银行：人民银行郑州中心支行负责制订兰考县金融服务体系建设总体方案，指导整体建设，组织开展服务（中心）站工作人员教育培训等；人民银行开封市中心支行负责督导、推进服务（中心）站整体建设，协调各承办银行开封市级机构对服务站各承办银行提供支持，协助完成上级工作任务等。

兰考县政府及相关单位：兰考县各级政府负责三级服务体系建设的推进和落实工作；兰考县政府负责协调落实乡镇（村）与各承办银行实现对口共建，加强政策支持和工作保障，强化工作考核，推动兰考县金融服务体系建设的全覆盖；兰考县金融办和人民银行兰考县支行具体负责制定服务（中心）站建设标准、督促建设进度、落实优惠政策、监督业务开展、开展业务培训、提供和更新宣传资料等。

承办银行：各承办银行上级机构（省级、市级）负责对各承办银行提供政策、资金和技术等方面的支持，加强对承办银行建设进度的督导督办；各承办银行负责落实服务站建设、日常维护和运行，协助兰考县普惠金融工作领导小组对服务站工作人员开展考核等。

（二）加强人员与物质保障

县乡村三级普惠金融服务（中心）站应有固定办公场所、明显标志、必要的工作人员和办公设备；县乡两级普惠金融服务（中心）站工作人员一经确定，应专职从事普惠金融服务工作，村级服务站工作人员由驻村工作队和协管员组成；工作人员应公道正派、诚实守信，具备较强的责任意识；村级服务站是金融机构部分职能的延伸，为金融机构开拓业务，所需建设费用和日常费用由各承办银行承担。

（三）加强考核

建立普惠金融服务站考核机制，对普惠金融服务（中心）站、工作人员进行考核评价。对考核优秀的服务站进行资金奖励；对服务站工作人员奖优罚劣，并将评价结果反馈至其工作单位。

三、"委托—代理" +监管

普惠金融服务站嵌设在村党群服务中心，是在政府公共服务体系框架内，依托基层村委组织、金融协管员，动员发挥农村资源和社会力量，通过布放支付机具等金融基础设施，综合开展惠农支付、信贷推荐及贷前贷后管理、信用建设、消费者权益保护等金融服务的非机构性金融服务场所。为明确普惠金融服务站的责权利关系，切实防范其开展金融服务中的操作风险、合规风险、法律风险、声誉风险。在制度安排上，一方面，试验区在服务站的建设和管理上确立了主办银行制度，压实压牢主办银行建设、管理、维护普惠金融服务站的责任；另一方面，确立"主办银行、村委、金融'协管员'"三方责任主体，金融机构与村委、金融"协管员"签订业务协议，建立"委托—代理"关系，同时金融"协管员"与县人社部门签订政府购买劳务合作协议，人社部门为中间方负责辅助管理，降低劳务风险，确保村委、金融"协管员"依法依规开展工作。

兰考县也十分注重防控风险，提前谋划风险防控措施，强化政府对普惠金融服务站的监督管理，一是督促指导金融管理部门严格落实服务站建设标准的制定、建设进度的督促、优惠政策的落实、业务监管、开展培训、宣传资料提供和更新等；二是指导县乡村三级相关职能部门，与各主办银行对口共建服务站，用行政法规规范村委、金融"协管员"、乡镇金融专干、县普惠金融服务中心工作人员的业务行为；三是县政府专门成立防范化解重大风险及安全生产指挥部，应对化解突发性金融风险，并在县法院成立金融诉讼法庭，免费受理金融诉讼案件，限时办结。

四、"4 +X"综合功能

在村级服务站作用的发挥上，主要结合农村实际、农民生产生活需要，并统筹考虑了普惠金融服务在农村地区落地的路径依赖，服务站

"一站式"提供"4＋X"综合服务功能。

"4"即基础金融服务、信用信息服务、贷款推荐和贷后协助管理服务、金融消费者权益保护服务 4 大类与农民生产生活、农村普惠金融发展息息相关的综合性金融服务。其中，基础金融服务主要包括惠农支付结算服务和小额人民币服务等基础金融服务。惠农支付结算服务包括助农取款、查询、现金汇款、转账汇款、代理缴费、其他惠农支付结算相关服务工作；小额人民币服务包括小额零钞调剂、小额旧钞换新钞、小额残损币兑换等；信用服务功能主要是协助开展农户社会信用信息采集、核实、更新等工作，为银行贷款和政府管理提供信息参考，引导弘扬"诚实守信、勤劳致富"的农村新风尚；风险防控功能主要是发挥金融"协管员"、驻村工作队、村"两委"干部对本村村民情况熟悉了解的优势，对借款人信用状况及产业经营发展等进行监测，协助银行筛选客户、提交贷款申请、还款提醒、催收贷款、贷款风险提示等，将银行贷款风险控制关口前移到村里；金融消费者权益保护主要是开展金融政策、业务、知识宣传教育，推广应用数字金融，接受金融消费投诉。

"X"是各主办银行提供的特色金融服务。主办银行可以结合本行特色，开展符合农村地区实际的信贷产品、理财产品、其他金融产品和服务的宣传和推广。截至 2018 年底，兰考县已建成普惠金融服务站 454 个，其中有 2 个数字化服务站、16 个重点站，实现了"普惠金融服务站村村全覆盖"的目标。

此外，我们对县乡两级普惠金融服务中心职能进行了明确。县级普惠金融服务中心是全县普惠金融运转调度的"大脑枢纽"，实行主办银行副行长轮值副主任制度，整合运用县直部门资源，开展金融机构集中式办公、一站式服务，主要职能是负责全县信用体系建设工作，建立全县农户信用信息电子档案，并实现金融政策咨询、普惠授信等贷款业务咨询办理、征信查询、保险业务办理，农村产权抵押、金融知识宣传等相关普惠金融业务的集中办理。

乡镇级普惠金融服务站主要依托便民服务厅建立，其中专设普惠金融服务窗口，日常由乡镇金融专干负责运营，主要职能是监测、管理、考核辖内村级服务站和金融"协管员"，收集、审核、整理村级普惠金融服务站农户信息，建立全乡镇农户信用信息电子档案，提供受理贷款申请、金融政策咨询、金融知识宣传等服务。

专栏6-2：河南省兰考县普惠金融改革试验区"普惠金融服务站"建设方案[①]

为了实现兰考县"普惠金融服务站全覆盖"目标，人民银行郑州中心支行在前期调研的基础上，经充分沟通和协商，对兰考县"普惠金融服务站"（以下简称服务站）建设工作提出方案如下：

一、指导思想

贯彻落实《河南省兰考县普惠金融改革试验区总体方案》的有关要求，体现普惠金融发展需要，探索经济新常态下金融服务"四农"的新思路、新方法，打通金融服务"最后一公里"，完善农村基础金融设施，促进城乡金融统筹发展，进一步提升广大农民的金融素养，满足县域多层次、多元化农村金融发展需要，提高农村地区基础金融服务覆盖率、可得性和满意度。

二、工作目标

2018年底前，实现兰考县所有行政村普惠金融服务的全覆盖。在实现路径上，坚持"试点先行、分步推进、如期完成"。通过服务站的建设和功能实现，让农民在家门口获得实实在在的普惠金融服务，全面升级农村金融服务水平，让村民公平、便利、及时分享金融改革发展成果。

三、工作原则

（一）紧扣农村需求原则。服务站重点开展贴近农民实际需求的惠农支付、小额残损币兑换、普惠金融知识宣传教育等基础金融服务。同时，加载符合农民创业需求的农村理财、小额信贷、农村电商等惠农特色业务，真正符合农民的金融服务特点和习惯。

（二）政府引导原则。在服务站建设中，应充分发挥政府在统筹规划、组织协调、均衡布局、政策扶持等方面的引导作用，确保服务站运行的非营利性和公益性，真正实现普惠金融发展理念。充分尊重市场规律，正确处理政府与市场的关系，发挥市场的主导作用，使市场在农村

---

① 引自《关于印发〈河南省兰考县普惠金融改革试验区总体方案〉落实意见等文件的通知》（豫普金办发〔2017〕1号）。

金融资源配置中发挥决定性作用，充分活跃农村金融市场，方便村民获得多元化、多样化金融服务。

（三）主办银行原则。服务站建设由人民银行兰考县支行牵头、兰考县金融办协调配合、兰考县各商业银行主办。各主办银行根据所包乡镇，实现乡（镇）域各行政村服务站全覆盖，经验收合格后投入使用。

（四）统筹兼顾原则。在服务站建设中，各主办银行应综合考虑服务站、惠农支付点、乡镇政府、村委所在地、金融机构实体网点之间的关系，因地制宜，统筹兼顾，采取目标导向，勤俭办站，注重实效，提升普惠金融服务水平。

四、业务功能

原则上，服务站一般应具备以下业务功能：

（一）普惠金融业务功能。

1. 金融服务功能。（1）惠农支付结算服务：①小额存取现②业务查询③同行或跨行现金汇款、转账汇款④生活缴费⑤其他惠农支付结算相关服务工作；（2）小额人民币服务：①小额零钞调剂②小额旧钞换新钞③小额残损币兑换等。

2. 信用服务功能。河南省中小企业和农村信用信息系统到村，实现农户信用信息的采集、更新和查询功能。

3. 风险防控功能。农户、商户和小微企业贷款的筛选和推荐，配合做好普惠授信、产业发展信用贷、"三位一体"扶贫贷款、贷款风险提示和还款提醒等相关工作。

4. 金融消费权益保护功能。就金融消费权益保护咨询作出解答或告知救济途径，普惠金融知识宣传教育，以及围绕兰考县普惠金融改革试验区普惠授信、"普惠金融一网通"等工作的信用告知卡、普惠信用合约及相关内容宣传。

（二）加载的主办银行业务功能。

主办银行可以结合本行特色，开展符合农村地区实际的信贷产品、理财产品、其他金融产品和服务的宣传及推广。

五、建设标准

（一）选址。服务站原则上要设在行政村村委会，如村委会不具备条件的，可由村委会选择合适地点，服务站场所面积原则上在 10 平方米以上。

（二）人员。服务站工作人员由兰考县政府和各主办银行联合从村委会人员、志愿回乡大学生、支部连支部工作人员、协保员、有意愿且有能力的本村青年人等人员中选定。工作人员要公道正派、诚实守信，具备较强的责任意识。

（三）标志。服务站统一使用由人民银行核准的标牌。标牌上应有"河南省兰考县普惠金融改革试验区普惠金融服务站"的字样，有统一的服务站编号，并可使用主办银行标识等内容。

（四）设备。服务站应根据基本业务功能，配备必要的办公设施，如电脑、具有转账功能的 POS 机、验钞机、柜台、保险柜、残损币兑换尺、宣传展架、业务登记簿、业务操作流程牌（包括助农存取款流程、金融消费投诉受理流程、残损币兑换标准）等，并具有基本的安全防护设施。

（五）日常管理和培训。开展整体培训、集中培训和重点培训（即以普惠金融讲习堂开展整体培训、抽调人民银行和主办银行业务骨干开展手把手现场集中培训和工作站工作人员对村民入户重点培训）相结合的多层级培训，对服务站工作人员素质、设备维护、业务开展、风险管控、服务质量等方面进行规范化管理。

六、时间安排

服务站建设在时间安排上分三个阶段：

（一）试点建设阶段（6月底前完成）：根据"尽快试点、稳步推进"思路，每个乡选择2个行政村作为服务站试点，先行开始建设。

（二）试点调研阶段（7月上旬前完成）：对试点服务站的运行情况开展调研，进一步掌握村民需求、业务功能和建设达标情况，为下一步全面推开服务站建设奠定基础。

（三）全面建设阶段（年底前完成）：各主办银行全面开工建设，实行边建设、边验收、边运行，2018年底前全部完成建设任务。

七、工作职责

（一）人民银行。

人民银行郑州中心支行负责服务站建设方案的总体规划和制定，指导和推进服务站整体建设情况，组织加强对服务站工作人员教育培训等工作。

人民银行开封市中心支行负责督导服务站整体建设，协调各主办银行开封市分支机构对服务站各主办银行提供支持，协助落实完成上级工作任务等。

（二）兰考县政府及相关单位。

兰考县人民政府负责协调落实乡镇（村）与各主办银行实现对口共建，加强统筹协调，加强政策支持，加强工作保障，加强对服务站的工作考核，推动服务站实现全覆盖。

兰考县普惠金融工作小组办公室、兰考县金融办和人民银行兰考县支行具体负责服务站建设标准的制定、建设进度的督促、优惠政策的落实、业务监管、开展培训、宣传资料提供和更新等。

（三）各主办银行。

各主办银行上级机构（省级、市级）负责对服务站各主办银行提供政策、资金和技术等方面的支持，加强对主办银行服务站建设进度的督导督办。

各主办银行负责落实服务站建设、日常维护和运行，协助兰考县政府对服务站工作人员开展考核等。

（四）服务站工作人员。

按照服务站业务功能，负责服务站日常业务的办理。根据所学普惠金融知识，深入开展普惠金融知识入户宣传，提升兰考县农村农民整体金融素养。

八、费用支出

服务站是金融机构职责的延伸，所需建设费用和日常费用由各主办银行承担。兰考县政府给予政策支持、工作协调和评价激励，对服务站工作人员提供一定的补助。工作进展要加强考核，并根据考核情况以奖代补。

第二节 普惠金融服务站的运行与管理

三级普惠金融服务体系建立后，加强对普惠金融服务站的规范管理，向基层群众提供"负责任"的金融服务，确保普惠金融服务站的健康运行，成为了切实防控"委托—代理"中可能存在的金融风险、充分发挥三级服务体系职能的重要保障。

一、建管并重

在服务站建设之初，就专门确立了"建管结合、运行顺畅、防控风险"原则，出台了"建设方案、服务站管理办法、协管员奖励办法、服务站操作手册、业务办理流程"① 等一系列规则制度，对服务站的建设标准、业务标准、管理标准进行了统一谋划安排。

建设标准上，坚持"五个统一"和"八个一"。"五个统一"是指统一签订合作协议、统一制作站点牌匾、统一装潢设计、统一服务标志、统一业务培训；"八个一"是指在硬件设施上，每个服务站配备一个门牌、② 一台具有转账功能的 POS 机、一台验钞机、一个保险柜、一个宣传展架、一部残币兑换尺（仪）、一个登记簿、一系列管理制度。

在服务规范方面，我们提出"五到位"和"十不准"。"五到位"内容包括：一是服务站标牌悬挂到位，在指定的醒目位置悬挂服务站标牌、业务范围及工作流程等标牌；二是金融服务到位，及时根据客户要求办理基本金融业务；三是普惠金融知识宣传到位，及时宣传普惠金融、农村金融、金融扶贫政策和基本金融知识，积极开展诚信宣传；四是服务设备管理到位，及时、定期维护各种服务设备，确保设备的正常、安全运行；五是自我管理到位，服务站人员应积极参加培训，遵守各项管理规定，强化自律管理。"十不准"即不准代客户保管存折、存单、银行卡，不准询问和代为保管客户账户密码，不准直接或间接参与非法集资，不准给客户存现"打白条"，不准挪用客户资金或套用客户贷款，不准私自向客户收取手续费，不准擅自改变服务站专用设备的用途或利用自身便利条件从事非法活动，不准向客户传播虚假金融信息或

---

① 见《关于印发〈河南省兰考县普惠金融改革试验区总体方案〉落实意见等文件的通知》（豫普金发〔2017〕1 号）、《关于印发〈兰考县普惠金融改革试验区金融服务体系建设工作方案〉的通知》（豫普金办发〔2018〕9 号）、《关于印发兰考普惠金融服务站考核办法的通知》（兰政办〔2018〕56 号）、《关于印发普惠金融服务站协管员奖励办法的通知》（兰政办〔2019〕39 号）、《关于加强普惠金融服务站标准化建设的通知》（兰金文〔2019〕59 号）、《关于加强乡级普惠金融服务中心标准化建设的通知》（兰金文〔2020〕24 号）。

② 门牌载有"河南省兰考县普惠金融改革试验区普惠金融服务站"字样，悬挂在服务站醒目位置。

其他不当言论，不准以任何方式泄露商业秘密和客户信息，损害客户正当利益，不准参与黄、赌、毒和其他违法违规活动。

同时，制定了"服务站工作职责"，对各项重点业务制定了详细的"操作手册"和"办事流程"，在操作中对每一个环节均设定了"谁办理""咋办理"和"何时办结"等重点事项，让村委、金融协管员、乡镇金融专干、主办银行、县乡两级普惠金融服务中心、县人民银行、县金融局深度参与，环环相扣、相互配合。为了及时发现业务办理存在的问题，我们特别设立了业务投诉"绿色通道"，群众可以通过"普惠通"APP、投诉电话和投诉信件随时向县普惠金融服务中心投诉问题，县普惠金融服务中心及时跟踪处理。

二、"训巡"并进

服务站运行管理中，我们明确了"四化"标准，即业务培训制度化、业务操作标准化、金融宣传常态化、风险监督日常化，并借此确立了"以培训促管理"和"以巡检促管理"两大工作抓手。

试验区建立了定期培训制度：一是建立上岗前培训制度，服务站开业前，要求主办银行专门组织村委和金融"协管员"开展金融知识和业务操作培训；二是建立"三个一"常态化培训制度。每个月，主办银行到所辖服务站对村委、金融协管员现场开展一次培训；每季度，将乡镇金融专干、村委、金融协管员集中到对应的乡镇，由主办银行开展一次培训；人民银行、金融局联合主办银行组织县普惠金融服务中心工作人员、乡镇金融副职和金融专干、村委及金融协管员，集中培训一次；三是建立"金融夜校"培训机制，县政府主管副县长、县金融管理部门负责人、各主办银行负责人入乡，每年至少到各乡镇（街道办）对辖内乡镇金融副职和金融专干、村委及金融"协管员"轮流培训一次。通过多层面、广角度、常态化培训，帮助乡村干部、金融"协管员"成长为"普惠金融服务专家"，在实践中充分发挥其服务站运行"管理员"、业务办理"操作员"、金融知识"传播员"等角色的作用。

在"以巡检促管理"上，一是要求主办银行建立异常交易监测制度，每天运用系统后台审计功能筛选可疑交易，由专人核实和处理；二是采取现场查看、走访村民、接洽村委等方式，主办银行每月一次、乡镇金融副职（或金融专干）每月一次分别巡检调研了解服务站运营情况和风险状况；三是建立业务和巡检账簿。要求主办银行指导服务站设立格式、内容统一的 5 类账簿（业务交易凭证保管簿、贷款需求咨询登记簿、小面额人民币兑换登记簿、金融消保咨询登记簿和日常巡检登记簿），严格落实登记制度，留存管理痕迹；四是建立重大事项报告制度，对于服务站发生重大违规事件的，要求主办银行第一时间报告人民银行和金融局；五是强化人民银行、金融局巡检和监督，综合利用数据分析、现场评估、走访调查等手段，加强对服务站运行规范性和安全性的监督管理，每年组织现场抽查，督促整改风险隐患。

三、评级奖罚

在服务站管理考核上，试验区探索抓好"四个环节"，以考核分级、奖优罚劣机制促进服务站和金融"协管员"提质增效。

（一）抓好考核标准设定环节

以满足群众不断提升的金融服务需求为高线，以确保服务站安全合规运行为底线，对参与服务站建设运行的村委（服务站）、乡镇（街道办）、主办银行三大主体，分别设定核心指标、加分项、一票否决项指标。[①] 其中，加分项指服务站获得社会各界好评或者落实人民银行和主办银行其他工作要求情况；一票否决项指服务站发生违反"十不准"的情况。

在量化评分核心指标上，对村委（服务站）设定"5 项核心指标"，包括软硬件建设（30 分）、人员配备情况（10 分）、金融宣传（10 分）、台账档案管理（10 分）、业务办理状况（40 分）；对乡镇（街道办）设定"3 项核心指标"，包括组织领导方面（20 分）、服务站建设方面（50 分）、综合评价方面（30 分）；对主办银行设定"3 项核心指标"，包括组织领导方面（20 分）、对服务站建设运行的支持方面（50

---

① 见《关于印发兰考县普惠金融服务站考核办法的通知》（兰政办〔2018〕56 号）。

分）、综合评价方面（30分）。

其中，每一类核心指标又细化为若干项子指标，并基于服务站建设运转和功能需要，赋予不同的权重和分值，使考核指标符合业务需要和建设方向。如在服务站业务量大小方面，分为"10分、20分、30分、40分"4个档次，各项业务量笔数和金额加权结果从高到低依次排序，其中排名前10名服务站得40分，排名在11~30得30分；排名在31~60得20分，排名在60名以后得10分。再如，在服务站建设运行方面，分值根据乡镇内各服务站硬件建设、软件建设、金融宣传、台账登记管理、业务办理情况的考核结果，取平均值加权得到乡镇该项指标的得分，比如某乡镇共建设五个服务站，分别得分90、95、85、80、65，则该乡镇服务站建设运行方面得分为（90+95+85+80+65）/5×50%＝41.5分。

（二）抓好评分定级环节

为实现激励先进、鞭策后进的目标，结合服务站运行实际，按照"高标定级、从严掌握"原则，将考核定级结果分为优秀、合格、不合格三个等级。为激发乡镇参与服务站建设管理的积极性，在定级流程上，县级层面先对乡镇（街道办）评分定级，确定优秀单位5个、合格单位9个、不合格单位2个，然后根据乡镇（街道办）定级结果，按照"乡镇（街道办）定级越高、辖内服务站优秀等级名额越多"的原则，分别分配优秀乡镇（街道办）3个优秀服务站指标、合规乡镇（街道办）2个优秀服务站指标、不合格乡镇（街道办）1个优秀服务站指标，切实压实乡级普惠金融服务中心管理村级普惠金融服务站的责任，切实调动乡级管理村级普惠金融服务站的能动性。承办银行考核结果分为优秀、合格、不合格三个等级。评分定级实行按季评定和更新。

在评分流程上，按照"谁建站、谁管理，谁评分、谁定级"和成本最小化原则，充分依托县普惠金融服务中心评定乡镇（街道办）和主办银行，乡镇（街道办）和主办银行评定辖内和主办服务站。特别是在服务站评分定级上，乡镇（街道办）和主办银行在每月1次的现场巡检中，紧扣"软硬件建设、人员配备情况、金融宣传、台账档案管理、业务办理状况"等5项核心指标，对所辖服务站量化打分。主办银行再根据全县服务站业务量排名，计算"业务办理状况"指标得分。最后，乡镇（街道办）再参考"加分项"和"一票否决项"情况，核定所辖服务站综合得分，确定对应评级，并上报县普惠金融服务中心。

（三）抓好奖优惩劣环节

试验区建立了三项制度，督促引导服务站主动优化服务。第一，建立差异化奖励和薪酬制度，坚持"有升有降、按级取酬"，对考核结果为优秀的服务站，由县普惠金融服务站考核领导小组予以通报表彰并给予500元现金奖励。同时，试验区坚持"金融'协管员'薪酬与服务站业务量、推荐贷款不良情况挂钩"，服务站业务量越多、贷款推荐不良率越低，金融"协管员"薪酬越高。第二，建立针对性帮扶制度。对考核不合格的服务站和村委，由县普惠金融服务站考核领导小组予以通报批评并限期整改，要求所在乡镇（街道办）、主办银行采取"一对一约谈""面对面指导"等方式，帮助服务站管理员提认识、找差距、补短板。对考核结果不合格的街道办事处、乡镇政府和分管负责人，由县普惠金融服务站考核领导小组予以通报批评，年终全县目标考核中酌情减分。对考核结果为不合格的服务站承办银行，由县普惠金融服务站考核领导小组予以通报批评并约谈其主要领导。第三，建立动态性调整机制。对于连续三个季度被评为不合格的服务站，进行撤换调整。此外，试验区建立了"两个挂钩"，督促主办银行、乡镇（街道办）履行主体责任，一方面与收入挂钩，对于所辖服务站不合格占比居全县各乡镇后三名或者评分定级弄虚作假的，要求主办银行对主抓客户经理、乡镇（街道办）对金融副职（和金融专干）进行一定经济处罚；另一方面，与金融管理挂钩，对于所辖服务站发生较大风险事件的，将主办银行、乡镇（街道办）纳入年度专项执法检查对象，督促规范管理、做好整改。

（四）抓好金融"协管员"环节

金融"协管员"是普惠金融服务站日常管理者，也是向基层群众推送金融服务的"主力军"，试验区针对金融"协管员"管理专门建立了相应的奖优惩劣制度。

一是县级层面建立了每半年一次的业务考试制度，按照考试成绩确定金融"协管员"等级，以每月1500元为基准，县财政按照"不同等级，不同奖金"原则给予每月不高于300元的奖励。对考试成绩不合格的，则予以辞退。

二是专门针对金融"协管员"建立"薪酬两挂钩"制度，一方面，与服务站业务量挂钩，业务量越多，薪酬就越高。依据服务站金融协管员奖励办法，小额取现业务每笔奖励0.5元，推荐重点普惠型贷款（主要包括普惠授信、金融扶贫贷款、小额担保贷款等单笔金额低于20万元）发放成功的，新增客户每笔20元、存量客户每笔5元；推荐企业贷款担保金额20万元以上且发放成功的，新增客户每笔50元、存量客户每笔10元；推荐新增一年以上定期存款办理成功的，每万元奖励5元；推荐信用卡办理且成功激活的，每张信用卡奖励5元。另一方面，与贷款推荐不良状况挂钩。每季度，主办银行发放协管员各项奖励时，按应发总金额的50%发放，剩余50%存入金融局专用账户，根据金融"协管员"推荐贷款到期后的不良率确定发放情况，不良率超过3%的，协管员各项奖励实行1万元封顶。

通过以上创新性措施，各方积极性得到了充分调动，试验区普惠金融服务站的职能和作用迅速得到发挥，业务量稳步增长，规范性明显提升，满意度不断改善，影响力不断扩大。

四、动态监测

三级普惠金融服务体系涉及部门多、业务多，对服务体系中每一个环节、每一个主体、每一项业务办理情况进行全面、实时监测，并及时发现、解决存在的问题，对普惠金融服务体系的顺畅运转至关重要。结合兰考县实际情况，拓展应用数字普惠金融综合服务平台功能，在平台上开发普惠金融三级服务管理系统，将县乡村三级服务体系、风险补偿金划拨和信用体系建设、各类业务开展都统一到平台上来，通过村级金融"协管员"、县乡两级普惠金融服务中心、主办银行登录运用和系统留痕，实现对各类普惠金融业务办理情况动态跟踪、监测、督导，既能随时掌握普惠金融市场运行情况，也能针对普惠金融服务中存在的问题及时整改，进而实现了对三级普惠金融服务体系的管理，也推动了各类普惠金融服务的有效落地。普惠金融服务管理平台的相关内容前面已有详细介绍，此处不再赘述。

专栏6-3：兰考县普惠金融服务站协管员奖励办法[①]

为更好发挥普惠金融服务站的职能，切实增强普惠金融服务站服务质量和发展能力，着力实现服务站的稳健可持续发展，根据《兰考县普惠金融改革试验区金融服务体系建设工作方案》《兰考县普惠金融服务站考核办法》等相关规定，制定本办法。

一、承办银行业务办理奖励标准

1. 小额存取款业务，每笔0.5元；

2. 推荐小额贷款（包括普惠授信贷款、金融扶贫贷款、小额担保贷款等单笔金额低于20万元）发放成功的，新增客户每笔20元，存量客户每笔5元；

3. 推荐企业贷款单笔金额20万元以上发放成功的，新增客户每笔50元，存量客户每笔10元；

4. 推荐新增一年以上定期存款办理成功的，每万元存款5元；

5. 推荐信用卡办理且成功激活的，每张信用卡5元；

6. 服务站协管员与各承办银行之间不存在任何劳动或劳务关系，各承办银行不承担其个人所得税代扣、缴纳养老保险、医疗保险、失业保险、住房公积金等费用。

二、奖励惩戒机制

（一）激励措施

每季度按正常运营服务站总数的10%评选优秀站点，每个优秀站点奖励500元。

各项奖励费用除金融扶贫贷款、优秀站点奖励费用外其余由承办银行负担，金融扶贫贷款、优秀站点奖励费用由县财政承担，其余各项奖励费用每季度结算。

---

① 见《关于印发普惠金融服务站协管员奖励办法的通知》（兰政办〔2019〕39号）。

（二）惩戒措施

协管员各项奖励均与推荐贷款不良率挂钩，每季度承办银行发放协管员各项奖励时，按应发总金额的 50% 发放，剩余 50% 存入金融工作局专用账户，根据协管员推荐贷款到期后的不良率情况确定发放情况。不良率超过 3% 的，协管员各项奖励实行 1 万元封顶。

三、协管员工作要求

（一）贷前准备

1. 做好金融政策宣传工作，宣传讲解贷款政策、失信惩戒机制。

2. 协助银行、客户准备贷款资料，并核对客户提供资料是否真实有效，证件是否在有效期内，包括：（1）身份证、户口簿、结婚证（如有）原件及复印件、有其他资产的客户需提供复印件如房产证（按揭房产需提供合同及发票）；（2）农户承诺书原件；（3）村委出具的农户信誉证明原件；（4）借款人个人信用报告查询授权书原件；（5）合法生产经营用途证明材料。

3. 筛选客户并对接银行尽职调查时间，做好客户准入把关工作，将不符合条件客户排除在外。

（二）协助调查

做好联络沟通，协助调查。调查时组织好农户，确保入户调查时夫妻双方到场；协助银行调查入户，确保农户信息、经营信息真实性。

（三）贷后风险管理

关注客户风险状况并及时报告。发现客户挪用贷款及其他风险应及时通知银行，并协助银行提前收回贷款，农户出现重大变故应通知银行，未通知的视为协管员未尽职。

（四）提醒按时还本付息

1. 每月 21 日前协管员通过多种途径通知贷款户结息，未按时结息的及时通知到本人。

2. 提前 20 天通知客户还款，贷款到期前 2 个工作日仍未还款的需上门再次通知。

3. 贷款客户有重大变化的及时通知银行，形成逾期的提供贷户财产线索，协助银行清收。

（五）协助客户做好续贷工作

1. 向银行反馈客户经营变动情况、民间借贷情况等。

2. 做好续贷资料准备，借款人及配偶身份证、结婚证或其他婚姻状况证明文件。

3. 合法生产经营用途证明材料。

4. 做好续贷风险管理及还款提醒工作。

（六）小额存取款

1. 同一台助农取款机器同一个时间段为同一人多笔取现的按一笔计算，且同一个取款人员在同一台机器上当天取现两笔以上的按两笔计算。

2. 按要求在承办银行发放的助农取款台账上进行逐笔取现登记，并留存好小票，以便查询。

3. 对协管员出现少取客户资金、收取服务费、给予客户假币或拒绝为客户办理查询、转账等影响普惠金融服务站和银行声誉的行为，一经发现取消其代理资格，并通报所在乡镇处理。

4. 助农小额取款时，原则上必须本人办理，并登记台账，取款人签字按手印。如因非本人办理引起的业务纠纷，由协管员负责。

第三节　服务体系的创新价值

普惠金融服务站和三级服务体系是在试验区建设中，通过对长期以来农村地区综合性金融服务缺失现状的反思和对普惠金融服务如何在农村地区落地生根的深入思考，并充分结合当前基层政务服务、党建工作体系，而做出的创新性制度安排，具有扎根农村、贴近群众生产生活、密切党群关系、塑造新型银农银企关系的天然优势，在当前兰考县全面推进脱贫攻坚、乡村振兴，深入践行县域治理"三起来"的发展阶段，具有重要的实践创新价值。

一、"政务＋金融"蕴含着"执政为民"的政治思想

在村党群服务中心设立普惠金融服务站，把行政力量、金融力量整

合到三级金融服务网络，体现出了"三级联动，政银融合"的新思维新方法。以人民为中心，实现好、维护好、发展好最广大人民群众的根本利益，是党和政府一切工作的出发点和落脚点。习近平总书记在中央全面深化改革领导小组第十八次会议上指出，"发展普惠金融，目的就是要提升金融服务的覆盖率、可得性、满意度，满足人民群众日益增长的金融需求，特别是要让农民、小微企业、城镇低收入人群、贫困人群和残疾人、老年人等及时获取价格合理、便捷安全的金融服务"，无不体现着"普惠为民"思想。

把普惠金融服务体系纳入政府公共服务体系中去，就是要动员政府组织和社会力量，向农村地区延伸金融服务的触角，提升农村金融服务能力，把金融功能下沉到村民家门口，为人民群众带来日常所需的金融服务，群众足不出村就能享受到全方位的金融服务，给村民们带来了实实在在的普惠；就是把普惠金融作为一项公共服务，解决传统惠农支付点偏重商业化、功能单一问题的同时，丰富了农村党群服务中心的服务内容，增强了党群服务中心对群众的凝聚力，拉近了党群、政群、干群关系，让普惠金融"驻"到百姓心里，"联"住党群血脉；就是要守住金融服务实体经济的天职和宗旨，推进普惠金融与产业发展有机结合，实现金融资源的普惠配置和乡村资源再配置，助推农业农村发展动能转换，助力乡村产业兴旺、人民生活幸福。

二、拆除了长期横亘在银农之间的隔墙

传统金融具有"身居闹市，等客上门""财富信用，锦上添花""行业高利、规避风险"的特征，长期以来，农民很少与银行打交道，更是对享有综合性的金融服务"可望而不可即"，2015年对试验区的调查表明，全县获得正规银行信贷的农户不及13%。银行与农民关系的僵化、金融业务联系的隔阂，如同长期横亘在银行与农民之间的隔墙，一直难以有效破除。

村党群服务中心是党员干部为群众办事、解忧的场所，村委及协管员都是本村村民，对农民比较熟悉，是农民的"贴心人"，农民遇到困难更愿意求助党群服务中心。把普惠金融服务站设立在党群服务中心，

把普惠金融服务作为党群服务中心的一项工作内容，农民有金融服务需求直接到服务站，找村委和金融协管员即可方便办理，这种创新性实践十分贴近农村"熟人社会"特点，大大提升了基层金融服务的精准性、有效性、适宜性，拆除了几千年以来横亘在农民与银行之间的隔墙。这种机制安排，既让农民能更好地享受到基本金融服务权利，也让银行能更好地践行"金融为民"思想，正确地回答了试验区建设"依靠谁""为了谁""我是谁"的重大命题。

2018年9月，中央媒体采访团采访试验区时，谷营镇栗西村村民袁某对记者朴实地谈起了普惠金融服务站设立以来的变化和感受，"以前取个钱还要跑到乡里，贷款也不知道去找谁，现在村里有了服务站，这些在村里面就可以办了，服务站真是太方便了！我们对金融政策了解得也更多了，我们的金融意识、金融观念比以前增强了，一些过去游手好闲、好吃懒做的人，也开始行动起来，想办法发家致富了。过去我们农民感觉金融很遥远、很高大，现在感觉像个'贴心小棉袄'，就在我们身边。现在，我们脱贫致富奔小康的劲头很足、信心很大，我们老百姓的幸福感也越来越强了"。

三、提供了一个符合实际的解决方案

过去农村线下金融服务难，在于供给和需求两端都存在能力不足问题。从金融机构看，近年来工农中建等商业银行在农村地区大幅减少，银行从业人员增长也较为缓慢。虽然部分金融机构已经尝试数字金融服务，但数字金融业务规模、业务范围、服务群体仍然较小，在服务对象上大都实行"白名单"制度，金融服务能力明显不足的问题，导致金融排斥现象严重；从农民自身状况看，其自身金融观念、信用意识较为淡薄，自我发展能力弱，对接金融的能力不足；从金融供给配套体系看，农村信用体系建设滞后、信贷风险防控弱、消费者权益保护缺失，难以支撑金融服务特别是农民最关心的信贷问题在农村真正落地。

三级服务体系动员了政府、社会等多方力量，普惠金融服务站通过熟人社会发挥着"4+X"功能，形成了普惠金融服务供给合力，有效解决了"服务谁来提供""风险如何防控""信用如何评定""服务成本如何降""服务效率如何提高"等问题。对兰考县农村商业银行的调研表明，县乡村三级金融服务机构全覆盖，相当于县、乡、村三级都增加了金融服务人员，大大节省了银行的人工服务成本，简化缩短业务办理流程。过去银行开展农户信贷，需至少跑两次，现在只需要一次即可，银行客户经理办理业务平均节约 1/3 的时间，服务成本也大幅下降。

通过三级服务体系，实现了过去农民金融需求"无人管"到现在"管到底"的转变，真正破解农村金融服务"最后一百米"梗阻，收获了"农民满意、银行受益、政府中意"的"多方共赢"改革效果。

第七章　普惠授信体系

第一节　普惠授信的提出

农民是脱贫攻坚、乡村振兴实践中的市场主体和推动者，小康不小康、振兴不振兴关键在农村、在农民。在统计和经济意义上，文献研究结果大都显示小额信贷与家庭福利存在明显的正向影响。但在现实中，农民融资难、融资贵、融资慢问题一直未得到有效解决，制约农民自我发展进程。

无论脱贫攻坚还是乡村振兴战略，都必须解决"钱从哪里来"的问题。[①] 习近平总书记多次强调"要做好金融扶贫这篇文章"；为助推乡村振兴，2018 年中央一号文件专门提出"加快形成财政优先保障、金融重点倾斜、社会积极参与的多元投入格局"，2019 年中央一号文件进一步指出"普惠金融重点要放在乡村""坚持农村金融改革发展的正确方向，健全适合农业农村特点的农村金融体系，推动农村金融机构回归本源，把更多金融资源配置到农村经济社会发展的重点领域和薄弱环节"的工作要求。

试验区摸底调研发现，截至 2015 年底，真正从银行获得过贷款的农户占比不足 13%，金融对农民创业就业支撑能力明显缺位。绝大多数农户没有建立信用档案，87.6% 的农户贷款通过抵（质）押或担保获得，农户信用贷款占比仅 13.4%。对于长期在农村推广的小额信贷政策，群众普遍感到像"玻璃门"、可望而不可即，如"击大鼓"、好听

---

① 2018 年中央一号文件明确指出"实施乡村振兴战略必须解决好钱从哪来的问题"，并提出要"加快形成财政优先保障、金融重点倾斜、社会积极参与的多元投入格局"。

不好用；农户贷款年均加权利率达 9.1%，29.4% 的农户贷款利率达到基准利率的两倍以上，获得银行贷款农户中，贷款审批期超过 10 天以上占比 63%，利率高且贷款审批时间长。对于银行这一方，普遍热衷于有政府背书或有抵押担保的项目，发放农户小额信贷的积极性也普遍不高，普遍担心农民生产经营能力和抗风险能力较弱，害怕贷款变呆账、债主变"苦主"。

几千年一直存在的农民融资难题如何破解？信贷如何真正支撑农民实现自我发展？这是在统筹解决"四农"（农村、农业、农民、农民工）融资难题进程中，着力深入解决的、与农民利益休戚相关的重要问题。

正是在这种背景下，试验区针对我国大多数农民几千年以来从未与现代银行打过交道的现实，基于大多数农民缺乏银行认可的有效抵押担保物的现状，探索通过对小额信贷产品的机制和流程创新，引导金融机构对所有农户，按照"宽授信、严启用、严管理、严惩罚"的原则而设计推出了"普惠授信"信贷产品，真正将"基本信贷权回归人民大众"，真正让小额信贷成为基层百姓创业就业、发展生产的"贴身小棉袄""致富好帮手"。

第二节　普惠授信的产品特点与机制安排

普惠授信是在试验区专门为解决农民融资难题而研发设计的，是针对符合"两无一有"的农民家庭研发的"两免一低""零门槛"的小额信贷产品。"两无"即无不良记录（包括无不良信用记录、无违法犯罪记录）和不良嗜好，信用记录空白的视为无不良信用记录。"一有"即必须有生产经营项目。"两免"即免抵押、免担保。"一低"即贷款低利率，年贷款利率不超过 6.75%。

在试验区先对全部农民家庭无条件、无差别的授信 3 万~8 万元（目前已调整至 5 万~10 万元）的信用额度。只要农户有生产经营项目，无不良信用记录、无违法犯罪记录、无不良嗜好，具有完全民事行为能力且年龄符合贷款规定，即可"零门槛"使用贷款。在对农民家庭的认定上，我们采取以居民户口簿登记的农村家庭为准。

一、产品特点

为真正破除农民融资难题，我们在产品设计之初，就注重产品的普惠、基本零门槛、低成本、期限活、生产性用途、以信贷促信用等特点，以致力于从根本上疏通融资服务的最后一百米，破解了几千年以来存在的农民融资难题。

一是坚持普惠原则。对农户全部授信，授信额度最低每户为 3 万元（目前已调整为 5 万元），通过普惠授信户户全覆盖，赋予农户享受小额信贷的基本权利；

二是用信基本零门槛。借款人只要具有完全民事行为能力，长期（一年以上）居住在乡（镇）行政管理区域内，年龄 18 周岁（含）以上，年龄符合银行贷款规定，当前无不良信用记录，无违法、犯罪记录，无不良嗜好，具有良好的思想道德品质，贷款用于法律许可且符合国家产业政策的生产经营活动，就可以无抵押、无担保地"零门槛"使用贷款；

三是贷款低成本。当地人民银行向符合条件的主办银行发放再贷款资金，引导主办银行按照"微利经营、适当加点"的原则，向农民发放明显低于市场利率水平的贷款，年利率不高于 6.75%，该利率明显低于以前的普遍高达 10% 以上的农户贷款，还款方式为按月付息、到期还本。同时，银行微利经营也实现了自身业务的可持续性；

四是贷款期限活，"一次授信、三年有效、随借随还、周转使用"，贷款发放后，可随借随还，再次申请贷款时，只需提出申请，即可方便、便捷地获得贷款，降低了临时周转成本，三年循环使用的贷款期限要求，也更好地吻合了农业生产周期；

五是激励守信户。普惠授信实施中，先对农户授予一定信用贷款额度，再培养信用，授信额度随信用级别的上升而上升，并对恶意违约农户采取联合惩戒，通过将信贷普惠与信用培养有机结合，形成信贷与信用的良性互促。

二、机制安排

普惠授信产品整个信贷过程分为"授信、启信、用信、还信"四个环节，在信贷推荐、贷后管理及风险防控的各个环节，我们充分考虑了现阶段农民社交网络"蒂固"在乡村以及农村"熟人社会治理"的特点，采取了一系列创新性机制安排，确保普惠授信业务的普惠性和可持续性。

（一）第一个环节是授信环节，强调送贷上门、集中办理基础授信，体现出"将信贷前置，先信贷、后信用"的工作思路

主办银行先进村入户对试验区所有农户进行无条件、无差别地全部授信，授信额度不低于3万元，随着"信用信贷相长"，目前最低额度已调整至5万元。普惠授信在试验推广过程中，采取逐村推进、循序渐进、以点带面、示范推动的工作方式，先对各乡镇、各金融机构进行集中授信培训，然后由各乡镇联合金融机构自主选择试点村进行整村授信、集中宣传。

具体流程是，先由村委组织发动群众，主办银行按村集中办理基础授信，集中宣讲政策。通过向农户发放信用告知卡（信用告知卡详细告知普惠授信、启信、用信、还信流程以及相关激励约束政策），精细宣传、讲解普惠授信政策，待农户详细了解授信、启信、用信、还信流程以及相关激励约束政策后，主办银行与农户集中签订《普惠金融授信证》。普惠授信证一式一份，由农户留存，作为农户启信、用信的权利和凭证。目前我们又研发推出了电子信用证，农民可通过"普惠通"APP随时看到自己的信用等级和普惠授信额度。通过授信，让银行先迈腿，主动送贷上门，让农民与银行先建立信贷关系，有效破解了以往农民"求贷无门"的难题。

专栏 7–1：普惠授信《信用告知卡》（试用版）

尊敬的农户：

非常感谢您抽出时间了解普惠授信产品！该产品专门为守信用、有生产经营项目的农民家庭，提供小额信用贷款支持。有关情况告知如下：

一、关于普惠授信产品

普惠授信产品具有以下基本特征：

（一）坚持普惠原则。对农户全部授信，授信额度为每户3万元。

（二）用信有条件。借款人必须具有完全民事行为能力，长期（一年以上）居住在乡（镇）行政管理区域内，年龄18周岁（含）以上，授信期限加年龄不超过60周岁（含），当前无不良信用记录，无违法、犯罪记录，无不良嗜好，具有良好的思想道德品质。贷款只能用于法律许可且符合国家产业政策的生产经营活动，且不能取现，可以通过"普惠金融一网通"平台、POS机具、网上银行、手机银行等非现金支付方式使用贷款。

（三）贷款低成本。贷款年利率最高不得高于6.75%，还款方式为按月付息、到期还本。

（四）贷款期限活。"一次授信、三年有效、随借随还、周转使用"。

（五）激励守信户。一方面，在贷款发放时，风险补偿金购买普惠授信保证保险和担保服务。若借款人未能按期付息还本，政府将全额追回已支付的保证保险费及担保费；另一方面，授信额度随信用级别的上升而上升，促进信贷信用共同成长。

二、贷款条件与注意事项

（一）普惠授信是商业性贷款，不是财政扶贫资金，必须按期付息还本，违约将追究相关责任。

（二）可由一个家庭成员作为借款人。借款人应具有完全民事行为能力，长期（一年以上）居住在乡（镇）行政管理区域内，年龄18周岁（含）以上，授信期限加年龄不超过60周岁（含）。

（三）借款人当前无不良信用记录，无违法、犯罪记录，无不良嗜好，具有良好的思想道德品质。

（四）贷款只能用于法律许可且符合国家产业政策的生产经营活动。

（五）超过 3 万元的信贷需求可向主办银行另行申请办理，由金融机构根据农户资信情况自行决定。

（六）贷款不得转借，一旦发现转借行为，主办银行可以提前收回贷款，兰考县普惠授信资产管理领导小组依法对当事人（含借款农户和转借方）严肃处理。

三、如果守信用，按时付息还本，将得到以下奖励

（一）如果借款人守信，银行将提升借款人的信用评级，再次申请贷款时，银行将根据实际情况适度提高授信额度或降低贷款利率。

（二）如果您所在的行政村农户均无不良信用记录，那么您村将被兰考县政府评定为"普惠信用村"，政府将在您村优先安排重大生产经营项目。

四、如果违约，将按以下方式处理

（一）政府将全额追回为违约农户支付的保证保险费及担保费。

（二）在乡（镇）政府、村内醒目位置张榜公布违约农户违约的情况，并在互联网、电视台、广播电台、报纸等媒体曝光。

（三）违约农户将被拉入信贷黑名单，评定为老赖户，5 年内银行不再向违约农户提供授信。

（四）5 年内不再享受县、乡（镇）各类补贴。在法律允许的范围内，扣划违约农户的涉农补贴资金等政府转移支付偿还。

（五）将违约农户的失信情况纳入婚姻登记系统，违约农户（或其他家庭成员）在办理婚姻登记时，婚姻登记部门会将借款的失信情况告知对方。

（六）将违约农户的失信情况告知其他家庭成员所在的单位。

（七）当您村逾期率达到 5% 时，不再对您村新增授信；当您所在的乡（镇）逾期率超过 4% 时，不再对您所在的乡（镇）新增授信。

（八）通过司法途径解决。

（二）第二个环节是启信环节，坚持"严启信"原则，强调信贷资金的"生产"属性和启信人的"行为偏好"

在启信环节上，强调村委、协管员对农户贷款申请严格把关。在把关的机制安排上，我们充分考虑农村"社交网络"和"熟人社会治理"

的特点，利用村委和协管员对本村情况最熟悉，最知道启信人是不是真正有生产项目，是不是遵纪守法、勤劳致富的"好人"，对启信人进行把关，以有效防控普惠授信因无抵押、无担保且普遍授信而产生的"道德风险"。

农户有生产资金需求时，直接上村普惠金融服务站提交贷款申请（或通过"普惠通" APP 线上提交贷款申请），填写用信申请表、承诺书和信息采集表。村委、协管员结合农户日常生产、生活表现，按照"是否有不良记录、是否有不良嗜好、生产用途是否真实"两无一有的标准进行初审，并为符合条件的农户出具签字背书的信誉证明，并通知主办银行受理（通过"普惠通" APP 的贷款申请，也同样经村委、协管员开具的电子农户信誉证明后，及时给予受理），真正让普惠授信服务于用勤劳双手"发家致富"、守法守信、遵守公民文明公约的"新型农民"，通过一系列制度安排，既帮助农户增加了"隐性"信用，增强了普惠授信的"道德约束"，也促进农民培养了信用习惯，提升了信用意识，促使谨慎用信、按时还信，弘扬了社会正气。

（三）第三个环节是用信环节，该环节强调对农户信息的采集和贷款发放的限时办结

对符合用信的农户，在贷款发放环节，依托河南省农村信用信息系统，采集农户信用信息，为农户建立信用信息档案。一方面，推进农村信用体系建设，消除农户信用信息空白，另一方面，对农户进行信用等级评定，根据评级结果在"贷款额度最低不低于 3 万元（目前已调整至 5 万元）、贷款年化利率最高不高于 6.75%"的标准内，根据农户实际评级结果确定实际授信额度和贷款利率。

同时对主办银行限时办结和贷款支取上都做了相应制度安排。主办银行在 3 个工作日内完成入户调查，2 个工作日内出具审查审批意见，审查审批通过后，签订普惠授信借款合同，当日或次日放款。借款人按照"一次授信、三年有效、随借随还、周转使用"原则，通过"普惠通" APP、POS 机具、主办银行电子渠道或第三方支付平台使用贷款。贷款必须用于生产项目，银行在事后可要求农户提供贷款用途证明。

（四）第四个环节是还信环节，该环节强调守信激励、失信惩戒，实现信贷信用相长

贷款发放后，贷后管理及农户按时还信，是普惠授信顺畅运行的关键。在机制设计上，我们在贷中走访、贷款提醒、守信正向激励、失信联合惩戒方面明确了一些创新性方式方法。一是发挥多方力量，强化贷后管理，贷款发放后，村委、协管员每季度至少1次走访贷款人项目情况，并记录贷款管理台账；贷款到期前一个月，银行工作人员和村委、协管员各自至少1次通知提醒贷款人按时还款；对于贷款出现违约的，村委、协管员参与追还。二是建立了正向激励机制，对于守信的，评定为信用户，银行提升授信额度、优惠利率，政府给予退补担保费保险费激励；对无违约农户的村，则评为"普惠金融信用村"，政府在该村优先安排生产项目、农田水利、水路电气网等设施建设。三是对于失信人员，试验区专门出台金融领域失信"铁五条"，给予降低或取消授信、电（视）台曝光、列入"老赖"名单、村内张榜公布、信息登入婚姻登记系统、通知家庭成员单位、停发扣划涉农各类补贴、司法追责等各种有效管用的联合惩戒措施。让失信者丢人难堪、寸步难行，引导农民重视信用、爱惜信用。

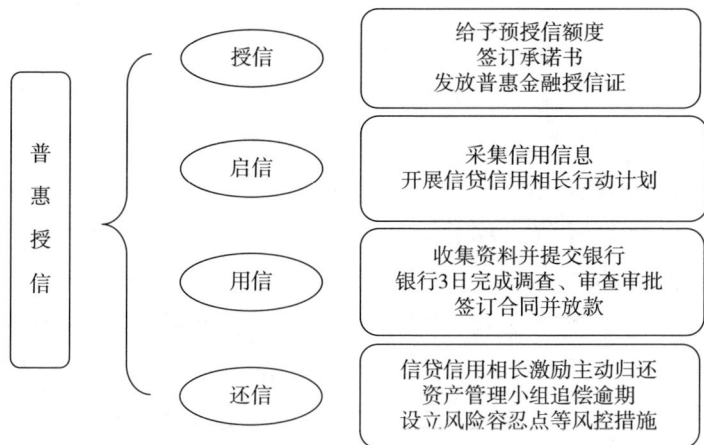

图7-1　普惠授信流程图

专栏 7 - 2：普惠授信工作方案①

为贯彻落实《国务院关于印发推进普惠金融发展规划（2016—2020年）的通知》（国发〔2015〕74号）、《中国人民银行　发展改革委　财政部　农业部　银监会　证监会　保监会　河南省人民政府关于印发河南省兰考县普惠金融改革试验区总体方案的通知》（银发〔2016〕323号，以下简称《总体方案》）等文件精神，立足河南省兰考县实际，按照"宽授信、严启用、严管理、严惩罚"的原则，创新小额信贷工作方式方法，研发推广普惠授信产品，促进实现小额信贷的"应贷尽贷"，专项支持农户（农户以居民户口簿登记的农村家庭为单位，下同）生产经营，制定本方案。

一、关于普惠授信产品

普惠授信产品是在兰考县专门为守信用、有生产经营项目的农户研发的一种小额信贷产品。该产品具有以下基本特征：一是坚持普惠原则。对农户全部授信，授信额度为每户3万元（目前已调整为8万元）；二是用信有条件。借款人必须具有完全民事行为能力，长期（一年以上）居住在乡（镇）行政管理区域内，年龄18周岁（含）以上，授信期限加年龄不超过60周岁（含），当前无不良信用记录，无违法、犯罪记录，无不良嗜好，具有良好的思想道德品质。贷款只能用于法律许可且符合国家产业政策的生产经营活动，且不能取现；三是贷款低成本。贷款年利率最高不得高于6.75%，还款方式为按月付息、到期还本；四是贷款期限活。"一次授信、三年有效、随借随还、周转使用"；五是激励守信户。授信额度随信用级别的上升而上升，并对恶意违约农户采取联合惩戒，实现信贷信用相长。

二、工作思路

突出"普惠"特色，将信贷前置，创新开展"信贷+信用"，先对农户全部授信，实现"普惠授信户户全覆盖"。建立信贷信用相长机制，在农户使用信贷过程中培育农户信用意识，完善农户信用信息，推进农村信用体系建设。强化金融宣传、激励守信和严惩失信，优化农村金融

---

① 见《关于印发〈《河南省兰考县普惠金融改革试验区总体方案》落实意见〉等文件的通知》（豫普金发〔2017〕1号）。

生态环境。建立风险缓释机制，有效防范普惠授信风险。

三、工作原则

（一）注重普惠，银农共赢。注重发挥扶贫再贷款、差异化金融监管及信贷风险分担机制作用，在降低农户信贷成本的同时，确保普惠授信业务的可持续运作。

（二）多方联动，风险可控。注重银行、风险补偿金、保险、担保等多方联动，共同推进工作开展。注重"普惠授信户户全覆盖、普惠金融服务站点村村全覆盖、金融服务人人全覆盖"三个全覆盖工作的联动，力求事半功倍。注重县、乡（镇）、村三级联动，发挥好乡（镇）政府、村委及"支部连支部"脱贫奔小康工作队、"驻村第一书记"职能，稳妥有序推进。加强贷前宣传、贷中管理和贷后追责，确保信贷资金安全。

（三）激励守信，严惩失信。建立激励约束机制，在法律允许范围内，将涉农补贴及扶贫资金投放、惠农项目实施等扶持政策与农户守信情况挂钩；将扶贫再贷款资金运用、不良贷款核销、差异化监管、金融机构考核与普惠授信工作开展情况挂钩。

四、工作程序

（一）明确主办机构。根据"自愿参与、权责对等"原则，确定主办银行、主办保险机构、主办担保机构。各主办机构的业务准入条件、审核标准一致。主办机构可根据实际情况出台操作细则，但各项标准不得高于本方案。主办机构应严格按照本方案要求开展普惠授信工作，并接受河南省兰考县普惠金融改革试验区工作领导小组监督。

（二）宣传先行。主办银行、乡（镇）政府、村委及"支部连支部"脱贫奔小康工作队、"驻村第一书记"提前做好动员、组织、宣传和解答工作。召开全村大会集中宣传，银行及驻村工作人员讲解普惠授信政策，集中发放信用告知卡，签订普惠授信证，让农户详细了解普惠授信产品、普惠授信流程与启信条件以及相关激励约束政策。

（三）贷款申请。农户了解普惠授信政策后，可以由一个家庭成员作为借款人。借款人可通过"普惠金融一网通"平台或村委向主办银行提交贷款申请。借款人按照要求在线或在村委填写基本信息表，提交相关申请材料。村委集中收集后报送主办银行，提交主办银行受理。

（四）贷前审核。主办银行收到贷款申请后，3个工作日内实地调查贷款用途及生产经营项目，确定是否发放贷款。对于贷款申请未能通过的，主办银行应向借款人说明原因。对于无故提高贷款门槛、拒贷以及无故降低农户贷款额度的主办银行，一经查实，将对当事银行进行相关处理。

（五）贷款发放。贷款申请审核通过后，按规定购买普惠授信保证保险和担保服务。保证保险、担保服务自生效之日起，有效期一年。有效期内，农户按"随借随还"原则多次支用贷款时，无需重复购买保证保险和担保服务。保证保险、担保服务有效期满后，农户若继续申请贷款，贷款发放时需再次按规定购买。发放贷款时，主办银行客户经理在农户持有的普惠授信证上记录用信情况。下次申请贷款时，农户需再次提供普惠授信证。

（六）贷款使用。农户可通过"普惠金融一网通"平台、POS机具或其他电子渠道支用贷款，不得取现。贷款不得转借，一经发现，主办银行可提前收回贷款，政府有关部门依法对当事人（含借款农户和转借方）进行严肃查处。

（七）建立信用信息。在农户申请贷款、使用贷款过程中，及时更新完善农户信用信息，依托河南省公共信用信息平台、河南省中小企业和农户信用信息系统，推进农村信用体系建设。

（八）贷后管理。由各乡（镇）政府和村委统一组织，对各借款人的贷款情况、经营项目在乡（镇）政府和村内醒目位置进行公示，便于村民监督。主办银行不定期走访贷款农户，一旦发现违法违规使用贷款行为，主办银行可提前收回贷款。

（九）风险处置。

1. 兰考县政府牵头主办银行、主办保险机构、主办担保机构成立兰考县普惠授信资产管理领导小组，专项负责普惠授信的风险处置。

2. 建立普惠授信熔断机制。村逾期率超过（含）5%时，不再对该村新增授信；乡（镇）逾期率超过（含）4%时，不再对该乡（镇）新增授信。经不良资产处置，逾期率低于相应熔断点时，经兰考县普惠授信资产管理领导小组同意后，应重启新增授信。

3. 建立银行、风险补偿金、保险、担保参与的、分段计算的风险分担机制。分担机制为：

（1）不良贷款率≤2%时，不良贷款损失由主办银行全部自担。

（2）2%＜不良贷款率≤5%时，对于超出2%的部分，银行承担20%，风险补偿金、保险、担保共担80%。

（3）5%＜不良贷款率≤10%时，对于超出5%但未超出（含）10%的部分，银行承担10%，风险补偿金、保险、担保共担90%。

（4）不良贷款率＞10%时，对于超出10%的部分，全部由风险补偿金、保险、担保共担。

不良贷款率以全县为统计口径、按年统筹核算，风险补偿按季补偿、按年平衡。不良贷款率核算方法由兰考县政府牵头主办银行、主办保险机构、主办担保机构协商确定。

五、政策支持

（一）建立政府增信机制。按照《总体方案》中关于"完善风险管理和分担补偿体系"要求，建立风险补偿机制和风险补偿补充机制，专项支持普惠授信工作开展。在各主办银行设立风险补偿金账户，由兰考县财政先行出资1000万元作为风险补偿金。后续风险补偿发生时，及时向风险补偿金账户补充资金，确保普惠授信风险补偿资金充足。

（二）强化货币信贷政策支持。实施"百亿元支农计划"，人民银行专门安排100亿元再贷款、再贴现额度，专门对接普惠授信工作，实施期为4年。在国家政策许可范围内放宽准备金考核的下限要求，引导金融机构将更大比例的资金投入实体经济。

（三）实施差异化监管政策。省政府金融办、河南银监局、河南保监局积极支持兰考县各主办机构开展普惠授信业务，对普惠授信业务给予更大的风险容忍度，对普惠授信业务经办人员实施尽职免责制度。

（四）出台激励引导政策。实施"信用信贷相长计划"，对于守信农户，提升其信用评级等级，再次申请贷款时，适度提高授信额度，促进信贷信用共同成长。

六、保障措施

（一）加强组织领导。充分发挥河南省兰考县普惠金融改革试验区工作领导小组（豫政办文〔2017〕10号文成立）职能，督导普惠授信工作开展。建立兰考县政府主要领导为组长的普惠授信工作推进小组，指导、协调兰考县相关部门加快推进普惠授信工作开展。

（二）落实各方工作职责。

1. 人民银行郑州中心支行。加强对兰考县普惠金融改革试验区的政策支持，加大扶贫再贷款扶持力度，积极向总行争取扩大扶贫再贷款使用机构范围，支持主办银行开展普惠授信工作。

2. 省政府金融办、河南银监局、河南保监局。省政府金融办对主办担保机构在业务发展、政策扶持方面给予优先支持。河南银监局实施差异化监管政策，提高对试验区普惠授信不良率的容忍度。河南保监局积极支持保险机构开展贷款损失信用保险业务，加大监管力度，强化风险防控。

3. 省财政厅。支持兰考县统筹涉农资金设立普惠授信风险补偿金。

4. 兰考县人民政府。强化兰考县普惠授信工作推进小组职能。设立普惠授信基金和信贷风险补偿金，支持普惠授信工作开展。牵头成立兰考县普惠授信资产管理领导小组，将普惠授信贷款不良率纳入乡（镇）政府目标考核体系，建立风险识别、风险代偿流程、不良资产追收及分配等工作制度。

5. 主办机构。主办银行做好试验区授信、录信、贷款发放工作。主办保险机构为普惠授信提供保证保险服务，主办担保机构为普惠授信提供担保服务，优化业务流程，执行优惠费率。

（三）强化考核激励。人民银行郑州中心支行、省政府金融办、省财政厅、河南银监局、河南保监局共同建立考核激励机制，对主办银行、主办保险机构、主办担保机构加大考核力度，并强化结果运用。

（四）加强工作宣传。河南省兰考县普惠金融改革试验区工作领导小组、兰考县普惠授信工作推进小组研究制订宣传工作方案，采用多种方式加大宣传力度，引导农户了解普惠授信，主动适应配合工作开展。

工作开展中相关细节问题、需要适时优化的相关事项以及其他未尽事宜，应由兰考县政府牵头相关各方协商达成一致意见，并经河南省兰考县普惠金融改革试验区工作领导小组同意后，及时补充修订。

第三节　普惠授信运行状况及实践意义

一、普惠授信运行状况

2017 年 7 月，试验区首批普惠授信贷款发放仪式在仪封乡魏寨村举行，标志着"先信贷，后信用"的普惠授信产品在试验区正式上线。这是试验区在普惠金融产品体系上的一个重大突破，中央电视台、人民日报、新华社、金融时报、河南卫视予以报道。目前，试验区普惠授信工作已全面铺开，已实现了"普惠授信户户全覆盖"的目标，并在省内其他县域进行了复制推广，也取得了良好效果。

试验区推广普惠授信不到一个月，试点村授信面就从此前不足 10% 大幅提升至近 90%，农户小额信贷可得性与满意度不断提升，得到群众的普遍拥护和欢迎。截至 2020 年末，试验区已完成基础授信 15 万余户，发放普惠授信贷款 27077 笔、11.75 亿元，目前仅因意外事故等原因产生 3 笔不良贷款。普惠授信贷款农户中，大部分农户都是首次从银行获得贷款，农户小额信贷可得性与满意度不断提升。目前，正探索将普惠授信业务拓展至新型农业生产经营主体和小微企业。通过普惠授信业务的带动，兰考县农村经济主体贷款积极性升高。截至 2020 年末，兰考县户贷率已达 41.59%，已发放农户小额贷款 6.93 万户、55.16 亿元。2019 年以来，普惠授信做法被全省复制推广，截至 2020 年 12 月末，全省完成基础授信 1126.95 万户，普惠授信覆盖率为 60.82%；发放普惠授信贷款 172.69 万笔、金额 1066.95 亿元，余额 716.11 亿元。

普惠授信经过在试验区两年多的试验探索，已成为普惠金融落地的一个标准化产品，得到了金融机构、政府、农民等各方的认可和肯定。普惠授信推广后，农民反映很好，很积极，非常感激。一些乡村宣传推广普惠授信时，农民们非常关注，纷纷涌到现场索要资料、提出疑问。拿到授信的农民兴高采烈地说："现在政府的政策真是好，把金融服务送到我们农民的手里,是一件我们过去不敢想的大好事。"一些年轻农民朋友说:"现在银行信贷扶持创业这样方便,以后不用出去打工了,在家好好干一样能挣钱,还能照顾家,这在以前是根本不敢想的"。

普惠授信工作也得到了金融机构的高度认同,兰考县农村商业银行负责人表示,"我们过去贷款的集中度太高,风险大,普惠授信给我们分散风险、占领市场提供了一个全新思路,与我们未来要实现80%的客户都是农民朋友的目标高度契合"。普惠授信推开后,农民贷款难、贷款贵、贷款慢的问题彻底解决了,农民只要有产业项目,有生产用途,即可一次办理,随用随借,周转使用。

在下一步普惠授信工作的深化上,具体思路是:一是试验区探索拓宽应用范围,在持续推进普惠授信工作、满足农户有效贷款需求的同时,按照"风险可控,稳步推进"的原则,在小范围内尝试将普惠授信主体拓展至小微企业、新型农业经营主体和农民工,以探索出更多符合需求的普惠金融信贷模式,解决好这些特殊群体的融资服务难题;二是在河南全省选择试点实践检验,在更大范围内验证普惠授信产品,逐步解决好全省农民长期以来面临的融资问题;三是运用好河南省数字普惠金融综合服务平台("普惠通"APP),与兰考县农村商业银行合作,探索普惠授信线上化,进一步提升农民贷款满意度和便捷性。

专栏7-3:农户有了信用证 借钱发展不用愁①

临近年底,河南兰考代庄村民代灰迫不及待地算起一年的收入:"今年种的葡萄都是高端品种,全部出清,4个大棚纯收入有10多万元。"

两年前,代灰还是贫困户,全家靠他一人打零工过活,一年到头也攒不下几个钱。2017年初,在微信群里,代灰看到一条村干部发的信息:"对于愿意发展产业的农户,县农商银行可以提供贷款,无抵押、无担保,最高贷款3万元,年利率只有6.75%,政府还给贫困户贴息。"

哪来的这好政策?原来,2016年12月,国务院批准在兰考建设全国首个国家级普惠金融改革试验区,这项政策正出自兰考先行先试的普

---

① 原载于《人民日报》(2019年11月27日10版)。

惠金融改革。

代灰一听有这好政策，立马从城里回到村上。和村干部一起经过几番考察，代灰决定贷款3万元建葡萄大棚，跟着村里的种植大户学种葡萄。他没想到，当年一个大棚的收益就还清了贷款。

2018年，兰考普惠金融政策把贷款额度从3万元提高到5万元，代灰又贷款4万元建了两个大棚。随着种植技术越来越成熟，2019年，夫妻俩又多承包了一个大棚。

中国人民银行郑州中心支行党委书记、行长徐诺金说，很多农户除储蓄业务外，从未与银行打过交道，信用记录空白，金融机构缺乏农户信用信息，不敢给农民贷款。针对这些问题，兰考把信贷前置，变"先有信用再贷款"为"先贷款再有信用"，创新推出普惠授信小额信贷产品，无条件、无差别地给予每户3万到8万元基础授信。农民拿到"普惠金融授信证"，就像拿到一张信用卡，只要满足"无不良信用记录、无不良嗜好、有产业发展资金需求"的条件，即可启用信用贷款。

截至今年10月底，兰考已完成15万余户的基础授信，各家银行与1.4万名农户签订普惠金融贷款合同，金额达6.04亿元；已通过农村和中小企业信用信息系统录入16.03万农户信息、5708户中小企业信息，超过95%的农户有了电子信用档案。

如果出现大面积贷款还不上，怎么办？

兰考县委副书记、县长李明俊告诉记者，兰考探索创新"银行、政府风险补偿基金、保险公司、担保公司"四方分担机制，2%以下的不良损失由银行全部承担，政府风险补偿基金随着不良率上升而递增，银行分担比例随不良率上升而递减，解除银行的后顾之忧。

据了解，兰考县财政设立7575万元贷款风险补偿基金、2400万元还贷周转金。同时采取信贷员包村、乡镇两委协助贷款推荐、村普惠金融服务站协管员定期走访措施，以保证贷款人的还款能力。

"村干部把好关，比银行职员跑十趟都管用。"代庄村支书代玉建直言，为让全村村民都能享受国家普惠金融政策，村干部在推荐、把关贷款人工作上，十分谨慎。如果哪家确实遇到困难、暂时还不上，村里会想办法先帮他垫上，大家都不想丢了"信用村"的称号。丢了"信用村"的称号，意味着全村人都享受不到国家的优惠政策。

截至今年 9 月底，兰考县金融机构不良贷款率为 2.28%，低于全省平均水平 0.88 个百分点。

为使农民获得金融产品和服务更丰富、成本更低，兰考还运用信息化技术，建设市场化运营的数字普惠金融综合服务平台"普惠通"APP，打造线上金融超市。平台向全部金融机构开放，对接各类金融服务资源，促进农村普惠金融服务由单一向多元、由封闭向开放、由垄断向竞争转变。

二、普惠授信的实践意义

普惠授信表面看是一个利率优惠、纯信用的小额贷款产品，但从更深层次看，普惠授信是一个"以人民为中心""金融服务人民生产生活需要"的信贷创新尝试，也是"好金融服务好社会"在农村落地的创新性探索，特别是变传统小额信贷"信用＋信贷"为普惠授信"信贷＋信用"的创新实践，将农民生产性小额信贷真正变成了一项基本权利，带来一系列的理论实践价值。

（一）"信贷＋信用"打破了几千年以来长期存在的农民信贷门槛

过去之所以农民融资有"难于上青天"之说，就在于传统农民信贷关系过度强调抵押、担保关系，农民缺抵押、缺担保、缺信用，金融机构由于缺乏农户信息不敢给农民贷款，现在让金融机构先迈腿，将授信前置，变"信用＋信贷"为"信贷＋信用"，先让农民有授信，既拆除了农民信贷门槛，又在农民启用授信时收集农户信息，推动了信用体系建设，这种创新性方式方法，在实践中取得了较好的实践效果。

兰考县谷营镇霍寨村村民霍某准备贷款买一台玉米收割机，因此前从未与银行打过交道，也没有抵押物，贷款无从获得。普惠授信推出后，兰考县农村商业银行通过普惠授信贷款为霍某提供基础授信 3 万元，霍某在提交信用资料证明后，三天内就拿到了贷款。

（二）"扶贫再贷款适当加点"定价原则解决了降利率与业务可持续之间的矛盾

普惠授信工作中，人民银行积极运用扶贫再贷款①为主办银行提供低息资金支持，采取"扶贫再贷款适当加点"的定价原则，支持普惠授信贷款最高执行 6.75% 的年利率。这样一方面能保证银行的利润空间，增强信贷供给的内生动力，使得普惠金融运行更加市场化、商业可持续。另一方面资金成本的下降直接降低了农户融资成本。据调查，普惠授信年利率比正常农户贷款加权平均利率低 5 个百分点左右，有力地降低了农民创业就业的成本，特别是对于初次创业农民，低息资金对其自身发展壮大起着极为重要的支撑作用。

（三）普惠授信的生产性用途安排促进了农村产融互动发展

普惠授信产品主要是直接对接产业项目，让有致富意愿的农民不再为缺资金发愁，为农村产业发展提供了有力金融支撑，突破了信贷与产业发展脱节的难题，推动信贷与产业互促互长，实现产业资本与金融资本的互利共赢。村两委、驻村工作队等组织充分发挥沟通桥梁作用，协助银行进一步认知农户，帮助农户获取普惠授信支持。很多农户主动要求贷款，发展蔬菜大棚、光伏发电、乐器生产、畜牧养殖等产业，实现了从"要我干"到"我要干"的转变，有效促进了乡村经济发展，助推乡村振兴。兰考县堌阳镇有很多家庭民族乐器作坊，依靠银行普惠授信贷款迅速成长，形成泡桐音板与民族乐器专业村，企业产值由之前的 5 亿元增长至目前的 15 亿元。

（四）信用信贷相长淳朴了农村文明风尚

通过实施普惠授信把农民与银行联系起来之后，"欠债是要还的""讲信用不吃亏""守信即是财富"等理念深入人心，农民逐渐培养自

---

① 根据政策规定，目前人民银行扶贫再贷款年化利率为 1.75%。普惠授信最高利率的确定是在扶贫再贷款利率的基础上最高加 5 个点。5 个点中，2 个点用于弥补普惠授信违约后银行自担的损失（前 2% 的不良银行自担），另外 3 个点用于弥补银行的经营成本（调查显示，银行开展农户贷款业务，经营成本在 2% ~3% 左右），以实现普惠授信业务的微利经营和商业可持续。

己的信用习惯。银行机构顺势而为，根据农民积累的信用记录进行信用评级，再调整授信额度，实施优惠的贷款利率。这在增加农户获得贷款可能性、提高农户守信意识、降低普惠授信风险等之间实现良性互惠互促，在乡村、农户中形成了人人讲诚信、户户讲信用、村村比发展的浓厚氛围。

专栏7-4："贴心"农户　"牵手"产业　普惠金融在兰考落地生根①

"活儿更多了，但是更容易了。"这是《金融时报》记者在河南省开封市兰考县采访时最常听到的感受。从县政府到当地金融机构，再到普通农户，大家一致反映：工作量确实比以前更大了，但工作推动起来更容易了。

是什么让这一看似不可能的任务变成可能呢？当地宣传部门负责人一语道破天机：普惠金融在兰考的落地生根，为当地百姓带来了真正的实惠，调动了人们干事创业的积极性，助力了乡村高效治理。

普惠金融贷款助力实现"机器换人"

兰考县堌阳镇范场村村民朱卫芳每天一睁眼，就想着开工。从早上7点到晚上10点，忙的时候可能要到半夜一两点。她在网上接单，按照客户要求设计好字样，转换成适合古琴的字体（通常是篆体）排版，然后再放到机器模具里做成样，利用激光雕刻技术在古琴上雕花。

这个工作朱卫芳做起来早已是轻车熟路了。"一点儿也不累，机器时时刻刻都能赶工。"她指着家里的两台机器说，"我就在自家后院开工，同时还能给孩子做饭，照看老人，啥也不耽误。"

放在两年前，朱卫芳可没有这么轻松。同样是起早贪黑，她和丈夫徐二帅得全靠自己手工完成所有流程。在后院的小作坊里，夫妻俩一坐就是十几个小时，即便这样，每天最多也不过能完成一百来件。如果家里有别的事儿，那工作量更是大打折扣。

"现在我这两台机器可好用了。"朱卫芳说，"我们在电脑上设计好字体，剩下都交给机器，又精准又省力，关键效率还高，每天轻轻松松

① 原载于《金融时报》（2019年10月29日5版）。

就能完成 400 件以上。"按照每件 10 元的均价来计算,夫妻俩每天收入超过 4000 元。朱卫芳已经新添置了第三台机器,正在学习如何使用,据说,这台新机器效率更高,单台每日就能完成 300 件。

"机器换人",效率更高,这道理大家都明白,然而迟迟不能落地的主要原因还是"缺钱"。2017 年以前,徐二帅一家算上手工贝壳雕花、务农等各项收入,年收入不超过 7 万元。加上家里还有个即将上学的孩子,正是用钱的时候,因此,一年到头存不了多少钱。想要贷款,但需要抵押物以及公职人员帮忙担保,这对徐二帅一家来说可不是容易的事。

转机就发生在 2017 年。当时,银行入村宣传普惠金融政策。在村里的普惠金融服务站听完宣讲后,徐二帅立刻提出了贷款申请,两天后,银行业务人员就上门"家访",不到一星期,便发放了 7 万元贷款,年息 6.75%,一下子解决了他资金周转的困难。获得贷款后,徐二帅夫妻俩用 5 万元购置了加工机器,又专门去广东学习了几个月,开启了机器雕花事业,生产效率一下子提升了很多。

"不到一年,买机器的成本就赚回来了。"朱卫芳兴奋地告诉《金融时报》记者,"去年我们就还了第一笔贷款,今年我们想着还要学点新的技术,打算再贷一笔款,买更新的机器!"

普惠金融贷款成为农户"贴心小棉袄"

撬动徐二帅一家发展的是一笔普惠金融贷款——兰考普惠金融改革试验区创新推出的"普惠授信"小额信贷产品。

在兰考,只要满足"两无一有"(无不良信用记录、无不良嗜好、有产业发展资金需求)的农户,就能享受到无条件、无差别地给予每户 3 万元的基础授信。如果信用评级高,这个额度还可能升到 5 万元、8 万元,甚至最高 30 万元。"一次授信、3 年有效、随借随还、周转使用",年利率不超过 6.75%(扶贫再贷款利率 1.75% 加 5 个百分点),比正常农户贷款加权平均利率低 3.6 个百分点。

这在以前是不敢想象的。无论是农户自己、当地金融机构还是政府工作人员,对以往农户的贷款难题还记忆犹新。很多农户除储蓄业务外,从未与银行打过交道,信用记录空白,从征信系统很难对其信用情况作出客观评价。同时,长期以来,在农村信用体系建设中,一直存在农民信息收集难、成本高、农民不愿配合、意见大以及金融机构由于缺乏农户信息不敢给农民信用贷款这个难题。

而这一次，兰考把信贷"前置"了。试验区采用逆向思维，将信贷前置，变"信用＋信贷"为"信贷＋信用"，按照"宽授信、严启用、严用途、激励守信、严惩失信"原则授信；同时，在当地人民银行的制度安排下，在地方政府的积极配合下，"信贷调查"工作进一步走在了前面。"有时候农户暂时没有合适的项目，我们也对他的情况进行了摸底。这样可以保证他在有资金需求时，能够第一时间确定授信额度，快速放款。"兰考县政府副县长袁灏解释了试验区的新探索。

"要让普惠金融贷款成为农户的'贴心小棉袄'。"人民银行郑州中心支行党委书记、行长、兰考县普惠金融改革试验区领导小组办公室主任徐诺金这样评价"预授信"制度，"我们提前确定农户的授信额度，这样一来，如果有发展意愿，可以随时启动好的项目；如果暂时没有，我们也不会随意放贷。"据徐诺金介绍，目前获批授信额且实际享受了普惠金融贷款的"两无一有"农户比例约为20%。

监管层与金融机构把工作做在了前面。从全局来看，这种看似"费力"的工作实则转化为巨大便利，让后续工作开展起来有章可依，更加省时省力。更为关键的是，这项前置的信息统计工作也不再单单是件耗时耗力的苦差事。

徐诺金提到，人工审核模式下，一笔贷款的综合审核成本高达2000元，可以说那时开展普惠金融，往往是"赔钱生意"。而现在借助数字普惠金融技术，单笔贷款的边际审核成本大大降低，只有两元。

更大的优势尚未完全显现。兰考建设的市场化运营的数字普惠金融综合服务平台"普惠通"APP远不止于收集农户基础信息。该平台定位于公共金融服务，向全部金融机构开放，致力于对接各类金融服务资源，提供信贷、保险、理财、支付缴费、金融消费者权益保护等功能，打造线上"金融超市"，实现金融服务的"触手可及""人人均享"。

截至2019年8月末，"普惠通"APP累计下载超360万人次，累计下载注册量（所有区域）超226万人，实名用户超48万人。通过"普惠通"APP线上有效申请超两万笔，累计授信放款金额超6.3亿元。

与产业发展相结合让普惠金融真正"落地"

更高效的普惠金融支持，带动的远不止于金融服务。像徐二帅一家这样，用一笔普惠金融贷款撬动了更大发展的例子不胜枚举。

　　要让普惠金融落地，关键是要找到合适的产业。徐二帅所在的古琴行业正是兰考的一个特色产业。成立于2003年9月的成源乐器音板有限公司是当地的龙头企业。经过十多年的发展，该企业年产值达1800万元左右。但是，此前十几年，企业发展遭遇了融资难的问题。该企业总经理汤二法说："以前，我们的企业是靠自有资金来发展的。由于我们没有东西去抵押，所以贷款困难。在没有资金的情况下，大订单也不敢接，担心找亲戚朋友周转不灵，无法按时履行合同。"

　　随着普惠金融政策的落地，人民银行带领中行、农商银行、中原银行多次到农村宣传，实地考察，推动无担保、无抵押贷款。该企业获得了1000万元的授信额度。很快，这笔钱被用于扩大业务、上新生产线、加大研发力度。据汤二法介绍，公司投入了200万元开发中国第三代乐器音板，原来的每块音板几十元，经过改良创新之后的音板提高到了每块260元，提高了附加值和生产效率，更成为企业发展的"护城河"。

　　将普惠金融政策与产业发展相结合，是让政策发挥实效的重要抓手，也是惠民生、稳就业的重点工程。实际上，埇阳镇范场村已有不少家庭民族乐器作坊利用普惠金融贷款迅速成长，形成了泡桐音板与民族乐器专业村，该村共有乐器企业80家，年产各类民族乐器10万多台（把），生产乐器音板及乐器配件10万多套，年产值1.2亿元，安排从业人员1200多人，其中吸纳周边劳动力400余人，让老百姓通过就近创业就业，"守住家、看住娃、守着家门挣钱花。"

　　百姓们日子好过了，政府工作也就更好开展了。

　　兰考县宣传部部长朱春艳对记者说："这几年，兰考的变化真是大。试验区成立以来，人民银行带着我们推动普惠金融改革，我们日常的工作量大了，但是，百姓获得的实惠是实打实的，他们更相信政策了，更加积极响应了，我们的压力反倒小了。而且，我们把每个村的普惠金融工作站建在党群服务中心，既避免了重复建设的资源浪费，又把普惠金融与基层党建结合，给农民带来了真正实惠，增强了党群服务中心对群众的凝聚力，拉近了党群、政群、干群关系，让普惠金融真正'驻'到了百姓心里，'联'住了党群血脉，助力了乡村高效治理。"

第八章 信用信息体系

"三农"、小微企业融资难，表面上是缺钱，实质上是缺信息、缺信用。目前，绝大多数农村信用体系建设缺失，没有农户信用信息和信用评价机制，加之农村人口多，农户千差万别，金融机构为了取得贷款对象的信用，需要走村穿巷调查情况，挨门逐户收集信息，传统的信用建设方法难度大、成本高、效率低，既不现实，也不经济。农村信用信息如何采集？信用信息如何评价？评价结果如何运用？这些问题都亟待从根本上加以解决。

兰考县也面临同样的难题。试验区建设之初，34.7%的农户不了解信用概念，87%的农户不了解自身的信用状况、更没有自身的信用评级，特别是个别村庄不重视信用，部分农民信用意识淡薄，逃贷、赖贷、废贷现象时有发生，银农关系割裂现象严重。虽然国家层面从2014年起就要求全面推进中小企业和农村信用体系建设，但在信用信息采集中，往往采取整乡整村、大面积机械采集农民信息，农民有怨言，配合度不高，信息收集难、效果不理想。与此相伴的是，以先有信用信息或抵押品、后放贷为特征的传统"信用+信贷"模式在县域金融中长期占据着主体地位，信用建设缺失、抵押担保缺失使得农民"首贷难问题"十分凸显，很难真正实现普惠金融要求下的金融产品或服务有效供给，金融资源分配失衡，城市对农村"抽水机效应"明显。

在探索解决上述困难问题过程中，试验区创造性地采取了普惠授信和信用信贷相长计划行动，率先找到了农村信用体系建设的新路子，在多个领域开创性实现了多个"第一次"：第一次提出"信贷+信用"模式；第一次开展"普惠授信和信用信贷相长计划"；第一次建立覆盖全县农户的信用信息采集体系；第一次在兰考县探索让所有农户拥有信用等级；第一次利用"两无一有"实现"两免一低""零门槛"小额信贷,确定农户基本信贷3万~8万元(目前已调整为5万~10万元)标准;第一次对游手好闲、好吃懒做的农户实行一票否决制。试验区信用信息体系也成了"一平台四体系"普惠金融兰考模式中一个重要内容。

第一节 "信贷+信用"建设路径

针对上述我国信用体系建设中普遍存在的农民信息收集难、成本高、不愿配合、意见大和金融机构由于缺乏农户信用信息不敢给农民贷款这个"鸡生蛋、蛋生鸡"的难题,我们把普惠授信与信用建设结合起来,将授信前置,变"信用+信贷"为"信贷+信用",先让农民有授信,在农民启用授信时再收集农户信息,在普惠授信中推动信用体系建设。

这样一方面使信息收集工作更有针对性,大大降低了信息收集成本,减少了农户的麻烦;另一方面通过授信把农民与银行联系起来,引导农民积累信用记录、培养信用习惯,实施"信用信贷相长"行动计划,根据农民信用积累情况进行信用评级,再根据农户信用等级变动情况调整授信额度和用信成本,让农民在利用信贷的实践中体会信用的价值,珍惜信用,从而实现了信用与信贷的相互促进,激发了农民参与信用建设的热情。具体路径是:

一、开展普惠授信

普惠授信在第七章已有详细阐述,就是采用逆向思维,将信贷前置,变传统的"信用+信贷"模式为"信贷+信用",对所有农户无条件、无差别、百分之百的给予一定额度基础授信,实现农户普惠授信"户户全覆盖"。经审核,只要贷款申请人年龄在18~60岁,[①] 无不良信用记录、无违法犯罪记录、无不良嗜好、有发展生产实际需要的,即

---

① 在试验区,对于建档立卡贫困户,贷款申请人最高年龄目前已调整至65周岁。

可免担保、免抵押给予授信额度内信用贷款支持。

二、信用信息采集

当农户要求启信、正式向银行提出贷款申请时，再征集农户的信用信息，建立信用档案，录入农户信用信息系统，有针对性地解决了以往信息收集难、成本高、农民不配合、意见大等方面的难题，也使得信息收集更具针对性，大大降低了信息收集成本。

为做好信息采集工作，我们专门研究制定了《兰考县农户和中小企业信用信息及系统管理办法》，按照搭建"数据库＋网络"为核心的信用信息服务平台的思路，专门组织开发了全省统一的河南省农户和中小企业信用信息系统，为全省信用体系建设提供高效的信用信息服务。该系统有两个鲜明特点，一是指标统一、采集可变，系统以国家层面制定的信用信息主干指标为基础，在充分征求全省各市意见的基础上，形成符合河南省实际的主体指标，各地可结合实际对采集指标进行增减或修改；二是系统统一、分级建库，系统由人民银行郑州中心支行统一管理和统计监测，部署在云端服务器，各市、县具体承担数据指标采集、整理、录入、保存等任务，建立本级数据库。

同时，试验区建立了信用信息采集更新、查询纠错以及安全管理制度与机制，采取多种途径和技术手段，提高信用信息真实性、更新的及时性。一是按照相关法律法规，推动与兰考县公共信用信息平台信用信息共享；二是对行政管理部门和公共服务部门基于互联网的业务管理系统，通过协商并开发接口程序，实现双方系统直连和数据实时采集更新；三是对行政管理部门和公共服务部门基于内部局域网的业务管理系统，通过协商，开发数据提取程序，实现双方系统间接连接和数据定期采集更新；四是开发接口程序，通过智慧政务系统等第三方系统实时采集更新农户和中小企业申请办理行政业务等信息数据；五是建立数据校验功能机制，建立数据池子接收信息数据，通过比对、甄别、确认后进入数据库，落实信息异议处理机制，及时纠错。

依托河南省农户和中小企业信用信息系统，2017年7月至9月，兰考县组织各乡镇政府、村委会、金融协管员，集中采集录入全县农户信用信息，实现了"应采尽采"。信用信息包含户主信息、家庭成员信息、农户房产信息、土地权属信息以及生产经营信息等，并为农户建立"一户一档"信用信息档案。针对各行业部门信息缺失问题，兰考县组织法院、公安、金融、房管、车管、农机等10个部门按照河南省农村信用信息系统指标设置提供相应信息，以批量导入的形式汇总至平台。并根据金融需要和数据更新实际，建立定期更新机制，按指标分类采取按月度、季度、年度频次进行信息更新，形成了农户"基本信息＋行业信息"的全量信息采集模式，确保了信用信息及时有效，建立了尽可能覆盖全部农户的信用信息数据库，实现了农户信用从"无信息"到"信息全"的转变。

三、组织信用评级

引导商业银行风控系统与农户信用信息系统有效对接，结合贷款人信用信息及还款情况对农民进行信用评级，根据不同信用级别给予不同的授信额度，授信额度不低于3万元（目前已调整至5万元）。

信用评级中，试验区将"三信评定"工作作为推进农村信用体系建设的重要抓手。为提升金融机构对农户信用评价的认可度，扩大金融机构应用力度，试验区创新将"三信评定"与信用评级应用相结合。

一是形成了"信用户评定＋信息更新"互促模式，"三信评定"工作中以兰考县政府为主导，兰考县信用信息中心为实施单位，建立县乡村三级评定组织，制定了《兰考县"信用户、信用村、信用乡镇"评定管理办法（试行）》和《兰考县守信中小企业评定管理办法（试行）》，确定了"三信评定"工作机制。在评定流程上，首先由农户提出申请，村委会入户采集更新信用信息，县乡村三级评定组织进行审核，并结合金融机构相关信息，严格按照评定标准认定信用户。在后续管理中，对信用户实施动态管理，每两年进行一次年审，年审过程中同步完成农户基本信用信息更新。这样做的意义在于，将"三信评定"和农户基本信用信息更新相结合的工作模式，既可以提高信用户评定的工作质量，又能带动农户基本信用信息更新工作，两项工作可以互促共长。

二是开展由金融机构主导的信用户信用评级工作,以信用户评定为基础,由兰考县各金融机构共同参与,针对信用户的信用评级由低到高分为 A 至 AAAAA 五个等级,信用户最初的认定均为基础信用户,通过金融机构对农户之间发生信贷关系和逐步了解,由金融机构对农户进行信用评级,评级结果信息在各金融机构进行共享,实现信用户通过与一家金融机构开展业务往来,各金融机构均能掌握其信用状况。同时,要求金融机构针对不同信用等级信用户匹配不同的金融产品,通过不断积累自身信用,获得更好、更为优质的金融服务。

试验区将采集的信息和评定的结果统一录入农户与中小企业信用信息系统,政府与金融机构共享。银行放贷前,点一下鼠标,就能对农户的信用信息全盘掌握。通过政府引导和市场培育,探索开展"信易 +"等守信激励场景应用,支持强化信用评价结果运用,强化信贷产品和服务模式创新,有效扩大农村地区信贷投放,推动破解农民融资难问题。

四、实施"信用信贷相长"行动

农民用信后,银行根据农民积累起来的信用情况,进行信用评级,依据信用评级,再提升授信额度、调低用信成本,用信用信贷相长促进农民信用习惯、信用观念的培养。在"信用信贷相长"行动计划中,特别强调正面宣传,用农民明白易懂的语言,如"信用就是财富""守信财源滚滚、失信寸步难行"等,引导农民珍惜信用、利用信用。

试验区还探索将还款信息纳入征信系统、农户信用信息系统、婚姻登记系统。对按时还款、信用记录良好的农民,商业银行给予提升信用等级、提高贷款额度、利率优惠、简化手续、减少审批流程等激励,政府给予全额补贴贷款保证保险费、担保费奖励。对于恶意违约的农户,严格执行金融领域失信"铁五条",[1] 政府全额追回垫付的贷款保险和担保费用,在乡镇政府、村内张榜公布违约农户违约情况,并在县电视台、报纸等媒体曝光,将失信信息通报家庭其他成员所在单位;拉入信贷黑名单,5 年内不予授信;扣划涉农补贴资金,5 年内不得享受县乡

---

[1] 见《关于印发金融领域失信惩戒办法的通知》(兰政办〔2019〕38 号)。

各类补贴，必要时采取司法介入措施。所在行政村（社区）逾期主体达到所有户数的 5% 以上的，将直接取消评先资格，并撤销所获得的文明村、四面红旗村等各种先进荣誉称号。通过信用信息的积累、应用，让守信农民得到好处，促进形成诚实守信的氛围，推动信用信贷的良性互动。

五、信用宣教

一是按照信贷信用相长行动计划宣传方案，[①] 兰考县组织各金融机构、各乡镇、街道、各行政村，积极开展全方位、多渠道的信贷信用相长行动计划宣传活动。二是充分发挥"普惠通" APP 宣传作用。在"普惠通"平台上宣传推介信用信贷相长行动计划、农村和中小企业信用体系建设、金融信用信息基础数据库查询服务指南、河南省农村和中小企业信用信息系统信息服务、信用培育及征信知识等内容。通过宣传增强农户的信用意识，积极营造"信用就是财富""守信财源滚滚""失信寸步难行"的社会氛围。

全省也借鉴兰考县做法，把金融宣教、信用培育作为辅助信用体系建设的举措，通过多形式、多渠道宣传金融政策，讲解金融知识，激发了党政领导干部和群众"学金融""懂金融""用金融"的热情，增强了党政领导干部运用金融服务县域发展的能力，培育了群众运用金融发展致富的观念，提升了金融消费者的金融知识、金融水平和金融素养。

如开封市学习借鉴兰考普惠金融宣传教育做法，建立银证保金融消费者权益保护工作协作机制，在河南省率先成立地市级金融消费者权益保护联合会。洛阳市宜阳县和驻马店市确山县通过将金融知识纳入国民教育体系，搭建起一座向家庭、社会传播金融知识的桥梁，基本形成教育孩子、辐射家庭、造福社会"三位一体"的金融知识普及体系，全面提升人民群众的金融素养和风险防范意识，为构建良好的金融环境奠定了基础。安阳市内黄县组建普惠金融知识讲师团，构建"1 + N"宣讲格局，以 27 名讲师团成员为"1"，以工信委、教育局、人社局等为

---

① 见《关于印发兰考县信贷信用相长行动计划宣传方案的通知》（兰政办〔2017〕89 号）。

"N"，依托金融扶贫专题培训、技能培训、普惠授信业务宣传、小微企业普惠金融知识专题讲座等平台，开展金融知识进乡村、进街道、进企业活动 50 余次，受众群众一万余人，培训服务站和村两委人员两千余人。

六、考核奖惩与安全管理

兰考县政府强化对相关责任部门的工作考核力度，将信用体系建设工作列为重点工作，把相关责任部门纳入年度工作考核，与职务晋升、工资绩效挂钩。对金融机构等非政府管辖单位，建立相关奖惩机制。同时，督导各相关单位（部门）严格落实农户和中小企业信用信息及系统管理办法有关信用安全要求，[①] 规范操作使用行为，指定中国人民银行兰考县支行做好系统运行维护工作，确保信用信息安全。对违反信息安全管理有关人员，要求责令改正，并进行责任追究；涉嫌犯罪的，依法移交司法机关处理。

随着"信贷＋信用""信用信贷相长"行动计划的落地，以及兰考县农户信息的"应采尽采"，试验区又对信用体系建设深化工作进行了谋划安排。具体思路是，由政府建设普惠金融大数据中心，集合公安、税务、司法、农业、不动产等相关政务信息，通过互通互联、实时更新、常态化联动的方式，建立开放、共享的信用信息大数据服务平台，确保数据及时有效和权威性，支持金融机构精准画像，拓展数字金融应用场景。

专栏 8 -1：金融领域失信"铁五条"[②]

为进一步创优县域金融生态环境，强化信贷主体信用意识，培育和建设良好的社会诚信风气，严惩失信"老赖户"，特对失信贷款主体采取以下必要惩戒措施：

一、列入征信系统黑名单，禁止其本人、限制其配偶获得授信及车

---

① 见《关于印发〈兰考县普惠金融信用体系建设工作方案〉的通知》（豫普金办发〔2018〕7 号）。

② 见《关于印发金融领域失信惩戒办法的通知》（兰政办〔2019〕38 号）。

贷、房贷等一切形式的信贷服务，黑名单解禁后 5 年内不得获得授信及车贷、房贷等一切形式的信贷服务。

二、金融机构起诉后，对被法院列入失信名单的被执行人，依法冻结、划拨其银行存款、除最低生活保障金外的养老金及微信、支付宝等虚拟交易账户内的余款，违反法律规定的，按照相关规定，对其罚款、拘留，构成犯罪的，依法追究刑事责任。

录入兰考县公共信用信息系统，通过"信用兰考"网站，"诚信兰考"红黑榜系列报道等形式向社会公布失信被执行人信息。失信被执行人不得在全县范围内担任国有企业的法定代表人、董事、监事和高级管理人员，不得登记为企事业单位法定代表人。

失信被执行人乘坐交通工具时，不得选择飞机、列车软卧、轮船二等以上舱位；不得在星级以上宾馆、酒店、夜总会、高尔夫球场等场所进行高消费；不得购买不动产或者新建、扩建、高档装修房屋；不得租赁高档写字楼、宾馆、公寓等场所办公；不得购买非经营必需车辆；不得旅游、度假；子女不得就读高收费私立学校；不得支付高额保费购买保险理财产品；不得乘坐 G 字头动车组（高铁）列车全部座位、其他动车组列车一等以上座位等其他非生活和工作必需的消费行为。

三、将失信被执行人和以失信被执行人为法定代表人、实际控制人、董事、监事、高级管理人员的单位，作为重点监管对象，加大日常监管力度，提高随机抽查的比例和频次，并可依据相关法律法规对其采取行政监管措施。

失信被执行人限制招录为全县公务员和事业单位工作人员；对转移到其子女和其他人名下的财产及夫妻共同财产，将依法强制执行。

四、取消失信被执行人县级（含）以下相关补贴和政府资金扶持，跨省务工补助、设施农业保险、金融扶贫、光伏扶贫、教育补助、全民健康保险、先诊疗后付费、产业发展奖补政策、就业创业奖补政策、标准化厂房补贴政策等。

五、撤销失信被执行人县级（含）以下相关荣誉称号，禁止参与各级评优、评先活动。所在行政村（社区）逾期主体达到所有户数的 5%以上的，将直接取消评先资格，并撤销所获得的文明村、四面红旗村等各种先进荣誉称号。

第二节　兰考信用建设的创新意义

一、"信贷＋信用"打破了农村信用建设僵局

"信贷＋信用"突破了银农关系僵化、信用信息收集难、信用评价难等信用建设中长期存在的难题，为打破农村信用体系建设僵局找到了突破口。通过"先信贷，再信用"的方式方法先缔结农户与银行之间的新型关系，具有革命性的实践意义。一方面，"信贷＋信用"把千百年来很少与金融机构打交道的传统农民与现代金融连接起来，破解了农户抵押担保难和融资难的难题；另一方面，先信贷后采集，让农民看到实实在在的益处，有效避免了以往即使采集了农户信用信息，农户也贷不到款的状况，缓解了以往机械采集带来的群众不理解、对银行不信任、排斥抵触心理强、工作不配合，导致采集工作受阻的状况。

"信贷＋信用"的实施，极大地激发了兰考县群众参与信用建设的热情和自觉性，在群众的主动配合下，兰考县信用信息中心仅用两个月时间就已采集兰考 16.03 万户农户信息，覆盖面达 92.3%。截至 2020年末，兰考县采集录入农户信用信息 16.8 万户，采集率达 100%，中小企业信用信息 1.66 万家。评定信用乡镇 15 个、信用村 318 个、信用户 13.98 万户。

信用体系建设在农民信贷投放中发挥了增面和降成本的重要作用。调研显示，农户信用贷款占比逐年提升，以 2020 年 5 月末数据为例，全县农户信用贷款比重达 59.36%，农户贷款最低利率为 4.17%，最高商业化贷款利率为 8.46%，较试验区建设前相比，贷款利率下降明显。

二、"信用信贷相长"培育固化了农民信用观念

"信用信贷相长"通过正向激励和失信联合惩戒，实现信用等级评价与信用贷款规模的良性互动，倡导诚信光荣、失信可耻的文明理念，

让基层群众感受到了普惠金融倡导的社会公平正义，悟出了只要诚实守信，金融服务就触手可及，从奖信罚赖的激励约束中认识到了"守信财源滚滚、失信寸步难行"的道理。"信用"在兰考县真正变成了真金白银、实实在在的财富，诚实守信成为风尚，拥有一张自己的信用"身份证"成为兰考县农民的新追求、新型农民的标识符。

兰考农村商业银行负责人说："以前我们想支持农户，也创新了一些产品，但效果不理想，现在看是方法不对，'信用信贷相长行动计划'从'根子'上解决了问题。"兰考县政府负责人认为："行动计划"找到了破解农户贷款难、银行难贷款的有效途径。

随着"信用信贷相长计划"实施，县域金融生态也获得较大改善。试验区建设以来，兰考县域不良贷款率持续低于全省平均水平。截至2020年末，兰考县全县金融机构不良贷款率为1.35%，持续低于全省平均水平。

三、社会信用体系建设淳朴了农村文明风尚

试验区构建的信用评价体系，通过对全县农户进行信用信息采集和信用等级评定，使广大农户在历史上第一次有了信用等级。同时，通过细化授信激励、失信惩戒的具体措施，将信贷信用和社会信用结合起来，推进了农村精神文明建设。

一是匡正了不良行为。利用"两无一有"标准确定农户有无信用和信用等级，树立了正面导向、匡正了不良行为，个别农户因游手好闲、好吃懒做被一票否决，起到了负面警示作用；二是树立了诚信理念。对诚实守信的农户给予提升信用等级、扩大信贷额度的激励；对失信农户，通过降低信用等级、降低或取消授信额度给予必要惩罚。通过"诚信效应"，农村比诚信、比贷款、比发展，成为风尚；三是形成了正面导向。通过扩大信用评价结果应用领域，让诚实守信的农户得到实惠，营造浓郁诚信氛围。"失信者受戒，守信者受益"成为了群众的共识，不少农户为了取得信用等级，或主动归还欠债务，或积极化解邻里纠纷，或改变自身不良习气，形成了一种正面的文明导向，净化了农村风气，引导了向上风尚，促进了农村精神文明建设。

四、与社会治理的结合激发了内生发展动力

脱贫攻坚及乡村振兴实践中，个别农户特别是贫困户和贫困村存在"等着扶，躺着要""靠着墙根晒太阳，等着上面送小康"的懒汉习气。信用体系建设对那些存在"等靠要"思想却又享受惠农扶持政策的懒汉亮起红灯，真正把"扶穷不扶懒，帮穷不帮懒"的政策落到实处，激发了贫困地区和贫困户发展的内生动力。

一是信用体系建设与三级服务体系建设的共同发力，增强了村党委班子号召力。信用建设和普惠金融服务站的建立，方便了农民，也让广大群众看到村党支部帮助大家建立信用、协调贷款、联系项目、为民服务，基层党支部威望高了、号召力变强了。二是激发了农民原动力。一些有"等靠要"思想的农民思想转变了，自我发展拔穷根有了动力、也有了门路。一些群众过去无事可干，聚众赌博、滋事斗殴时有发生，即使想发展也没有贷款门路，现在通过信用等级评定、"两无一有"放款，极大鼓励了农户，许多农民主动要求贷款发展产业，农民内生发展的动力更足了。

五、完备的制度体系提供了可复制推广的经验

自农村信用体系建设工作开展以来，中国人民银行等相关部门及兰考县不断制定制度，完善工作措施，相继出台了《关于成立兰考县信用信息中心建设领导小组的通知》《兰考县信用信息中心建设实施方案》《兰考县开展脱贫致富奔小康产业发展信用贷工作实施方案》《兰考县信贷信用相长行动计划宣传方案》等文件；兰考县信用信息中心相继出台了《兰考县农户信用信息管理办法》《兰考县信用户、信用村、信用乡镇评定管理办法》《金融领域失信"铁五条"》和《兰考县信用户评定操作规程》等文件，构建了完备的制度体系，确立了"普惠授信—信息采集—信用评级—信用信贷相长—信用宣教"农村信用建设路径，兰考县信用体系建设为全省复制推广提供了宝贵经验。

专栏 8 - 2：兰考县"信用户、信用村、信用乡镇"评定管理办法①

第一章　总　则

第一条　围绕"信用 + 社会管理"，为规范兰考县"信用户、信用村、信用乡镇"评定管理（以下简称为"三信"评定管理），培育农户信用意识，营造诚实守信氛围，改善县域信用环境，实现信用信贷相促共长，特制定本办法。

第二条　"三信"评定管理坚持公开、公平、公正原则，由兰考县人民政府主导，相关单位（部门）参与，按规定程序进行。兰考县信用信息中心建设领导小组为"三信"评定管理工作领导机构，全面推进"三信"评定管理工作。兰考县信用信息中心负责日常工作开展。

第二章　评定机构

第三条　兰考县信用信息中心建设领导小组、各乡（镇）政府、行政村村委会，负责成立县级信用评定委员会、乡（镇）级信用评定小组、村级信用评定小组，承担所负责范围内的"三信"评定管理工作，督导下一级信用评定组织工作并开展相关宣传。

（一）县级信用评定委员会。由兰考县信用信息中心建设领导小组成员单位人员组成，人员不少于9人，主任由兰考县政府主管领导担任。

（二）乡（镇）级信用评定小组。由乡（镇）主管领导、民政所、土地所、包村干部、相关金融机构工作人员及劳动和社会保障服务中心人员组成，人员不少于7人，组长由乡（镇）政府主管领导担任。

（三）村级信用评定小组。由村两委班子成员、第一书记、驻村工作队成员、包村干部、社保协管员、村民代表等人员组成，人员不少于9人，组长由村支书担任。

---

① 见《关于印发〈兰考县普惠金融信用体系建设工作方案〉的通知》（豫普金办发〔2018〕7号）。

第三章　评定标准、流程和方法

第四条　信用户评定标准、流程和方法。

（一）评定标准。

1. 户口在兰考县行政区域内，有固定的住所，且长期在本地居住。

2. 农户家庭有年龄18～60周岁，具有完全民事行为能力成员。

3. 无贷款本息5年内3次及以上逾期，无银行不良贷款情况。

4. 近3年内，户主或家庭成员无赌博、吸毒、嫖娼、涉黑、刑事犯罪等违法乱纪行为。

5. 近3年内，户主或家庭成员无被执行记录或进入失信被执行人名单。

6. 近3年内，户主或家庭成员无非法上访记录的。

7. 在河南省农村信用信息系统中有较为准确、完整的信用信息。

（二）评定流程和方法。

1. 农户申请及村委会信用信息更新。村级信用评定小组进行宣传动员，按照自愿原则，组织农户申请信用户，并填写《兰考县信用户申请推荐表》。对提出信用户申请的农户，村委会应及时开展信用信息采集、更新工作，保证其信用信息处于最新状态。

2. 村级信用评定小组推荐。在"普惠金融服务站"集中评定小组成员，按照信用户评定标准，对提出申请的农户，综合各成员意见进行推荐。对存在不符合信用户评定标准任一条件的，均不得推荐，其相关情况及时告知农户。

3. 乡（镇）级信用评定小组审核推荐。乡（镇）级信用评定小组综合有关情况，对村级信用评定小组所推荐信用户进行审核，符合信用户评定标准的，予以推荐。不予推荐的，其相关情况及时告知村级信用评定小组。

4. 金融机构审核。金融机构根据县级信用评定委员会所发乡（镇）级信用评定小组所推荐信用户，依据本单位在业务开展过程中所掌握农户贷款本息偿还以及担保责任履行等相关情况，按照信用户评定标准第三条款，进行审核。

5. 县级信用评定委员会审查认定。对金融机构审核通过的，县级信用评定委员会运用河南省农村信用信息系统进行审查，综合确定信用户公示名单，并组织在其所在行政村进行公示，公示时间不少于 5 天，公示通过，予以认定和发布。

第五条　信用村评定标准、流程和方法

（一）评定标准。

1. 村委会领导班子团结，在群众中威信高，凝聚力强，有明确的经济发展思路，具有特色产业或行业。

2. 村委会重视农村金融工作，支持清收不良贷款，积极宣传倡导讲信用、守信用的社会风尚。

3. 全村社会风气良好，村民遵纪守法，无集体上访、非法宗教活动和重大治安、刑事案件发生。

4. 全村农户信息采集率达 95% 以上，信用户占全村农户总数的 70% 以上。

5. 近两年，各金融机构新发放农户贷款本息收回率在 97% 以上。

6. 各金融机构农户贷款不良率按五级分类不高于 2%。

（二）评定流程和方法。

1. 村委会申请，乡（镇）级信用评定小组推荐。乡（镇）级信用评定小组进行动员宣传，按照自愿原则，组织村委会申请信用村并填写《兰考县信用村申请推荐表》，按照信用村评定标准第一至第四条款进行审查并推荐。

2. 金融机构审核。金融机构对信用村推荐名单，按照信用村评定标准第五至第六条款进行审核，提出审核意见。

3. 县级信用评定委员会审查认定。县级信用评定委员会综合乡（镇）级信用评定小组推荐意见和金融机构审核意见，确定信用村公示名单，在其所在乡镇进行公示，公示时间不少于 5 天，公示通过，予以认定和发布。

第六条　信用乡镇评定标准、流程和方法。

（一）评定标准。

1. 乡（镇）政府有明确的农村经济发展思想和规划，经济社会发展相对较快，重视金融工作，支持不良贷款清收。

2. 辖内金融秩序、信用环境良好，农户、工商户、企业及村民自

治组织法律观念强，诚实守信，无逃废金融机构债务现象。

3. 辖区有60%以上的行政村被评定为信用村。

4. 近2年，各金融机构新发放贷款本息收回率在97%以上。

5. 各金融机构贷款不良率按五级分类低于10%。

（二）评定流程和方法。

1. 乡（镇）政府申请。兰考县信用信息中心开展动员宣传，组织乡（镇）政府申请信用乡镇并填写《兰考县信用乡镇申请表》。

2. 金融机构审核。金融机构按照信用乡镇评定标准第四至第五条款进行审核，确定审核意见。

3. 县级信用评定委员会审查认定。县级信用评定委员会对通过金融机构审核的，开展实地调查，按照信用乡镇评定标准第一至第三条款进行审查，确定信用乡镇公示名单，在一定范围内进行公示，公示时间不少于5天，公示通过，予以认定和发布。

第四章　信用户信用评级

第七条　对信用户设置五个信用等级，按照信用从低到高，分别为一星级信用户、二星级信用户、三星级信用户、四星级信用户和五星级信用户。

第八条　运用河南省农村信用信息系统，依据信用户相关信用信息，对信用户进行评分，并通过设定相应的分值区间，匹配五个信用等级。

第九条　信用户信用等级显示在河南省农村信用信息系统，与信用户信用信息指标变化联动。信用户可按照程序查询获知其信用等级情况。金融机构及相关单位可按照规定程序，在其业务开展过程中，查询信用户信用等级。

第五章　联合激励

第十条　对信用户的联合激励。

（一）金融机构对不同信用等级信用户，在贷款利率、额度、期限、流程等方面，建立并实施既区别于普通农户，又体现信用户信用等级差异的激励政策。

（二）行政管理及公共服务单位对不同信用等级信用户，在行政审批、公共服务、交易成本、财政补贴、荣誉评选等方面，建立并实施既区别于普通农户，又体现信用户信用等级差异的激励政策。

第十一条 对信用村和信用乡镇的联合激励。

（一）金融机构加大贷款等金融服务支持力度。

1. 对辖内农户、新型农业经营主体和中小企业，降低贷款等金融服务的准入门槛，简化流程。

2. 同等条件下优先办理、发放辖内农户、新型农业经营主体和中小企业贷款。

3. 在贷款额度、利率等方面，对辖内农户、新型农业经营主体和中小企业实施优惠政策。

4. 优化辖内营业网点建设布局，增强金融服务功能。

5. 优先实施信贷产品和金融服务方式创新。

6. 增强对辖内农户、新型农业经营主体和中小企业金融知识和产业发展培训力度。

（二）行政管理及公共服务单位加大项目、资金、人才等政策支持力度。

1. 优先配置生产经营发展项目。

2. 加大基础设施建设、科技开发、农业增收、农户创业致富、扶贫开发等财政资金投入和补贴力度。

3. 优先配置高素质人才，加快推进乡镇政府和村委人才队伍建设。

（三）人民银行兰考县支行对地方法人金融机构向信用户以及信用村、信用乡镇所辖农户、新型农业经营主体和中小企业发放的贷款提供再贷款、再贴现资金支持。

第六章 组织管理

第十二条 "三信"评定管理工作按照"先试点，后全面"的顺序进行。兰考县信用信息中心建设领导小组确定条件较为成熟的乡（镇）和行政村作为试点，组织相关单位（部门）先行推进。

第十三条 对信用户、信用村和信用乡镇实施年审管理，每两年对已评定的信用户、信用村和信用乡镇重新进行评定。

第十四条 对信用户、信用村和信用乡镇的日常管理。村级信用评定小组、乡（镇）级信用评定小组、金融机构应密切关注信用户、信用村和信用乡镇有关情况变化，对出现不符合信用评定标准的情况，及时向县级信用评定委员会报告，同时，县级信用评定委员会应密切关注信用乡镇信用变化情况。

第十五条 县级信用评定委员会对出现不符合信用评定标准的信用户、信用村和信用乡镇有关情况进行核实，确认无误后取消其资格。

第十六条 县级信用评定委员会建立《兰考县"信用户、信用村、信用乡镇"评定管理工作台账》，登记"三信"评定管理各工作环节相关信息。乡（镇）级信用评定小组和村级信用评定小组应分别建立信用村和信用户评定管理工作台账，登记信用村和信用户评定管理工作相关信息。"三信"评定管理工作所产生的资料档案，由对应评级组织保管，期限5年。

第十七条 县级信用评定委员会可根据所掌握的信用户、信用村和信用乡镇有关问题线索，开展核查处理。

第十八条 县级信用评定委员会通过多种渠道及时发布信用户、信用村和信用乡镇以及问题处理信息，乡（镇）级和村级信用评定小组根据所发布信息做好相关告知工作。

第十九条 县级信用评定委员会通过多种形式，对信用户、信用村和信用乡镇进行宣传报道。对信用户、信用村和信用乡镇，颁发牌匾或证书，对资格取消的及时收回牌匾或证书，乡（镇）级和村级信用评定小组做好相关配合工作。

第二十条 县级信用评定委员会对职责履行不到位，造成"三信"评定管理工作出现较大问题的相关单位（部门）采取以下相应措施。

（一）对存在问题的乡镇和行政村，取消一定时期信用户、信用村和信用乡镇的申报资格，问题严重的，全部取消已评定信用户、信用村和信用乡镇。

（二）对存在问题的乡镇和行政村的信用户等级评定采取谨慎政策。

（三）对存在问题的金融机构，由兰考县金融办联合人民银行兰考县支行、县银监办对其主要负责人进行约见谈话，并视情况采取综合性惩戒措施。

（四）告知其相应上级管理单位。

第二十一条　"三信"评定管理工作，接受社会各界监督，受理社会各界有关问题的反映，县级信用评定委员会对所反映问题进行核实处理，相关情况及时告知问题反映人或单位。

第七章　附　则

第二十二条　兰考县信用信息中心对本办法拥有解释权。

第二十三条　本办法自印发之日起执行。

第九章 风险防控体系

第一节 新型信贷风控机制的提出

普惠金融建设中的最大问题是融资问题，融资问题中的最大问题是利率高低、风险分担和商业可持续三者之间的矛盾问题。农村信贷市场因供需双方信息不对称产生的道德风险与逆向选择，制约金融机构开展农户信贷的积极性。银行放贷风险如果不能有效防控，金融机构开展农户信贷的积极性就很难调动。试验区《总体方案》着力平衡改革与风险之间的关系，特别强调"要完善风险管理和分担补偿体系"，进一步指出"省县两级财政出资在兰考县设立融资担保基金，积极发展政府支持的、重点服务于'三农'和小微企业的融资担保机构，引导加大对重点领域和薄弱环节的信贷投放。加大省级小微企业风险补偿资金对兰考县的倾斜支持力度，鼓励兰考县财政出资设立'三农'、小微企业信贷风险补偿基金，更好发挥财政杠杆撬动作用"。

正如第四章所提及到的，在信贷风险防控机制上，传统的做法大都是政府设立风险补偿金或担保基金，按基金规模的 5～10 倍匹配贷款规模。出现风险后，银行与风险补偿金一般以 1:9 或 2:8 的固定比例分担风险。这种做法在实践中有效发挥了财政资金对信贷资金的撬动引导作用，也激发了银行信贷积极性。但在实际运行中也存在一些局限性，主要表现在：一是风险补偿金或担保基金资金规模有限，按常见的 5～10 倍撬动农村信贷规模的方法，对农户信贷撬动能力明显不足。以兰考县为例，为防控试验区改革风险，2016 年该县筹措 7575 万元风险补偿金，即使按 10 倍杠杆比例撬动贷款，也仅匹配 7.58 亿元贷款，根本支撑不了庞大的信贷需求。当年全县一般公共预算收入仅 14.1 亿元，补偿金已占财政收入的 5.37%，财政出资增加补偿金规模，显然受财力制约。二是银行与政府按 1:9 或 2:8 的固定比例分担风险，忽视了农村信贷市场运行实际存在的市场风险。通过实际调研发现，即便银行按照内部信贷风控模型严格筛选客户，农村信贷市场一般也会存在 1.5%～2.5% 的不良风险，这部分风险是在信贷市场运行中产生的、理应由银行自担的部分。在信贷风控机制设计中，为调动风险分担积极性，科学解决这部分风险分担，有利于实现权责利对等。

改革中我们先从创新推出的普惠授信信贷产品的风控机制入手，普惠授信旨在从根本上破除农民融资难融资贵融资慢的难题，但因其免担保、免抵押、零门槛，类似于"敞口裸贷"，实践中如果不破解"风险如何防控"的障碍，没有科学的风险分担机制作保障，那么普惠授信业务就难以真正落地。为此，我们结合普惠授信产品特点，立足于对传统信贷机制进行创新完善，经反复研讨论证，确立了"四位一体"分段分担的新型信贷风险防控机制。该机制由四大部分组成，一是财政出资设立风险补偿金，并建立资金补充机制；二是银政保担"四位一体"分担，多方参与，分散风险；三是分段分担，即对不同的风险区间实现不同比例的分担，体现出责权利对等和激励相容；四是风险隔离，即对整村、整乡设定风险隔离"临界点"。这些要素相互支撑、相互配合，共同构成市场化运作、责权利对等、约束勉人人讲信用的新型信贷风险防控机制。2020 年新冠肺炎疫情暴发以来，为应对疫情带来的经济下行和信贷违约风险，兰考县委又专门成立了重大风险化解指挥部，县委书记任第一指挥长、县长任指挥长，定期研判风险状况，协调解决风险隐患，切实筑牢金融改革与区域发展的风险"防火墙"。

一、风险补偿与还贷周转

按照试验区《总体方案》中关于"风险管理和分担补偿体系"要求，兰考县探索建立了风险补偿机制和风险补充机制。兰考县作为全国涉农条线资金整合试点，积极探索涉农条线资金整合运用，专设风险补偿资金 7575 万元，出台《信贷风险补偿金管理暂行办法》，在各主办银行设立风险补偿金专项账户，县金融局统筹管理资金，每月定期召开例会，研究风险状况、划扣风险补偿金，实现银行间各类补偿金的统筹调剂。发生代偿时，政府 30 天内补充资金。

试验区还专门募集设立 3000 万元"还贷周转金"，出台《还贷周转金使用管理暂行办法》，专项支持普惠授信农户暂时的资金周转困难，与中小微企业有偿使用的还贷周转金不同，农户可在规定时间内无偿使用还贷周转金，既保证了临时资金运转，又不用承担额外成本。在县普惠金融服务中心开设还贷周转业务窗口，面向各类主体办理周转金业务，切实缓释信贷主体因非主观原因而造成的金融风险。

同时，试验区专门建立不良资产联合追偿机制。兰考县成立了资产管理小组，金融机构、政府、法院、公安、村委、协管员共同参与对不良贷款的追偿，建立"天罗地网"式追偿机制，实施失信联合惩戒，让恶意违约者无处藏匿。县法院专门设立金融法庭，对金融诉讼案件免收诉讼费，并按时办结，切实加大追偿执法力度。

此外，在实践中充分发挥普惠金融服务站对普惠类信贷产品的"第一道"风控作用。如前面所述，普惠金融服务站的"4 + X"功能中，风险防控功能是其中的重要一环。农户、商户和小微企业通过当地普惠金融服务站申请贷款，服务站协管员和村委对其第一道把关。对符合贷款条件的人员由村委开具农户信誉证明后，将信息报送至银行信贷人员，并配合银行信贷人员开展入户调查和贷后管理工作。如贷款人员出现重大家庭变故、资金未用于产业发展或可能出现逾期风险时，及时通知银行信贷人员采取相应措施，以确保银行资金安全。同时，建立金融"协管员"奖惩制度，依据贷款推荐量和贷款逾期率给予其额外的资金奖励，鼓励他们切实担负好"第一道"风控责任。

试验区还探索借助数字普惠金融综合服务平台辅助风险防控。"普惠通"APP 探索开发了县乡村三级普惠金融服务管理系统，通过平台申请贷款需申请人所在乡村两级进行线上审核把关，由县级管理员按照业务划分推送至银行信贷部门，且基本贷款资料和征信查询授权书线上提报至银行，银行信贷部门查询征信符合贷款条件后进行贷款办理。通过平台线上申请贷款，在减少信贷人员工作量的同时，经县乡村三级审核把关，最大限度确保申请贷款人员信用良好，并能进行贷款全流程跟踪，出现风险能及时调整，有效降低了信贷风险。

专栏 9 - 1：兰考县信贷风险补偿金管理"23 条"①

第一章　总　则

第一条　为积极探索普惠金融助推兰考致富奔小康的路子，充分发挥财政资金的杠杆效应和增信作用，构建新型政银合作平台，保障信贷风险补偿金高效、规范使用，着力解决农户、小微企业和新型农业经营主体贷款难、融资贵问题，特制定本办法。

第二条　信贷风险补偿金是由县财政出资，用于对承贷银行向农户、小微企业和新型农业经营主体发放"新三位一体"、"三（四）位一体"扶贫贷款、产业发展信用贷、新型农业经营主体贷款、小额扶贫贴息贷款、农房抵押贷款、普惠授信等贷款，因特定原因无法收回而形成坏账，按规定比例对银行进行补偿的专用资金。

第三条　信贷风险补偿金的补偿对象和范围。风险补偿金的补偿对象是发放"新三位一体"、"三（四）位一体"扶贫贷款、产业发展信用贷、新型农业经营主体贷款、小额扶贫贴息贷款、农房抵押贷款、普惠授信等小额信贷的银行。范围是对农户、小微企业和新型农业经营主体发放小额信贷在规定时间内应收未收回，承贷银行依法履行了追缴程序后，造成贷款本金、正常利息损失中财政应承担的部分。

第四条　成立兰考县信贷风险补偿金管理委员会（以下简称"风险金管委会"），风险金管委会成员由县政府常务副县长任组长，县财政局、发改委、县委农办、扶贫办、农林畜牧局、畜牧中心、金融办、人行、银监办、兴农公司、工投公司及承贷银行等单位负责人组成。风险金管委会下设办公室，办公室设在县金融办，具体负责组织协调风险补偿金日常管理。县发改委、县委农办、扶贫办、农林畜牧局、畜牧中心、金融办、工投公司等行业部门负责管理各自的风险补偿金，接受风

① 见《兰考县人民政府办公室关于印发兰考县普惠金融服务站考核办法的通知》（兰政办〔2018〕56 号）。

险金管委会办公室的管理和监督。

第二章　风险金的设立

第五条　为推动小额信贷工作，防范金融信贷风险，设立信贷风险补偿金。根据全县小额信贷贷款需求和存在的损失风险合理测算风险额度，全县设立风险补偿金不低于5000万元。

第六条　建立风险补偿金补充调整机制。各类风险补偿金在承贷银行内部、银行间统筹调剂使用。银行间调剂每年元月集中一次办理，由行业主管部门根据每年12月31日承贷银行贷款余额、协议放大倍数、贷款追偿额和下一年度工作量等因素合理测算提出补充或调减意见，报县风险管理委员会研究。主要通过以下渠道补充：上级相关部门切块安排的资金、县财政预算安排、进行风险补偿后回收的贷款本息、社会筹资和捐赠、利息收入等。

第七条　信贷风险补偿金专户由各行业管理机构管理，接受风险金管委会办公室的领导和监督。实行专户管理，封闭运行，只用于信贷出现损失风险补偿，不得挪作他用。风险补偿金的80%部分存为一年期定期存款，对该部分计息按中国人民银行定期存款利率上浮不低于10%执行，其他按活期计息。

第八条　为保证信贷风险补偿金的稳定性和延续性，信贷风险补偿金原则上在存续期内不得退出，非经与承贷银行协商一致，在信贷业务结清前，不得挪作他用。

第三章　职责分工

第九条　风险金管委会的职责：

（一）研究制定风险补偿金议事规则、操作细则等制度；

（二）审核批准风险金使用计划、风险金补充资金方案、变更风险金规模；

（三）负责对风险补偿金使用的审批。

第十条　风险金管委会办公室的职责：

（一）对领导小组负责，于每年一季度报告上年度工作执行情况及本年度工作计划；

（二）负责风险补偿金的监督管理，对风险金的拨付、划转、使用、运行情况进行监督管理，建立风险补偿金台账；

（三）根据行业管理部门申请，提请领导小组审议、核销坏账和审议、批准弥补代偿损失方案，调整风险补偿金规模；

（四）负责组织召开协调会议，对承贷银行进行考核评价；

（五）负责统筹资金，根据全县实际贷款需求足额安排风险补偿金；

（六）负责牵头会同县财政局、扶贫办、农办、农林畜牧局、畜牧中心、金融办、工投公司等部门制定风险补偿资金管理办法；

（七）领导小组交办的其他工作。

第十一条　行业管理部门的职责：

（一）负责起草执行风险金年度使用计划，组织实施监管决议，建立工作台账；

（二）提请管委会审议风险金补充方案和变更规模；

（三）负责受理承贷银行提出的风险补偿金划转申请，进行审核。

第十二条　财政局职责：负责风险补偿金的监督管理，对风险金的拨付、划转、使用、运行情况进行监督管理，根据县风险金管委会研究补充或调减意见，筹集和划转资金。

第十三条　银监办职责：负责承贷银行信贷产品的政策和业务指导，不良率的审核、认定和信贷业务的督导检查。

第十四条　承贷银行职责：

（一）确定贷款额度和利率。根据已经签署的协议，确定贷款额度和利率；

（二）对贷款项目的真实性和贷款资金的使用情况进行监督，并对贷款风险进行评估，按规定程序办理贷款业务。

第四章　信贷风险补偿金办理流程

第十五条　贷款风险损失由政府、银行、担保、保险等参与方共同分担，属于政府分担的，使用信贷风险补偿金，属于银行、担保、保险等机构承担的，由其各自负责。

第十六条　贷款到期前，承贷银行必须提前一个月告知借款人按时还款，同时核实还款能力。经核实按时还款有一定困难的：一是通知行业主管部门，协助催收；二是对能按时还息又想续贷的，借款人可采取向县兴农公司申请还贷周转金偿还本金，承贷银行要给予借款人续贷。

借款期间，承贷银行每季度到所承包行政村宣传一次金融知识，对借款人当月未如期偿还本息的，应实地走访不低于 1 次，作为使用信贷风险补偿金的前提条件之一。

贷款到期不能偿还贷款本息的，承贷银行应启动追索程序，变现抵押资产或向法院起诉，承办保险、担保公司有协助追缴贷款义务，并向行业管理部门通报。贷款主体符合下列条件之一，且不少于 2 次有效催收的，承贷银行需持续追索，一般为 10 日，上级有明文规定的按规定执行（如小额信贷、普惠授信等），仍无法收回的，按程序确认为风险，可由风险补偿金进行补偿：

（一）因不可抗拒的重大自然灾害及贷款自然人死亡、重大疾病直接造成产业和生产项目丧失收入来源或收入不足清偿贷款的；

（二）借款人有能力偿还但恶意逃避等信用问题追缴不回的；

（三）领导小组认为其他需要进行补偿的。

第十七条 信贷风险补偿金的申请、审核、审批、扣划。

（一）申请。贷款逾期超过规定日经确认净损失后，由贷款银行提出风险补偿申请；

（二）审核。信贷风险补偿金行业管理机构对承贷银行提供资料进行初审；

（三）审批。县风险金管委会负责对补偿方案每月中旬第一个星期三集中审批；

（四）扣划。贷款银行根据审批金额当日内进行扣划处理，并向行业管理部门提供扣划凭证。

第十八条 承贷银行申请风险补偿金需提交以下材料：

（一）信贷风险补偿金审批表；

（二）信贷风险补偿金申请汇总表；

（三）与贷款主体签订的借款合同；

（四）借款借据及相关凭证；

（五）《贷款催收通知书》；

（六）对因病、因人身意外事故导致逾期的，应当提供医疗机构或民政部门出具的疾病及受灾情况证明材料；

（七）委托和合作经营的净损失的补偿，提供人民法院的法律文书。

第十九条 具有下列情况之一的申请不受理或申请中止。

（一）借款人不履行债务期限未超过规定日；

（二）承贷银行对已逾期贷款未进行依法催收；

（三）申报资料不齐全。

第五章 信贷风险补偿金风险控制

第二十条 承贷银行要依法合规发放贷款，严格审核贷款主体资格，并加强贷后管理，尽职尽责。如果由于承贷银行自身的工作疏忽造成的不良贷款由承贷银行自己承担。

第二十一条 承贷银行弄虚作假或与贷款主体合谋骗贷、套取风险金的，一经查实，全额收回已存入的风险担保基金，取消其承贷银行资格，3年内禁止其申请补助资金及其他政策性资金。承贷银行在获得风险补偿金补偿后，仍要继续追索，依法起诉或变现抵押资产，将追偿本息按承担比例划入风险补偿金专户。

第二十二条 对骗取、挪用银行贷款的贷款主体，通过法律手段清收，依法追究法律责任。逾期贷款主体和法人5年内不得享受兰考县出台的各类补贴政策，并列入失信黑名单，通过网站、新闻媒体等曝光。

第二十三条 县财政局会同有关部门在每年年末，全面分析评估信贷风险补偿金使用与监管情况，并于次年3月底前向县风险金管委会报告全县上一年度信贷风险补偿金使用与监管情况。

二、"四位一体"分段分担

我们按照"共同参与、权责利对等"的原则，打破以往银行、政府两家分担风险的做法，引入保险、担保等市场主体参与进来，创新性地建立了一个"四位一体"风险分段分担机制。

"四位一体"，即政府、银行、保险公司、担保机构共同承担风险。"分段分担"，即把不良贷款率划分为"2%以下、2%～5%、5%～10%、10%以上"四段，不同区间段内银行、保险、担保、政府分别承担不同的责任。2%以内的不良损失由银行全部承担；当不良贷款率超过2%时，对超过2%的剩余部分分三种不同情况进行分担，当不良贷款率为2%~5%时，银行、政府、保险、担保按2:4:2:2比例分担；不良贷款率为5%~10%时，按1:5:2:2比例分担；当不良贷款率为10%以上时，银行不用承担剩余风险分担，而由政府、保险、担保按6:2:2比例分担。

通过该机制，对于主办银行，采取"分段核算、担责递减"，分担比例随不良贷款率上升而递减，最低分担2%，不良贷款率超过10%时，不再担责，最高风险敞口为3.1%，解除了其后顾之忧；对于保险和担保机构，采取"分段核算、确保微利"，均按超出不良贷款率2%的20%分担，不良贷款率在5%以内，最高分担0.8%（服务费率为1%），信贷"隔离"、联惩机制相当于设定了最高风险敞口（0.8%），有效调动了其参与分担的积极性；对于政府，采取"分段核算、担责递增"，分担比例随不良贷款率上升而递增，不良贷款率在10%以内，最高分担3.7%，超过10%，政府分担超出部分的60%，体现了政府担责与金融生态挂钩，激励政府重视金融生态建设。通过精细设计，确保了主办银行、保险、担保机构在获得微利的前提下开展普惠授信业务。

该机制呈现出四个特点：一是多方分担。引入了保险、担保机构的参与，风险更分散，政府风险补偿金撬动能力更强；二是市场原则。银行是风险承担的主要主体，2%以内风险由银行全部承担；保险、担保机构承担的责任与收取的费用基本持平，能够保本微利、商业可持续；三是各方职责也更清晰。随着不良贷款率上升，银行担责递减，政府担责递增，体现一个地方信用环境的好坏，与地方政府的作为密切相关，理应担责。同时把"风险隔离点"的设定权交给地方政府去定，充分赋予地方政府加强信用环境建设的自主选择和责任担当。各方权责利职责清晰，把不确定性风险在各方锁定，使风险可控，解除了各方的后顾之忧，又压实了各方责任，有效激发了各方参与普惠金融工作的积极性；四是建立失信联合惩戒机制。普惠授信的最终受益者是农民，普惠授信能否持续健康发展，关键也是看农民是否守信。为此，试验区专门配套了守信激励、失信联合惩戒机制，以正向激励、负向严惩约束农户信用行为。

三、风险隔离机制

普惠授信中，我们设置了"风险隔离"机制，当普惠授信不良贷款率达到一定比例时，银行即可对整村、整乡停止新增授信。"风险隔离点"的高低由政府根据自身财力和当地信用环境状况自主设定。

目前兰考县设定的风险隔离点为整村 5%、整乡 4%。当行政村普惠授信不良贷款率超过 5% 或乡镇普惠授信不良贷款率超过 4% 时，暂停普惠授信贷款发放，以约束农户、劝勉乡镇讲信用，同时也防范风险的扩散。经过不良资产处置后，逾期率低于相应隔离点时，经兰考县普惠授信资产管理领导小组同意后，重启新增授信。

风险隔离机制相当于织密了"安全网"、设好了"防火墙"，推动了银行由过去的"不敢贷"到现在的"快放贷"。风险防控体系建立后，金融机构开展普惠金融业务的能动性、主动性大幅提升，金融风险防控也取得积极效果。

第二节　兰考新型风控的创新意义

一、探索"激励相容"

按照经济学理论，每个理性经济人都会以利益最大化来指导自己的行为。如果一项机制的各方参与主体利益不一致，事情的结果将事与愿违，这种现象在经济学上被称为"激励不相容"。但如果能有一种制度安排，使追求个人利益的行为正好与集体价值最大化的目标相一致，这一制度安排就是"激励相容"。

试验区建设之前，普惠金融融资中"激励不相容"现象突出。因资本的天然逐利与普惠金融服务"中小微弱"的"二元冲突"，金融机构提供普惠金融服务的积极性普遍不高。究其原因，一是由于向弱势群体提供信贷资源存在风险大、成本高、收益低等问题，商业金融机构出于业绩指标考核的考虑，存在短期行为，不愿意或迫于政策要求勉强提供一些普惠金融服务。二是出现风险后，传统的信贷分担机制大都是放贷越多，承担的风险损失越多，信贷行为呈现出"外部非经济性"，降低了提供普惠金融服务的意愿。三是一些贫困群体存在靠财政救济吃饭现象，甚至将贷款作为财政救济，失信事件时有发生，金融机构谈金融扶贫、谈普惠金融犹如"杯弓蛇影"。

从"激励不相容"到"激励相容"，机制设计的目的是通过改变理性经济人的行为来改变事情结果。试验区探索形成"四位一体"分段分担新型风控机制，并加以采取差异化的金融监管政策，对开展普惠金融业务的金融机构给予更大的风险容忍度，对普惠授信经办人员进行真正意义上的尽职免责，让开展普惠金融业务的金融机构能够得到经济补偿，扩大其获利空间，以抵消成本投入和风险负担，就是探索"目标合一"，有效激发了主办银行开展普惠金融业务的积极性，解决了普惠金融中的"激励不相容"问题。

二、纠正失灵的一个尝试

实践中，政府与市场都不是万能的。一方面，因垄断、外部效应、信息不完全、交易成本、偏好不合理、收入分配不公等现象的存在，常常导致市场机制在资源配置和收入分配中存在缺陷，无法引导资源配置达到帕累托最优的状态，导致"市场失灵"。另一方面，政府采取的立法、行政管制以及各种经济政策手段纠正"市场失灵"的过程中，可能会出现事与愿违的结果，导致政府干预的效率低下与社会福利的损失，即"政府失灵"。如美国经济学家保罗·萨缪尔森所言，"当政府政策或集体行动所采取的手段不能改善经济运行的效率或道德上可接受的收入分配时，政府失灵便产生了"。市场失灵与政府失灵涉及政府与市场的边界问题。

在借贷交易中，为防止信息不对称情况下借款人的"机会主义"行为，贷款人通常使用一种最节约成本的方法——要求借款者事前提供抵押品，提供抵押的激励设计能有效防范策略性赖账。试验区建设之前，普惠金融市场失灵问题凸显。此时，普惠金融市场的参与主体仅为商业银行和弱势群体，由于弱势群体多为农户，农户主要从事农业生产经营，面临的自然风险和生产经营风险较大；同时多数农村客户在央行征信中心的征信报告没有借贷信息，甚至有部分农村客户在央行征信中心中查无此人；农村土地确权不完善，大部分是自建房，没有房产证，部分地区仅办理了宅基地证；农业经营数据难以获取，没有记账凭证，大部分农村客户可能连完整有效的银行流水都无法提供。没有硬信息、抵押资产，金融机构很难对他们进行信用评估。

由于资本的稀缺性、流动性较强，更倾向于向高收益领域流动。在依靠市场进行资源配置的条件下，风险较大的农户多数被排斥在商业银行的信贷服务之外。此时的农村金融市场，由于商业银行的强势地位、信贷需求方的脆弱性，以及不完全的信息环境、较高的交易成本，导致市场机制在信贷资源配置中存在缺陷，表现为传统金融只愿意"锦上添花"，不愿意对弱势群体"雪中送炭"，弱势群体的金融需求无法被满足。

试验区新型风险防控机制的设计，充分体现了政府市场的互补作用。"四方分担"机制建立后，政府通过以下三种方式主动作为，压实在维护地方金融生态环境中的责任，缓解了普惠金融市场失灵的问题。一是行政干预。牵头主办银行、保险公司、担保公司成立普惠授信资产管理领导小组，专项负责普惠授信的风险处置。二是制度约束。政府在主办银行开设风险补偿资金账户，先期共存入一笔补偿金，待风险发生时，按约再注入风险补偿资金。三是利益联动。动态管理的四段风险分担机制中，政府风险补偿金的赔付比随风险增大而逐级递增，不良贷款率越高，政府承担的风险损失越大。分段风险分担机制，既能将原有风险由四方共同承担，又巧妙地使主办银行的风险随不良贷款率增大而降低，这些机制设计有效激励了主办银行积极开展普惠授信业务。

三、激活了自我风险治理

金融治理涵盖金融机构、金融市场、金融风险防控、金融监管以及金融制度建设等多方面内容，是一个相互衔接、相互支撑的系统。有效防范化解金融风险，是金融治理的永恒主题。

试验区新型信贷风险防控机制，以"银证保担"共担、分段核算为核心，以信贷"风险隔离"、失信联惩、风险补偿为配套，并强化贷前信用宣传、贷中用途管理、贷后违约追责。这种系统谋划、统筹推进的方式方法，将政府、金融机构、担保机构、保险机构主体利益捆绑联动。

在激励约束机制的作用下，各主体为了降低违约风险的发生概率，协同制定了一系列相关配套政策，完善各项风险防控机制，稳扎稳打、精准施策、步步为营，在风险发生前提前做好预防性风险防控措施；在风险发生后做好积极有效的风险处置措施，打好风险防范化解的主动仗，有效防范了各阶段潜在的风险，为普惠金融安全、平稳运行保驾护航，促进了普惠金融治理能力显著提升。

专栏 9-2：风险防控体系建设工作方案①

为进一步优化试验区金融环境，维护金融机构债权安全，提高金融机构参与普惠金融的积极性和持续性，加大普惠金融支持农户、新型农业经营主体和小微企业的力度，就试验区风险防控体系建设制定本方案。

一、目标任务

以习近平新时代中国特色社会主义思想为指导，全面贯彻党的十九大精神，认真落实第五次全国金融工作会议部署，坚持创新、协调、绿色、开放、共享五大发展理念，县、乡、村三级普惠金融扶贫服务组织、小微企业协会、新型农业经营主体联合会要和相关银行金融机构、政府性担保机构、有关县直部门、乡镇政府信息共享、协调联动、形成合力，加强对农户、小微企业和新型农业经营主体的贷前审查、贷后管理，建立风险化解、分散、处置机制，完善风险防控体系，切实维护金融机构债权安全。

二、工作原则

（一）注重普惠，运行安全。建立银行、风险补偿金、保险、担保等多方参与的风险分担机制。省、县两级财政加大对试验区的扶持力

---

① 见《关于印发〈河南省兰考县普惠改革试验区风险防控体系建设工作方案〉的通知》（豫普金办发〔2018〕8号）。

度，建立有效缓解改革风险的机制，撬动金融资源普惠性配置。强化金融宣传、信用教育和失信惩戒，营造支持改革的优良金融生态环境。

（二）多方联动，风险可控。注重银行、风险补偿金、保险、担保等多方联动，共同推进工作开展。注重县、乡（镇）、村三级联动，发挥好乡（镇）政府、村委及"支部连支部"脱贫奔小康工作队、"驻村第一书记"，小微企业协会、新型农业经营主体联合会职能，稳妥有序推进。加强贷前宣传、贷中管理和贷后追责，确保信贷资金安全。

（三）规范运作，防范风险。建立贷款风险分散和化解机制、激励守信和惩戒失信的正向机制，确保信贷资金安全，有效防范金融风险。规范发放流程和手续，先进行授信，后根据农户、小微企业和新型农业经营主体的信用评级，合理设定贷款利率及额度。

三、重点工作

（一）强化宣传。主办银行、乡（镇）政府、村委及"支部连支部"脱贫奔小康工作队、"驻村第一书记"提前做好动员、组织、宣传和解答工作。分别召开农户和新型农业经营主体、小微企业大会进行集中宣传，银行及驻村工作人员讲解普惠授信政策，集中发放信用告知卡，签订普惠金融授信证，让他们详细了解普惠授信产品、普惠授信流程与启信条件以及相关激励约束政策。

（二）贷后监督。由各乡（镇）政府和村委统一组织，对各借款人农户的贷款情况、经营项目在乡（镇）政府和村内醒目位置进行公示，便于村民监督。由新型农业经营主体联合会统一组织，对各借款人新型农业经营的贷款情况、经营项目在协会醒目位置进行公示，便于联合会会员监督。由兰考县小微企业协会统一组织，对各借款人小微企业的贷款情况、经营项目在协会醒目位置进行公示，便于协会会员监督。主办银行不定期走访借款人，一旦发现违法违规使用贷款行为，主办银行可提前收回贷款。

（三）风险处置。

1. 兰考县政府牵头主办银行、主办保险机构、主办担保机构成立兰考县普惠授信资产管理领导小组，专项负责普惠授信的风险处置。

2. 建立普惠授信风险隔离机制。村逾期率超过（含）5%时，不再对该村新增授信；乡（镇）逾期率超过（含）4%时，不再对该乡

（镇）新增授信；小微企业协会或新型农业经营主体联合会逾期率超过（含）10%时，不再对该协会或联合会新增授信。经不良资产处置，逾期率低于相应隔离点时，经兰考县普惠授信资产管理领导小组同意后，应重启新增授信。

3. 建立银行、风险补偿金、保险、担保参与的、分段计算的风险分担机制。

不良贷款率以全县为统计口径、按年统筹核算，风险补偿按季补偿、按年平衡。不良贷款率核算方法由兰考县政府牵头主办银行、主办保险机构、主办担保机构协商确定。

四、保障措施

（一）组织保障。成立兰考县普惠授信资产管理领导小组，专项负责普惠授信的风险处置。建立贷款风险分散和化解机制、激励守信和惩戒失信的正向机制，确保信贷资金安全，有效防范金融风险。

（二）监督机制。试验区管委会、小微企业协会、新型农业经营主体联合会要加强贷款使用监管。建立农村和中小企业信用信息服务网，将政府部门政策信息、金融机构产品与服务信息、农户信用信息、中小微企业、新型农业经营主体生产经营信息和融资需求信息等纳入其中，形成以"数据库+网络"为核心的信用信息服务平台，建立数据库信息采集和更新长效机制。

（三）宣传引导。要充分利用各类媒体、媒介，采用群众喜闻乐见的宣传方式，加大对诚信典范的宣传力度，引导农户、小微企业、新型农业经营主体增强信用意识，培养良好的信用行为。

第十章　建设成效测评

随着"一平台四体系"普惠金融模式的落地以及一系列普惠金融改革政策的实施，兰考县经济社会发生了巨大变化。为更加客观公正地评价，本章选取了相关指标，建立了相应的模型，对兰考普惠金融发展及试验区建设成效进行了测评，同时与省内其他地区作了横向对比。

第一节　普惠金融测度

准确评价普惠金融发展状况的基础是对普惠金融进行合适的定量计算。国外学者较早进行了探索，印度学者 Sarma（2008）从普惠金融的地理渗透性、使用效用性、产品接触性三个维度构建了较综合的测度包容性金融的方法。Arora（2010）在借鉴人类发展指数基础上，通过物理便利性、交易便利性和交易成本三个维度来比较不同国家之间金融服务可获得性的差异。Gupte 等（2012）在综合前人研究的基础上，考虑了金融服务便利性和成本、金融服务使用状况等，并对印度普惠金融发展情况进行了全面的分析。

国内学者在国外学者研究的基础上，也尝试对国内普惠金融发展状况进行度量。王婧、胡国晖（2013）在运用变异系数法确定权重的基础上构建了普惠金融指数，对中国普惠金融的发展状况进行了综合评价。焦瑾璞（2015）在借鉴国际经验的基础上，结合中国国情，在金融服务的"可获得性""使用情况"及"服务质量"三个维度下，建立包含19 个指标的普惠金融指标体系，使用层次分析法确定指标权重，对全国各地普惠金融发展水平展开了定量评估和实证分析的尝试。

一、指标选取与模型构建

在参照普惠金融合作伙伴组织（GPFI）、世界银行、金融包容联盟（AFI）评价体系和人民银行普惠金融统计指标体系等研究成果的基础上，我们结合兰考县域实际，构建了普惠金融指数（IFI），对普惠金融发展程度进行测度。同时在 Sarma（2008）提出的银行渗透度、银行服务的可利用性、使用程度三个普惠金融维度的基础上，增加了评价性指标这一维度，以反映金融支持实体经济发展情况，从覆盖面（D_1）、可得性（D_2）、满意度（D_3）及评价性（D_4）4 个维度出发，选取人均金融从业人数（d_1）、人均结算账户数量（d_2）、信用档案建档率（d_3）、贷款满意度（d_4）、保险满意度（d_5）、存款使用率（d_6）、贷款使用率（d_7）、涉农贷款和小微企业贷款、金融精准扶贫贷款使用率（d_8、d_9、d_{10}）10 个指标，借鉴世界银行全球营商环境调查中"边界距离"的计算方法，确定每个指标的边界距离，并通过指标与边界的欧几里得距离得出普惠金融发展指数（IFI）。计算公式如下：

$$IFI = 1 - \sqrt{\frac{(1 - d_1)^2 + (1 - d_2)^2 + \cdots + (1 - d_n)^2}{n}} \qquad d_i = \frac{A_i - m_i}{M_i - m_i}$$

其中，n 为指标个数；A_i 为各指标实际值；m_i 为各指标最小值；M_i 为各指标最大值，则 $0 \leqslant d_i \leqslant 1$。其中边界距离 d_i 越大，说明该地区在指标 i 上表现越好。各变量含义见表 10 - 1。

表 10 - 1　　　　　　　　　　变量指标体系及含义

类别	变量指标	变量含义
覆盖面（D_1）	人均金融从业人数（d_1）	主要是通过银行、证券及保险业金融机构物理网点、从业人员数量，反映金融服务对于县域及农村地区的覆盖程度，衡量普惠金融发展的广度。
可得性（D_2）	人均结算账户数量（d_2）、信用档案建档率（d_3）	通过支付结算体系、信用体系等金融基础设施建设情况，以及网上银行、互联网金融等技术手段的普及程度，评估金融服务在县域和农村地区的可得性，衡量金融体系普惠功能的深度。

类别	变量指标	变量含义
满意度（D₃）	贷款满意度（d_4）、保险满意度（d_5）	从贷款满意度、保险满意度等方面，反映市场主体对金融服务的满意情况，衡量普惠金融满足情况。
评价性（D₄）	存款使用率（d_6）、贷款使用率（d_7）、涉农贷款使用率（d_8）、小微企业贷款使用率（d_9）、金融精准扶贫贷款使用率（d_{10}）	综合反映金融体系对于区域经济社会发展的支持效率情况，评估普惠金融服务体系建设情况。

在世界银行的《营商环境报告》中，边界距离不仅能显示各个经济体在经商调查样本中各指标的最佳表现，也能看到特定经济的表现与最佳表现之间的差距，与此同时也能评估经济监管环境随时间所做出的绝对改变。一个经济体到边界的距离用 0 ~ 100 这个数值范围来反映，0 代表最差表现，100 代表边界。

二、测评数据选取

综合考虑数据可得性和有效性，并结合 4 个评价维度的 10 个变量指标，收集并整理了河南省 107（现已调整为 105）个县 2015 年 12 月至 2020 年 9 月的季度数据，具体包括县域常住人口数、银行账户结算数量、金融从业人员数、农户数、中小企业数以及建立信用档案的农户数和中小企业数、按不同利率区间发放的农户贷款、小微企业贷款和新型农业经营主体贷款金额、农业保险偿付金额、小微企业信用保险和贷款保证保险偿付金额、各项存款余额、各项贷款余额、小微企业贷款余额、涉农贷款余额、金融精准扶贫贷款余额和地区生产总值，并在此基础上进行了处理。为了体现不同时间点的普惠金融发展特点，剔除了由于时间变迁带来的自然改变，并借鉴边界距离的计算方法，对每个时期确定最差表现和边界，衡量每个时期不同县域的发展状况。数据的描述性统计结果见表 10 - 2 和表 10 - 3。

表 10 - 2   数据的描述性统计（2015 年 12 月）

变量	均值	标准差	极小值	极大值
d_1	28.42	16.22	6.27	87.18
d_2	26263.10	36328.80	6543.25	61669.96
d_3	24.75	28.60	0.00	100.00
d_4	0.56	0.12	0.41	1.01
d_5	68.35	591.87	0.00	6129.22
d_6	8.79	4.35	-1.15	24.82
d_7	3.96	2.86	-4.04	16.01
d_8	1.83	2.58	-2.68	14.95
d_9	3.45	3.96	-17.70	15.37
d_{10}	24.04	66.99	0.00	456.05

数据来源：根据 2015 年 12 月末数据计算整理。

表 10 - 3   数据的描述性统计（2020 年 9 月）

变量	均值	标准差	极小值	极大值
d_1	40.97	26.06	7.95	143.25
d_2	40519.99	13822.37	16624.83	94533.07
d_3	52.74	22.82	1.35	100.00
d_4	0.53	0.04	0.44	0.67
d_5	0.01	0.02	0.00	0.14
d_6	12.50	7.27	-37.25	39.48
d_7	7.16	4.24	-5.30	34.70
d_8	23.14	38.58	-96.96	169.97
d_9	62.08	28.25	-11.76	240.97
d_{10}	6.81	13.19	-23.21	68.40

注：自 2018 年 9 月起对保险满意度（d_5）的计算由偿付金额的绝对额调整为占 GDP 的比重，对涉农贷款使用率（d_8）、小微企业贷款使用率（d_9）、金融精准扶贫贷款使用率（d_{10}）的计算方法也进行了微调，由占 GDP 的比重调整为占新增贷款的比重。

数据来源：根据 2020 年 9 月末数据计算整理。

三、实证结果分析

按照构建的普惠金融发展指数（IFI）对兰考县 2015 年第四季度末至 2020 年第三季度末的普惠金融发展情况进行测度，结果表明：兰考县普惠金融发展指数大幅提升，在全省县（市）的排名由 2015 年底的第 22 位跃升至 2017 年底的第 1 位，并自 2018 年第三季度以来持续保持9 期第 1 的位次（见图 10 - 1），金融服务覆盖面、可得性、满意度均显著改善。

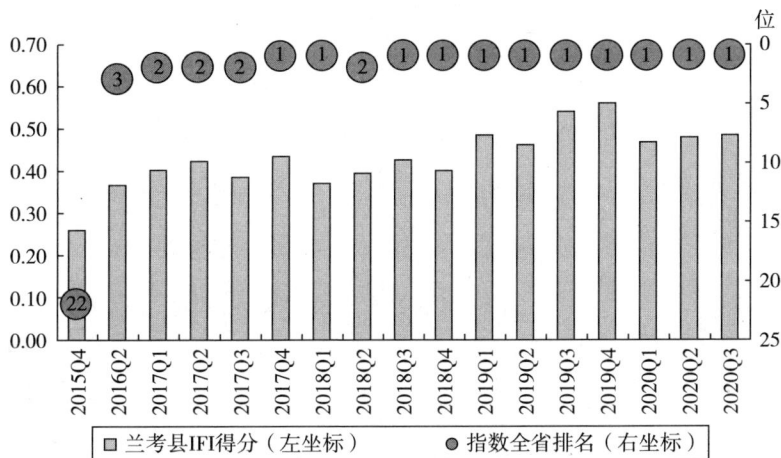

图 10 - 1 2015 年以来兰考县普惠金融发展指数（IFI）得分与全省排名

（一）普惠金融发展指数大幅提升，"边界距离"得分居全省前列

2020 年 9 月末，兰考县普惠金融发展指数（IFI）由 2015 年末的 0.26 上升到 0.49，在全省 107（现已调整为 105）个县（市）中排名第一，较 2015 年末上升 21 位。其中，金融服务覆盖面、可得性、满意度指标排名分别较 2015 年末提升 18 位、86 位、32 位。兰考县金融服务覆盖面、可得性、满意度、评价性 4 个维度的欧几里得得分均高于全省平均水平（见图 10 - 2）。

结合 G20 普惠金融指标体系，根据世界银行全球营商环境调查中"边界距离"方法测算（见图 10 - 3），兰考县 10 个普惠金融发展指标

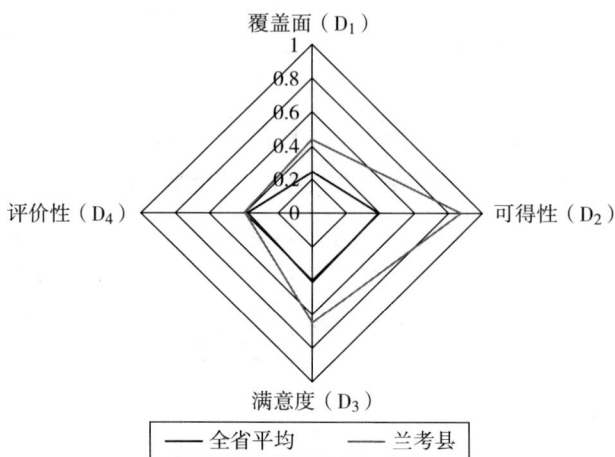

图 10 - 2　2020 年 9 月末兰考县普惠金融发展指标与全省平均水平对比

的平均边界距离得分居全省第一，表明兰考县普惠金融发展情况在全省比较接近最佳表现。

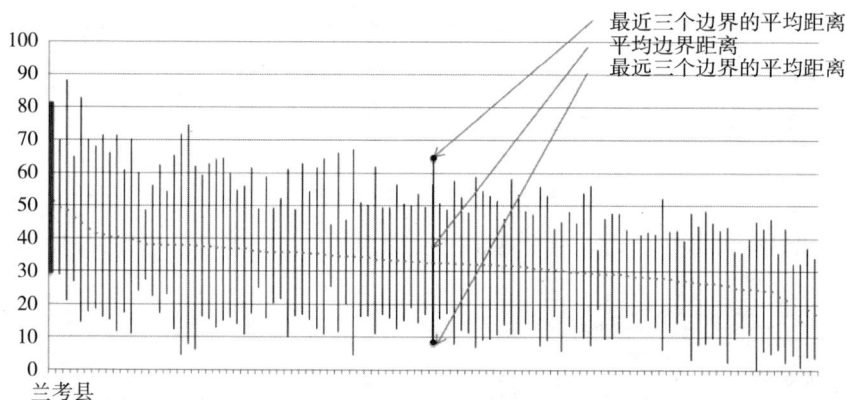

图 10 - 3　2020 年 9 月末河南省分县域普惠金融"边界距离"情况

（二）覆盖面指数改善，金融服务广度拓宽

2020 年 9 月末，兰考县共有金融机构 35 家，其中银行 10 家、证券公司 1 家、保险公司 22 家、小额贷款公司 1 家、期货公司 1 家；各金融机构在兰考共布设网点 111 个，较上年同期增加 3 个，其中银行网点 70 个、证券公司网点 1 个、保险公司网点 40 个；银行从业人数 649 人、

证券从业人数 4 人、保险从业人数 3697 人、小额贷款公司从业人数 4
人。2020 年 9 月末，兰考县普惠金融覆盖面指数（D_1）为 0.43，同比
提高 0.08，全省排名较 2015 年末上升 18 位。

（三）可得性指数明显改善，金融服务深度显著提高

2020 年 9 月末，兰考县普惠金融可得性指数（D_2）为 0.86，同比
提高 0.09，较 2015 年末提升 0.82，全省排名上升 86 位、居全省第一。
其中，人均结算账户边界距离得分 0.81，居全省第二（见图 10 - 4）；
信用档案建档率边界距离得分 0.95，居全省第六。

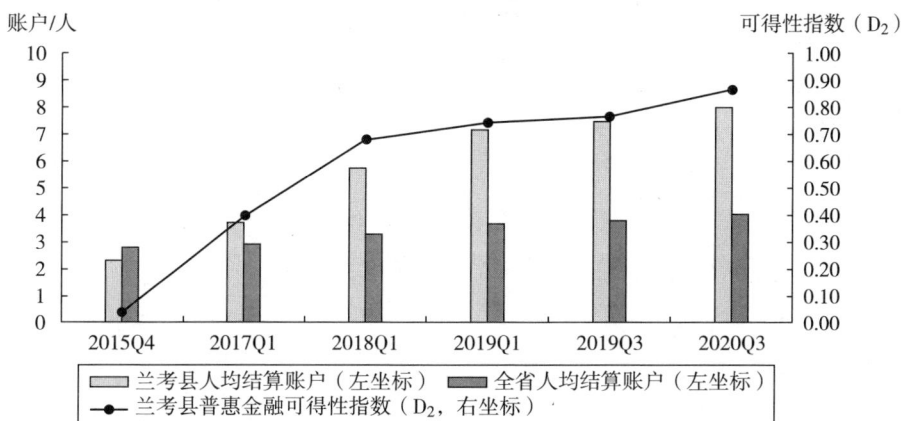

图 10 - 4　兰考县人均结算账户与全省情况对比

（四）满意度指数不断提升，金融服务持续改善

2020 年 9 月末，兰考县普惠金融满意度指数为 0.65，同比提高
0.10，较 2015 年末提升 0.53，全省排名提升 32 位（见图 10 - 5）。其
中贷款满意度的边界距离得分为 0.65；农户、小微企业贷款满意度为
58.9%，高于全省平均水平 5.4 个百分点。

（五）评价性指数向好，金融扶弱能力提升

2020 年 9 月末，兰考县普惠金融评价性指数（D_4）为 0.40（见图
10 - 6）。分项目看，贷款使用率和小微企业贷款使用率分别比全省平均
水平高 1.7 个和 12.4 个百分点。

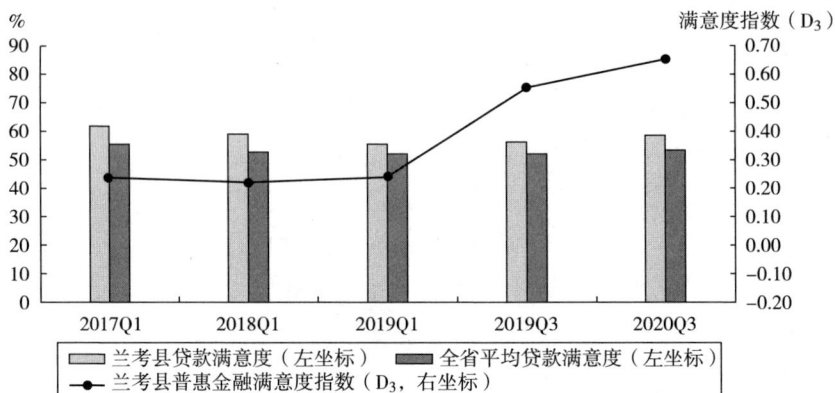

图 10 – 5　兰考县贷款满意度与全省情况对比

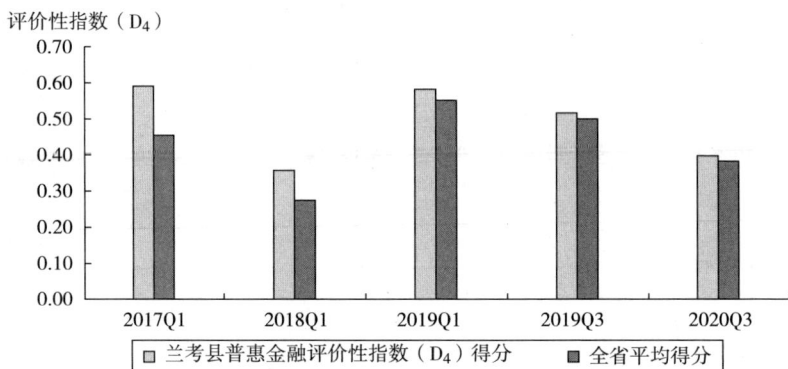

图 10 – 6　兰考县普惠金融评价性指数与全省情况对比

第二节　试验效应评估

随着试验区建设纵深推进，兰考县经济金融发展不断提速，主要经济金融指标情况明显优于全省平均水平，表现为：存贷款保持快速增长，信贷结构持续优化，薄弱领域融资成本下行，证券保险市场发展迅速，金融资源普惠配置态势向好；金融支持"农业、农村、农民、农民工"、小微企业及县域经济发展的力度不断加强，投资消费需求不同程度提升，经济高速增长特征明显，产业结构持续优化，农业农村基础设施不断改善，农民增收致富能力增强，兰考县在全国率先脱贫摘帽。

一、政策效应

试验区建设以来，兰考县金融发展提速明显，存贷款保持高速增长，金融资源向重点和薄弱领域普惠配置态势向好。截至 2020 年末，兰考县共有 10 家银行业金融机构①，1 个证券营业部，22 家保险公司，2 家融资担保公司，1 家小额贷款公司，1 家期货公司，县域普惠金融服务体系初步建立。

（一）"一平台四体系"运行良好，各项业务快速发展

截至 2020 年末，兰考区域各大应用平台累计下载超 71 万人次，累计下载注册量 25 万余人次，实名用户累计 95000 人次，全县贷款订单银行信贷受理额超 4 亿元，信用卡累计发卡近 6900 张，兰考地区总体实现综合授信放款近 2 亿元；普惠授信已完成基础授信 15 万余户，发放普惠授信贷款 27077 笔 11.75 亿元，带动发放农户小额贷款 69291 户 55.16 亿元；通过普惠金融服务站，全县累计办理现金存取款业务 531.66 万笔 22.69 亿元、转账业务 26.96 万笔 0.82 亿元、小额人民币兑换业务 18.32 万笔 0.29 亿元、还款提醒业务 13.55 万笔 48.11 亿元、金融消费权益保护业务 5.07 万笔、向企业和农户推荐贷款业务 3.79 万笔、协助银行入户调查业务 21.28 万笔、协助银行贷后管理业务 21.73 万笔；采集录入农户信用信息 16.03 万户，采集中小企业信用信息 17876 户，信用户评定 13.98 万户、信用村评定 318 个。

（二）各项存款快速增长

2015—2019 年，兰考县各项存款余额保持快速增长，年末余额从 146 亿元增长到 274.84 亿元，年均复合增长 17.1%，高于同期全省平均水平 7.2 个百分点。其中 2017 年第一季度存款增速一度高于全省平均水平 20.6 个百分点。2020 年末，兰考县住户存款和广义政府存款拉动各项存款继续保持快速增长。12 月末，全县金融机构人民币存款余

---

① 2019 年兰考县新增 1 家银行业金融机构，即郑州银行兰考县支行。

额 307. 36 亿元，比年初增加 32. 52 亿元，同比增长 11. 83％，增速高于全省平均水平 1. 9 个百分点（见图 10－7）。

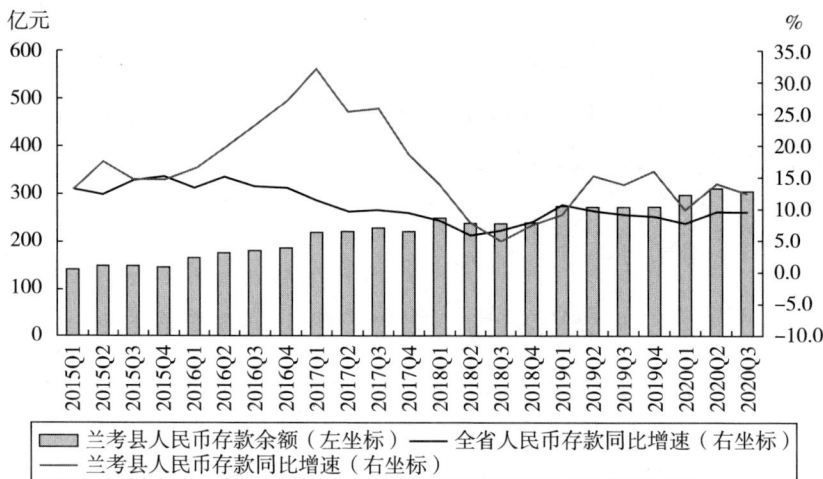

图 10－7　2015—2020 年兰考县金融机构人民币存款情况

（三）各项贷款强劲增长

2015—2019 年，兰考县各项贷款余额保持强劲增长，年末余额从 85. 8 亿元增长到 210. 7 亿元，年均复合增长 25. 2％，高于同期全省平均水平 9. 8 个百分点。特别是在 2016 年和 2017 年，兰考县贷款增速高于全省平均水平 20 个百分点。2020 年末，兰考县金融机构人民币贷款余额 244. 64 亿元，比年初增加 33. 93 亿元，同比增长 16. 10％，增速高于全省平均水平 3. 2 个百分点（见图 10－8）。

（四）存贷比状况持续改善，信贷结构明显优化

在存贷款保持较快增长的同时，金融机构存贷比持续改善，信贷结构不断优化。2015—2019 年，兰考县银行业金融机构存贷比从 2015 年第一季度的 47. 1％提高到 2019 年年末的 76. 7％，存贷比从低于全省平均水平 16. 0 个百分点提高到低于全省平均水平 3. 4 个百分点，其中 2018 年末一度高于全省平均水平 1. 3 个百分点。2015—2019 年的新增存贷比分别为 127. 1％、79. 4％、93. 9％、183. 2％和 79. 7％（见图 10－9）。2020 年末，兰考县银行业金融机构存贷比为 79. 6％，同比

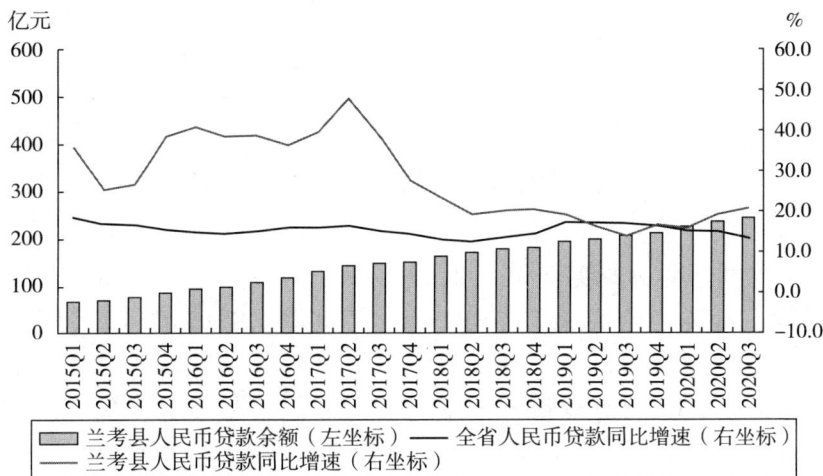

图 10 - 8　2015—2020 年兰考县金融机构人民币贷款情况

提高 2.9 个百分点；涉农贷款余额 178.01 亿元，同比增长 12.25%，占各项贷款比重 57.92%；小微企业贷款余额 63.42 亿元，同比增长 26.09%，占各项贷款比重 25.92%。

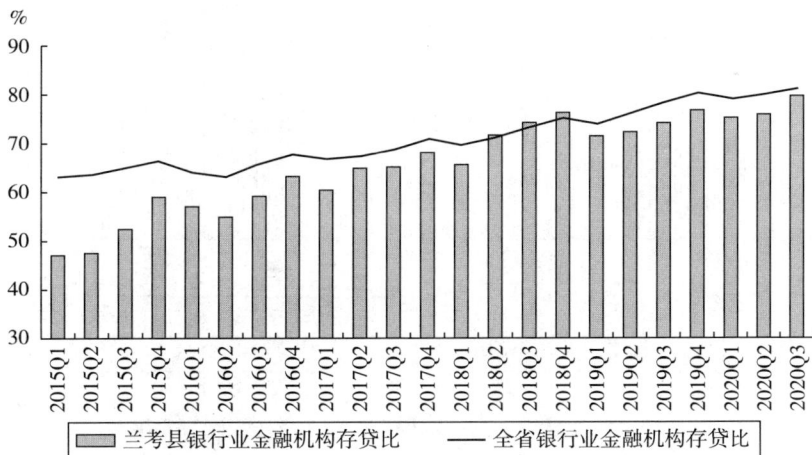

图 10 - 9　2015—2020 年兰考银行业金融机构存贷比情况

（五）薄弱领域利率震荡下行，整体利率走势趋于稳定，金融服务成本明显下降

2015—2019 年，兰考县金融机构贷款整体利率水平趋于稳定，其中

涉农、小微等薄弱领域的贷款利率水平震荡下行。从监测情况看，兰考县法人金融机构小微企业贷款利率从 10% 左右下降到 8% 左右。2019 年 8 月，中国人民银行宣布完善贷款市场报价利率（LPR）形成机制，疏通市场化利率传导渠道，促进降低企业融资成本。1 年期 LPR 在 2 个月内下降 15 个基点，带动兰考县法人金融机构贷款利率在 8 月和 9 月环比分别下降 14 个和 71 个基点。2020 年末，兰考县法人金融机构小微企业贷款加权平均利率为 7.80%，同比下降 0.42 个百分点（见图 10 – 10）。

同时，通过"普惠通"APP 的推广运用，邮储银行兰考县支行、兰考农商行、中原银行兰考县支行的获客成本分别下降了 15%、33% 和 23%。中原银行兰考县支行通过平台办理农民贷款业务，经营管理成本可以下降 20.4%，其中，综合人力成本下降 20%、调查成本（包含交通费、资料收集费、资料复印打印费等）下降 25%，贷后管理成本下降 30%。中原银行兰考县支行通过平台申请，在符合贷款条件的情况下，比线下办理时间节省 28.6%。

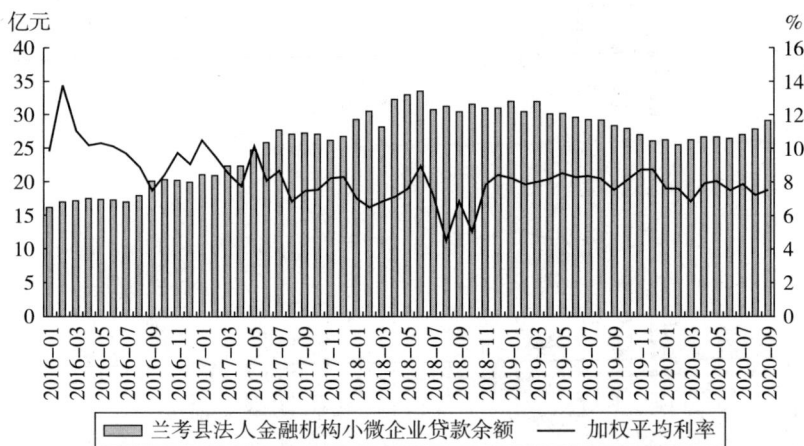

图 10 – 10　兰考县法人金融机构小微企业贷款及利率水平情况

（六）资本市场取得突破，融资渠道有效拓宽

2020 年末，1 家企业申请 IPO，已预披露；1 家企业"新三板"转 A 股已登记辅导备案；成立深圳"新三板"上市企业协会兰考县运营中心，完成 32 家企业上市后备资源库储备；2 家"新三板"挂牌公司；

35 家企业在中原股权交易中心展示板集中挂牌；慧云股份、奥吉特等"新三板"创新层企业已将总部迁至兰考，拟在兰考实现主板上市；华信期货与兰考县人民政府签订扶贫服务备忘录；开展 3 个 PPP 项目，总额达 70.9 亿元；设立 4 个融资平台，已融资 88.32 亿元；中原证券于 2019 年 4 月认购 5000 万元兰考县城投公司发行的扶贫债，6 月与兰考县城投公司签订 20 亿元的扶贫债战略合作框架协议；推动中原股权交易中心自 2019 年 6 月 1 日起设立"扶贫板块"，对兰考县企业落实"专人对接、优先审核"的绿色通道政策，免收挂牌服务费和可转债备案服务费。

（七）保险市场迅速发展，保障效应显著增强

2020 年末，3 家保险公司在兰考设立三农事业部，共设立保险分支机构 46 家（县级支公司 14 家、乡镇级营销服务部 32 家），自办村级服务网点 41 个，配备近千名保险专员（见表 10-4）；已实现大病保险对城乡居民全覆盖，困难群众保险对特困人群全覆盖，且基本实现线上办理和"一站式"报销结算。2020 年累计实现保费收入 8.29 亿元，同比增长 13.1%；各类赔款给付 2.33 亿元，同比增长 38.27%。中原农险在兰考县农业保险承保 1352 户，提供风险保障 2.1 亿元，其中承保全县塑料大棚 1.03 万亩、日光温室 3574.06 亩，分别提供风险保障 1.03 亿元、1.07 亿元。人保财险与华信期货公司合作，签出河南省首单玉米期货区间价格保险，与首创京都期货签出河南首单鸡蛋期货区间价格保险；太保产险与开封众禾农业科技开展红薯价格指数保险。

表 10-4　　　　　　　2020 年 12 月末兰考县保险市场情况

项目	2020 年 12 月末	
	数量	同比（%）
保险业机构数（家）	22	—
保险业机构从业人数（人）	3368	—
保费收入（万元）	82857	13.1
各类赔款给付（万元）	23334	38.3
保险密度（元/人）	1265	—
保险深度（%）	2.12	—

（八）金融基础设施建设不断深化，金融生态环境持续优化

2020 年末，兰考县银行结算账户量 531.79 万户；银行卡发放量 250.48 万张，当年交易笔数 580.38 万笔、261.95 亿元；助农取款点 688 个、ATM 219 个、POS 机具 3084 个，实现了 ATM 对乡镇、助农取款点和 POS 机具对行政区域的全覆盖。全县已建立农户信用信息电子档案 16 万户，建档率 92.3%；建立中小企业信用档案 17876 个，建档率 100%。举办普惠金融农民讲习堂 6 期，普惠金融高级研修班 2 期；开展金融宣传活动千余次，实现金融宣传村村基本覆盖。2020 年末，兰考县金融机构不良贷款率为 1.35%，低于全省平均水平 2.68 个百分点。

二、经济效应

经济与金融互利共生，经济发展离不开金融的支持，金融助推经济的持续健康发展。在试验区建设中，金融发展的提速助推产业升级效应凸显，重点领域和薄弱环节发展能力增强。

（一）经济平稳增长，产业结构优化

2015—2019 年兰考县经济保持较快增长，地区生产总值增速高于全省同期约 1.1 个百分点。2019 年全县地区生产总值接近 390 亿元大关，增长 8.0%。第一、二、三产业增加值占比为 14.9:45.3:39.8，相比于 2015 年，第一、二、三产业增加值占比分别提高 -1.8、1.0 和 0.7 个百分点（见图 10-11）。2020 年以来，面对突如其来的新冠肺炎疫情冲击和复杂多变的国内外环境，兰考县狠抓各项政策举措落实落地，复工复产有力推进，生产需求逐步改善，经济运行逐步向好的发展态势不断拓展，前三季度全县主要经济指标增速稳步回升，全县生产总值 271.28 亿元，按可比价格计算，同比增长 1.1%，高于全省平均水平 0.6 个百分点。其中，第一产业增加值 32.58 亿元，同比增长 0.9%；第二产业增加值 126.53 亿元，同比增长 2.4%；第三产业增加值 112.16 亿元，同比下降 0.6%。

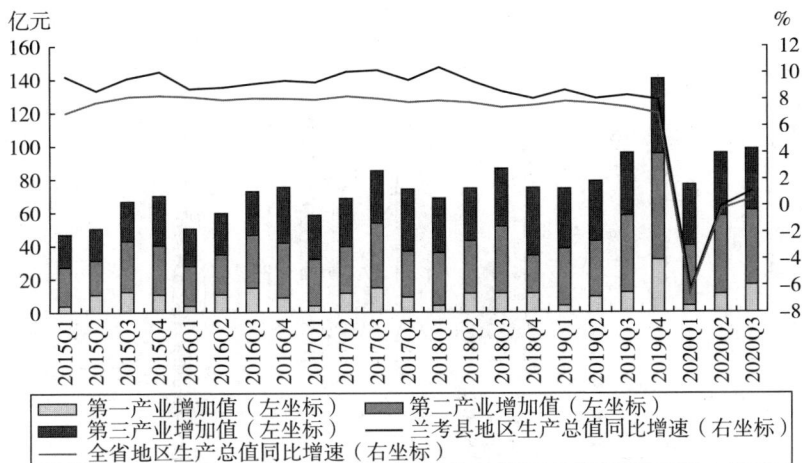

图 10 – 11　2015—2020 年三大产业及地区生产总值情况

（二）投资消费增长迅速，县域发展动能增强

兰考县坚持传承弘扬焦裕禄精神，坚持以全面打赢脱贫攻坚战和稳定脱贫奔小康统揽经济社会发展全局，各主要经济指标增幅均高于全省平均水平，县域发展动能不断增强，经济发展更具活力。2019 年，兰考县固定资产投资同比增长 10%，高于全省平均水平 2 个百分点（见图 10 – 12）；社会消费品零售总额 132. 90 亿元，同比增长 11. 7%，高于全省平均水平 1. 3 个百分点（见图 10 – 13）；财政预算收入 25. 20 亿元，同比增长 17. 3%，高于全省平均水平 10 个百分点（见图 10 – 14）；规模以上工业企业增加值同比增长 9. 8%，高于全省平均水平 2 个百分点（见图 10 – 15）。2020 年 11 月末，全县固定资产投资同比增长 6. 0%，高于全省平均水平 1. 9 个百分点；社会消费品零售总额 178. 82 亿元，同比下降 1. 6%，高于全省平均水平（4. 8%）3. 2 个百分点；全县规模以上工业增加值增长 5. 3%，高于全省平均水平 4. 8 个百分点。

（三）金融与产业良性互动，农民致富能力增强

在普惠金融助力下，2018 年以来，完成乡村造林绿化 2. 32 万亩 577 万株，全县林木覆盖率达到 30. 15%。完成 150 个村坑塘整治工作，农村生活污水治理率达 50% 以上。建成农村公路 122 公里。完成棚户区

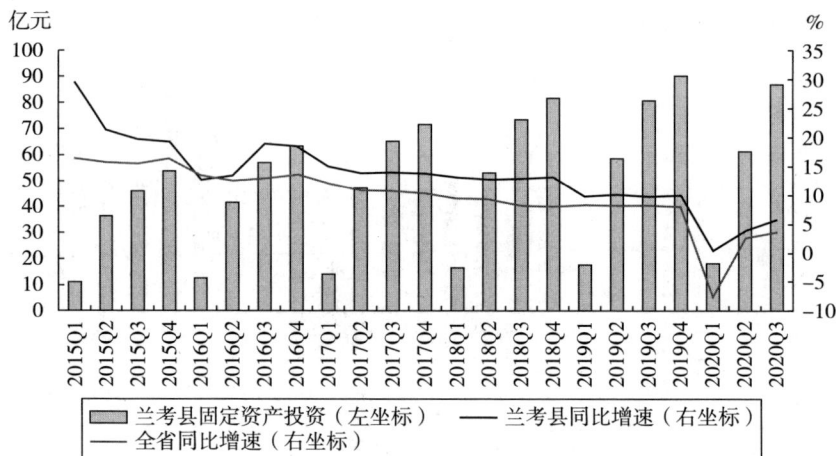

图 10-12 2015—2020 年固定资产投资情况

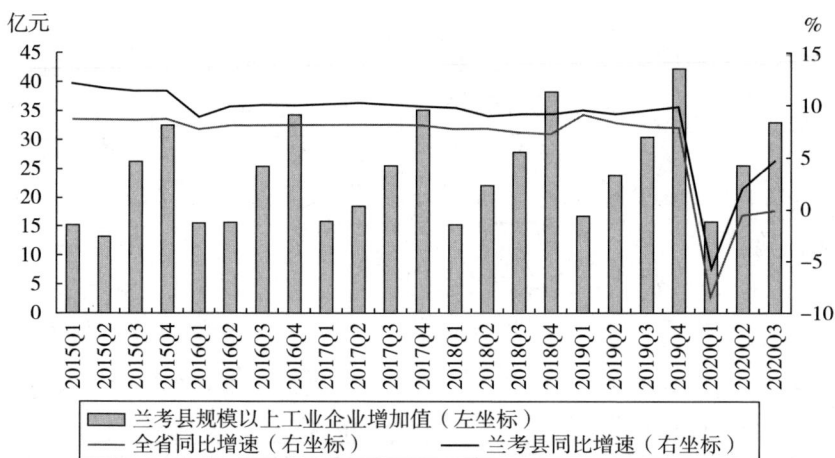

图 10-13 2015—2020 年规模以上工业企业增加值情况

（城中村）改造 2700 户，创建国家级文明村镇 3 个，省级文明村镇 4 个，166 个美丽村庄稳步推进。评选好媳妇、好婆婆、道德模范等先进典型 4800 余名，星级文明户 1.2 万余户，营造了崇尚文明的社会新风尚。家居制造及木业加工、食品及农副产品深加工等主导产业快速发展，初步形成县有集聚区、乡有创业园、村有专业户的生产网络，新增新型农业经营主体 306 个；现代农业实现从"小散弱"转向"专精

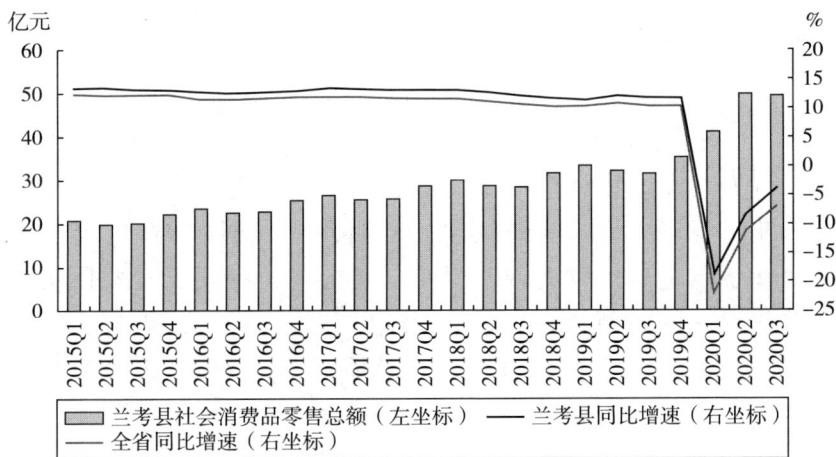

图 10－14　2015—2020 年社会消费品零售情况

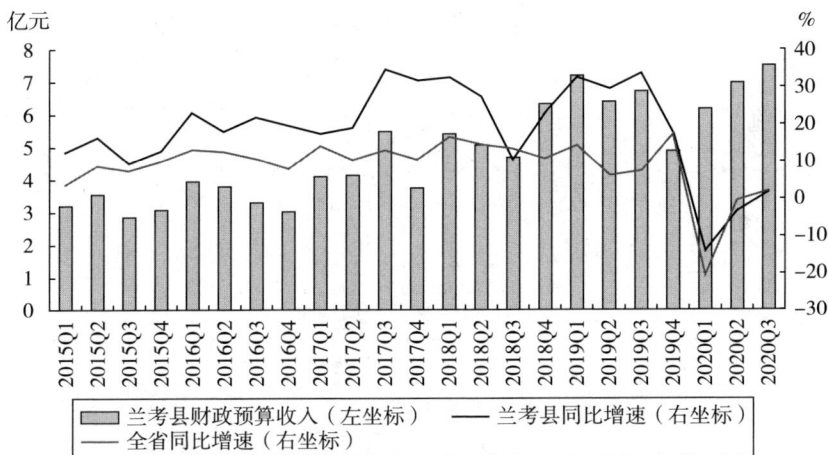

图 10－15　2015—2020 年财政预算收入情况

深"，蜜瓜种植、鸡鸭牛羊驴养殖蓬勃兴起，发展蜜瓜 1 万亩、红薯 4 万亩、优质花生 15 万亩、经济林 1 万亩；全县禽、牛、羊、驴存栏分别达到 850 万只、9.5 万头、40 万只、5000 头，优质饲草种植面积达到 3 万亩，"两瓜一菜"已具规模，一株株构树，一棵棵苗木，一个个小型生态养殖小区，一方方花生、红薯，一座座瓜菜大棚，构成了农村绿色发展的新画卷。2017 年 2 月，兰考县在全国率先脱贫摘帽。

三、普惠效应

2017 年 11 月，我们对试验区进行问卷调查，并将调查重点聚焦到两年前的调查对象，由此探寻试验区建设一年来对广大农户带来的直接变化和影响。问卷涵盖银行网点服务的使用、获得贷款情况、保险服务、金融知识与金融消费者权益保护、智能手机使用、互联网金融、助农服务等信息，同时新增了对普惠金融的认识、政策协同等内容，并跟踪农户对相关服务满意度的变化。此次调研共收回农户有效问卷 4200 份，小微企业有效问卷 820 份。

（一）金融服务满意度全面提升

从问卷中对金融便利性等 9 个指标的满意度打分情况来看：2017 年，农户评价满意度最高的依旧是存转汇服务，然后是保险产品、金融便利性；评价满意度得分最低的则是金融知识、保险服务。通过对比 2015 年的调查问卷则发现，对金融便利性等 9 个指标的满意度得分均高于上次调查的得分，其中信贷可得、金融知识的满意度提高幅度最大，分别提高了 0.98、0.97，这也表明普惠授信、金融知识宣传等一系列工作措施给农户带来了直接而又明显的影响，金融服务满意度全面提高（见表 10 - 5）。

表 10 - 5　　　　　　　　各指标满意度平均得分

评价维度	金融便利性	存转汇服务	信贷可得	保险服务	保险产品	纠纷解决	金融知识	新产品服务	助农取款点服务
满意度得分（2017）	4.06	4.19	3.95	3.78	4.07	3.97	3.76	3.91	3.98
满意度得分（2015）	3.93	4.17	2.97	3.60	3.65	3.13	2.69	3.83	3.80

在对信贷可得性的对比中发现，在 2015 年，农户对信贷可得性的满意度评价主要集中在一般，占比 42.1%，而在 2017 年，农户对信贷可得性的满意度评价则集中在了比较满意和非常满意，分别占比 41.4% 和 33.6%。信贷可得性满意度的平均得分由 2.97 提高到 3.95，正是得益于对农户按照"宽授信、严启用、严管理、严惩罚"的原则开展普惠授信后，农户贷款门槛降低，农户有正当经营需求即可申请贷款，在很大程度上提高了银行信贷的可得性，进而带来农户对信贷可得性评价的提高。

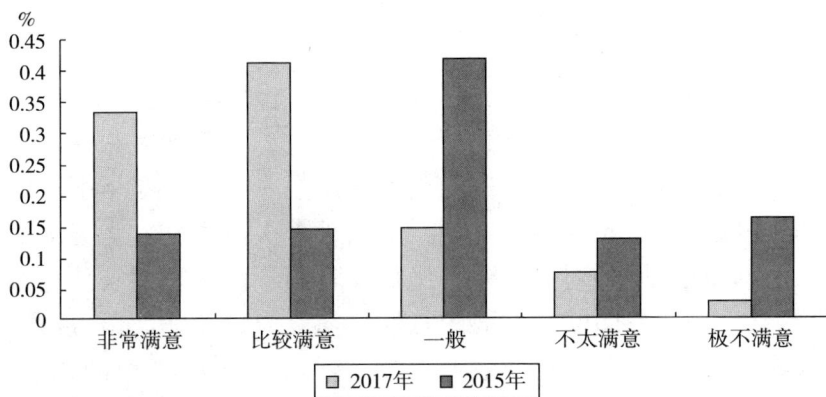

图 10 - 16　对信贷可得性评价的对比

（二）融资难题有效缓解

在此次调查的 4000 多农户中，2016—2017 年获得贷款的农户有 582 人，占比 13.5%，较上次调查提高了 2.4 个百分点，其中户均贷款金额 8.99 万元，平均利率 6.28%，较上次调查降低了 2.83 个百分点。从申请贷款到贷款到手所用时间少于 10 天的占比 51.7%，较上次调查提高了近 15 个百分点。从调查样本来看，农户获贷率不断提高，融资成本明显下降，融资难题有效缓解（见图 10 - 17）。

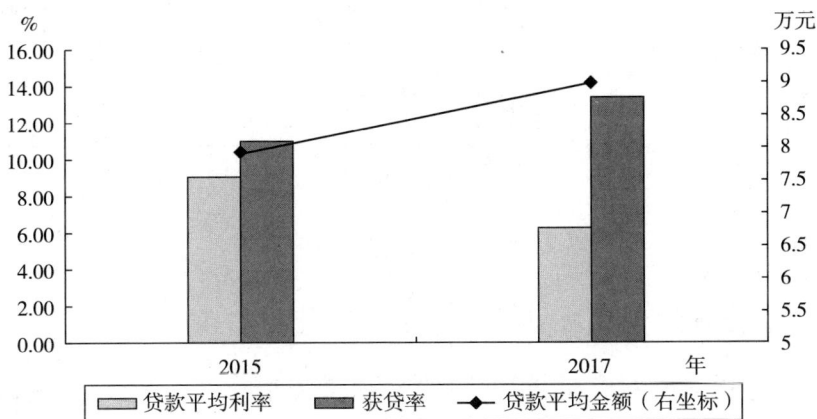

图 10 - 17　农户融资情况对比

（三）保险服务不断完善

为丰富保险服务，各保险公司致力于完善保险服务组织体系。人保财险、中国人寿等公司通过自建、协办等方式，积极向乡村两级延伸保险服务网点和服务人员，解决保险服务"最后一公里"的问题。中原农险等公司按照改革试验区相关部署，选派骨干人员进驻兰考普惠金融服务大厅，做好保险服务对接工作。优化保险服务流程。对贫困群众等普惠保险重点人群的保险赔付，要求从快从简、应赔快赔，鼓励提供上门服务、绿色通道等便民项目。农业保险对已确定的灾害，要在查勘定损结束前按预估损失的一定比例预付部分赔款，帮助农户尽早恢复生产。对农村外出务工人员，开辟异地理赔服务，为农村居民安居生活提供保障。据问卷显示，在调研的农户中（见图10－18），以家庭为单位购买养老保险、农业保险和健康保险的人次最高，子女教育保险、家庭财产保险也有不同程度的购买，这表明农户对保险的接受和使用能力增强。

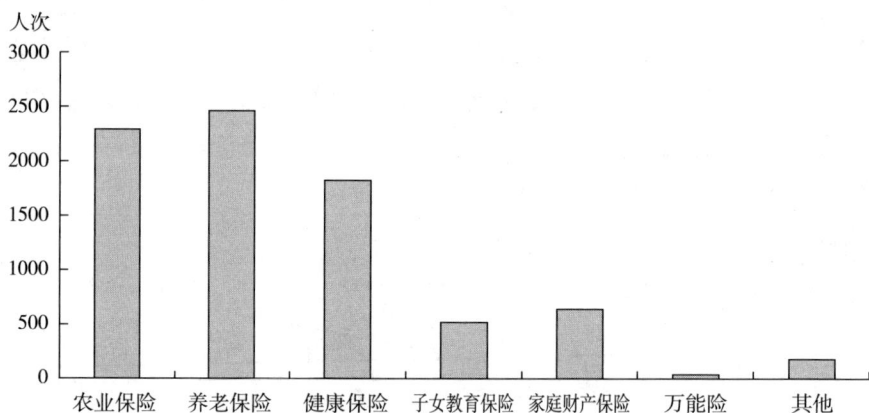

图10－18　农户购买保险的种类

（四）普惠金融服务站使用效率不断提高

通过建设"4＋X"功能的村级普惠金融服务站，将普惠授信、信用建设、风险防控、金融消费者权益保护和基础性金融服务整合到乡镇公共服务体系之中。普惠金融服务站提供的服务包括知识宣传、申请贷款、信用信息查询、生活缴费、转账服务等多种服务，较助农取款点的服务更加丰富、更加全面。从调研的农户来看，未使用过普惠金融服务站的农户占比相比未使用过助农取款点的占比低了近20个百分点，小额存取款、转账汇款、生活缴费、金融知识宣传等功能使用率均高于助农取款点。此外，还有部分农户通过金融服务站申请贷款、开展信用信息查询，普惠金融服务站密织农村服务网络，延伸线下普惠金融的毛细血管，使用效率不断提高（见图10－19）。

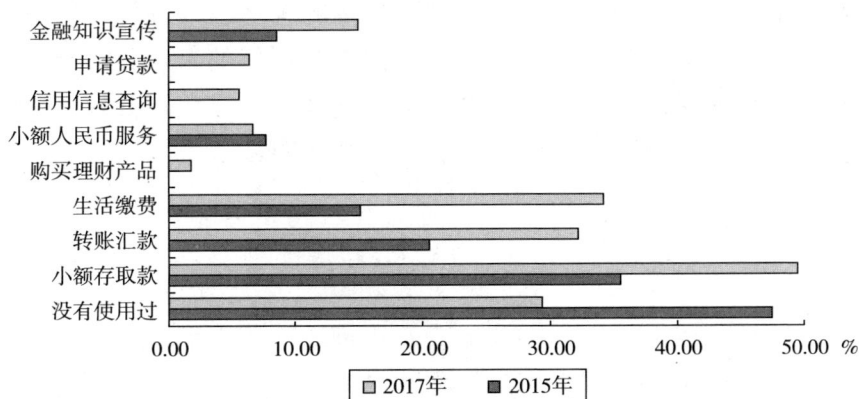

图10－19　农户使用普惠金融服务站服务情况

四、社会效应

（一）试验区创造性地解决了普惠金融发展中的很多痛点和难点，使得普惠金融从概念变成了人民群众实实在在的权利

兰考试验区创造性地探索出了普惠授信模式、信贷风险防控机制、普惠金融服务站等经验做法，为普惠金融落地打下了坚实的基础。普惠授信一落地就受到了金融机构、农民的欢迎，很好满足了一般农户，尤其是以前没有和银行打过交道的农民发展生产的资金需要。试验区创建以来，兰考县已为15万余户农户发放普惠金融授信证，实现了"普惠授信户户全覆盖"的目标，已发放普惠授信贷款27077笔、11.75亿元。①

---

① 该处为2020年12月末的数据。

（二）传统金融从过去追求"效率＋稳定"的两个维度，逐步向追求"效率＋稳定＋包容"三个维度转变

金融服务的包容性是试验区建设的重要目标。例如：结合当地实际建成覆盖全部行政村的普惠金融服务站，实行规范化管理，有效打通了农村地区金融服务最后"一道槛"，"小站点"发挥了"大作用"，丰富了最基层的金融毛细血管，赋予了农民更多的金融服务选择权。以普惠授信户户全覆盖为目标，对所有基础条件符合授信的农户，实施户户全部授信，让农村每个家庭都享受到基本信贷权，金融在降低融资成本的基础上，让更多的老百姓获得融资满足，收入明显增长。

（三）数字普惠金融为兰考县实现赶超提供力量，并为农村群体获得覆盖更广、使用更深金融服务奠定基础

以往银行完成1笔农户小额贷款，从贷款申请和审批发放，一般需要2名信贷员至少入户调查两次，与农户夫妻双方面谈面签。我们在试验区建设之初就考虑如何把数字技术嫁接到普惠金融试验区探索中去。数字普惠金融平台的上线运行，为兰考县普惠金融向更深、更远前行奠定了基础，有效保证了普惠金融试验区的可持续化运作，实现了传统金融的多个突破。如突破了网点的概念，解除了物理上的地点限制，在家也能办理业务；突破了时间的概念，不论白天黑夜，都可以随时登录；突破了以往的效率低、高成本；突破了风险管理的一些制约，农村信用信息数据的利用，直接可以信用评分做参考；突破资源配置的低效和结构性矛盾，使资源配置更加准确、更具针对性；突破了以往的业务陈规，通过运用线上拍照、扫描、验证的线上新技术，也可以线上办理业务；突破了现有的竞争格局，谁上线的产品多，谁的优势更明显；突破了行业限制，无论银行、保险、理财等均可加载在平台上，实现综合金融服务的"一站式"办理。

（四）普惠金融改革试验增强了政府对信贷风险的重视程度，随之而来的是多元化风控机制的形成

随着普惠金融改革试验的深入，当地政府更深刻地理解了普惠金融

在支持弱势群体、弱势行业发展以及脱贫攻坚与乡村振兴中的重要作用。为提升普惠金融供给积极性，兰考县对风控工作做了大量的研究和论证，引入了多元化的风险分担和保障机制。通过设立风险补偿基金和还贷周转基金、出台失信联合惩戒办法、建设三级防控体系等措施，有效规避了普惠金融领域信贷可能存在的风险，充分调动了金融机构放贷积极性。也形成了具有创新和借鉴意义的多元化风控机制。

（五）普惠金融改革探索与加强农村社会治理结合起来，激发了农民内生发展动力

兰考县普惠金融三级服务体系的建立，特别是直接和村民打交道的村级普惠金融服务站，既搭起了农民了解政策、争取政策、享受政策的桥梁，同时也发挥着社会治理的作用。如村委帮助村民建立信用、协助贷款和推荐项目，农民群众从中获得了所需要的金融资源事项，增强了农村基层组织的号召力，党群关系、干群关系得到了明显改善。再如，多渠道宣传金融政策，讲解金融知识，帮助农民运用金融支持发展产业，既激发了党政领导干部和群众"学金融、懂金融、用金融"的热情，增强了党政领导干部运用金融服务县域发展的能力，也提升了群众运用金融创业就业、发家致富的能力，实现从"要我脱贫"到"我要脱贫"的转变。这里有两个生动的事例。第一个事例是，2014年习近平总书记走访的张庄村贫困户闫某，经产业帮扶和金融助力，开办"春光油坊"，不仅率先脱贫，也实现了小康，为感谢党的好政策，闫某满怀感激地向党组织递交了入党申请书，他激动地说"是党帮着我脱贫致富，我也要成为党组织中的一分子，我也要帮助我身边有困难的人"。第二个事例是，2019年全国政协汪洋主席走访过的"张庄布鞋"，通过兰考县农村商业银行给予100万元的扶贫贷款支持，开办传统布鞋作坊，在农闲时节能带动1000多名50～70岁的周边农村妇女在家门口就业，"守住家、看好娃、不用外出挣钱花"，既留住了乡愁，弘扬了传统文化，就业妇女也能在工作中拉家常，增强了乡邻和睦，普惠金融与就业创业的紧密结合，赋予了农民脱贫致富的机会，也增强了农民的幸福感。

第十一章　从头雁到雁阵

试验区实践探索得到了社会各方的关注与支持，产生了巨大的"外溢效应"，像一颗石子投落在波澜不惊的湖面上，漾起了层层涟漪。2018年3月以来，河南省以兰考县普惠金融改革试验区为引领，先是选取开封市和22个县（市、区），稳步开展普惠金融试点，2020年初又在河南全省复制推广，在进一步扩充样本空间的同时，也丰富和验证了"一平台四体系"普惠金融实践。目前，河南已实现了从兰考"1个样板间"到"23块试验田"，再到全省的扩围发展，形成了普惠金融理论与实践创新的"河南雁阵"，普惠金融之花已盛开在中原大地。

第一节　一石激起多层浪

发展普惠金融既是国家政策要求，也符合广大基层群众的根本利益和实际需要，是在进入新时代的历史方位下，在基层"自下而上"开展的"建设好金融，服务好社会"的重大实践。自申报之初，再到改革试验，兰考县普惠金融改革试验区得到了社会各方的关注与支持，形成了基层群众、金融机构、地方政府的"多赢"格局。

一、领导高度重视

在兰考县设立国家级普惠金融改革试验区的设想和试验区设立后的改革试验，备受各级领导的高度重视和大力支持。试验区设想一提出就立即得到了国务院及相关部委和河南省的高度重视。中国人民银行郑州中心支行提出设想和建议后，河南省谢伏瞻省长（时任）和李克常务副省长（时任）立即做出批示肯定。

此后在《总体方案》制定和试验区申建中，中国人民银行周小川行长（时任）、陈雨露副行长、潘功胜副行长、范一飞副行长也都给予了大力支持和指导。特别是 2015 年 10 月，中国人民银行郑州中心支行向潘功胜副行长汇报关于在兰考县设立金融支持实体经济试验区设想时，潘功胜副行长表示肯定，并建议试验区主题定位为"普惠金融"。2016年 2 月 28 日，中国人民银行范一飞副行长在河南调研，与谢伏瞻省长（时任）会晤时，就试验区申建事宜交换了意见。

2016 年 4 月，为论证在兰考县设立普惠金融试验区的可行性和必要性，国务院考察组赴兰考实地调研指导工作，对试验区的基础条件和必要性给予了肯定。2016 年 9 月 7 日，河南省陈润儿省长（时任）对加快推进试验区申建做出批示，要求抓好实施。

2016 年 12 月 26 日，试验区总体方案获批后，河南省第一时间成立试验区建设省级领导小组，第一时间召开试验区建设推进大会，中国人民银行陈雨露副行长、河南省翁杰明常务副省长（时任）到会安排部署试验区建设工作。此后，结合《总体方案》，试验区确立了"三大近期目标、三大中远期目标""普惠授信""普惠金融服务站""四位一体、分段分担的风险防控""'普惠通'APP"等一系列开篇布局的重要工作。2017 年 6 月 2 日，中国人民银行陈雨露副行长对这些创新性工作给予了高度肯定，认为试验区建设开局良好，要求试验区要务实、持续、大胆探索，将兰考模式打造成为我国普惠金融发展的主模式和基本模式。2017 年 6 月 19～23 日，中国人民银行、发展改革委、财政部、农业部等 7 部委和吉林等国家级农村金融改革试验区代表，以及世界银行、国际扶贫协商小组（CGAP）等国内外专家莅临兰考试验区考察，都给予了充分肯定。世界银行专家调研后指出，兰考普惠金融模式有望成为世界普惠金融发展主模式。

随着试验区建设的深化，特别是在"一平台四体系"模式形成后，各级领导对试验区的关注更加密切。中国人民银行陈雨露副行长、刘国强副行长以及全国人大、国务院参事等多位领导都亲赴试验区给予考察指导。广东、山东、湖南、四川、重庆、江西、西藏、内蒙古、广西等近20个省（自治区、直辖市）以及河南省内100多个县（市、区）都专题调研考察试验区建设，着力考察"一平台四体系"兰考模式落地情况。2017年9月2日，"中共中国人民银行委员会党校兰考教育基地"挂牌，不定期组织人民银行全国部分县（市）支行党组书记赴兰考县学习培训，并将"一平台四体系"兰考模式纳入培训课程内容。2017年10月，中国人民银行党委委员、行长助理刘国强（时任）在《中国金融》期刊上撰文指出，"作为首个国家级普惠金融改革试验区，兰考县重点在县域普惠金融发展路径，特别是在普惠金融助推经济转型发展、优化新型城镇化金融服务等方面展开探索，并取得了积极成效"。2017年12月6日，河南省委书记谢伏瞻（时任）对试验区建设给予批示指出，"建设兰考普惠金融改革试验区，是探索金融服务'三农'、支持脱贫攻坚、助推乡村振兴战略实施和县域经济发展的重要举措。一年来，人行郑州中心支行认真落实兰考县普惠金融改革试验区总体方案，强化责任担当，勇于改革创新，积极协调各方建机制、搭平台、强服务，推动试验区建设取得明显成效，金融服务覆盖面、可得性、满意度不断提高，为发展金融普惠积累了有益经验。人行郑州中心支行、省直有关部门和兰考县委、县政府要深入贯彻党的十九大精神和全国金融工作会议精神，积极推进兰考普惠金融改革试验区建设，加强协调联动，创新体制机制，完善配套政策，强化金融服务，注重风险管理，复制推广经验，加快把兰考县建设成为全国普惠金融改革先行区、创新示范区、运行安全区，探索出一条可持续、可复制推广的普惠金融发展之路"。2017年12月18日，中国人民银行陈雨露副行长对试验区建设批示指出，"兰考试验区这一年建设成效值得肯定，下一步应重点围绕如何通过落实杭州G20数字普惠金融共识，提升普惠金融可持续做文章，包括充分利用数字技术加强信用体系建设，降低金融服务成本，提升服务效率，建立更有效的风险防范机制等。明年力争有更大的试点成绩"。

试验区"一平台四体系"模式也得到了国家层面的关注和认可。2018年8月5日，在人民日报全国党媒信息公共平台与国家金融与发展实验室联合主办的首届中国普惠金融创新发展峰会上，兰考县"普惠金融助力实现小康梦案例"入选2018中国普惠金融典型案例，这也是70个入选案例和获奖的12个案例中，唯一一个地方政府获得的荣誉。峰会认为，"作为国内首个普惠金融改革试验区，兰考县坚持创新、协调、绿色、开放、共享的发展理念，坚持市场主导和政府引导，注重落实县域普惠金融发展的'最后一公里'。自成立以来，积极探索建立多层次、全方位的普惠金融产品体系，让更多需要关注的群体获得了'金融活水'支持"。2019 年 6 月 24 日，在杭州举行的"共筑凡星力量 2019 小微金融行业峰会的农村金融专题会"上，兰考县荣获全国普惠金融标杆县域奖。2019 年 7 月，兰考"一平台四体系"模式入选中央组织部编写的《贯彻落实习近平新时代中国特色社会主义思想在改革发展稳定中攻坚克难案例》，并被中组部、中财办、中宣部、统战部、国安部等五部门指定为全国主题教育活动的学习教材。2019 年 12 月，中国银行保险监督管理委员会普惠金融部发文推广试验区相关经验。2020 年 4 月 9 日，中国银保监会办公厅印发《关于做好 2020 年银行保险服务"三农"领域重点工作的通知》要求"学习借鉴河南省兰考县、四川省成都市等农村普惠金融改革试验区做法，稳妥扩大农村普惠金融改革试点"。2020 年 5 月，兰考县"一平台四体系"普惠金融模式入选"河南省首届经济体制改革十大案例"，在河南省委印发的《关于贯彻落实习近平总书记视察河南省重要讲话精神支持河南省大别山革命老区加快振兴发展的若干意见》中，① 专门对"大力发展普惠金融，全面开展'整村授信'"进行部署，强调发挥信贷资金对农民创业就业的重要支撑作用。2021 年 1 月，河南省在《2021年政府工作报告》中再次明确强调"推广普惠金融兰考模式"，并将发展普惠金融作为优化营商环境的重大举措。

二、群众反响热烈

试验区建设中，农民获得了实实在在的实惠，群众最大的感受就是，"从来没有像现在这样体验到，金融离自己这么近，享受金融服务就像'日出而作''日落而息'一样自然"。试验区改革创新的出发点和落脚点就是要"助力群众发展生产、脱贫致富"，随着一系列改革措施的落地，让群众较过去相比，切切实实享受到了更高效、更快捷、程

---

① 见《关于贯彻落实习近平总书记视察河南重要讲话精神支持河南大别山革命老区加快振兴发展的若干意见》（豫发〔2020〕10 号）。

序更简化的金融服务，实实在在从生产生活、创业致富中获得到了贴身的金融服务，群众很感激，也引发了强烈反响。

谷营镇栗西村村民袁某前几年因外出务工致残，后在家创业开办灯饰厂，起初因厂房规模小，盈利水平较低，普惠授信推出后，袁某通过普惠授信政策支持，扩建了灯饰厂，成为全村第一个"脱贫摘帽"的人，他说："普惠金融给俺的感觉就像是'贴心小棉袄'，打心眼里感激党的好政策"。而此前，农民如果想要向银行贷款，要先提供各种抵押或担保，证明自己的信用和风险承担能力，才有可能获得授信。可无论种植养殖，都有风险，民间流传着这么一句话："家有千财万贯，带毛儿的不算"。在农村走过去传统小额信贷的路子，难以行得通。而普惠授信相当于把贷款的基本金融权益还给农民，不再把他们排斥在金融系统以外，这在仪封乡代庄村村支部书记代某看来，"把普惠金融作为村民一项基本权利，这是了不起的创举"。

随着试验区建设的深入推进，农民群众懂金融用金融的意识不断增强。兰考东坝头镇南北庄村村民毕某说，"身边朋友的金融意识比以前强多了，一些过去游手好闲、好吃懒做的人，也自发行动起来，想办法发家致富了"。中原农险兰考县支公司副经理李某说，村里一个少年溺水身亡，家人第一反应是给中原农险的人打电话，"搁以前，他们可能会把亡者抬到村委会门口闹半天。没想到农民的保险意识提高得这么快"。

与普惠化、便民化金融服务相伴相随的，是金融与产业的深度融合为广大群众带来的创业就业、脱贫致富的机会，是信用意识、金融观念在群众心中的不断沉淀和升华，激发形成了"诚实守信、勤劳致富、相邻友好、治理有序"的淳朴乡风文明。兰考人民对试验区建设的拥护和实实在在的获得感，也引起了周边其他县域的强烈反响，他们也期盼着加快启动普惠金融探索。

三、金融机构认可

随着"一平台四体系"建设的不断深化，金融机构获客成本、经营管理成本和风险防控成本均有效降低，参与试验区建设的积极性、主动性显著提高。

　　试验区创新普惠授信，实现"普惠授信户户全覆盖"，加大了贷款宣传力度，有贷款需求的农户可以直接通过数字普惠金融综合服务平台申请金融服务，大大增加了商业银行的目标客户群体，很多在乡镇没有网点的银行均获得了大量的潜在客户，降低了银行前端线下获客产生的宣传费用和走访成本。据邮储银行兰考县支行、兰考农商行、中原银行兰考县支行测算，其在试验区的获客成本分别下降了 15%、33% 和 23%。

　　试验区推动数字普惠金融综合服务平台与金融机构对接，加载普惠授信、二维码支付等功能，实现贷款申请、贷前调查、贷款受理和贷后服务的线上化，极大地降低了对金融机构营业时间和物理网点的依赖，解除了农村金融服务对时间和空间的限制问题。此外，通过数字普惠金融综合服务平台申请贷款的农户，资料由各村统一提供，减少了一线服务人员数量，节省了人工成本，也节约了传统贷款调查的交通费用及资料收集费用，降低了银行经营管理成本。中原银行在兰考县仅有 3 家网点，其中 1 家在县城区，2 家分布在考城镇和堌阳镇，其余 11 个乡镇业务开展成本较大。通过普惠授信和数字普惠综合服务平台，中原银行非常便捷地将业务扩展至兰考辖内所有的乡镇和农村，且多为批量业务，可以集中办理，节省了宣传资料费、人工费、交通费、贷后管理成本等。据中原银行兰考县支行测算，农户贷款业务通过平台线上办理比线下办理时间节约了 28.6%，经营管理成本下降 20.4%，其中综合人力成本下降 20%、调查成本（包含交通费、资料收集费、资料复印打印费等）下降了 25%，贷后管理成本下降了 30%。

　　试验区通过线上申请，信贷员包村、乡镇两委协助贷款推荐、村普惠金融服务站协管员定期走访，以及对恶意违约和逃废债进行联合惩戒等方式，在大力开展业务的同时，有效降低了商业银行的风险防控成本。试验区普惠授信业务自 2017 年 7 月开办以来，迄今仅因贷款人意外事故等原因发生 3 笔不良贷款，且目前都已偿还欠款。

　　目前，试验区通过数字普惠金融综合服务平台集聚 474 家金融机构（含地方法人机构）的金融产品 2720 款，① 远超兰考县 10 家商业银行分

---

① 这里引用 2020 年 12 月底数据。

支机构的产品数量,① 破解了过去传统金融服务机构单一、垄断、封闭等问题,实现了金融产品和服务体验的场景化,增加了金融包容性和可得性,促进了试验区金融供给多元、开放和竞争,提升了兰考县金融市场的开放度、竞争度和效率,弱化了以前地方涉农金融机构"一枝独大"、垄断农村金融市场的状况,推动形成了市场化定价机制,金融资源配置不断优化,金融深化水平有效提升。

四、媒体学界密切关注

试验区建设四年来,中央媒体采访团三次深度调研采访兰考县。国内知名媒体也数次对试验区建设情况开展报道。如:《人民日报》刊发了以"农民有了授信证 借钱发展不用愁"为标题的普惠授信做法;《新华每日电讯》以年终报道整版篇幅刊发《兰考脱贫"隐形功臣":普惠金融试验》;新华社刊发《河南兰考:金融服务下沉 普惠寻常巷陌》;《金融时报》以两次头版头条刊发《兰考之变——写在兰考普惠金融改革试验区创建一周年之际》《兰考脱贫的普惠金融之力》,并刊发《从兰考探索看普惠金融未来发展之路》的整版报道;《河南日报》刊发《河南省兰考县普惠金融改革试验区运行报告(2017)》的整版报道以及《普惠金融的兰考探索》等系列文章。这些宣传报道,全面梳理总结了兰考县普惠金融改革试验区建设的主要做法和成效,为试验区实现又好又快建设营造了良好的舆论氛围。

试验区建设也引起了学界的密切关注。2017 年 3 月 13 日,中国普惠金融研究院与人民银行郑州中心支行、兰考县政府签署了《共建兰考县普惠金融改革试验区战略合作备忘录》。2017 年 4 月 22 日,西南财经大学中国金融研究中心与兰考县政府签署了战略合作协议。2017 年 6 月 19~23 日,中国普惠金融研究院在兰考培训基地举办第一期普惠金融高级研修班。中国小额信贷联盟秘书长白澄宇称,在地方上存在大量征信数据空白之时,由央行与兰考政府牵头建立信用信息大数据库,"必要且重要"。有专家表示,兰考县是中国县域的缩影,具备贫困、农业、

---

① 2019 年 8 月,郑州银行兰考县支行开业,兰考县银行业金融机构也由 2015 年的 9 家增长为 10 家。

产业单一等特征，其普惠金融改革的先行先试，具备全国范围的示范效应。中国普惠金融研究院贝多广院长评价兰考普惠授信为当前世界范围内小额信贷领域的一项重要创新。

为加快区域金融改革的试点示范，中国人民银行陈雨露副行长专门强调，"要更加注重对试点地区的好经验、好做法进行总结凝练，将已经形成的可复制的经验加快向更大范围推广"。随着试验区"一平台四体系"兰考模式不断得到社会各界关注和反响，加之各地脱贫攻坚、乡村振兴战略的实施，迫切需要注入金融"活水"激活农村经济社会活力，各地对加快复制推广兰考试验区经验需求极为强烈。

正是在此背景下，2018 年河南省委省政府一号文件《关于推进乡村振兴战略的实施意见》（豫发〔2018〕1 号）专门提出，要推广兰考县普惠金融改革试验区经验。为落实相关指示精神和河南省委一号文件要求，中国人民银行郑州中心支行按照"突出重点、分步开展、防范风险"的思路，2018 年初，牵头在全省开展了省级普惠金融试点工作，这一做法立刻得到了全省各级政府的热烈回应。按照"因地制宜，稳妥推进，风险可控"的原则，自 2018 年 3 月起在河南部分试点地区启动兰考模式复制推广工作并顺利实现预期目标后，2019 年河南省委一号文、2019 年河南省委关于《深入学习贯彻习近平总书记重要讲话精神全面推进乡村振兴战略的意见》（豫发〔2019〕19 号）以及 2020 年河南省委全面深化改革委员会工作要点又进一步要求在全省范围内复制推广兰考模式。随着全省范围内的深化实践，普惠金融在中原大地逐渐落地生根。

第二节　雁阵是怎样形成的

在试点地区的选取原则上，河南省作了科学、缜密的部署。一是每个省辖市至少选择一个县（市、区），作为试点先集中省辖市各方资源，统筹推动"一平台四体系"兰考模式在试点地区复制落地，验收合格后，再辐射推广省辖市全辖，体现出"稳妥推进，防控风险"的改革思路；二是结合各地经济金融发展不平衡性现状，试点地区中既要包含经济金融强县，也要选择部分贫困地区县域，以进一步验证"一平台四体系"兰考模式普适性；三是坚持自愿申报，以更好地发挥当地政府在普惠金融实践中的主动性和能动性，更好地加快形成与普惠金融落地相适应的配套制度和运行机制。

2018年3月，在全省各级政府自愿申报的基础上，河南省确定了鹤壁市、登封市（郑州市）、新密市（郑州市）、宜阳县（洛阳市）、栾川县（洛阳市）、叶县（平顶山市）、内黄县（安阳市）、长垣市（新乡市）、获嘉县（新乡市）、沁阳市（焦作市）、濮阳县（濮阳市）、范县（濮阳市）、建安区（许昌市）、舞阳县（漯河市）、陕州区（三门峡市）、内乡县（南阳市）、淅川县（南阳市）、夏邑县（商丘市）、睢县（商丘市）、新县（信阳市）、商水县（周口市）、确山县（驻马店市）等22个地区为省级普惠金融试点。2018年5月9日，根据河南省陈润儿省长（时任）的批示要求，即"可以考虑在兰考的基础上，将试点扩大到开封整个区域，这样试点的意义或许更大些"，又将开封全市纳入省级普惠金融试点范围。

试点地区的选择充分考量了各地经济总量、地理位置、资源禀赋、支柱产业、金融实力等指标情况，体现了差异性和全面性原则（见表11-1），力求检验在不同县情下复制推广兰考模式的普适性。比如：在经济总量上，新密市、登封市在2017年均为全国县域经济100强县，存贷款总量较大，而宜阳县、栾川县、范县、淅川县、睢县、新县、确山县均为国家级贫困县，存贷款规模相对较小，夏邑县、商水县、濮阳县、舞阳县等（市、区）经济发展水平在全省处于中间位置；在经济结构上，新密市、登封市、长垣市、沁阳市、建安区均为工业城市，而确山县、叶县、淅川县、内黄县、内乡县、夏邑县、睢县、新县、商水县等均为典型的农业县；在人口数量上，夏邑、商水县均为人口数量超100万的人口大县，而新县、栾川县、建安区均为人口不足40万的人口小县（市、区）；在地理位置上，建安区、陕州区均为市辖区，栾川县、新县均为山区县，远离市区；在政策资源优势上，长垣县与兰考县一样是河南省直管县，而其他县（市、区）则不属于省直管县之列；在试点区域层级上，鹤壁市下辖2个县、3个区，鹤壁整个市被纳入试点范围，而其他试点均为从所在地级市选取的1~2个县（市、区）。

2018年3月，普惠金融兰考模式在全省复制推广的大幕徐徐拉开，以兰考县普惠金融改革试验区为标杆引领、各省级试点持续深化、省内其他地区同步跟进的普惠金融"河南雁阵"展翅翱翔。

表 11–1 普惠金融试点地区基本情况

试点地区	GDP（亿元）	三产比值	城镇化率（％）	存款规模（亿元）	贷款规模（亿元）	人口（万人）	是否国家级贫困县
鹤壁市	833	7.3:64.5:28.2	58.8	642.6	593.2	165	否
登封市	647	2.8:56.3:40.9	55.4	329.6	158.8	71	否
新密市	766	3:51:46	59.3	425.6	185.7	81	否
宜阳县	279	12.5:44.0:43.5	34.0	154.2	89.8	70	是
栾川县	187	7.4:58.1:34.5	48.0	185.9	80.0	35	是
叶县	182	23.1:45.7:31.2	36.7	186.6	70.7	89	否
内黄县	224	26:42.5:31.5	30.2	147.8	57.3	79	否
长垣市	343	10.4:50.2:39.4	45.9	382.8	194.3	87	否
获嘉县	110	13.2:60.0:26.8	44.5	110.2	32.1	43	否
沁阳市	427	4.9:64.7:30.4	60.7	162.8	97.2	49	否
濮阳县	419	10.5:55.4:34.1	35.0	240.6	132.3	98	否
范县	205	8.0:63.4:28.6	33.3	146.3	45.9	55	是
建安区	302	5.5:55.6:38.9	41.2	267.0	182	79	否
舞阳县	191	14.4:53.8:31.8	43.9	145.9	32.4	59	否
陕州区	216	9.2:52.5:38.3	46.9	153.6	110.8	35	否
内乡县	196	19.2:47.2:33.6	36.8	194.7	136.0	73	是
淅川县	216	17.5:48.1:34.4	41.7	227.0	116.0	72	是
夏邑县	233	21.2:38.6:40.2	39.0	273.5	75.8	122	否
睢县	171	25.2:38.5:36.3	36.8	181.9	59.9	89	是
新县	130	20.6:41.9:37.5	46.5	126.9	59.3	37	是
商水县	247	25:42:33	35.7	232.7	58.5	125	是
确山县	173	19.7:40.9:39.4	41.5	196.4	69.1	53	是

复制推广探索中，各试点地区牢牢把握"一平台四体系"兰考模式的精髓和核心要义，注重因地制宜，结合各地特色对数字普惠金融服务平台推广、普惠金融服务站建设、普惠授信开展、信用体系建设、信贷风险防控等各体系的落地工作，进行了认真谋划和相应的制度安排，形成了一些新的创新，进一步验证和丰富了"一平台四体系"兰考模式，中原大地呈现出了普惠金融"百花齐放春满园"的局面，也促进了农村金融市场的活力不断迸发，为地方经济发展、人民群众生产生活带来了实实在在的益处，得到了试点地区人民群众的欢迎和好评。截至2019年6月末，开封市和22个试点县（市、区）均已达到兰考县2018年底的普惠金融发展水平。数据表明，截至2019年12月末，全省22个试点县（市、区）各项贷款余额同比增长14.45%，是2017年末的1.27倍；建成8177个普惠金融服务站，占行政村总数的85.1%，通过普惠金融服务站累计办理现金业务925.76万笔、转账业务175.79万笔、小额人民币兑换业务70.88万笔、完成普惠授信基础授信237.43万户、发放普惠授信贷款33.75万笔，贷款余额达163.39亿元，普惠授信贷款覆盖面达到10.44%。

2020年，按照河南省委深化改革委员会工作要点要求，河南省一方面深化兰考县普惠金融改革试验区建设，另一方面启动全省复制推广"一平台四体系"普惠金融兰考模式工作，两项工作齐头并进，互促相长，都取得了较好的成效。普惠金融业已成为河南省金融业发展的一大亮点，市县乡村各级地方党政普遍把发展普惠金融作为推动扶贫致富、乡村振兴的重要抓手，推动形成了普惠金融在全国的品牌地位，达到了降成本、促竞争、有效改善农村金融服务的效果，也为全局共性问题的解决提供了有益的经验和丰富的实践验证，得到了广大群众的认可和欢迎。具体表现在：

一是"一平台"在全省初步得到推广应用。截至2020年末，平台已上架2720种普惠类产品，平台全省累计下载量超815万人次。二是各地因地制宜建设普惠金融服务站。截至2020年末，全省已建成普惠金融服务站3.7万个，普惠金融服务站覆盖率为84.65%，累计办理基础金融业务6650万笔，协助银行入户调查等业务263万笔。三是推进整村授信，有效扩大了普惠授信覆盖面。围绕"普惠授信户户全覆盖"

目标，各地积极推进整村授信。截至 2020 年末，全省完成基础授信 1126.95 万户，普惠授信覆盖率为 60.82%；发放普惠授信贷款 172.69 万笔，余额 716.11 亿元，有效破除了农民的基本信贷门槛。四是各地积极推进信用体系建设，促进信用信贷互促相长。截至 2020 年末，全省采集录入农户信用信息 1640.65 万户，农户信用档案建档率为 88.54%；评定信用户 1313.31 万户，信用户占比为 70.88%；评定信用村 1.3 万个。五是各地基本确立了风险管理和分担补偿机制，引导加大普惠金融贷款投放。截至 2020 年末，全省已到位风险补偿金 76.9 亿元，部分地区借鉴兰考做法，建立了多方参与、分担的新型风险防控机制。

从前期 22 个试点地区到全省推广，兰考模式的普适性和有效性均进一步得到了较好检验，全省金融服务的"普"和"惠"得以长足发展。从农户信用贷款情况看，截至 2020 年末，全省农户信用贷款 940.4 亿元，同比增长 48.59%，高于各项贷款增速 35.64 个百分点。从民营企业、小微企业、普惠小微企业贷款情况看，截至 2020 年 12 月末，全省人民币民营企业贷款余额 19421.5 亿元，较年初增加 1328.9 亿元，同比多增 164.4 亿元；小微企业贷款余额 12199.6 亿元，同比增长 13.1%，较年初增加 1355.5 亿元，同比多增 446.1 亿元，小微企业贷款户数 14.4 万户，较年初增加 2.8 万户；普惠小微贷款同比增长 21%，高于各项贷款增速 8 个百分点，较年初增加 1091 亿元，同比多增 655.4 亿元，普惠小微授信户数达到 139.8 万户，较年初增加 19.3 万户。从小微企业贷款成本看，截至 2020 年 12 月末，全省存量小微企业贷款加权平均利率为 7.13%，较 2019 年 11 月的阶段高点下降 0.43 个百分点。

第三节　雁阵激发巨变

随着"一平台四体系"在试点地区的深化发展，金融在试点县域迸发出了新的力量，使经济社会和金融市场产生了诸多可喜的变化，普惠金融的风采逐步展现，魅力正精彩绽放。

一、金融创新百家争鸣

普惠金融工作有力地促进了银行、证券、保险、担保以及小贷公司等机构主体融入县域普惠金融体系建设中，金融产品与服务实现了多元化，并通过适度竞争，激发了金融活力和金融创新，更好地满足了"三农"、小微企业、民营经济等普惠金融重点服务群体的金融需求。特别在信贷产品和服务模式创新上，普惠授信的深入推进使"信贷＋信用"之火可以燎原，并带动形成了中原大地金融产品创新"百家争鸣"的局面。

各地均出台了普惠授信管理办法，对授信条件、程序、用信方式方法、额度调整等方面结合本地实际进行细化，着力破解农民贷款难、贵、慢"顽疾"。在普惠授信产品的带动下，各地也围绕重点领域与薄弱环节，因地制宜地推出支持"三农"、小微企业的信贷产品。如：洛阳市栾川县学习借鉴兰考普惠授信体系建设做法，以旅游产业为支撑，以家庭宾馆发展为主要载体，推出"美丽乡村贷""福民快车"，助力打造全国第一批"美丽乡村"建设示范村，得到国务院参事室和河南省政府领导肯定；南阳市内乡县开发了"家庭农场贷""聚爱扶贫贷"等信贷品种，南阳市淅川县推出了"务工助力贷""生意助力贷""产业助力贷"等信贷产品；焦作市沁阳县探索"保险＋就业＋扶贫"新模式，使普惠金融更多惠及贫困群体；商丘市夏邑县推出"随心贷"，为农户提供纯线上信用贷款产品；周口市商水县推出"巧媳妇金融支持模式"，支持农村妇女创业就业，针对县域特色经济推出"渔网贷"和"板材贷"，支持特色渔网产业和板材产业发展；信阳市新县推出"龙头企业＋合作社＋农户""公司＋基地＋农户"产业链金融服务新模式；登封市推出"富牛贷"，为当地贫困户发展特色产业提供资金支持；新密市向个人资质良好、无抵押无担保的农户推出"家庭贷"等；三门峡市陕州区推出了"云税贷""小微快贷""账户云贷""税易贷""医保贷""微捷贷""林权贷"等产品；濮阳市范县推出了"金燕普惠贷""家庭幸福贷"等特色产品。

二、产业发展动力更足

普惠金融是撬动农村产业发展的重要杠杆。通过推进普惠金融，试点地区产业与金融有效融合，农业产业发展带动能力明显提升，"县有集聚区、乡镇有产业园、村里有专业户""村村有产业、乡乡有特色"的局面逐步形成。

如：许昌市建安区的"金融＋社区工厂＋贫困户"的业务模式，使金融对脱贫攻坚的支撑得到有效发挥；驻马店市确山县推动的"五彩贷""黄·金叶贷""白·喜羊羊""黑·哼哼贷""绿·本草贷"的信贷产品，分别精准有效地支持了县域红色旅游发展、烟叶生产、生态养殖的加工及购销和中草药种植及购销；商丘市睢县通过金融支持"4个精品特色产业带，14个特色产业示范点，30个绿色生态农业基地"发展生产，截至2019年末，支持种植芦笋1.5万亩、辣椒8万亩、蔬菜18万亩、花生30余万亩，形成了"南笋北椒中果蔬"农业产业格局；鹤壁市淇县通过"农民合作社＋家庭农场＋基地＋农户"产融结合模式，支持现代农业循环经济快速发展；新乡市通过金融支持，积极发展长垣县集生产、生活、休闲、观光、采摘于一体的"农游一体""接二连三"乡村振兴新模式；濮阳县注重发挥金融对粮食生产核心区建设中的作用，着力通过金融支持，打造以强筋小麦、优质水稻、优质油料作物为主力的"三大种植核心区"。

三、创业就业机会增加

在金融服务体系、信用信息评价体系、金融产品体系的强力支撑下，贫困对象、带贫组织的发展意愿充分激发，农民生产资金得到满足，产业、劳务、财产性收入快速增加。过去有很多农民外出打工，现在农民工愿意回乡创业的多了，不但收入上获得提升，而且能够在家照顾父母、教育孩子，促进了社会和谐稳定，实现了社会效益与经济效益的良好融合。

如：南阳市内乡县普惠金融助力充分就业，促进了生活富裕，余关镇子育村群众自发编写了顺口溜做成横幅悬挂在扶贫车间厂房，"门口务工真好，兼顾庄稼老小。转移就业一人，实现全家脱贫"；新乡市获嘉县东小吴村香菇种植基地产业扶贫结对帮扶的带贫模式，2018 年新增城镇就业 5634 人、农村劳动力转移就业 3400 人，完成农村劳动力技能培训 3200 人，发放创业担保贷款 4891 万元；2019 年濮阳县累计发放"家庭信用小额贷" 6596 笔，金额 3.09 亿元，惠及县域 6500 多户家庭；漯河市舞阳县坚持普惠金融与农村第一、第二、第三产业融合发展，建成香菇、花生、园林种植和畜禽养殖等特色种养基地 30 个，培育市级以上农业产业化龙头企业 27 家、省级农业产业化集群 1 家，让 2.6 万名群众通过发展产业、入股分红和务工就业实现增收；信阳市新县建成"普惠金融助力乡村振兴产业示范基地" 198 个，建成信贷支持产业项目库，入库企业 107 家，承接信贷资金 7.25 亿元，为当地群众就业提供了大量的机会。

四、经济发展提质增效

通过普惠金融，试点地区成功将金融资本引入乡村振兴发展重点领域和薄弱环节，推动优化金融资源配置，改善农村金融供给，解决金融供给侧失衡，有效助力了农村产业兴旺、生态宜居、乡村文明、治理有效、生活富裕，也有力推进了县域经济发展的提质增效。

2019 年 6 月 28 日，河南省委省政府在兰考焦裕禄干部学院召开了"中国共产党的故事——习近平新时代中国特色社会主义思想在河南的实践"专题宣介会，河南省委王国生书记在会上重点介绍了兰考县堌阳镇徐场村大力发展民族乐器、实现脱贫致富，洛阳市栾川县重渡沟村发展乡村旅游、打造"中国农家宾馆第一村"、让农村美起来的例子，以及驻马店市确山县吸引制琴师返乡创业、打造"中国提琴之乡"、让农民富起来的生动实践，得到了与会者的高度赞誉。这些乡村振兴的典型案例的背后，都离不开普惠金融的鼎力支持。

五、金融观念驻根基层

试点地区高度重视金融知识普及宣教，通过多形式、多渠道宣传金融政策，讲解金融知识，激发了党政领导干部和群众"学金融""懂金融""用金融"的热情，增强了党政领导干部运用金融服务县域发展的能力，培育了群众运用金融发展致富的观念，提升了金融消费者的金融水平和金融素养。一些基层群众的金融风险防范意识得以有效增强，在一定程度上预防了非法集资。在推动整村授信过程中，一些群众主动归还逾期贷款，金融生态环境有了较大改善。

如：开封市学习借鉴兰考普惠金融宣传教育做法，建立银证保金融消费权益保护工作协作机制，在河南省率先成立地市级金融消费权益保护联合会；洛阳市宜阳县和驻马店市确山县通过金融知识纳入国民教育体系，搭建起一座向家庭、社会传播金融知识的桥梁，基本形成教育孩子、辐射家庭、造福社会"三位一体"的金融知识普及体系，全面提升人民群众的金融素养和风险防范意识，为构建良好的金融环境奠定了基础；安阳市内黄县组建普惠金融知识讲师团，构建"1＋N"宣讲格局，以 27 名讲师团成员为"1"，以工信委、教育局、人社局等为"N"，依托金融扶贫专题培训、技能培训、普惠授信业务宣传、小微企业普惠金融知识专题讲座等平台，开展金融知识进乡村、进街道、进企业活动 50余次，受众人群 6000 余人，培训服务站和村两委人员两千余人。

六、基层治理又一抓手

普惠授信打破了农民小额信贷门槛，不仅降低了非法民间借贷风险，更激发了农民创业热情，很多农户主动要求贷款发展产业。信贷信用相长计划、守信联合激励、失信联合惩戒等制度的建立，增强了城乡居民的信用意识，促进了乡村践诺言、守诚信良好风尚的形成，提升了乡风文明水平，"信用是金"深入人心，许昌长葛市、洛阳栾川县、驻马店确山县等地的一些群众主动归还逾期贷款，金融生态环境有了较大改善。

遍布农村地区的普惠金融服务站、不断下沉的机构网点、持续推广的"普惠通"APP 平台，让老百姓足不出村就可办理基本金融业务，打通了农村金融服务的"最后一公里"，拉近了金融与群众的距离，让试点地区广大农民切切实实享受到了普惠金融红利。平顶山市叶县老百姓称赞普惠金融服务站，"党的政策真是好，取钱不用到处跑，方便省劲又安全，群众心里多舒坦!"。通过将普惠金融服务纳入政府公共服务体系，金融参与生产生活的"点"和"面"得以深化和扩展，使得金融"信用管理"的职能和作用得以进一步发挥，对农村治理方式和发展方式产生了积极的正向影响，有效提升了农村整体治理水平和发展水平。

第十二章　金融普惠之囿

在试验区建设探索中，收获改革成果的同时，也逐渐摸清了当前农村普惠金融还存在一些瓶颈和障碍，这既涉及资本本性与普惠目标的偏移，也涉及当前金融运行体制机制，既涉及法律制度等顶层设计问题，也涉及不适应的配套政策。厘清这些客观存在的困难和问题，坚持问题导向、靶向改革，有利于推进普惠金融的真正落地。

第一节　逐利与普惠的二元冲突

资本先天具有逐利性，由于资本的稀缺性、流动性强，更倾向于向高收益领域流动。亚当·斯密在《国富论》中写道，"每个人都试图用他的资本，来使其生产的产品得到最大的价值。一般来说，他并不是企图增进公共福利，也不清楚增进的公共福利有多少，他所追求的仅仅是他个人的安乐、个人的利益"。这里以高利贷活动举例说明。高利贷自古以来之所以屡禁不止，其背后的原因就是资本逐利性。以货币形式开展高利贷最早出现在春秋时期，当时年借贷利率大致在50%～100%。宋朝高利贷因经济活动发达而非常活跃。田契、地契、金银器都是抵押品，如果借款人无财产可以抵押，也可以将自己的妻女作为抵押品，宋朝前期的贷款利率普遍维持在100%左右。

但放任高利息盛行，又会导致社会不公平，社会不公平又进一步会造成社会秩序混乱甚至社会动荡。南北朝北魏时期，高利贷利率都很高，因借高利贷而倾家荡产的不计其数，严重影响到社会和谐稳定，于是北魏统治者便规定年贷款利率最高不得超过100%。以后各代王朝，不论是正式的法典，还是平时的诏令、文告等，对高利贷利率均有规定。资本在高利贷活动中，都被动或主动地在逐利性和普惠性之间寻求平衡。

资本在逐利或普惠的平衡中，往往因其本性，使资本在流动中主动追求普惠的能动性不足，逐利和普惠的"二元冲突"时刻存在。这也是当前商业金融机构从事普惠金融活动，往往不情愿，内生动力不足，短期行为现象突出的根本原因。

值得注意的是，在不同社会制度下，在不同的社会发展阶段，个体目标函数与社会目标函数又有所不同。资本主义制度下，"理性经济人"理论占据社会主流，它强调个人参与市场经济活动的动机是追求自身利益最大化，资本流动就是追求高利润。正是如此，一些学者把 2008 年美国金融危机原因形象地归结为"华尔街的贪婪"。马克思对资本贪婪成性有着深刻的论述，他在《资本论》中指出资本家就是人格化的资本，并指出"资本来到世间，从头到脚，每个毛孔都滴着血和肮脏的东西"。①

作为社会主义国家，资金不同于资本主义追求的"贪婪"属性。但我国当前仍处于并长期处于社会主义初级阶段的国情，决定了资金仍然是社会稀缺资源。资金运行中如何兼顾好效益和公平，金融资源配置如何实现经济效益和社会效益的统一，是普惠金融发展中必须面对和解决的核心问题。

第二节　认识碎片化与实践零敲碎打

一、政府与市场的模糊边界

在政府与市场之间取得有机平衡，协同发挥政府与市场的作用，既是影响经济运行效率与公平问题的关键，也是西方经济发展给出的历史

---

① 《资本论》第一卷，北京：人民出版社，2004 年版，第 233 页。

经验。自亚当·斯密和约翰·梅纳德·凯恩斯经济思想诞生以来，西方经济实践的指导思想基本可以分为两大阵营：一个是秉承斯密的"市场原教旨传统"，强调以市场的"无形之手"配置资源；另一个是凯恩斯主义的政府干预理论，注重发挥"有形的手"作用。

　　但实践中，政府与市场都不是万能的，一方面，因垄断、外部效应、信息不完全、交易成本、偏好不合理、收入分配不公等现象的存在，常常导致市场机制在资源配置和收入分配中有缺陷，不能引导资源有效率地配置或不能使收入分配公平，达不到帕累托效率的状态，产生"市场失灵"。另一方面，如果政府在纠正"市场失灵"，弥补市场机制的功能缺陷中所采取的立法、行政管制以及各种经济政策手段在实施过程中出现事与愿违的行为，会产生政府干预下的效率低下与社会福利损失，即"政府失灵"。① 美国经济学家保罗·萨缪尔森指出，"当政府政策或集体行动所采取的手段不能改善经济运行的效率或道德上可接受的收入分配时，政府失灵便产生了"。

　　在实际政策选择中，主张市场效率，并不是排斥政府职能；主张政府干预，也并不否定市场的作用。亚当·斯密在《国富论》第五篇"论君主和国家的收入"中提到了政府干预对纠正市场失灵的作用，文中说"从维持常备军队以保护人民不受侵犯，司法行政以保护产权，维护市场秩序，到道路，到河道交通，到教育等公共工程与公共机构建设，再到银行、保险、垄断性质的股份公司管制、教会、国王尊严维护等公共道德教化，都体现着政府的作用。"② 在这些领域，亚当·斯密主张政府不仅是"守夜人"的角色，还必须综合运用税收、费用的收入与开支手段，实现国民财富与社会利益的最大化。主张政府干预的约翰·梅纳德·凯恩斯也没有否认市场的作用，他指出，"弥补古典学派理论的缺点，不是把那个'曼彻斯特'制度清除掉，而是指出经济力量或经济因素的自由运行所需要的环境，以便实现生产的全部潜力"，③显然，他也并没有否定"个人主义传统在追求自我利益及决策分散化过

---

① "政府失灵"主要表现为政府对市场的干预没有达到预期目的，或者虽然实现了预期目的，但支付的成本过高而得不偿失。

② 亚当·斯密. 国富论 [M]. 唐日松等译，北京：华夏出版社，2006.

③ 约翰·梅纳德·凯恩斯. 就业、利息和货币通论 [M]. 陆梦龙译，北京：中国社会科学出版社，2009：291–292.

程中所蕴含的效率以及多样化生活选择的自由优势"。

普惠金融具有复杂的混合品属性,需要寻找到政府和市场合意的平衡点。在现实实践中,这个平衡点很难把握,往往向"左"向"右"偏移,具有天生的非稳定特征,主要表现在:一是向财政救济或政策套利漂移,导致大量租金耗散和社会福利损失。有些普惠群体低息获得普惠贷款后,不是按照政策本意投入到生产性领域,而是作为消费支出,最后无法偿还本息最终变为扶贫救助类资金;有些普惠群体利用普惠贷款与市场资金的双轨利率差异进行套利,获得无风险收益(寻租)。二是向高息商业贷款漂移,甚至高利贷,最终出现金融致贫的问题。普惠群体的财务状况一般都比较脆弱,无法承受较高的利率,并且对现金流的连续性高度依赖,资金链紧绷,一旦出现流动性问题只能不惜代价拆借。如果完全按照市场化规则,金融机构一般按照两个要素制定普惠金融合同:一是按照加成成本的方法,普惠小额贷款的运营成本比较高,与大型企业的贷款相比非常的不经济,导致加成成本也比较高;二是按照风险溢价成本的方法,在信息不对称的环境下,一些普惠群体信用能力差,逆向选择、道德风险的不断出现导致大量坏账的产生,金融机构在市场的动态演化下会最终按照"烂柠檬市场"的模式进行定价,即按照质量或现金流价差的项目进行高息定价,使得普惠金融失去了"惠"的本意。[1]

为解决上述困境,必须统筹发挥好政府和市场的作用。但普惠金融发展中,政府和市场的边界在哪?怎样解释政府行为在经济中尤其是在普惠金融中的成功与失败?政府主导型、市场主导型、政府市场互补型中,哪一个更适合我国普惠金融的可持续发展?在普惠金融服务对象的确定、普惠金融服务主体的决策、普惠金融服务流程等方面政府如何既不"缺位"也不"越位"?对于普惠金融发展中政府的具体职责以及政府与市场的边界问题,我国研究不多且尚未形成体系,这些问题亟待找到有效的答案。

---

[1] 赵建. 普惠金融的现实困境与突破思路 [J]. 山东社会科学,2018(12).

二、普惠金融理论缺位

普惠金融的理论研究滞后问题也较突出。目前，国内外理论界、金融业及监管部门对普惠金融尚未形成系统性的理论研究。在一定意义上，普惠金融更多是一种理念和倡议，而缺乏较为完备的理论基础和分析框架。从目前的研究进展看，较多的分析集中在福利与信息经济学、制度经济学等学科，但未能较好地剖析普惠金融的机理。从既有的理论和思想基础来看，所依据的还只是半个多世纪以前的信息不对称下的投资行为选择、风险博弈和信贷配给等理论，这些理论可以较好地解释发达金融市场假设下，完全商业型的中小企业融资问题，但对体制转轨和金融市场化阶段，由政府推动的产业政策型的普惠金融模式缺乏理论关注，解释范畴也未能覆盖所有的普惠人群。虽然一些学者注意到了包容性发展、金融伦理学等问题，但仍然没有建立起完整的理论框架。

党的十八届三中全会关于普惠金融的论述以及国务院出台的《推进普惠金融发展规划（2016—2020 年）》等文件，实际上更多的是一个原则性与方向性的表述。即使在有利于提高金融服务便捷性的互联网金融领域，也仅是在 2015 年 7 月才出台初步的指导性意见。对我国来说，目前更需要对普惠金融理论进行深入研讨，加快形成有中国特色的普惠金融理论体系和理念共识，以更好指导普惠金融实践。

三、内涵片面化

对于普惠金融的内涵，无论是理论界还是实务界都存在不少争议，"普惠金融是什么？应该包含什么？谁来做？怎么做？"，这些关键核心问题没有很好解答，这也是普惠金融始终难以真正落地的根本症结所在。目前在认识上普遍存在片面化现象：

一是将普惠金融当成扶贫金融来做。有些地方一味降低门槛鼓励小微企业、贫困人群申请贷款，过分强化贷款的救济性，削弱借款主体偿还贷款的积极性，反而埋下失信隐患，影响普惠金融的可持续发展。将普惠金融等同于弱势群体金融服务，中产阶级基本住房信贷、金融消费平等、权益保护等被排斥在普惠体系之外，进城农民工在住房、教育、医疗、就业创业等方面服务仍有盲区。

二是将普惠金融等同于小额信贷或微型金融。普遍将普惠金融的概念直接等同于农村金融、微型金融或小额信贷，这种理解有失偏颇。小额信贷机构指只贷不存，面对客户是贫困者和弱势群体，经营的是贷款业务；微型金融虽然所有金融机构都可以经营，但其主要的客户群体是小微企业和个人；农村金融的地域范围比较明显，主要服务的对象是农民；而普惠金融是包含了所有的机构类型、所有的业务类别，也覆盖了所有有金融需求的企业或个人。理念上的误区反映在实践上就是我国普惠金融体系建设不够全面，包括银行、保险、证券、期货、租赁、信托等在内的普惠金融市场体系尚需进一步形成。

三是将普惠金融等同于全民金融。也有观点认为，普惠金融应该是所有人都要有银行账户、使用金融产品或享受到金融服务。然而，根据世界银行的统计，全球约有一半的成年人在正规的金融机构没有银行账户，在这些人中，有些是因为没有这方面的需求。虽然这些人可以享受到金融服务或者购买金融产品，但他们选择不使用或者不参与，他们没有这方面的需求，也就是说自愿被排斥在正规金融体系之外。

四是将普惠金融等同于金融从业人员的道德修养。就提高中国普惠金融发展水平而言，金融机构具有社会和经济双重目标，应综合衡量二者的关系，一方面其在实现自身持续运营时获取一定利益，另一方面，其也在一定程度上肩负着减少贫困、实现公平等社会责任。但如果仅仅是将希望寄托于金融从业人员思想道德水平的提高，这无益于真正解决中国普惠金融发展所面临的问题。从根本上看，需要通过有效的政策和制度来进行激励，比如建立一种财务绩效和社会绩效相均衡的考核机制，使之在做出经营决策时能首先考虑到大多数企业、大多数人的利益。

四、实践上零敲碎打

在实践中，近几年国家和地方政府在金融服务"三农"、小微企业发展、发展小额贷款等方面出台了不少支持政策和措施，但仍存在东一椰头、西一棒槌，头疼医头、脚疼医脚，零敲碎打、"打补丁"的现象。各相关部门缺乏有效联动机制和系统安排，缺乏政策间的衔接，条块分割，单打独斗，没有形成协同、联动效应，甚至产生政策"棚架"或政策抵消。

第三节　堰塞湖与路径迷惑

受我国二元金融结构广泛存在及其带来的金融缺失的影响，以及主观认识不到位、立法缺失、监管不适应、财税不协调、数字金融发展滞后等难题相互交织、相互影响，使得以物理网点为基础，人工服务、基础设施布防为主要内容的传统金融经营模式普遍存在着一些长期难以解决的问题。如何疏通普惠金融落地通道上的"堰塞湖"，普惠金融如何有效落地，尚需要明确思路和精准解决。

一、认识与考核缺位

无论是地方政府还是金融机构，普遍存在对普惠金融重要性认识不足、政治站位不高、履行社会责任的主动性不强等问题，总是把推广普惠金融当作别人的事，讲困难的多，讲主动探索的少，相互推诿扯皮的现象时有发生。试验区建设初期，通过对农户的问卷调查，认为发展普惠金融的主体是政府工作的占48%，主体是银行的占41%，主体是保险的占3%，互联网金融的占3%；在对银行的调查中，金融机构认为发展普惠金融的主体是政府和监管部门的占比接近80%。

即使对普惠金融的重要性都认识很到位，但具体工作中，往往也会因传统政绩观尚未根本改变，使得普惠金融在某种程度上仅仅停留在口号上，不能真正给中小企业和弱势群体带来实实在在的利益。在追求"GDP"目标导向尚未完全扭转，以及大部分地区仍未将普惠金融列入政府目标考核的状况下，当有大企业、大项目、城市建设、房地产开发等金融需求时，地方政府往往首要偏向于重点项目、大企业融资，对于弱势群体金融可得性等普惠需要往往放在次要位置，甚至挤占原本用于普惠领域的资源。

与此相伴的是，部分金融机构往往仅将自身定位为企业经营，以追求利润最大化为目标，往往忽视自身的国有资本属性，承担社会责任的主动性不强，投身于普惠金融业务的积极性不足。当前，大多金融机构内部考核管理仍以利润最大化为主导，虽新成立了普惠金融事业部，但基层大多与原来的小企业金融部、"三农"金融事业部等合署办公，客户拓展、渠道建设、风险管理、业务统计、考核激励等方面与之前没有太大变化，县域分支机构连基本的授信权限都没有，某种程度上可以说是"换汤不换药"，没有对普惠金融的发展进行完整系统性的规划部署，难以有效履行普惠金融义务。

二、成本、风险与意愿不足

普惠金融服务目标对象的特殊性，决定了传统服务方式的成本高、效率低、风控难，金融供给意愿不强。从成本角度看，传统以营业网点为基础的金融服务方式，一般存在较大的固定成本，包括网点建设成本、运营成本等。而普惠金融服务对象，由于居住分散、收入水平低等特点，其金融业务需求往往存在业务量少、金额小的特点。因此，由于达不到业务经营的规模效应，用传统服务模式为农户及小微个体提供金融服务，平均业务成本就会居高不下。

从风险控制角度看，以银行贷款为例，银行进行风险控制的方法，一是依赖于数据库和信用评价模型，二是依赖于抵押或者担保。但对于一般农户或小微企业而言，由于大多数从未与银行打过交道，也往往没有固定工作，日常收入和交易多用现金支付，保留的可信记录不多，可用于评价信用状况的"硬信息"非常少，并且可用于抵押的资产也比较少，也找不到有能力的担保人进行增信，与银行的风控模式"完美错开"。加之一些地区金融生态不佳，贫困户生产能力薄弱，逃贷、赖贷情况时有发生，加大银行办理业务的风险，一方面加大了银行监督贷款资金使用和贷后的风险管理成本，另一方面为借款者弄虚作假、偏离贷款用途使用资金带来机会，道德风险上升。

三、配套体系不完善

普惠金融发展的顶层制度设计方面，尚无专门法律明确各方推动普惠金融发展的主体责任，存在着配套机制、扶持政策供给不足，影响了普惠金融各方主体的合力效应显现和市场失灵问题的彻底解决。如前文所述，当前发展普惠金融，缺乏对地方政府推进普惠金融发展的考核机制，导致地方政府并无足够压力和动力优化金融生态环境、推动普惠金融发展；缺乏对金融机构推动普惠金融发展的财税扶持政策，未建立风险分担机制，导致社会资本参与普惠金融积极性难以充分调动，整体参与度不深。商业银行内部考核管理制度未按普惠金融业务特点优化调整，相关要求严重滞后于基层普惠金融实践发展，特别是县域金融产品创新和业务审批权限普遍上收、上级对下级的不良贷款容忍度层层加码及利润考核导向、基层信贷员"终身追责"等问题，严重挫伤基层普惠金融工作的积极性。

（一）立法的缺位

当前，我国普惠金融发展尚处于起步阶段，国家出台的相关政策和《推进普惠金融发展规划（2016—2020年）》等文件没有强制法律效力，社会各界对普惠金融概念认识不一，普惠金融各方主体的权利和责任不明晰，普惠金融政策难以有效落地。突出表现在：

第一，需要通过法律将普惠金融界定为"人发展的基本金融权利"。虽然《推进普惠金融发展规划（2016—2020年）》等政策层面已明确了普惠金融的概念，但目前尚无普惠金融的法律概念，应通过法律对普惠金融进行界定，将普惠金融上升为人发展的基本金融权利，从法律的高度确保群众普惠金融权利的实现。

第二，普惠金融法制不健全，难以满足普惠金融发展的需要。从基本金融法律来看，商业银行法、银行业监督管理法、证券法、保险法、消费者权益保护法等法律，主要针对的是传统金融业务，未确立普惠金融的法律概念和基本原则，也未覆盖各类新型金融业态、组织的发展及规范，相关法律规定严重滞后。

尤其是近年来，作为普惠金融服务主体之一的互联网金融组织快速发展，但因立法滞后等原因，导致一段时期以来各种打着互联网金融、普惠金融旗号的金融乱象丛生；从其他基本法律来看，《物权法》《担保法》等基础法律，未从法律上将农村宅基地使用权、农民住房财产权等财产权益增设为可抵押的资产，不能充分保障农民等普惠金融重点服务对象平等获取金融服务的权利；从金融监管部门出台的普惠金融相关制度文件来看，政策指导性居多、效力层次较低，且相对分散不成系统。普惠金融法律法规体系的不完善，金融监管部门和各级政府推动普惠金融权责不明晰，无法形成"几家抬"局面，不利于引导、激励、监督金融机构提供普惠金融服务，已成为制约我国普惠金融深化和发展的明显短板。这些突出的堵点和难点，需要通过法律才能有效破除。

（二）干与不干一个样

当前，各地普惠金融发展仍处于自主探索阶段，因实践认识不足、顶层设计不完善、激励引导机制不适应等多种因素，导致普惠金融供给积极性不足、各参与方"干与不干一个样"问题突出。《推进普惠金融发展规划（2016—2020 年）》等相关文件仅提出了"发挥财税政策作用""强化地方配套支持"等方向性要求，但对于普惠金融的政策保障、财税支持等没有进行系统性、激励相容的安排和可操作性设计。导致在实践中，因缺乏对地方政府推进普惠金融发展的考核机制，导致地方政府并无足够压力和动力优化金融生态环境、推动普惠金融发展；因缺乏对普惠金融业务明确的财税支持和激励，导致普惠金融工作做和不做，弹性很大，做了没有明确的财税支持和激励，不做也没有任何责任和处理，金融机构和社会资本参与普惠金融积极性难以充分调动，整体参与度不深，难以形成各司其职、政策协同、多方发力的普惠金融共建格局。

以兰考试验区为例，因缺乏明确稳定的财税支持政策，用于普惠金融奖励的资金是原有县域金融机构涉农贷款补贴、农村金融机构定向费用补贴等老政策的合并整合，没有任何新的财税政策支持，既体现不出对普惠金融业务的财税支持和优惠引导，对不履行自身职责推进普惠金融工作的成员单位也无可奈何，没有有效办法进行约束。

（三）板凳金融监管

在普惠金融探索中，国家虽然多次出台文件强调健全实施差异化金融监管，特别要求"进一步研究加强对小微企业和'三农'贷款服务、考核和核销方式的创新。推进落实有关提升小微企业和'三农'不良贷款容忍度的监管要求，完善尽职免责相关制度"。但在实际落地中，基层不良贷款容忍度因上级金融机构内部的考核制度要求而难以实现，尽职免责制度也因缺乏可操作性难以落地，加之一些基于传统"板凳"金融依托物理网点开展业务的模式构建起来的监管理念及制度要求，不适应数字普惠金融的发展要求，这些都对普惠金融的业务开展造成不便。

第一，部分商业银行内部考核管理制度未按普惠金融业务特点优化调整，相关要求严重滞后于基层普惠金融实践发展。一是县域金融产品创新和业务审批权限普遍上收，以兰考县为例，除县农行和农商行有一定贷款审批权限外，多数机构没有信贷产品创新权限和贷款审权批限，且审批额度较低，如在试验区建设初期，县农行对于单笔超过10万元的授信必须报上级行审批；二是当前金融机构的经营目标、部门机构设置和管理机制以追求效率为核心，很难兼顾公平。对利润的考核直接造成对普惠金融重点对象服务动力不足、效果不佳，成为普惠金融推进过程中的瓶颈问题。试验区建设中，各金融机构的目标绩效考核没有对兰考试验区体现任何的差异性、引导性和激励性，仍以利润最大化为导向，而没有按照普惠金融业务特点进行调整，也没有把普惠金融业务单列考核；三是各金融机构的不良贷款容忍度执行传统标准和要求，被上级行层层压低。虽然监管要求的不良贷款容忍度为5%，但兰考多家金融机构上级行要求不良贷款容忍度最高为1.2%～1.7%，即使是农行、农商行等涉农金融机构，不良贷款容忍度也仅为3%。基层信贷员"终身追责"制度条块太空泛，可操作性不强，执行困难，严重挫伤基层普惠金融工作的积极性。

第二，现有金融监管理念、监管法规严重滞后于数字普惠金融的发展要求，甚至成为数字普惠金融发展的掣肘。以兰考县为例，虽然《总体方案》明确提出兰考试验区要在全国率先建成普惠金融的改革先行区、创新示范区和运行安全区，但目前试验区执行的仍旧是原有的金融管理政策。如虽然为了扩大普惠授信覆盖面，试验区建立了一整套风险防控体系，但在普惠授信贷款审核发放中，仍要求夫妻双方共同到场"面谈面签"，不符合农村大部分夫妻一方外出务工的实际，虽然尝试将要求夫妻双方同时到场，改为一人到场即可，对外出打工的另一方借助现代科技，实行远程网签，但工作中因不符合监管法律规定而难以实施。

此外，因数字金融监管模糊地带的存在，使得数字金融成为当前金融风险高发区，监管没有为数字金融风险防御筑起第一道防火墙。当今数字金融平台除了部分资质欠佳外，不规范经营甚至欺诈行为也很普遍。一些平台或借款人任意改变资金用途，恶意套现，一些支付和财富管理平台提供消费、理财、生活和资金等全方位的金融服务，使得不同金融业态界限逐渐模糊，跨业、混业经营更容易让风险传播。加之数字金融在互联网的包装下，其隐蔽性、欺骗性相比传统更为严重，参与者风险识别能力不断弱化，风险防范更加困难。如果监管部门仍然沿用过去的监管方式，比如定期的信息披露和现场检查等，很可能无法及时防范金融风险。①

四、农村数字金融发展难

普遍认为，数字普惠金融是未来普惠金融发展最重要的方向。移动互联网、大数据、云计算、智能终端等数字技术的迅速崛起，是当前破解普惠金融包容性与商业可持续之间矛盾的重要突破口。从兰考县的实际来看，在发展数字金融的过程中面临着县域数字金融基础设施不足，专业人才匮乏，尚难以满足数字普惠金融的快速发展。

（一）配套设施不完善

第一，网络基础设施初具规模，但尚存完善空间。对兰考县的调查表明，虽然每个行政村都通上了宽带、4G，但由于部分自然村过于分散，而宽带、信号塔常设在便民店或村部，仍有部分农户信号存在问题。网络费用较高也是制约农户上网的重要问题，一般宽带的年收费在

---

① 黄益平.数字金融发展对金融监管的挑战［J］.清华金融评论，2017（8）：63-66.

500～800 元，对于贫困家庭仍难以承受。

第二，网络基础运用效率低。调查表明，手机和台式机是兰考农户接入互联网的主要工具，兰考县农户家庭平均拥有智能手机数量高达 3 部，家用计算机平均拥有量 0.3 台，[①] 具有较高的覆盖率，但与农村互联网金融发展水平较高的东部省份相比，差距仍十分明显。农户教育水平相对较低，再加上近两年来网络诈骗的广泛报道，导致数字金融在农户整体接受程度较低。

第三，征信体系仍需进一步健全。征信体系是改善信息不对称和压低融资成本的重要工具，可以说是数字普惠金融重要的基础设施。我国已建成了以人民银行征信中心为主体的全国统一的个人和企业征信体系，但这套体系主要服务于传统金融机构，对数字金融的覆盖仍显不足，对低收入个人和小微企业的覆盖不足，也未纳入新型和小微金融机构、网络金融的普惠金融服务信用信息中。

（二）农村大数据信用信息体系建设难

虽然国家提倡大力推动农村地区数字普惠金融发展，特别是 2021 年中央一号文件明确提出，"支持市县构建域内共享的涉农信用信息数据库，用 3 年时间基本建成比较完善的新型农业经营主体信用体系。发展农村数字普惠金融"，但当前国家仍缺乏发展数字普惠金融的顶层设计，基层对发展思路、路径、基础设施建设仍在自我摸索。农村大数据信用信息建设一直难以突破，一是由于偏远地区居民参与社会经济活动特别是金融活动较少，文化程度也普遍不如城市社区文化程度高，导致信息收集难、成本高、不愿配合等问题，给金融机构风险识别带来困难。调查表明，兰考县近 60% 的农户除了用手机接打电话、浏览新闻、看视频与玩游戏外，并未有通过网络进行购物、交易，这些数据的缺失导致无法对这些人进行准确的画像，更无法通过数字技术去弥补农户信用的缺失；二是政府政务大数据多为条线管理，数据资源条块分割严重，"信息孤岛"目前仍未有效打破，数据难以有效整合、开发、运用；三是适应数字普惠金融发展的信用信息体系、大数据风控等基础设施尚未形成。

---

① 该处为 2017 年对兰考县居民的抽样调查数据。

五、信用支撑不足

信用是金融的核心要素，融资双方的期限错配、利率错配、信息不对称都需要信用来连接，才能使金融有效地发挥资源配置功能，并以此服务实体经济。我国目前面临的金融风险之一就是信用风险高，各类信用违约事件增多，违约率上升。①

（一）信用制度不完善

我国要推进普惠金融事业的发展离不开信用制度的健全。但有关社会信用的立法缺失，没有出台专门的立法。在日常的信用信息实践中，主要依靠《征信业管理条例》和一些现有的其他法律和部门规章。美国以及欧洲发达国家经过长期的发展与完善形成了社会信用管理体系，其中美国的社会信用管理体系有 17 项有关信贷的法律法规，其中大部分都集中在个人信用服务体系，特别是关于惩罚不诚实的规定。

我国现行法律对于个人隐私的保护规定过于笼统，导致信息采集举步维艰。例如，《中华人民共和国商业银行法》第二十九条、第三十条规定为存款的个人、企业保密。但是未为合理采集信息预设详尽的条款，只笼统规定"法律另有规定的除外"。同时，我国对于个人隐私权的保护缺乏专门的法律规定，相关条款散见于其他综合的法律之中，也难免失之于较宽泛的论述。征信机构要收集此类信息时，缺乏明确的法律条文支持，就会陷入侵犯个人隐私的泥淖。所以，无论是管理者还是征信行业从业者都难以把握征信信息采集的范围，导致信息采集和隐私保护始终在模糊地带摸索。

（二）缺乏有效的失信惩戒举措

目前，我国大部分信贷法律法规都以国务院和部门的规定形式出现。立法水平低，缺乏法律约束强烈的国家法律，在实际执行方面效力有限。破产法被誉为市场经济的"宪法"或"基本法"，2007 年 6 月修

---

① 引自习近平总书记在第五次全国金融工作会议上的讲话。

订的企业破产法实施，其涵盖了管理人、破产重整等诸多亮点，为濒危企业提供了更为科学合理的制度设置。需要指出的是，《中华人民共和国企业破产法》虽然对企业管理者的问责制有一些规定，但对刑事判决、行政罚款、民事赔偿等没有明确规定，导致整个问责制的不足。效法商鞅立木建信，在全社会建立起制度清晰、责权明确、运转高效的社会信用奖励和惩戒体系，已势在必行。

（三）中小企业融资信用支撑弱

目前，我国中小企业最重要的融资问题是信用问题。根据中国创业调查系统发布的调查报告，当前中小企业的信用状况不容乐观。中小企业经营不稳定，会计信息可信度低，基础薄弱，缺乏权威信用记录，导致中小企业融资信用能力不足。这些都导致金融机构难以准确衡量中小企业的偿付能力，造成中小企业融资难的局面。

六、基层能力建设不足

从实践看，普惠金融的重点服务对象包括农民、城市低收入群体等，他们运用金融手段的意识不强。突出表现在：一是他们长期以来很少与金融打交道，大部分既不懂金融知识，不了解金融业务，也不会运用金融手段发展生产经营活动；二是部分个体信用意识淡薄，存在逃废债思想，有的甚至简单地将金融等同于财政扶持，导致部分金融机构存在畏贷、惧贷情绪；三是部分群众对不熟悉的业务有较强的心理排斥。

此外，民众金融风险意识普遍缺乏，容易出现盲目轻信、跟风从众等非理性行为。我国金融消费者保护机制建设与其发展不相适应，亟须加强。由于个体在面向复杂的金融市场时面临明显的信息不对称问题，在缺乏有效监管制度和金融消费者保护制度的情况下，普通民众容易被诱导或误导而采取不理性的金融行为，进而造成与自身承受能力不相称的重大损失。[①]

---

① 王茜. 我国普惠金融发展面临的问题及对策［J］. 经济纵横，2016，369（8）：101 – 104.

　　加之有些不法分子披着普惠金融的外衣，行违规欺诈之实，金融消费者利益受损事件频出，呈高发态势。非法集资、非法众筹、私募基金、互联网非法平台挤兑倒闭事件等金融诈骗给民众造成了巨大的财产损失，甚至在一定程度上危及社会稳定，产生了与普惠金融的目标要求相悖的结果。

第十三章　促进普惠金融立法

没有法律制度的保障，普惠金融的推进就犹如无源之水、一盘散沙。虽然国务院出台的《推进普惠金融发展规划（2016—2020 年）》（国发〔2016〕74 号）中明确指出"制定和完善普惠金融相关法律法规，形成系统性的法律框架，明确普惠金融服务供给、需求主体的权利义务，确保普惠金融服务有法可依、有章可循"。但直到目前，系统性的法律框架还没有形成，特别是还没有一部普惠金融方面的基本法律，其他法律的修改配套进展也不快，影响普惠金融各方的权利、责任和义务的落实。在借鉴美国、英国、印度等国外普惠金融立法的基础上，结合各地在推动普惠金融事业中成功的经验、失败的教训以及所遇到的各种难题，进行深入研究，通过科学的方法加快构建中国特色社会主义普惠金融法律法规体系，为我国普惠金融事业的发展营造一个良好的法律制度环境。这不仅十分紧迫、必要并且可行。

第一节　普惠金融权的逻辑

普惠金融的初衷和目标是希望建立一个能全面服务、包容的金融体系，包括为经济社会中的弱势群体、弱势产业、边远地区提供适当的金融服务。其遵循"以人为本"的精神，从将基本金融服务纳入人权的高度，来推动落实公民的基本金融权利。将基本金融服务纳入人权，国内外一些专家学者与政策实践者也持有相同的主张或观点。如：诺贝尔和平奖获得者尤努斯主张"信贷是一项人权，每个人都有获得信贷服务的权利"；中国人民银行副行长潘功胜指出，与人民的生存权、发展权和教育权一样，享受基本金融服务也是人权；吴晓灵认为，普惠金融"让每个人有尊严地获得金融服务"；李扬认为，普惠金融"首先确认每个公民的天赋人权，天赋人权这么多年我们是被剥夺的，很多机构把腿伸到基层但是只是吸血管把资金拿上来"；一些学者还认为，农民金融权是一种应赋予农民的金融利益，是一种无区别的综合性权利，是关系到农民生存和发展的人权，包括农民金融发展的平等权利和农民合作的自由。

从历史发展轨迹看，无论是奴隶的解放，还是地主阶级的消失，抑或是殖民主义的灭亡，都体现出随着社会的不断发展，人类的基本权利在日益完善。正如在白皮书《发展权：中国的理念、实践和贡献》序言描述的那样，"发展是人类社会永恒的主题，是以生存和希望为基础的"。作为人权主要内容之一的发展权，其内容和内涵也是随着时代的发展而不断充实和发展的。

发展权是一项不可剥夺的人权，经济发展权是发展权的核心内容。在现代经济条件下，金融的重要性不断凸显，公民财产权、受教育权、劳动权、居住权、健康权、金融消费者权益、公平交易权等，都同金融直接相关，都必须通过金融才能得到保障或者更好实现。因此，作为核心的经济发展权能否实现，无疑与能否平等享受金融服务休戚相关。换而言之，只有每个人拥有金融服务的机会，才能让每个人有机会参与经济的发展。这使得人人享有基本金融服务与人的生存权、发展权、受教育权一样，上升为人的基本权利。

"贫困陷阱理论"描述了处于贫困状态的个人、家庭、群体等主体因贫困而不断再产生出贫困、长期处于贫困的恶性循环中而无法自拔。在"贫困的恶性循环"中，最重要的一种制约力量是来自资本积累的障碍。纳克斯也认为资本缺乏是阻碍发展中国家发展的关键因素，由于发展中国家的人均收入水平低，投资的资金供给和产品需求都不足，从而限制了资本形成，使发展中国家长期陷入贫困之中。在市场经济条件下，特别是在发达的金融体系下，突破弱势群体与薄弱环节的资本积累障碍，无疑需要赋予公平地享有通过信贷募集资本的权利。

我国《宪法》第三十三条第三款规定"国家尊重和保障人权"。如果我们认为经济主体特别是弱势经济主体有发展的权利，而金融作为现代经济条件下经济发展权的重要因素，那么，人人享有基本金融服务权利就应该被放到广义的人权范畴里。在此意义上说，普惠金融自然地扩充了人权的内涵，使得"落实金融发展权"成为了金融的"最高理想"，也使得金融权成为了金融发展权是经济发展权的重要组成部分，它包括公民参与金融发展、促进金融发展、享受金融发展成果的权利。

作为国际倡议，联合国 2005 年提出普惠金融时，就是要赋予金融公平、包容、非歧视性的原则，也蕴含着在现代市场经济条件下，通过金融推动人人公平享有发展权利的思维，这内在地体现出了人人公平享有金融服务的伦理思想。普惠金融与中国特色社会主义国情相结合，就自然成为了"人民的金融"，成为了广大人民群众实现自我全面发展的重要支撑元素。在某种意义上，这也是马克思关于"有同等的机会和同等的权利拥有对生产资料的所有权，有同等机会和权利把自己的劳动力和生产资料相结合"的公平观在金融发展中的拓展和体现。

第二节　立法的必要性

全面推进依法治国，是党的十八大作出的重大战略部署，是实现国家治理体系和治理能力现代化的必然要求。党的十九届四中全会上提出，"要健全具有高度适应性、竞争力、普惠性的现代金融体系。"2020年为《推进普惠金融发展规划（2016—2020 年）》（国发〔2016〕74号）的收官之年，但直到 2020 年底，我国系统性的普惠金融法律框架还没有形成，《规划》确立的"制定和完善普惠金融相关法律法规，形成系统性的法律框架"目标还有很长一段路要走，长期可持续推动普惠金融发展缺乏必要的法律支撑。

大量的实践表明，推进和发展普惠金融，必须做好顶层设计，坚持立法先行，发挥立法的引领和推动作用，亟待出台一部普惠金融方面的基本法律——《中华人民共和国普惠金融促进法》（以下简称《促进法》）①，规定公民的金融服务权利，明确金融机构义务，强化政府部门

---

① 2018—2020 年全国两会期间，作为第十三届全国人大代表，作者向全国人大提交了相关《促进法》立法议案。

激励引导和监督职责，构建普惠金融发展的良好法治环境，形成各方参与、协调配合、共同发力的长效机制，推进普惠金融领域治理体系和治理能力现代化。

一、弥补现行法律体系缺失

现行的基本金融法律如《商业银行法》《银行业监督管理法》《证券法》《保险法》《消费者权益保护法》等法律，主要针对的是传统金融业务，缺乏普惠金融方面的相关规定，无法有效推动解决金融服务可得性这一普惠金融的核心问题。以现行的《消费者权益保护法》为例，尽管单设法条对金融消费作出规定，保护金融消费者拥有八项权利，但普惠金融重点服务对象往往获取不到金融服务，也就无法享受金融消费者法定权利。从其他基本法律来看，《物权法》《担保法》等基础法律，未从法律上将农村宅基地使用权、农民住房财产权等财产权益增设为可抵押的资产，不能充分保障农民等普惠金融重点服务对象平等获取金融服务的权利；从金融监管部门出台的普惠金融相关制度文件来看，政策指导性居多、效力层次较低，且相对分散不成系统。

普惠金融法律法规体系的不完善，已成为制约我国普惠金融深化和发展的明显短板，迫切需要一部基本法律，对普惠金融法律体系进行总体设计和规定。依据《立法法》，金融基本制度应制定法律。因此十分必要立法，将成功、成熟的政策制度和实践经验上升到法律层面，出台普惠金融基本法律《促进法》，弥补缺失的普惠金融法律体系，构建系统性的普惠金融法律框架。

二、以立法保障普惠金融需求者权利

普惠金融重点服务对象限于各种主客观条件，在获取金融服务方面存在天然不足，不能公平、便捷地获取服务。需要立法保障弱势群体普惠金融服务权，解决需求主体"能不能"获得服务的问题。从权利角度保障普惠金融服务，可以有效保障金融服务的获取，能更好促进金融发展的公平性，推动社会的和谐发展与经济的可持续发展。

三、以立法规定普惠金融供给者的义务

普惠金融服务的主力军是各类金融机构，但当前金融机构的经营目标、部门机构设置和管理机制大都是以追求效率为核心，很难兼顾公平。对利润的考核直接造成对普惠金融重点对象服务动力不足、效果不佳，成为普惠金融推进过程中的瓶颈问题。要保障普惠金融服务权，必须立法明确金融机构的社会责任与法定义务，强制金融供给者在机构设置、产品设计、机制创新、发展指标等方面兼顾公平性、包容性，不得排斥弱势群体，使其成为一项法律强制规定，通过监督问责，从根本上解决金融机构提供普惠金融服务动力不足的问题，也会推动金融机构进行体制机制转换和完善，促进金融更好服务实体经济，实现金融机构经济效益与社会效益的双赢。

四、以立法固化正向激励机制

普惠金融服务的主要群体是弱势群体，其获取金融服务不足问题是世界性难题。解决这些问题需要完善相关法律法规，消除制度障碍，提供制度保障。当前推动普惠金融，主要依靠《推进普惠金融发展规划（2016—2020 年）》（国发〔2016〕74 号）以及国务院相关部委出台的文件，持续性、强制性不足，政策文件之间协调性不够。同时金融监管部门和各级人民政府推动普惠金融权责不明晰，无法形成"几家抬"局面，不利于引导、激励、监督金融机构提供普惠金融服务。只有从法律层面进行政策固化，推动形成持久的差异化监管政策、财税金融扶持政策等，出台支持普惠金融的法律，切实解除金融机构及其工作人员开展具有风险高、成本高、收入低为特征的普惠金融业务后顾之忧，正向激励和监督引导双管齐下，才能切实增进金融机构提供普惠金融服务的内生动力，变"拒贷""惧贷"为"愿贷""敢贷"，形成普惠金融长期、可持续发展的良性机制。

第三节 立法的可行性

一、国际的立法经验

良法是善治之前提，发展普惠金融必须有法律制度的支撑。综观世界各国立法，许多国家都有专门的法律来保障弱势群体获得金融资源权利。这里再回顾一下美国、印度、墨西哥、巴西、俄罗斯、英国等国家在普惠金融立法方面的探索。[①]

美国是目前全世界经济最发达的国家，但在社会发展的过程中也同样存在着金融排斥的问题。1977 年美国国会通过了《社区再投资法》，具体针对银行业金融机构"划红线"拒贷和"社区不投资"等金融排斥行为进行规制，明确社区银行资金应首先满足所在社区企业和居民金融需求的义务。银行监管机构定期评估，并将评估结果作为发展分支机构、开展新业务、享受税收优惠的条件，以此来激励社区银行为社区居民或组织提供金融服务。1953 年颁布的《小企业法》规定贷款优惠条件，完善贷款担保体系，明确小企业在贷款方面的优先权利，着力解决美国社会小企业融资难的问题。

印度为发展中国家，采取行政强制措施和国会立法，努力减少市场经济下金融机构对农村群体和小微企业的金融排斥现象。《银行国有化法案》明确规定，在印度的农村地区必须有一定数量的银行分支机构，必须对农业和农村地区的发展提供信贷支持。《地区农村银行法案》规定，地区农村银行要在农村信贷薄弱的地区设立分支机构。《印度储备银行法案》规定，如果商业银行在城市地区开设一家分支机构，那么它必须同时在偏远的农村地区开设 2~3 家分支机构。《印度小企业发展银行法》专门成立印度小企业发展银行，并将其定位为向小企业提供资金支持的核心金融机构。

墨西哥 2005 年制定了《2007—2012 年国家发展规划》和《2008—

---

① 本书第二章有相关国家立法实践的介绍。

2012 年国家发展融资计划》，进一步推进银行业法律体系改革，为民众提供多元化的金融服务。2009 年，墨西哥修订了《信贷组织法》，允许以较低的资本要求设立服务专业领域和特定人群的特色银行。2009 年通过公开透明法案和金融服务管理规定，对金融机构金融服务信息披露格式、标准和价格政策提出了新的明确要求，帮助消费者对金融产品做出准确评估。

巴西在 20 世纪 70 年代就建立了代理银行业务模式，随着 1999 年新法规颁布扩大代理银行营业服务范围、取消相关限制，代理银行业务模式发展迅猛，极大提高了金融服务的可得性。2003 年巴西进一步出台法律，要求各银行要按活期存款余额 2% 的比例向小微企业及创业者提供小额信贷，未达到 2% 放款比例的银行不得挪用该笔资金，但可将资金拆借给同业并用于小微企业信贷投放。

俄罗斯制定了《联邦小微金融业务和小微金融机构法案》，为小微金融业务提供了法律监管框架，提升了金融体系的多层次性和包容性。

英国各级政府通过发布《金融服务可获得性报告》《普惠金融：信贷、储蓄、咨询和保险》《银行服务、邮政账户与普惠金融》《普惠金融战略》《普惠金融行动计划》等一系列报告，推广普惠金融的理念和政策。

由此可见，无论是发达国家，还是发展中国家，要实现对弱势群体金融权利的倾斜性保护，形成持久的普惠金融优惠、扶持措施，通过立法强制性规定金融机构普惠金融义务等内容是国际通行的做法。这些国际实践探索也为我国普惠金融立法提供了参照和借鉴。

二、良好的基础支撑

经过四十多年改革开放，我国经济发展翻天覆地，稳居世界第二，2020 年 GDP 突破 100 万亿元。与此相伴的是，我国的金融改革开放也在不断深化，金融机构体系日臻完善，金融基础设施建设取得较大进展，全国性支付体系功能日益完备，征信体系建设不断完善，互联网金融逐渐走在世界前列，一支业务精、能力强的从业人员队伍逐渐形成，金融业经营能力、盈利水平逐渐增强，目前，金融业已成为我国的支柱产业，2020 年全国金融业增加值占 GDP 的比重达 8.4%。根据中国人民银行发布的《2020 年金融统计数据报告》显示，2020 年我国通过持续深化金融供给侧结构性改革，货币政策传导效率明显增强，信贷结构持续优化，制造业贷款、中小微企业贷款持续发力，实体经济融资成本明显下降，金融对实体经济重点领域的精准支持力度加大，主要金融指标体系运行符合预期，金融体系运行平稳。2020 年，我国人民币贷款累计新增 19.6 万亿元，社会融资规模存量同步增长 13.3%，累计推出 9 万多亿元的货币政策支持措施，"货币总量适度，流动性合理充裕"的政策目标顺利实现，为当年脱贫攻坚、疫情防控以及"六稳""六保"等重点工作营造了健康适宜的货币金融环境。

单就普惠金融运行和实践看，在国际上，普惠金融自联合国于 2005 年提出后，相继成立了普惠金融专家组、普惠金融合作伙伴组织、金融包容联盟等机构或组织，专门研究和推动普惠金融。2008 年金融危机以来，普惠金融得到了国际社会更加广泛的关注，G20 杭州峰会将普惠金融列为重要议题，并通过了《G20 数字普惠金融高级原则》；在国内，近年来我国也加强了对普惠金融发展理论和实践的研究，特别是党的十八届三中全会提出发展普惠金融和国家出台《推进普惠金融发展规划（2016—2020 年）》（国发〔2016〕74 号）以来，我国部分地区积极开展普惠金融试点，[①] 推动改革创新，加强实践验证，促进形成了各具特色的普惠金融发展模式。

经过多年的努力，我国普惠金融水平不断提升，产品和服务创新进一步丰富，特别是近几年来，在支付、信贷、授信、理财、保险五类数字普惠金融服务中，服务县域小微经营者和"三农"群体的数字贷款与数字授信发展较快、增长较为显著，呈现出服务主体多元、服务覆盖面较广、移动互联支付使用率较高等特点，人均持有银行账户数量、银行网点密度等基础金融服务水平已达到国际中上游水平。[②]

2019 年 9 月，银保监会、中国人民银行发布《2019 年中国普惠金融发展报告》指出，截至 2019 年 6 月末，我国人均拥有 7.6 个银行账

---

① 相关试点情况在本书第二章有简要阐述。
② 引自中国社会科学院农村发展研究所发布的《中国县域数字普惠金融发展指数研究报告（2020）》。

户、持有 5.7 张银行卡，较 2014 年末分别提高 60% 和 50%；我国每 10万人拥有 ATM 79 台，显著高于亚太地区平均水平的 63 台；我国每 10万人拥有 POS 机具 2356 台，较 2014 年末实现翻倍；全国使用电子支付的成年人比例达 82.39%，银行业金融机构移动支付 343.24 亿笔、金额166.08 万亿元，呈现出持续增长态势；全国乡镇保险服务覆盖率为95.47%；全国涉农贷款余额 34.24 万亿元，其中农户贷款余额 9.86 万亿元；普惠型涉农贷款余额 6.10 万亿元，占全部涉农贷款的 17.80%，较年初增长 8.24%，高于各项贷款平均增速 1.11 个百分点。2020 年 12月 17 日，中国社会科学院农村发展研究所发布《中国县域数字普惠金融发展指数研究报告（2020）》，报告显示，2017—2019 年三年间我国县域数字普惠金融发展水平总体上得到快速提升，其中 2018 年和 2019年数字普惠金融指数平均得分（中位数）分别同比增长 35.92% 和34.99%，均保持高速增长。

随着普惠金融实践的不断深化，国内对普惠金融的研究亦逐步走向深入，部分研究从权利发展规律与社会发展需要的视角来认识普惠金融，将发展普惠金融上升为落实人的基本金融权利的范畴和路径。金融体系稳健运行、普惠金融实践的不断丰富以及研究成果的不断深化，为普惠金融的立法和落地奠定了良好的基础。

三、广泛的社会共识

从党的十八届三中全会明确提出发展普惠金融，到国务院出台普惠金融五年发展规划，从各部门推动到各金融机构实践，这些都让发展普惠金融逐渐成为了各方共识。社会各界逐渐认识到了普惠金融对于解决社会弱势群体发展问题、解决小微企业融资难融资贵问题的重要意义，更好地理解了普惠金融对于促进金融机构从片面追求经济效益转向更加关注社会公平、更多履行社会责任、切实转换经营机制、更好服务实体经济的重要作用。同时，普惠金融的深化发展不断提高了人民群众对金融的获得感，不断增进了金融公平和社会和谐，这反过来又进一步让追求基本金融服务权利、构建更加公平和谐的社会等认知逐渐深入人心，这在一定程度上也促进形成了推动普惠金融立法的思想认识基础。

第四节　对普惠金融促进法的初步思考

如前面所述，发展普惠金融关键要解决金融机构的意愿动力不足和弱势群体的金融权利倾斜性保护问题。建立人人都能享受的现代金融服务体系。这一矛盾的解决和目标的实现有赖于一套科学性、多层次、全方位的普惠金融促进法律制度。该法律制度，对于农户而言，有利于保障其基本金融权利的实现，增加其获得金融服务的可得性；对于金融机构而言，有助于激励其开展普惠金融服务创新并科学防控风险；对于政府和金融监督管理部门而言，有利于明晰其定位，准确界定其职责，为发展普惠金融提供基础设施和制度环境。

初步考虑，《促进法》要将普惠金融确立为与商业性金融、政策性金融并列的中国特色社会主义现代金融体系的二大支柱之一，以明确需求者权利与义务为核心，规定供给者权利与义务，确立金融监督管理部门和各级人民政府部门引导、激励、评估和监督等方面职责及权利，对不履行相应义务和职责的，就必须要承担的法律责任，确保普惠金融服务有法可依、有章可循。总的来说，《促进法》可以分为总则、需求者权利与义务、供给者权利与义务、促进与保障、评估与监督、法律责任、附则七部分。

一、关于总则

主要包括立法目的、普惠金融含义、对象、普惠金融体系、普惠金融开展的基本原则、数字普惠金融等。

一是界定普惠金融法律概念。普惠金融要强调两个概念，首先是有需求，其次是机会平等。需求是前提，机会平等是核心，同时也包括价格合理、便捷安全。在此基础上，针对目前实际，指出普惠金融重点服务对象是小微企业、农民、城镇低收入人群、贫困人群和残疾人、老年人等。明确推进普惠金融坚持市场主导、政府引导、商业可持续原则。二是普惠金融权利。将普惠金融确定为公民的基本权利，明确国家保障公民、法人和非法人组织公平获得金融服务、共享金融发展成果的权利。三是关于普惠金融体系。明确从健全多元化广覆盖的机构体系，引导创新金融产品和服务手段，加快推进金融基础设施建设，发挥政策激励和引导作用，加强普惠金融教育与金融消费者权益保护等方面，构建普惠金融体系。

二、关于需求者权利与义务

主要包括以下三个方面：一是普惠金融服务权概念。明确普惠金融需求者作为金融服务对象，有权获得包括开立账户、储蓄、融资、支付、理财、基金、证券、商业保险等基本金融服务。二是普惠金融服务权具体内容。包括公平信贷权、普惠保险权、金融教育权、建议监督权等。三是明确需求者有诚实守信、完善企业治理、防范金融风险等义务。

三、关于供给者权利与义务

供给者有权获取信息、公平享有优惠政策和实现可持续发展。供给者义务包括以下三个方面：一是完善组织机构。大中型商业银行应设立专门从事普惠金融业务的部门，建立专门的普惠金融综合服务、统计核算、风险管理、资源配置、考核评估机制。各类金融机构应当在村镇设立普惠金融服务站点或代理网点，布放自助机具和终端，提供易得、便捷的普惠金融服务。二是创新产品和服务。各类金融机构应当开发满足不同服务对象需求的普惠金融产品和服务，丰富担保品种类，提高信用贷款的服务比例；商业银行应当使用一定比例的存款，优先满足存款来源地普惠信贷需求，积极开展小微企业贷款服务，满足相应的监管指标；开发性政策性银行与其他金融机构合作，降低小微企业贷款成本，信用合作社应当发挥自身特色提供普惠金融服务；大力发展数字普惠金融，降低金融交易成本，延伸服务半径，并有效控制数字普惠金融发展风险。三是创新考核机制。供给者应当全面、完整、准确统计普惠金融信息，完善普惠金融业务专项评价机制和绩效考核制度，建立定期普惠金融信息披露制度；应当建立健全针对普惠金融业务尽职免责机制，提高不良贷款考核容忍度。

四、关于促进与保障

明确正向激励的内容与保障措施，一是关于激励政策。规定金融监督管理部门要坚持正向激励的监管导向，实施差异化货币政策和监管政策，促进金融资源向普惠金融倾斜；国务院财政主管部门应当安排中央财政用于支持普惠金融发展的专项转移支付资金；国务院税务主管部门应当落实小微企业和"三农"贷款的相关税收扶持政策，减免普惠金融服务机构的增值税等，激励和引导普惠金融服务的供给；国家鼓励设立专门提供普惠金融服务的普惠型民营银行。

二是关于风险补偿。地方各级人民政府应当建立健全支持普惠金融发展的风险补偿、财政奖励等机制；设立支持普惠金融发展的融资担保机构或基金，建立重点服务"三农"和小微企业融资的再担保机构。

三是关于保障措施。各级人民政府应大力推进中小企业和农村信用体系建设，健全守信联合激励和失信联合惩戒机制；通过财政补贴、降低电信资费等方式支持偏远、特困地区的支付服务网络建设；国家推动完善农村土地承包经营权、农民住房财产权抵押贷款等相关法律制度，加快培育新型农业经营主体，加快形成现代农业经营体系；各级金融监督管理部门应当建立转让机制，把提供普惠金融服务作为一项可转让产品，在供给者之间交易和转让；地方各级人民政府应当加强金融知识普及教育，教育主管部门应当将金融知识纳入学校教育内容和国民义务教育体系。

五、关于评估与监督

要明确评估与监督职责及权力，包括以下两个方面：

一是关于评估机制。各级人民政府应当建立推进普惠金融发展的目标责任制度，对政府部门和下级人民政府推进普惠金融情况进行考核和监督。各级金融监督管理部门应当建立普惠金融指标体系和评估考评体系，统计、分析、反映各地区、各机构普惠金融发展状况，督促各地区、各机构根据评价情况改进普惠金融工作。

二是关于监督机制。要明确监管职责、6 类现场检查权力和 5 类监管措施，让金融监督管理部门有必要的措施和手段推动普惠金融。金融监督管理部门应当持续开展普惠金融风险日常、定期监测，建立风险防控机制和分担补偿机制，防控和化解推进普惠金融过程中发生的风险。地方人民政府应当切实履行促进地方普惠金融发展和风险防控处置的属地责任。

六、关于法律责任

法律责任方面要明确监管部门、地方政府以及各类普惠金融服务机构未履行普惠金融发展义务，或在开展普惠金融业务中出现侵害消费者权益、引发金融风险等情况时应承担的行政或法律责任。主要包括以下三个方面：一是关于救济渠道。规定无正当理由被拒绝的，服务对象可以向金融监督管理部门投诉，也可以依法向人民法院起诉，要求金融机构提供相关服务。金融消费者权益受到侵犯后，可以依据相关法律法规，维护合法权。二是关于政府部门责任。各级人民政府和金融监督管理部门不履行推进普惠金融发展责任的，由其上级责令纠正、予以问责。国家机关和金融机构工作人员在普惠金融工作中滥用职权、玩忽职守、徇私舞弊的，泄露国家秘密、商业秘密和个人信息的，依法追究相关法律责任。三是关于金融机构责任。商业银行达不到普惠金融业务规定的，由金融监督管理部门对其在机构设置、业务发展等方面采取限制性措施。在普惠金融评估和统计报送中虚报、瞒报，在提供普惠金融服务时披露虚假信息，从事非法金融活动，拒绝、阻碍监督检查，要承担相应法律责任。

第五节　普惠金融促进法的意义

权利是现代法律体系的核心，在现代社会，权利也需要法律的确认。普惠金融促进法从权利角度研究普惠金融的内在特性，并以此构建普惠金融法律体系，推动实现金融平等和金融公平，推进我国普惠金融长远和深入发展。从法律角度确立保障普惠金融权，构建普惠金融需求者和供给者之间的普惠金融法律关系是一项重要创新，具有重大理论和实践意义。

一、落实金融权的法律基石

权利并不是人类社会产生伊始就有，而是随着文明进步和社会发展产生和不断演变。权利来源于社会进步下人类不断丰富的需求，来源于人类不正义的集体经验，是社会发展和进步的产物。当一个社会产生普遍性发展需求时，往往就会产生新的权利。权利体系中最为重要的人权，就诞生于西方资产阶级革命时期，无论是"人人生而平等"，还是"社会契约论"，粉碎了"君权神授""法自神意""王权至上"等曾被视为"毋庸置疑"的观念，成为人们打破封建特权、推翻旧制度源源不断的动力，闪耀着人类文明和进步的光辉。

权利与法律有密切关系。权利不以法律的存在为前提，但法律是权利保障的最佳方式。法律以一种确定的、宣示性、可预测的方式，通过立法对权利进行"创制"或"确认"，将具有高度社会认同、习惯或行之有效的政策体现的权利诉求以法律规范的形式固定下来。以法律形式构筑起稳固、可靠和持久的发展普惠金融法治保障，是普惠金融权得以保障的最佳路径。

二、丰富权利的种类和内涵

经济社会发展历程中，人类权利的种类和内涵不断丰富。平等主体民事权利可以溯源至奴隶社会古罗马颁布的《国法大全》，股权随着现代意义上公司出现而产生，知识产权随着科技和知识在社会进步中愈发重要而产生，隐私权随着传统熟人社会向现代生人社会转型和城市化浪潮而产生，网络财产权和信息权也随着互联网发展而成为了目前重要的研究命题。

通过法律对普惠金融进行界定，并将普惠金融上升为人发展的基本金融权利，这既是重大的社会进步，也丰富和发展了权利类型和内涵。

三、推进金融公平

权利就是在不断社会进步之下，保护弱者或者是强者妥协的制度性措施。权利的公平性不断强化，弱者就会得到越来越多的保护。因为个体差异和社会条件限制，纸面规定的权利应然状态不一定成为权利的实然状态。必须对弱者进行倾斜性保护，不断赋予并丰富其权利，或者为其实现权利创造条件，从而真正实现从应然权利到实然权利。强者获取权利的手段和可供选项更多，弱者则需要通过诉诸权威来保护自己的权利，免遭忽视、践踏。

构建普惠金融权，使金融机构、各级政府、社会有关部门认识到，推动普惠金融发展是法律意义上的责任；使每一个公民都知道自己享有这份权利，能用法律武器来保护自己，让自己获得公平、合理的金融服务，这对金融机构也是一种倒逼；还可以促进财税部门在推动普惠金融业务上有财税政策的优惠或支持。

四、促进个人发展

在随着经济社会的不断发展，发展权的内涵和外延不断丰富的现实情况下，将普惠金融看成每一位公民的基本权利，通过构建金融机构推动普惠金融的硬性约束，提高金融服务可得性和覆盖率，让弱势群体公平获得基本金融服务，是当前解决每一位公民住房、教育、创业、就业等基本问题的有力手段。通过立法落实普惠金融权利有利于促进每一个人的自我发展。

第十四章　未来之路

发展普惠金融，是以习近平总书记为核心的党中央根据我国新发展阶段、新历史任务、新环境条件作出的重大战略决策。当前阶段，疏通普惠金融落地通道上的"堰塞湖"，走向普惠金融的理想彼岸，必须立足我国金融改革发展实际，坚持金融供给侧结构性改革方向，在金融发展的理念上落实"公民的金融发展权"，建立科学的、切实有效的、服务人民大众的普惠金融体系。具体来说，就是必须加快改革与普惠金融发展不相容的制度约束和框架体系；必须建设好立法体系、监管体系、服务体系、产品体系、技术体系、基础设施体系；必须坚持数字普惠金融发展方向，加快形成以数字普惠金融引领的集成创新服务新发展格局。

第一节　适应性监管

2008年国际金融危机后，金融监管体制或金融监管框架改革成为了国内外学术界与政策界研究争论的焦点。简单而言，金融监管体制就是指金融监管体系的组织架构和职责划分等问题，其本质在于防范金融风险，以保障金融安全，保护金融消费者和促进金融发展。根据丁伯根法则，[①] 金融监管体制的核心在于甄别政策目标和工具，并将其进行配对，以提升金融监管的针对性和有效性。普惠金融的本质仍是金融，必

---

① 丁伯根法则是由诺贝尔经济学奖获得者丁伯根提出的关于国家经济政策与经济条件目标之间关系的法则。具体内容是，政策工具的数量或控制变量至少要等于目标变量的数量，而且这些政策工具必须是相互独立的。

须对其进行金融监管。但普惠金融服务对象大都是中小微弱，加之其实现的根本路径在于数字普惠金融，这使得普惠金融监管具有不同于传统金融监管的运行特点，主要表现为两个方面：一是金融科技与包容性金融催生数字普惠金融，实践中既要有效监管，也不能阻碍创新，使得如何处理好监管和创新关系成为当前数字普惠金融发展的重大课题；二是金融科技发展使得混业经营成为金融运行的常态，如何避免监管重叠、监管真空、监管套利，成为当前监管体制改革的又一大任务。

一、包容性监管

普惠金融运行中呈现的"包容性"特点和金融科技的快速发展，使得旧的监管体制既不能有效与普惠金融业务"激励相容"，也难以适应数字金融的发展。对于金融科技创新产生的新产品和服务模式，如果一味地从严监管，造成过度监管，金融机构"不愿贷""不敢贷""不会贷"问题就难以解决，必须重新审视和理解包容性金融政策导向问题，[①] 这需要匹配建立包容性监管体制，探索实施"监管沙箱"。

所谓包容监管，就是对普惠金融服务主体所提供的服务及产品留有发展、创新的空间，特别是数字普惠金融的发展产生了许多新模式、新产品等，需要从监管者的角度出发，鼓励他们创新发展，同时也扎牢金融科技发展的制度"篱笆"，确保他们在审慎监管的前提下，依法合规、守正创新。在监管原则上，一是要防止过度监管，世界银行的研究表明，过度监管将损害数字经济的创新与发展；[②] 二是要完善差异化监管制度，合理提高涉农贷款、小微企业贷款、金融扶贫贷款等薄弱领域信贷风险容忍度；三是要优化金融机构内部考核制度，单独对普惠金融业务进行考核，依照各金融机构自身专业优势和职能定位，从监管层面对其普惠金融业务开展情况进行监督考核，不达标者严格问责，在开展普惠金融业务中，建立基层信贷人员"容错"机制和易操作、细化的"尽职免责"制度，从监管立法的高度优化普惠金融业务发展和创新的

---

① 李均峰. 以商业可持续原则支持小微企业发展［DB/OL］. 中国财富网，2019－06－13.
② 许可. 过度监管或有损东亚数字经济创新［DB/OL］. 对外经济贸易大学数字经济与社会，2020－02－14.

环境，让基层金融机构分支敢服务、真服务；四是要紧密结合数字普惠金融发展特点，改革一些不适宜的监管条款，如改革农村金融机构利用金融科技开展小额信贷过程中，"必须夫妻双方到场、临柜面签"等监管规定，切实让数据"多跑腿"、金融机构"少跑腿"、群众"信贷便利化"；五是要进一步规范新兴金融业务守正创新、防范金融风险，维护公平竞争和金融市场秩序，落实好《G20 数字普惠金融高级原则》，针对数字普惠金融，充分参考 G20 和国际标准制定机构的相关标准和指引，构建恰当的数字普惠金融法律和监管框架；六是要防止"伪金融创新"，严格区分数字技术和数字陷阱、数字游戏，严厉打击披着普惠金融的外衣进行非法集资、金融诈骗的金融犯罪活动，避免投资者和金融消费者陷入债务陷阱或庞氏骗局；七是要防止互联网平台和金融科技企业利用技术优势模糊金融业务属性、实施监管套利、放大交叉性金融风险、损害消费者合法权益，近期发布的"金融控股公司准入管理决定""商业银行互联网贷款管理暂行办法""'替代数据'纳入征信监管""P2P 网贷机构接入征信系统""将符合条件的互联网企业纳入金控监管"，体现出了推进数字金融健康、高质量发展的理念，有助于形成规范、良好的市场秩序，以更好地激发互联网金融的活力和实现更好更长久的发展。

二、监管沙箱

FinTech[①]—词来源"Financial Technology"，主要指能够对金融行业产生颠覆性影响的科技创新活动。发展数字普惠金融，必然带来技术引发的金融创新，在迅速提高金融效率、拓展金融服务覆盖面、可得性和满意度的同时，也会带来新的风险，进而对现代金融监管提出新的挑

---

① 部分学者，如李仁真等认为，FinTech 含义可以从三方面理解：从依托的技术看，其是对互联网、大数据、云计算等最新科技的综合运用；从参与主体看，其体现的是多元化的主体结构，既可以是以银行、证券公司等持牌金融机构的网络化改革，也可以是互联网企业进军金融领域的尝试，还可以是专门为金融机构提供技术开发之企业的创新活动；从内容上看，其注重的是以技术为核心驱动的金融创新。进而可将 FinTech 定义为各类经济活动主体为提高金融服务的便利性、普惠性，综合运用互联网、大数据、云计算等现代科技对金融行业进行全方位改造，从而使金融消费者多元化、金融产品和服务方式多样化的创新活动。

战。为促进金融市场的繁荣和稳定，英国、美国等金融发达国家积极开展针对 FinTech 发展的监管制度创新，其中监管沙箱就是一大尝试。

2015 年 3 月，英国金融行为监管局率先提出"监管沙箱"（Regulatory Sandbox）概念。监管沙箱是一个安全空间，在这个安全空间内，金融科技企业可以测试其创新的金融产品、服务、商业模式和营销模式，而不用在相关活动碰到问题时受到监管规则约束。监管沙箱实质上是监管机构为促进金融科技创新、保护金融消费者权益而实施的一种监管模式，在保护金融消费者权益、防止风险外溢的前提下，通过在一定限度内合理减少监管限制，破除金融科技创新的政策障碍，从而达到金融科技创新和有效防控风险的"双重目标"。英国有关监管沙箱实践起步较早，发展也较为成熟，后来被澳大利亚、新加坡等国纷纷效仿。①

当前我国数字普惠金融正处于起步阶段，"监管沙箱"对我国通过"先封闭试验，再稳妥推广"的方式构建兼容监管与金融科技创新相互协调的机制，具有较强的借鉴意义。2017 年 5 月 23 日，区块链金融沙盒计划启动仪式在贵阳举行，这是我国第一个由政府主导的沙盒计划。截至 2020 年 12 月底，北京、上海、深圳、重庆、成都、广州、苏州、杭州、雄安新区等 9 个试点地区的金融科技创新监管试点也全部"入箱"，涉及 70 个项目、60 多家金融机构。②

建立"监管沙箱"应把握以下几方面原则：一是要审慎选择试点，确保在一定周期内能有效完成测试；二是在顶层设计上，要有法律授权确保"监管沙箱"测试的合法性，在法律授权程序复杂、流程较长的情况下，可以通过相关部门先行出台行政法规，赋予监管机构必要的授权以开展"监管沙箱"工作；三是沙箱试验中，要真正实现"监管沙箱"的数据共享和信息披露，以提高"监管沙箱"的仿真程度，使测试结果具有更高的参考价值。

单就兰考县普惠金融改革创新而言，可以把兰考县作为探索农村数字普惠金融的"沙箱"进行试验，在不违反现行法律法规和重大方针政策、风险可控的前提下，允许进行政策突破和试错纠错，给予尽职免责豁免权等，给试验区探索留出足够空间，允许突破现有不适合普惠金融

---

① 李仁真、申晨. FinTech 监管的制度创新与改革［J］. 湖北社会科学，2017（6）.

② 董希淼等. 审慎监管下金融科技的守正创新与合规发展［J］. 中国金融，2020（1）.

发展需要的监管规定。具体包括：为扩大普惠授信，建议改变个人贷款必须执行的面谈面签要求，将要求夫妻双方同时到场，改为一人到场即可，对外出打工的另一方借助现代科技，实行远程网签；为更好发挥再贷款政策效能，建议将支农支小、扶贫再贷款只能贷给地方法人金融机构且"先再贷、后放贷"的使用条件、使用方式改为"不限法人，只讲作为"、探索由地方法人扩大至所有有意愿参与支持普惠金融发展的金融机构；为提升普惠授信的便捷性，允许县域法人金融机构核心生产系统与兰考县大数据信用信息平台对接，探索开展全线上的普惠授信信贷；为促进县域数字普惠金融创新发展，支持兰考县依托国有资本与兰考农商行共同出资，以河南省数字普惠金融综合服务平台为载体，设立数字银行；为提升基层信贷业务人员积极性，适当放宽农户和普惠小微企业不良贷款容忍度标准，以负面清单方式确定尽职免责具体条款，以尽职免责标准的细化和量化促进普惠金融工作的有效落地。

三、从机构监管到功能监管

近年来，技术创新与金融的不断融合，推动金融创新不断深化，金融机构提供的产品与服务的范围不断变化，金融机构与金融市场的边界也不断变化，使得金融业务多元化快速发展、金融混业经营现象不断扩展，银行、证券、保险机构间的业务交叉经营、股权交叉投资、横向业务合作趋势明显，金融机构业务范围、风险暴露逐步突破了原有的传统领域和范围。这使得传统的机构监管架构和理念已日益不适应金融混业业务发展的需要，监管套利、监管真空与监管重叠并存的问题突出。以e租宝事件为代表的事件背后，在一定程度上反映了金融科技行业发展超前与监管制度相对滞后的矛盾。此外，因金融科技的跨界、混业、跨区域经营的特征，相关风险的扩散速度更快、波及面更广、溢出效应更强，而且因网络效应的存在，通常会形成"赢家通吃"，造成市场垄断和不公平，加之金融科技对于数据的渴求，可能导致过度采集客户数据，侵犯客户隐私，[①] 在混业经营、金融创新发展大趋势下，优化金融

---

① 潘功胜. 防范金融科技风险中的中国监管路径 [N]. 中国日报，2021 – 01 – 27.

监管框架、监管普惠金融业务行为对于普惠金融健康发展、防范化解普惠金融风险至关重要。

自美国经济学家罗伯特·默顿和英国学者迈克尔·泰勒从不同视角和侧重点提出功能监管与行为监管以来，功能监管、行为监管因强调监管和效率的关系，致力于提高金融体系服务实体经济的能力而得到关注。特别是在金融科技快速发展和金融综合经营成为常态的大背景下，功能监管理念对于建立穿透式监管、防范金融系统性风险具有重要意义。穿透式监管由国务院办公厅于 2016 年 10 月 13 日在《互联网金融风险专项整治工作实施方案》中首次提出，方案指出，"要立足实践，研究解决互联网金融领域暴露出的金融监管体制不适应性等问题，需要强化功能监管和综合监管，抓紧明确跨界、交叉型互联网金融产品的'穿透式'监管法则"。穿透式监管的实质是要求透过表面判定业务本质属性，确定监管职责，进而判断各方主体应遵循的行为准则和监管要求。穿透式监管是实现功能监管、行为监管的重要途径，① "穿透式监管"虽是针对互联网金融风险专项整治所提出的特定概念，但其一提出就得到了广泛认可，部分学者认为应稳步推进穿透式监管，使其成为监管协调机制的核心内容。

当前我国分业监管格局下，应借鉴国外功能监管实践，树立运用功能监管理念，加强监管协调和引入功能监管，以最大限度地减少金融乱象，努力避免监管重叠、监管套利与监管真空。早在 2004 年，人民银行周小川行长（时任）在全国外资银行工作会议上强调，"市场需求的不断变化和业务交叉性产品的不断出现，日益要求数量功能监管理念，适应趋势，加强协调，功能监管和业务发展之间并不必然发生矛盾，随着经济发展，不论机构设立该由谁审批，都不应阻碍有市场需求的业务创新"。② 此后，我国对金融监管体制进行了一系列制度安排，如：2017年 11 月设立国务院金融稳定发展委员会；2018 年 3 月出台国务院机构改革方案；2020 年 7 月出台《金融控股公司监督管理试行办法》；央行通过集中存管客户备付金，防止非银行支付机构占用、挪用客户备付金；剥离非银行支付机构清算职能至新设金融基础设施，推动非银行支

---

① 苟文均.穿透式监管与资产管理［J］.中国金融，2017（8）.
② 邓子来.功能金融理论与我国金融体系的稳定性和效率性［J］.金融论坛，2004（8）.

付机构回归支付主业；开展互联网金融风险整治等。

虽然我国金融监管体制改革取得进展，但目前我国监管体制也存在一些亟待改善的地方。一是对混合、交叉性金融业务的监管，缺少明确的法律授权和清晰的监管职责划分，而实施功能监管，所有的金融监管安排，从监管主体组织机构的设立到监管流程的每一个环节的实施都必须有金融监管法规范和调整；[①] 二是系统、完整、及时、高效的监管信息共享机制仍未真正建立；三是对高风险或危机金融机构的处置尚未真正确立清晰、高效的责任与协调机制。基于此，在当前我国"一行两会"监管框架下，结合金融科技发展和金融市场新变化，遵循"同样业务同样监管"原则，落实穿透式监管。一是要加快在法律或国家授权的层面，明确功能监管的职责；二是按照法制化、机制化、常态化的原则，进一步强化机构监管和功能监管的协调与信息共享；三是按照审慎监管的理念，进一步完善机构监管体系，以适应性的监管体制改革推进功能监管落地，实现金融创新与有效避免监管重叠、监管真空、监管套利目标的平衡。

专栏 14 −1：G20 数字普惠金融高级原则

原则一：倡导利用数字技术推动普惠金融发展。促进数字金融服务成为推动包容性金融体系发展的重点，它包括采用协调一致、可监测和可评估的国家战略和行动计划。

原则二：平衡好数字普惠金融发展中的创新与风险。在实现数字普惠金融的过程中，平衡好鼓励创新与识别、评估、监测和管理新风险之间的关系。

原则三：构建恰当的数字普惠金融法律和监管框架。针对数字普惠金融，充分参考 G20 和国际标准制定机构的相关标准和指引，构建恰当的数字普惠金融法律和监管框架。

原则四：扩展数字金融服务基础设施生态系统。扩展数字金融服务生态系统，包括加快金融和信息通信基础设施建设，用安全、可信和低

---

① 顾海峰. 基于金融混业经营视角的金融监管创新路径：功能监管论［J］. 金融理论与实践，2010（10）.

成本的方法为所有相关地域提供数字金融服务，尤其是农村和缺乏金融服务的地区。

原则五：采取负责任的数字金融措施保护消费者。创立一种综合性的消费者和数据保护方法，重点关注与数字金融服务相关的具体问题。

原则六：重视消费者数字技术基础知识和金融知识的普及。根据数字金融服务和渠道的特性、优势及风险，鼓励开展提升消费者数字技术基础知识和金融素养的项目并对项目开展评估。

原则七：促进数字金融服务的客户身份识别。通过开发客户身份识别系统，提高数字金融服务的可得性，该系统应可访问、可负担、可验证，并能适应以基于风险的方法开展客户尽职调查的各种需求和各种风险等级。

原则八：监测数字普惠金融进展。通过全面、可靠的数据测量评估系统来监测数字普惠金融的进展。该系统应利用新的数字数据来源，使利益相关者能够分析和监测数字金融服务的供给和需求，并能够评估核心项目和改革的影响。

第二节　恰当的财税扶持

财税扶持普惠金融发展自古有之。周代向民众发放贷款的机构——"泉府"，根据用处不同为庶民提供免除利息资金或实物，或仅收取较少的利息。发展到现阶段，加快推进普惠金融发展，依然离不开高效、有力的财税政策体系支撑和引导。《推进普惠金融发展规划（2016—2020年）（国发〔2016〕74号）》明确指出，要"立足公共财政职能，完善、用好普惠金融发展专项资金，重点针对普惠金融服务市场失灵的领域，遵循保基本、有重点、可持续的原则，对普惠金融相关业务或机构给予适度支持。发挥财政资金杠杆作用，支持和引导地方各级人民政府、金融机构及社会资本支持普惠金融发展，更好地保障困难人群的基础金融服务可得性和适用性。落实小微企业和'三农'贷款的相关税收扶持政策。推动落实支持农民合作社和小微企业发展的各项税收优惠政策"。

一、财税引导

普惠金融实践中，财税对金融资源普惠性配置以及对弱势产业或地区的扶持是发挥政府引导职能的重要内容。普惠金融可持续发展依赖于金融机构开展普惠金融服务的"成本—收益"比较。当前，发达地区与欠发达或贫困地区、强势产业与弱势产业、城市与农村、大企业与中小微企业、城镇居民与农村人口或贫困人群之间呈现出明显的"二元结构"特点，政策激励不足会促使金融机构出于利益最大化的考量，减少对相对弱势主体的金融服务，而更加倾向于服务优质群体，导致普惠金融供给不足。与此同时，服务实体经济是金融的天职，金融只有在实体经济发展中才能得以生存和发展。弱势地区、弱势产业、弱势群体的初始资本或初始条件匮乏，如果缺乏财税扶持和助力，不能增强其资本积累、自我发展的能力，那么实体经济对普惠金融资源的承载就没有根基，普惠金融发展难以持续，普惠金融的供给积极性就难以有效激发。

格里伍德与史密斯模型表明，当某个地区人均收入达到某一个阈值，开展普惠金融机构的经济收益能够覆盖其运营成本时，提供普惠金融服务的机构才可以实现自我内生发展。大量实践充分证明，在普惠金融市场失灵的地区，单单依靠市场的力量难以引导金融资源进入贫困群体和小微企业，忽视或不能有效发挥政府"看得见的手"的作用，市场失灵和金融机构"用脚投票"的现象就难以改善。现阶段，发挥财税对金融和社会资本的撬动功能和结构导向作用，自然地成为了普惠金融有效落地的不可或缺的外在因素。[①] 根据成本—收益对比分析，其一财税政策对金融机构业务的补贴或减免税，可以降低普惠金融的供给成本；其二运用财政资金设立普惠金融领域风险补偿和信贷担保基金，可以降低因违约而造成的损失；其三通过制度性安排，加强薄弱环节、弱势地区的基础设施建设和产业补贴，增强弱势群体内生发展能力，可提升其潜在经济收益，可以提升实体经济对金融资源的承载和支撑能力。

---

① 龚兵，冯思嘉等. 财税激励推动我省普惠金融可持续发展的研究——基于达州银税互动的实践[J]. 公共经济与政策研究，2019（上）.

二、政策选择

2020 年中央经济工作会议强调要强化普惠金融服务。2020 年中央农村工作会议指出了"三农"工作的历史性转移。巩固脱贫攻坚成果、全面推进乡村振兴战略必然为农村地区普惠金融发展带来庞大需求。这需要加快确立财税政策与金融政策协调联动、相互结合的长效机制，进一步完善与普惠金融发展相适应的财税配套政策，建立"准公共性金融"的财税政策引导体系，打破目前部分地区开展普惠金融"干与不干一个样""做与不做弹性很大"的困局。

近几年，我国对普惠金融业务开展实施了财政奖补、税收优惠等系列措施，先后出台了国税地字〔1998〕37 号、财税〔2014〕78 号、财企〔2014〕38 号、财企〔2016〕85 号、财税〔2015〕3 号、财税〔2015〕9 号、财税〔2016〕36 号、财税〔2016〕3 号、财税〔2016〕46 号、财税〔2017〕22 号、财税〔2017〕44 号、财税〔2017〕48 号、财税〔2017〕90 号、财税〔2018〕91 号、银发〔2018〕162 号等系列文件。2019 年以来，继续对符合条件的普惠金融有关领域实行免征增值税、印花税，减征企业所得税，延续有关准备金税前扣除政策；将符合条件的金融机构向小型企业、微型企业及个体工商户发放贷款取得利息免征增值税的政策适用口径统一提高至单户授信 1000 万元，同时要求享受优惠政策的机构将政策红利在普惠型小微企业贷款利率定价和内部绩效考核上充分体现；对保险公司农牧保险、一年期以上人身保险取得的保费收入，按规定免征增值税；对保险公司种植业、养殖业提高保险服务取得的保费收入，按规定给予企业所得税优惠。在普惠金融专项资金的使用上，2016—2018 年中央财政累计拨付普惠金融发展专项资金 339 亿元。2019 年起，中央财政创业担保贴息的个人和小微企业担保贷款最高额度提高 50%；支持开展三大粮食作物完全保险和收入保险试点工作。[①] 2020 年，针对突如其来的新冠肺炎疫情，为了支持稳企业保就业，国家出台普惠小微企业贷款延期支

---

① 引自中国银保监会、中国人民银行发布的《2019 年中国普惠金融发展报告》。

持工具和信用贷款支持计划两项直达工具，对办理普惠小微贷款延期期限不少于 6 个月的地方法人银行，按贷款本金 1% 给予激励，对 1 ~ 5 级地方法人银行发放期限不少于 6 个月的普惠小微企业信用贷款，按贷款本金 40% 给予优惠资金支持。

这些措施有力地支持了普惠金融业务开展，但在政策落地和政策绩效方面仍存在一些薄弱环节，一是现阶段尚未建立形成一套系统、规范的普惠金融财税政策体系；二是实际操作中，许多普惠金融扶持政策是以工信部等相关部委实体经济划型标准确定的，涉农贷款、扶贫贷款的统计口径过于宽泛、粗放，概念模糊、数字失真，"三农""涉农"的表述过于宽泛导致"激励扭曲"和"目标漂移"现象并存；三是实践中，缺少对财税政策的绩效评价和督导，对政策效果评判缺位，"市场效率"和"有形的手"之间的关系难以把握。

为切实增强财税政策的绩效，实践中应瞄准普惠金融的内涵和外延、服务的群体和行业，"集中力量办大事"，从顶层制度建立的视角，对现有财政扶持与税收优惠汇总并统筹出台规范性文件，为财税政策引导普惠金融可持续发展提供法律和行政法规依据。具体而言：一是加快出台财税支持普惠金融发展的细则，特别在普惠金融业务税收减免、财政奖补，以及融资担保基金、信贷风险补偿基金、不良贷款核销等方面制定相关制度，使得财税扶持有规划、有依据；二是加快实行基于实体经济划分的金融工具方法和基于金融自身业务划分的二维金融业务统计方法，[1] 在界定政策适用范围时，由以批准机构划界转为以机构服务的对象和层次划界，使财税扶持更精准、更有效；三是对扶持业务的利率、额度、信贷用途进行细分，切实把财政扶持资金用于支持农民创业就业，切实鼓励金融机构加大低利率、生产性信贷资金投放，用财政手段促进普惠金融与实体经济发展的深度融合；四是进一步做好财税支持普惠金融的绩效评价，通过对普惠金融政策措施加以监测分析，构建经济效应、社会效益突出的财税政策框架；五是科学运用财政资金建立风险防控机制，增强坏账风险分担能力。切实发挥好国家融资担保基金作用，以股权投资方式支持各省区市开展融资担保业务。大力发展政府支

---

① 见刘克崮 2018 年 8 月 5 日在首届中国普惠金融创新发展峰会上的演讲。演讲题目为"建立多层次中国普惠金融体系"。

持的融资担保机构，完善农业信贷担保体系，开展政府性融资担保基金切实支持小微企业、"三农"的督查工作。同时，在国家及省级层面探索设立风险补偿专项资金，按照"有偿使用、微利运作"的原则补充县级风险补偿资金池，引导县域加大薄弱环节信贷投放；六是围绕乡村振兴战略实施，提高政策性农业保险保障范围，探索把大病保险、巨灾保险、农民家庭财险、农村小额人身险纳入政策性保险范围，财政给予保费补贴，避免或降低"因病返（致）贫、因灾返（致）贫"的风险。以因病返（致）贫为例，调查表明，2017年因疾病而重返贫困的家庭占比为44%。低收入群体风险承受能力较弱，通过政府财政补贴，有效撬动保险资源，精准对接其参保需求，稳定低收入人群的预期，降低收入急剧减少的风险。

第三节　构建新型信用生态

金融市场中存在的信息不对称可以产生逆向选择和道德风险，这是金融风险形成的内在逻辑。信用信息的对称性和行为人的遵约守信是金融市场有序健康运行的重要微观基础。完善市场经济运行的基本信用环境有助于降低金融市场运行中的信用风险，有助于控制和降低经济金融运行中的系统性风险。

一、营造优良信用环境

信用是"社会演进和自我规范的产物"。在"信"的具体语境中，有两个重要的概念：一是"诚信"，主要出现在道德规范领域，强调内心、语言和行为的高度统一；二是"信用"，主要出现在社会关系领域，强调规则、责任和行为的高度统一。市场经济是信用经济。金融是经营信用的资金融通活动。信用建设是市场经济体制中的重要基础性制度安排。对于弱势群体、弱势产业、农村地区，传统的"财富信用"缺乏用武之地，挖掘信用资源，倡导诚实守信，是实现普惠金融在农村地区落地的基本路径。

多年来，我国信用环境建设持续推进。早在"十一五"期间，我国就提出以完善信贷、纳税、合同履约、产品质量信用记录为重点内容的社会信用体系建设。此后，国家先后出台了《社会信用体系建设规划纲要（2014—2020年）》（国发〔2014〕21号）、《运用大数据加强对市场主体服务和监管的若干意见》（国办发〔2015〕51号）、《建立完善授信联合激励和失信联合惩戒制度　加快推进社会诚信建设的意见》（国发〔2016〕33号）、《关于加快推进失信被执行人信用监督、警示和惩戒机制建设的意见》（中办发〔2016〕64号）、《关于加强政务诚信建设的指导意见》（国发〔2016〕76号）、《关于健全个人诚信体系建设的指导意见》（国办发〔2016〕98号）、《关于全面加强电子商务领域诚信建设的指导意见》（发改财金〔2016〕2794号）、《关于加快推进社会信用建设体系　构建以信用为基础的新型监管机制的指导意见》（国办发〔2019〕35号）等系列文件，2019年11月国务院常务会议又确定了完善失信约束制度、健全社会信用体系的措施。2020年国务院出台动产和权利担保统一登记的决定指出，自2021年1月1日起，原由市场监管总局承担的生产设备、原材料、半成品、产品等动产抵押登记职责由人民银行承担，市场监管部门不再受理动产抵押登记的设立、变更、注销申请。目前，我国已构建了公告信用信息共享系统与市场化信用信息共享系统，全国信用信息共享平台与地方信用信息共享平台之间也已经打通。这些政策文件和实践举措奠定了我国信用建设和优化信用环境的重要基石。

随着普惠金融加快发展以及数字化进程的加速推进，进一步构建良好的信用生态，既迫切也面临新的客观环境。营造良好的信用环境，要从推进国家治理体系和治理能力现代化的高度，坚持制度先行、体制创新。一是要加快建立适应于现代市场经济要求的信用体系基础性法律法规和标准体系；二是要加快建成以信用资源共享为基础的覆盖全社会的征信体系，2021年1月11日中国人民银行发布的《征信业务管理办法（征求意见稿）》将为征信体系的有效覆盖提供重要依据和支持；三是要加快构建健全的信用监管体制和比较完善的信用服务市场体系。要更多采用"互联网＋"、大数据等手段，有效整合各类信用信息，建立风险预判预警机制，及早发现防范苗头性和跨行业跨区域的风险，实现监管资源配置在需要监管的重点领域、重点环节、重点对象上，立足差异化监管，有效提升监管效能。与此同时，支持社会力量积极参与，鼓励发挥行业组织、第三方信用服务机构作用，形成多层次的信用服务市场体系;[①] 四是要激发形成金融机构运用信息评级结果的路径依赖，切实扩大农村大数据信用信息体系在信贷支持、评先评优、社会诚信、司法公信建设和营商环境优化等方面的应用;五是要加快形成守信激励和失信惩戒的信用约束机制，广泛形成"守信正向激励、失信联合惩戒"的浓厚氛围，强化社会责任意识、规则意识、风险意识，培养个人守信行为习惯，提升个人信用管理能力，激励人们向上向善，对严重失信的市场主体及相关责任人在一定期限内实施市场和行业禁入措施，进一步提升失信违约成本，使诚实守信成为全民的自觉行为规范，让失信者寸步难行;六是加强信用知识的宣传普及，保护消费者和投资者权益，引导正确价值观建立，多措并举共同改善市场信用环境，切实以信用建设促进普惠金融业务开展。

二、强化信息要素支撑

信用信息是优化信用生态的重要要素和支撑。根据 2021 年 1 月 11 日中国人民银行发布的《征信业务管理办法（征求意见稿）》，信用信息是指为金融经济活动提供服务，用于判断个人和企业信用状况的各类信息，其包括但不局限于个人和企业的身份、地址、交通、通信、债务、财产、支付、消费、生产经营、履行法定义务等信息，以及基于前述信息对个人和企业信用状况形成的分析、评价类信息。[②]

国外先进经验表明，大数据技术的迅猛发展为数据征信提供了良好的技术和条件，借助大数据技术的数据挖掘、量化存储、快速处理等特点，将大数据广泛用于个人和小微企业征信，逐步从银行信用扩展到商业信用以及与信用相关的替代数据领域，扩展征信有效供给的路径，对于提升弱势群体信贷可得性有重要作用。

当前我国实践中，弱势群体、弱势产业、农村地区融资难融资贵融

---

①　刘瑛. 完善信用监管，规范市场秩序［N］. 人民日报，2020－12－29.
②　引自 2021 年 1 月 11 日中国人民银行公开发布的《征信业务管理办法（征求意见稿）》。

资慢的根本原因，不是缺钱，而是缺信息、缺信用，信息不对称、信用不充分依然是困扰普惠金融服务乡村振兴、支持中小微企业发展的难点和痛点。如何强化信用信息要素支撑，如何让信息和信用变得有"价"，如何加快建立农村大数据信用信息体系是营造优良信用生态、推动农村数字普惠金融发展的关键基石。

2019 年 9 月，国家发改委、银保监会联合推出的"信易贷"政策，就是信息、信用支持金融服务实体经济取得的生动实践和关键性突破，该政策对涉及健全信用信息归集共享查询机制、建立健全中小微企业信用评价体系、支持金融创新"信易贷"产品和服务、创新"信易贷"违约风险处置、鼓励地方政府出台"信易贷"支持政策以及加强"信易贷"考核管理等方面进行了部署。

为强化信用信息要素对金融资源配置的支撑职能，亟须加快落实2021 年中央一号文件关于构建市县域内共享的涉农信用信息数据库等相关要求，在国家层面加快对个人和企业信用信息采集、整理、保存、加工、运用以及信息保护予以明确。一是应采取强有力的举措，消除信息壁垒，真正实现信息孤岛到互联互通的转变。实践中要探索将公共数据服务纳入公共服务体系，构建统一的国家公共数据开放平台和开发运用端口，特别是紧密结合当前"一网、一站、一门"政务改革的机遇，探索搭建全国统一的农户与中小企业信用信息平台，将金融、税务、工商、社保、海关、司法、市场监管、公共事业等相关领域信息，纳入统一的信用信息平台进行管理，实现政务信用信息与金融信用信息的互通互联，并通过便捷的渠道、低廉甚至免费的方式供金融机构使用。实际操作上，应从国家层面明确不同部门间信息互通互联的责任主体和义务，由政府主导归集整理沉淀在各职能部门的数据，用实时行为数据提升信息准确性，根据相关业务需要建立适应性的信息动态更新机制，确保信息质量，让信息的价值得到有效挖掘和发挥，从根本上提升信息运用的有效性和积极性；二是要实现信息、信用和信贷的联动，让信用和信息可以变"现"。信息数据的互联互通在聚集各类信息的同时，实体经济的信用状况也可以通过数据进行交叉验证，[1] 为信用评级工作提供

---

① 徐绍峰. 发挥信用信息服务经济主体融资功能［N］. 金融时报，2019－02－28.

基础。强化信用评级和结果运用，鼓励金融机构积极对接应用，对农户和中小微企业精准画像，充分发挥信息、信用的融资功能，制定公共信用信息目录和失信惩戒措施清单，完善失信主体信用修复机制，开展政府数据授权运营试点，鼓励第三方深化对公共数据的挖掘和应用，切实提升金融机构"敢贷""愿贷""能贷""会贷"的能力。① 信贷是信息互联互通和信用融资功能发挥的最终目标。在此意义上讲，信息、信用、信贷联动实现了，信息、信用服务实体经济融资的功能得以有效增强，那么，普惠金融特别是数字普惠金融发展也就有了良好的信用生态支撑。

第四节　插上数字翅膀

习近平总书记强调，人工智能是引领这一轮科技革命和产业变革的战略性技术，具有溢出带动性很强的"头雁"效应。数字化不但会促进创新发展经济体系内原有生产要素的优化重组，同时引入数据这一新的生产要素，会增加生产要素新组合，产生新的生产函数，将有助于创新的发生与发展。② 近年来，世界经济加速向以数字技术产业为主的新经济体系转变。云计算、大数据、移动互联网、人工智能为代表的数字技术渐渐登上金融的舞台。金融是技术、工具和制度的网络，数字化转型有助于金融服务架构优化升级，助推产业链、价值链、供应链的延伸与拓展，更好满足人民日益增长的多层次、多样化的金融服务需求。

一、坚守数字化方向

2016 年，全球普惠金融合作伙伴（GPFI）提出了数字普惠金融概

---

① 在 2021 年 1 月 21 日召开的国务院促进中小微企业发展工作领导小组第七次会议上，国务院副总理、国务院促进中小企业发展工作领导小组组长刘鹤指出，金融机构要不断提升能力，做到敢贷、愿贷、能贷、会贷。

② 陈凯华. 加快推进创新发展数字化转型 [J]. 瞭望，2020（52）.

念，"泛指一切通过使用数字金融服务以促进普惠金融的行动。包括运用数字技术为无法获得金融服务或缺乏金融服务的群体提供一系列正规金融服务，其所提供的金融服务能够满足他们的需求，并且是以负责任的、成本可负担的方式提供，同时对服务提供商而言是可持续的"。《G20 数字普惠金融高级原则》进一步描述了数字普惠金融的具体内容，"涵盖各种金融产品和服务，如支付，转账，储蓄，信贷，保险，证券，财务规划和银行对账单服务，以及通过数字或电子技术进行的交易，如电子货币等"。根据以上定义，我们可以将数字普惠金融形象地理解为，"包容性金融插上数字翅膀便催生了数字普惠金融"。

正如前文所述，金融科技在普惠金融实践中的应用，从根本上颠覆了传统普惠金融的运行和管理模式。主要表现在：一是打破金融服务的地点和时空约束，金融机构的实体网点通常分布在人口稠密、商业集中的区域，难以渗透到经济落后的地区，服务也受到网点营业时间的限制。通过数字技术的应用，客户可以通过计算机或移动电话等终端工具"一网接入"地获取金融服务，使金融服务无处不在、无时不在；二是打破金融服务的成本限制，高成本和低收益的不对称性是普惠金融发展的主要瓶颈。与物理网点相比，数字技术使金融服务从"有形"到"无形"，使资金供需双方在网络平台上完成信息搜索、定价和交易过程，减少人员和物理网点的投入，大大降低了金融服务的交易成本和运营成本；三是打破金融服务的信息壁垒，普惠金融业务的高风险源于供需双方的"信息不对称"和需求方可能存在的"道德风险"，因农业经营者、小微企业缺乏有效的抵押担保物，金融机构很难确定还款来源，而利用金融科技的"数字风控"，商业银行可以有效判断客户的信用状况和信用等级，能精准风险识别，提升信贷服务效率，使传统金融所忽视的业务从"不可能"变为"可能"；四是打破金融服务的客户排斥，传统金融服务农村地区和偏远地区，往往存在"成本—收益"不匹配的问题，金融机构缺乏提供服务的基本动力，随着数字技术的发展，"长尾市场"的边际成本大大降低，风险成本得到有效控制，极大提升了农民、小微企业、贫困人群等长尾客户的信贷可得性。

数字普惠金融为有效解决金融服务触达的"最后 100 米"问题和有效提升普惠金融业务的可持续提供了新的思路。其重要性与可行性在国内外已形成基本共识，并已经存在大量生动实践。全球普惠金融合作伙伴组织（GPFI）指出，"作为近十年推广普惠金融发展的伟大创新——数字金融，包括移动支付、网上银行、在线保险、众筹等，成功地提高了低收入人群、老年人、妇女、农民、中小微企业和其他被金融排斥的人群提供数字金融服务的机会"，[①] 并进一步指出"金融机构和非金融机构可以使得金融服务的范围覆盖偏远地区的人群，同时可以减少成本，一方面提高普惠金融服务的商业可持续性，另一方面降低金融服务价格，使更多的人能够接受服务"。[②] 在金融科技创新迅速发展的今天，向金融科技借力，坚守普惠金融的数字化方向，是普惠金融有效落地的根本路径。

二、夯实数字生态

近年来，我国数字普惠金融发展经历了传统互联网模式（传统金融业务的互联网化）、互联网直接融资模式、金融科技（大数据等技术与传统金融业务的结合阶段）三个阶段，[③] 但当前我国县域普惠金融发展空间依然很大。资料表明，截至 2020 年 3 月，中国农村地区互联网普及率仅为46.2%，互联网等数字基础设施发展仍然滞后。现阶段，发展普惠金融特别是在农村地区开展数字普惠金融实践，亟须从顶层制度安排、基础设施完善、农民数字知识培育等方面多方协同发力，共同修筑数字普惠金融运转的"高速公路"。

一是加快出台农村数字普惠金融发展的顶层设计和统一的制度安排，从建设中国特色县域数字普惠金融体系的高度，加快数字普惠金融立法，明确数字普惠金融发展规划，建立与数字普惠金融发展相配套的融资风控体系，推动形成包括金融机构、非银行支付机构、电子商务平台、征信企业以及各应用企业在内的数字普惠金融产业链，争取实现融资服务、支付服务、风险防控和金融教育等领域对各类群体全覆盖；二

---

① CPFI, China 2016 Priorities Paper, 2016.
② CPFI, Global Standard – Setting Bodies and Financial Inclusion – The Evolving – The Evolving Landscape, 2015.
③ 尹应凯等. 数字普惠金融发展的逻辑、国际经验与中国贡献［J］. 学术探索, 2017（3）.

是充分应用新技术，加快建立信用信息数据共享平台，实现数据的整合、开放和共享，加载信用信息的采集、查询、统计、评价等功能，对接融资培育，同时注重信用信息安全保护，防范信息泄露风险；三是引导传统金融向数字化转型。鼓励传统金融机构与金融科技公司稳妥有序开展业务合作，提升金融服务效率和安全。引导银行、证券、保险等传统金融机构，在风险可控的前提下，积极应用新技术创造新业务模式、流程或产品，探索在征信、数字票据、支付清算、贸易金融、供应链融资、智能投顾、保险理赔、智能风控等多样化金融场景的数字化解决方案，帮助民营企业、中小微企业、"三农"拓宽融资渠道，提高数字化金融服务水平；四是加强农村互联网基础设施建设投入，实施"村村通"工程等普惠金融基础设施建设，支持智能手机推广应用，推进农村公共无线网络建设，扩大农村地区网络覆盖面积，实现宽带网络和移动通信网络的村村全覆盖，为农村数字普惠金融发展提供良好的硬件基础；五是跨越农村"数字鸿沟"。因农村地区的农民、低收入群体、贫困人群、老年人往往缺乏足够的数字技术技能，从数字金融中受益的能力弱，解决数字普惠金融服务送达问题，必须处理好因"数字鸿沟"而带来的金融排斥。要强化数字金融知识普及宣传，培养数字金融素养，面向数字终端的设计中，充分考虑农民城镇低收入人群、贫困人群金融素质、数字能力等方面不足的特点，通过更友好的操作界面和通俗易懂的数字条款，让数字普惠金融服务变得更加易于操作，切实提升农村数字普惠金融的适应性和有效性。

第五节　加强金融消费者权益保护

消费者主权是欧美国家在20世纪60年代兴起的一种法律理念，它强调消费者在整个经济活动中的地位，并对其权益加以维护。金融消费者是指购买和使用金融机构销售的金融产品或接受金融机构提供的金融服务以满足个人或家庭需求的自然人。金融消费者被划分为两种类型，一种是传统金融服务的消费者，包括存款人和保单持有人，他们接受金融机构的储蓄和保险服务，以保护财产安全，增值或管理和控制风险；

另一种是中小投资者，他们购买新的金融产品，如基金或直接投资于资本市场。虽然他们有盈利动机，但由于他们与金融机构之间的信息和地位不对称，他们也被视为金融消费者。

一、权益的相对弱势性

金融消费者权益是随着近年来金融活动的兴起所产生的，它属于消费者权益保护的重要组成部分。美国 1960 年出台的《消费信用标志法案》，标志着金融消费者权益首次登上律法的舞台，意味着金融监管活动中消费者主权时代的到来。该法案认为，银行与消费者之间存在严重的信息不对称，从而使得消费者在整个金融活动中处于不利地位。随着经济金融改革的不断推进和普惠金融的深化发展，金融服务向农村地区、小微企业持续扩展，为金融消费者带来金融便利的同时，也存在着提供金融产品与服务行为不规范而侵犯金融消费者权益的问题。究其原因：

一是数字金融条件下可能会对消费者造成潜在的损害，如消费者因缺乏风险防范能力和意识，往往会遭受网络钓鱼、社交技术诈骗、账户黑客攻击、数据盗窃等，消费者也会因自身认识和理解不到位，对数字金融服务、数字金融体系和金融科技创新缺乏安全感和信任感，自我选择性地排斥在数字普惠金融服务之外。此外，数字金融服务的背景下，个人信息保护往往受到挑战，如果对个人金融信息和账户密码的处理不当，或者数字金融服务平台对消费者个人信息保护不严格，就存在泄露消费者个人信息的情况，会导致金融欺诈行为出现。二是金融消费者自身能力建设不足。当前农村金融市场在垄断、单一、封闭的条件下，金融机构与农民的关系大都不对等，金融机构往往处于金融消费的强势地位，对金融产品和服务信息披露不足，加之农村居民受文化水平的限制，对专业性较强的金融知识、金融产品和金融服务认知度较低，往往难以依靠金融知识理性地购买金融产品或服务，一些消费者往往仅凭推销者的介绍就购买金融产品或服务，如一些农民去银行存款却被误导购买保险的案例屡有发生。农民大都对金融产品或服务的风险及是否会损害自身权益缺乏准确的判断力，更谈不上有效维护消费者权益。三是金融消费者保护机制尚不完善。我国农村地区金融监管缺乏专门的金融消费者保护系统和健全的金融消费者权益保护体系，当前的金融消费者权益保护法律，在金融消费者保护方面有一定的局限性，金融法律法规在消费者保护方面的条文比较分散，对金融机构的检查依据比较零散，缺乏具体的操作性规范和对农村等弱势群体保护规定，基层金融消费者权益保护工作缺少协调机制。金融维权分散到"一行两会"及地方消保部门，在合作协调方面难度相对较大，各部门注重对金融机构违法违规行为的查处和风险管控，对消费者权益的损害赔偿及损失补偿管理机制和金融消费者权益保护专项监督细则相对缺乏。此外，部分基层金融机构没有按规定履行落实金融消费者权益保护主体责任，金融消费者权益保护义务履行不到位。

二、以机制促保障

县域普惠金融市场是普惠金融发展的重要场所，随着县域金融需求的释放，在县域地区开展金融消费者权益保护工作也显得尤为重要。在县域普惠金融发展中，加强金融消费者权益保护，既是在县域地区落实党的十九大报告中"守住不发生系统性金融风险的底线"的重要举措，也是新时代做好县域普惠金融工作的重要保障。

第一，要健全金融消费者权益保护的法律制度。从法律层面上对金融消费者权益保护作出明确而具体的规定，为保护金融消费者权益以及打击侵害金融消费者权益行为提供法律支撑，并依此出台相关操作规范予以补充说明，让金融消费者权益保护工作在具体落实中"有法可依，有规可循"。

第二，要针对互联网金融方兴未艾的趋势，在国家层面进一步加强互联网金融监管协调，并针对未来可能出现的互联网金融新业态研究建立包括监测预警、定性研判、准入管理、日常监督、打击取缔等环节在内的监管体系。

第三，要加强金融消费者权益保护的组织保障和平台建设。建立统一、独立、专门的金融消费者权益保护机构，明确职责，在金融消费者权益保护上沟通协调、形成合力。建立统一、便捷的金融消费者投诉平台，完善侵权追责机制和程序，保证侵权行为可被追究。建立金融机构、产品信息披露制度和金融市场参与者信用信息平台，降低信息不对称程度。

第四，要建立农村地区金融知识宣传教育的长效机制。农户金融意识的培养和参与能力的激活是普惠金融发展的重要力量，金融知识教育、宣传除动员金融监管部门、金融机构力量外，要充分发挥基层村委、党组织的力量，引导村委学金融懂金融用金融，赋予其金融"传播员"角色，深入农院村舍、田间地头贴近农户，用通俗易懂的方式对农户进行金融知识教育，宣传金融服务和金融产品，培养农户风险意识，提高参与金融活动的能力，同时对金融消费者维权渠道和程序进行知识普及，提升农户维权意识和能力。并充分发挥报纸、电视、广播、网络等多渠道力量，多层面、广视角地开展金融知识宣传，让金融观念、风险意识、维权意识入脑入心，营造良好的普惠金融工作氛围。

试验区大事记

◆ 2015 年 10 月 9 日，中国人民银行郑州中心支行徐诺金行长向河南省政府提交了向国家申请在兰考设立金融改革试验区的建议，立即得到了谢伏瞻省长（时任）和李克常务副省长（时任）的批示肯定。

◆ 2015 年 10 月中旬，中国人民银行郑州中心支行徐诺金行长向总行潘功胜副行长汇报关于在兰考设立金融支持实体经济试验区的设想，潘功胜副行长表示肯定，并建议试验区主题定位为"普惠金融"。

◆ 2015 年 10 月 26 ~ 28 日，中国人民银行郑州中心支行党委中心组举行扩大会议，在兰考县组织专题学习调研，到兰考贫困村、产业集聚区、农民合作社走访调研，了解各方金融需求，与兰考县政府及职能部门、金融机构研讨试验区建设工作。

◆ 2015 年 10 月 29 日，中国人民银行郑州中心支行成立以徐诺金行长为组长的"河南省兰考县普惠金融改革试验区工作领导小组"，并成立"《河南省兰考县普惠金融改革试验区总体方案》起草小组"，明确金融研究处牵头，法律事务处、货币信贷管理处、支付结算处、征信管理处、国际收支处参与。

◆ 2015 年 12 月 17 日，中国人民银行郑州中心支行组织召开《河南省兰考县普惠金融改革试验区总体方案》座谈会，河南省政府金融办，河南银监局、证监局、保监局，河南省发展改革委、财政厅、农业厅、地税局、直管办、扶贫办、国税局，国开行、农发行、农行、邮储银行河南省分行，河南省农信社，兰考县政府参会，并特别邀请了人民银行金融研究局有关专家到会指导。会议讨论了《总体方案》初稿。

◆ 2015 年 12 月 29 日，中国人民银行郑州中心支行会同河南省政府金融办向河南省政府呈报《关于河南省兰考县普惠金融改革试验区总体方案的请示（送审稿）》（郑银发〔2015〕237号）。

◆ 2016年1月14日，河南省人民政府李克常务副省长（时任）主持召开省长办公会议。会议审议并原则通过了《河南省兰考县普惠金融改革试验区总体方案（送审稿）》。

◆ 2016年1月19日，中国人民银行郑州中心支行会同河南省政府金融办向河南省政府呈报《关于河南省兰考县普惠金融改革试验区总体方案的请示》（郑银发〔2016〕10号）。

◆ 2016年2月2日，河南省人民政府谢伏瞻省长（时任）签发向国务院呈报《关于河南省兰考县普惠金融改革试验区总体方案的请示》（豫政文〔2016〕17号）。

◆ 2016年2月5日，国务院办公厅以"办〔2016〕00323号文"将《河南省兰考县普惠金融改革试验区总体方案》批转至人民银行、银监会等有关部委办理。

◆ 2016年2月18日，河南省人民政府李克常务副省长（时任）在《国务院办公厅秘书局关于豫政文〔2016〕17号的转办意见》上做出批示，要求省政府金融办会同人民银行郑州中心支行、河南银监局、兰考县政府加紧与人民银行总行、银监会汇报衔接，做好相关工作。

◆ 2016年2月28日，中国人民银行总行范一飞副行长在河南调研，与谢伏瞻省长（时任）会晤时，就兰考县普惠金融改革试验区相关事宜交换了意见。

◆ 2016年3月10日，中国人民银行郑州中心支行徐诺金行长、周波副行长（时任），开封市委常委、兰考县委书记蔡松涛（时任）参加人民银行兰考县支行发行库恢复运行启动仪式。

◆ 2016年4月9日，国务院考察组赴兰考县实地调研，指导工作。

◆ 2016年4月9日，河南省人民政府主办"助力中原 普惠金融论坛"，会上中国人民银行郑州中心支行与兰考县政府签署了河南省兰考县普惠金融改革试验区战略合作框架协议。

◆ 2016年6月6日，河南省人民政府陈润儿省长（时任）在人民银行郑州中心支行上报的《关于赴人民银行会商情况的报告》中批示："请金融办配合人民银行做好工作，推动落实"。

◆ 2016年9月7日，河南省人民政府陈润儿省长（时任）对加快推进兰考试验区方案做出批示，要求抓好实施。

◆ 2016 年 11 月 11 日，河南省政府常务会议决定，把建设河南省兰考县普惠金融改革试验区纳入《河南省推进服务业供给侧结构性改革专项行动方案（2016—2018）》（豫政〔2016〕70 号）。

◆ 2016 年 11 月 28 日，河南省人民政府翁杰明常务副省长（时任）对试验区方案做出批示，要求各部门做好衔接配合工作。

◆ 2016 年 12 月 26 日，经国务院同意，中国人民银行、发展改革委、财政部、农业部、银监会、证监会、保监会、河南省政府联合印发《河南省兰考县普惠金融改革试验区总体方案》，全国第一个国家级普惠金融改革试验区落地兰考县。

◆ 2017 年 1 月 9 日，试验区推进大会在兰考成功召开。河南省人民政府翁杰明常务副省长（时任）主持会议，中国人民银行总行陈雨露副行长与会做重要讲话。

◆ 2017 年 3 月 6 日，河南省人民政府印发《河南省人民政府小公厅关于成立河南省兰考县普惠金融改革试验区工作领导小组的通知》（豫政办文〔2017〕10 号），成立河南省兰考县普惠金融改革试验区工作领导小组，省政府朱焕然秘书长（时任）任领导小组组长，中国人民银行郑州中心支行徐诺金行长任领导小组办公室主任。

◆ 2017 年 3 月 13 日，中国人民银行郑州中心支行与兰考县政府、中国普惠金融研究院在北京签订《共建兰考县普惠金融改革试验区战略合作备忘录》。

◆ 2017 年 4 月 18 日，河南省兰考县普惠金融改革试验区工作领导小组第一次会议召开，朱焕然秘书长（时任）出席并讲话，冯先志副秘书长（时任）主持。

◆ 2017 年 5 月 23 日，中国人民银行郑州中心支行在兰考县组织召开兰考县普惠金融改革试验区政银企对接会，庞贞燕副行长（时任）出席会议并讲话。对接会共签约 57 亿元的银企授信合同、达成 140 亿元的银企授信意向。

◆ 2017 年 5 月 24 日，中国人民银行郑州中心支行举办河南省"普惠金融一网通"业务推广培训，对全省人民银行各级行、各银行类金融机构、各支付机构，全省共约 1500 人进行了培训。

◆ 2017 年 6 月 2 日，中国人民银行郑州中心支行徐诺金行长会同金融研究局纪敏副局长（时任）、中国普惠金融研究院贝多广院长赴中国人民银行总行拜会陈雨露副行长，详细汇报了河南省兰考县普惠金融改革试验区"三个近期目标""三个中远期目标"以及"兰考普金融改革试验推进活动周"安排等有关事宜。陈雨露副行长对试验区的各项工作给予了高度肯定，认为试验区建设开局良好，要求试验区要务实、持续、大胆探索，将兰考模式打造成为我国普惠金融发展的主模式和基本模式。

◆ 2017 年 6 月 14 日，中国人民银行郑州中心支行庞贞燕副行长（时任）出席普惠授信五方签约仪式。中国人民银行郑州中心支行以及普惠授信主办银行类金融机构、保险机构、担保机构、兰考县政府共同签订了普惠授信五方合作协议，建立了政府、银行、保险、担保多方共担的信贷风险分担机制，试验区普惠授信工作正式启动。

◆ 2017 年 6 月 14 日，中国人民银行郑州中心支行组织开展了以"提升金融服务水平，推进普惠金融工作"为主题的金融服务站（首期）业务培训班，对服务站工作人员和兰考县小康工作队队长共 80 余人进行了培训。

◆ 2017 年 6 月 19 ~ 23 日，"兰考普惠金融改革试验区建设推进活动周"顺利举行。活动由兰考县政府、中国普惠金融研究院主办，中原银行、郑州银行、兰考农村商业银行承办，世界银行集团国际金融公司（IFC）、扶贫协商小组（CGAP）协办。人民银行、发展改革委、财政部、农业部等 7 部委和世界银行、中国普惠金融研究院、吉林等国家级农村金融改革试验区代表以及河南省 12 家省直部门领导，河南省各省辖市和省直管县金融办主任、人民银行行长，兰考县相关部门负责人等 300 多名国内外专家和基层干部参加了活动。

◆ 2017 年 6 月 21 ~ 23 日，中国普惠金融研究院在兰考培训基地举办第一期普惠金融高级研修班，对河南省近 100 名省辖市、省直管县金融办主任、人民银行行长及兰考县相关部门负责人系统培训。

◆ 2017 年 7 月 10 日，河南省政府秘书长、河南省兰考县普惠金融改革试验区工作领导小组组长朱焕然（时任）主持召开领导小组第二次会议。会议研究讨论《关于〈河南省兰考县普惠金融改革试验区总体方案〉的落实意见（送审稿）》《河南省兰考县普惠金融改革试验区普惠授信工作方案（试行）（送审稿）》等五个文件，对推进兰考县普惠金融改革试验区建设工作进行了安排部署。

◆ 2017 年 7 月 13 日，河南省兰考县普惠金融改革试验区普惠授信首批贷款发放仪式在仪封乡魏寨村举行。人民银行郑州中心支行崔晓芙副行长和兰考县李明俊县长（时任）共同为魏寨村普惠金融信用村揭牌。

◆ 2017 年 7 月 19 日，人民银行总行行长助理刘国强（时任）赴兰考调研普惠金融。

◆ 2017 年 9 月 2 日，"中共中国人民银行委员会党校兰考教育基地"挂牌仪式举行。并组织中国人民银行全国部分县（市）支行党组书记参加挂牌仪式并学习调研兰考普惠金融改革试验区工作。

◆ 2017 年 9 月 8 ~ 11 日，中国普惠金融研究院在兰考培训基地举办第二期普惠金融高级研修班，对 60 名县金融办主任、中国人民银行行长系统培训。

◆ 2017 年 9 月 13 日，中国人民银行郑州中心支行徐诺金行长主持召开兰考普惠金融改革试验区工作推进会，对数字普惠金融加快在试验区落地进行了专题研究和部署，为 2018 年在兰考举办数字普惠金融国际峰会作前期准备。

◆ 2017 年 10 月 11 ~ 13 日，国务院参事室调研组莅临河南省兰考县普惠金融改革试验区调研。

◆ 2017 年 12 月 6 日，河南省委谢伏瞻书记（时任）对试验区建设给予批示肯定。

◆ 2017 年 12 月 18 日，中国人民银行总行陈雨露副行长对试验区建设给予批示肯定。

◆ 2017 年 12 月 21 日，中央媒体采访团赴兰考县采访试验区建设情况。

◆ 2017 年 12 月 26 日，兰考县普惠金融改革试验区建设一周年座谈会召开，中国人民银行党委委员、行长助理刘国强（时任）出席，并对试验区下一步工作作出部署。

◆ 2018 年 3 月 5 ~ 20 日，第十三届全国人大代表、中国人民银行郑州中心支行行长徐诺金在全国人大会议上提出了以立法形式加快推进普惠金融实施的提议，建议尽快出台《中华人民共和国普惠金融促进法》。

◆ 2018 年 4 月 28 日，河南省政府秘书长、河南省兰考县普惠金融改革试验区工作领导小组组长朱焕然（时任）主持召开领导小组第三次会议，听取领导小组办公室及各成员单位建设情况汇报，安排部署下一步工作。

◆ 2018 年 5 月 9 日，河南省人民政府陈润儿省长（时任）批示"可以考虑在兰考的基础上将试点扩大到开封整个区域，这样试点的意义或许更大一些"。

◆ 2018 年 6 月 6 日，中国人民银行郑州中心支行徐诺金行长主持召开兰考普惠金融改革试验区工作座谈会，听取各金融机构对普惠金融工作和试验区建设提出相关建议，安排部署下一步工作。

◆ 2018 年 6 月 12 日，河南省普惠金融试点县（市、区）工作推进会在兰考县召开。

◆ 2018 年 6 月 12 日，全国人大财经委员会法案室钟真真主任在兰考开展普惠金融立法调研活动。

◆ 2018 年 7 月 26 日，河南省政府秘书长、河南省兰考县普惠金融改革试验区工作领导小组组长朱焕然（时任）主持召开领导小组第四次会议，听取领导小组办公室及各成员单位建设情况汇报，安排部署下一步工作。

◆ 2018 年 8 月 5 日，兰考县"普惠金融助力实现小康梦案例"获评首届中国普惠金融创新发展峰会评选的"中国普惠金融典型案例"。

◆ 2018 年 8 月 9 日，"中国普惠金融理论创新座谈会"在兰考县召开，中国人民银行总行相关司局领导、中央财经大学、社科院学者教授及数字金融专家 20 余人参加会议。

◆ 2018 年 9 月 29 日，数字普惠金融创新发展座谈会在国家级普惠金融改革试验区兰考县召开，中国人民银行陈雨露副行长参加会议并讲话，河南省副省长戴柏华致辞。

◆ 2018 年 12 月 20 日，河南省政府秘书长、河南省兰考县普惠金融改革试验区工作领导小组组长朱焕然（时任）主持召开第五次领导小组会议。

◆ 2019 年 1 月 22 日，中国人民银行郑州中心支行联合省地方金融监管局召开河南省普惠金融试点工作会议。

◆ 2019 年 5 月 9 ~ 10 日，中国人民银行郑州中心支行在驻马店市组织召开河南省普惠金融试点工作现场观摩暨经验交流会。

◆ 2019 年 5 月 23 日，"2019 年河南省金融学会学术年会暨数字普惠金融助力乡村振兴高峰论坛"在郑州召开。全国社会保障基金理事会原副理事长王忠民，普惠金融促进会筹备小组组长、国家开发银行原副行长刘克崮，国家金融与发展实验室国际政治经济学研究中心主任董昀，中国人民银行参事室主任纪敏，建设银行普惠金融事业部总经理张为忠等与会专家学者围绕"普惠金融与乡村振兴""兰考普惠金融发展经验交流""数字化与普惠金融发展"等主题展开研讨，探索以数字普惠金融为抓手助推乡村振兴战略的理论和路径。

◆ 2019 年 5 月 28 ~ 29 日，中国人民银行郑州中心支行在洛阳市栾川县组织召开河南省普惠金融试点工作现场观摩暨经验交流会。

◆ 2019 年 7 月，兰考县普惠金融"一平台四体系"模式的探索实践入选中央组织部组织编写的《贯彻落实习近平新时代中国特色社会主义思想在改革发展稳定中攻坚克难案例》和中央党校教材。

◆ 2019 年 9 月 16 ~ 18 日，中共中央宣传部组织《人民日报》《经济日报》《上海证券报》《中国证券报》《经济参考报》《第一财经日报》《每日财经新闻》《金融时报》《中国金融》中央媒体采访团在赴兰考县和确山县开展"普惠金融创新及发展成就"专题采访。

◆ 2019 年 10 月 10 ~ 11 日，中国人民银行郑州中心支行联合省地方金融监管局、省扶贫办举办全省普惠金融和金融扶贫工作推进暨业务培训会。

◆ 2019 年 12 月 1 日，中国人民银行郑州中心支行党委书记、行长，河南省兰考县普惠金融改革试验区领导小组办公室主任徐诺金受邀参加"新华社第四届中国新金融高峰论坛"，并就普惠金融理论和兰考试验区实践做主题演讲。

◆ 2019 年 12 月 31 日，河南省兰考县普惠金融改革试验区工作领导小组会议召开，听取领导小组办公室及各成员单位建设情况汇报，安排部署下一步工作。

◆ 2020 年 4 月 9 日，中国银保监会办公厅印发《关于做好 2020 年银行保险业服务"三农"领域重点工作的通知》，要求"学习借鉴河南省兰考县、四川省成都市等农村普惠金融改革试验区做法，稳妥扩大农村普惠金融改革试点"。

◆ 2020 年 5 月 7 日，兰考县普惠金融"一平台四体系"模式探索入选"河南省首届经济体制改革十大案例"。

◆ 2020 年 5 月 18 日，河南省委印发《关于贯彻落实习近平总书记视察河南省重要讲话精神支持河南省大别山革命老区加快振兴发展的若干意见》，专门对"大力发展普惠金融，全面开展'整村授信'进行部署"。

◆ 2020 年 9 月 16 日，河南省戴柏华副省长主持召开河南省兰考县普惠金融改革试验区工作领导小组会议。

◆ 2020 年 9 月 24 日，河南省兰考县普惠金融改革试验区工作领导小组办公室召开河南省普惠金融工作推进会。

◆ 2020 年 10 月 27 日，河南省兰考县普惠金融改革试验区工作领导小组办公室主任、中国人民银行郑州中心支行党委书记、行长徐诺金赴兰考县进行普惠金融专题调研。

◆ 2020 年 11 月 19 日，河南省兰考县普惠金融改革试验区工作领导小组办公室主任、中国人民银行郑州中心支行党委书记、行长徐诺金受邀参加在北京举办的中国普惠金融国际论坛，就普惠金融兰考模式作主旨演讲。

◆ 2020 年 11 月 27 日，河南省人民银行系统举办普惠金融业务培训班，中国人民银行郑州中心支行党委委员、副行长翟向祎作开班讲话。

◆ 2020 年 12 月 9 日，第十三届全国人大代表、河南省兰考县普惠金融改革试验区工作领导小组办公室主任、中国人民银行郑州中心支行党委书记、行长徐诺金参加全国人大财政经济委员会召开的健全金融法律体系专题座谈会，就普惠金融立法进行研讨并提出意见。

◆ 2021 年 1 月 18 日，河南省在《2021 年政府工作报告》中再次强调"推广普惠金融兰考模式"，并将发展普惠金融作为优化营商环境的重大举措。

◆ 2021 年 3 月 5 日至 10 日，全国两会期间，第十三届全国人大代表、河南省兰考县普惠金融改革试验区领导小组办公室主任、中国人民银行郑州中心支行党委书记、行长徐诺金提交关于大力发展普惠金融助力全面乡村振兴的建议。

参考文献

［1］黄达．金融学（第四版）［M］．北京：中国人民大学出版社，2014.

［2］陈雨露．中国是部金融史［M］．北京：北京联合出版公司，2013.

［3］贝多广，张锐．包容性增长背景下的普惠金融发展战略［J］．经济理论与经济管理，2017（2）：5 - 12.

［4］贝多广．强化银行普惠金融能力建设［J］．中国金融，2017（22）：25 - 27.

［5］徐诺金．智慧金融手册［M］．北京：中国金融出版社，2018.

［6］陈晨．从监管角度看交叉性金融产品和服务中的消费者保护［J］．山东财经大学学报，2014（6）：93 - 101.

［7］董艾辉、仓莉、凌革．金融危机视域下看资本主义［J］．长沙理工大学学报（社会科学版），2009（4）：42 - 45.

［8］陈晴晔．马克思和恩格斯对股票和股票市场的分析和论述［J］．广东商学院学报，1997（3）：6 - 9.

［9］陈生强．金融科技的全球视野与实践［J］．中国银行业，2017（5）：46 - 49.

［10］周小川．坚持党对金融工作的领导［J］．中国金融，2012（21）.

［11］成思危．当代中国工商管理案例研究［M］．北京：中国人民大学出版社，2003.

［12］杜晓山：普惠金融目前所面临的问题及挑战［J］．农村金融研究，2016（5）.

［13］傅子恒．经济学边界、市场作用、政府治理、公平与效率新解——理论经济学四个命题的深层次思考［J］．现代财经（天津财经大学学报），2011（7）：5－16.

［14］高冠东．基于大数据平台的智能监控技术应用［J］．科技视界，2015.

［15］高霞．当代普惠金融理论及中国相关对策研究［D］．沈阳：辽宁大学．2016.

［16］黄达．黄达书集．第4卷［M］．北京：中国金融出版社，2005.

［17］黄益平．数字金融发展对金融监管的挑战［J］．清华金融评论，2017（8）：63－66.

［18］季亚丽．法制转型中的俄联邦行政法调整对象研究［D］．哈尔滨：黑龙江大学，2006.

［19］姜海川．从世界强国崛起看金融革命对经济的引领作用［J］．中国金融，2006（9）：38－39.

［20］姜再勇，魏长江，姚敏．政府参与普惠金融发展的动因、方式和边界［J］．南方金融，2017（10）：13－17.

［21］焦瑾璞，黄亭亭，汪天都，张韶华，王瑱．中国普惠金融发展进程及实证研究［D］．中国人民银行工作论文，2015.

［22］焦瑾璞．构建普惠金融体系的重要性［J］．中国金融，2010（10）：12－13.

［23］焦瑾璞．中国普惠金融发展进程及实证研究［J］．上海金融，2015（4）：12－22.

［24］赖胜奇．行政强制中的人权保障研究［D］．汕头：汕头大学，2010.

［25］赖元晋，王锦瑭．试论人权的历史演变［J］．世界历史，1990（3）：3－11.

［26］李超．险资探索服务实体经济新模式［N］．中国证券报，2014－08－18（A03）．

［27］李丹．数字普惠金融浪潮迎面而来［J］．中国金融家，2016.

［28］李景文．民本位人权之历史演变［D］．沈阳：辽宁大学，1993.

［29］李兴发，刘娜．泡桐花开——来自兰考普惠金融改革试验区的报道［N］．金融博览，2017（5）．

［30］刘鹤．两次全球大危机的比较［J］．管理世界，2013，234（3）：1－7．

［31］刘亚娴．我国银行业金融消费者保护研究［D］．北京：对外经济贸易大学，2015．

［32］吕雯．基于互联网的农村普惠金融体系研究［D］．武汉：武汉轻工大学，2015．

［33］马建霞．普惠金融促进法律制度研究［D］．成都：西南政法大学，2012．

［34］马玥．我国大数据基础设施构成、问题及对策建议［J］．中国经贸导刊，2017（13）：40－44．

［35］彭新武．复杂性思维与社会发展［M］．北京：中国人民大学出版社，2003．

［36］彭逸涵．论中国普惠金融的法治构造［D］．武汉：华中科技大学，2015．

［37］阮亮．试论和谐社会背景下的罪犯物权制度［D］．石家庄：河北师范大学，2008．

［38］苏冬蔚，陈纯纯，许振国，李斌．商业银行社会网络与微型金融可持续发展［J］．经济研究，2017（2）．

［39］滕淑娜．公平与效率视域下的近代英国济贫［J］．历史教学月刊，2013（7）：42－48．

［40］汪福长．股票市场的性质和职能［J］．中南财经政法大学学报，1988（3）：68－72．

［41］王婧，胡国晖．中国普惠金融的发展评价及影响因素分析［J］．金融论坛，2013（6）：31－36．

［42］王宁，王丽娜，赵建玲．普惠金融发展与贫困减缓的内在逻辑［J］．河北大学学报（哲学社会科学版），2014（2）：127－131．

［43］王茜．我国普惠金融发展面临的问题及对策［J］．经济纵横，2016（8）：101－104．

［44］王婷婷，吴建平．政府推进普惠金融的历史使命与前瞻性思

考［J］. 西南金融，2016（10）：59 - 64.

［45］魏书传. 兰考，中国普惠金融的先行者［J］. 金融经济，2017（9）：14 - 16.

［46］吴强，杨岳. 互联网金融背景下，农村普惠金融体系构建探析［J］. 金融科技时代，2017（3）：27 - 31.

［47］熊金武. 工业革命不得不等待金融革命［N］. 中国青年，2017 - 09 - 18（002）.

［48］徐德刚. 西方人权理论评析［D］. 长沙：湖南科技大学，2004.

［49］徐诺金. 互联网金融的发展趋势及影响［N］. 征信，2015.

［50］徐诺金. 兰考试验区是对中国特色现代金融体系的重要探索——兼评《河南省兰考县普惠金融改革试验区总体方案》［J］. 征信，2017（3）：7 - 11.

［51］徐诺金. 普惠金融的兰考实践［J］. 中国金融，2017（8）.

［52］许亚岚. 区块链助力普惠金融可持续发展［N］. 经济，2016.

［53］晏海运. 中国普惠金融发展研究［D］. 北京：中共中央党校，2013.

［54］叶松，马腾跃. "好金融好社会"的兰考实践——访中国人民银行郑州中心支行行长徐诺金［J］. 中国金融家，2017（5）：91 - 93.

［55］曾康霖. 三论普惠金融［J］. 征信，2017，35（7）：1 - 7.

［56］张婷婷，刘凤会. 金融扶贫中农户小额贷款存在的问题与对策研究［J］. 甘肃农业，2017（21）：33 - 35.

［57］张伟，钱佳琪. 数字货币的属性分析与战略构想［N］. 清华金融评论，2016.

［58］张宇，赵敏. 农村普惠金融发展水平与影响因素研究——基于西部六省的实证分析［J］. 华东经济管理，2017，31（3）：77 - 82.

［59］郑联盛，李萌. 普惠金融发展的十个问题［N］. 中国证券报，2014.

［60］巴曙松，朱虹. 中国金融监管模式演进［J］. 中国金融，2018（7）.